Historia

Geschichtsbuch für Gymnasien

Band 3

Vom Zeitalter der bürgerlichen Revolutionen bis zum Ersten Weltkrieg

Herausgegeben und verfaßt von
Bernhard Müller, Norbert Baha, Michael Gugel,
Herbert Kraume und Folkert Meyer

Best.-Nr. 34883

Verlag Ferdinand Schöningh

Bildquellenverzeichnis

AdsD der FES, Bonn (S. 131, S. 158, S. 164 o.r., S. 188); Architectuur Museum, Amsterdam (S. 133); Archiv für Kunst und Geschichte, Berlin (S. 31 u., S. 40, S. 41 o., S. 48, S. 52, S. 54, S. 70, S. 76, S. 80, S. 83, S. 95 l., S. 97, S. 105 M.r., S. 154 u.r./l., S. 162); Basler Mission (S. 180); Bauhaus-Archiv, Berlin (S. 156); Bibliothèque Nationale, Paris (S. 5 l., S. 10, S. 37, S. 42, S. 49, S. 51 o.); Bildarchiv Preußischer Kulturbesitz, Berlin (Umschlag/1, S. 8, S. 9, S. 22 o. l. und r., S. 59 o., S. 60, S. 66, S. 73, S. 89 u., S. 95 r., S. 96, S. 98, S. 101, S. 102, S. 104 o., S. 119, S. 132, S. 136, S. 139, S. 141 r. innen, S. 144, S. 145, S. 146 u., S. 149 l., S. 152 r., S. 154 o. und u.l./1., S. 157, S. 159, S. 163, S. 164 o.l., S. 166, S. 173, S. 175, S. 182, S. 186 l., S. 192, S. 196); aus: Bismarck in der Karikatur des Auslandes, Deutsches Historisches Museum/Berlin 1990 (S. 150, S. 170, S. 171 r.); aus: Bismarck – Preußen, Deutschland und Europa, Deutsches Historisches Museum und Verlag Nicolai/Berlin 1990 (S. 103); Bodleian Library, Oxford (S. 16); British Museum, London (S. 15 o.); aus: T. Buddensieg/H. Rogge – Die nützlichen Künste, Siedler Verlag/Berlin 1981 (S. 93); Bulloz, Paris (S. 178); J.-L. Charmet, Paris (S. 177); Deutsches Museum, München (S. 106, S. 110, S. 111, S. 142 r.); aus: H. Dollinger – Preußen, Süddeutscher Verlag/München 1980 (S. 165); EPK, Hamburg (S. 168, S. 181 l.); Fischer AG, Singen/ Hohentwiel (S. 112, S. 113); aus: Fragen an die deutsche Geschichte – Historische Ausstellung im Reichstagsgebäude in Berlin, Verlag Kohlhammer/Stuttgart 1974 (S. 152 l.); aus: M. Gallo – Geschichte der Plakate, Verlag Max Pawlak/Herrsching 1975 (S. 179); Giraudon, Paris (Umschlag/1, S. 5 r., S. 31 o., S. 41 u., S. 46, S. 51 u., S. 58); nach: Geschichtsbuch 3, Verlag Cornelsen/Berlin 1988 (S.183); nach: Geschichte und Geschehen 9, Verlag Klett/Stuttgart 1986 (S. 191); Hamburger Kunsthalle (S. 24); Heimatmuseum/Foto Volpert, Neuruppin (S. 160); aus: Heinrich Heine – Reisebilder/Teil II (S. 78); Hertie GmbH, Frankfurt a.M. (S. 142 l.); Historisches Museum, Frankfurt a.M. (S. 125); aus: R. Hochhuth/H.H. Koch – Die Kaiserzeit, (c) Mahnert-Lueg Verlag in der F. A. Herbig Verlagsbuchhandlung GmbH/München 1985 (S. 147 o.); Slg. des Instituts für Hochschulkunde an der Universität Würzburg (S. 59 u.); Institut für Stadtgeschichte der Stadt Frankfurt a.M. (S. 89 o.); Institut für Zeitungsforschung der Stadt Dortmund (S. 193); Interfoto, München (S. 195); Katholische Kirchengemeinde Hirrlingen (S. 71); Kharbine-Tapabor/Archives Photographiques, Paris (S. 167/gr. Abb.); Keystone Pressedienst, Hamburg (S. 134 o.); I. Kleberger – Bertha v. Suttner/Die Vision vom Frieden, Erika Klopp Verlag/München 1985 (S. 189); A. Knapp, Lengerich (S. 146 o.); aus: U. Koch – Der Teufel in Berlin, Informationspresse C.W. Leske Verlag/Köln 1991 (S. 172); Krauss-Maffei AG, München (Umschlag/1, S. 104 u.); Fried. Krupp AG/Historisches Archiv, Essen (S. 123, S. 190); Kunsthaus Zürich/Gottfried Keller-Stiftung (S. 197); Kunsthistorisches Museum, Wien (S. 7 o.); Kunstsammlungen der Veste Coburg/Kupferstichkabinett (S. 36); aus: Le Monde de la Révolution Française, F.3/1989 (S. 34); Mansell Collection, London (S. 13, S. 15 u.); aus: H. Möller – Fürstenstaat oder Bürgernation, Siedler Verlag/Berlin 1989 (S. 7 u.); Musées de la Ville de Paris/(c) by Spadem 1993 (S. 55); Museum Folkwang, Essen (S. 92); Museum für Kunst und Gewerbe, Hamburg (Umschlag/1); Museet Sonderborg Slot, Dänemark (S. 99); Museum Hanau/Schloß Philippsruhe (S. 81); National Maritime Museum, London (S. 14); aus: J. Petsch – Eigenheim und gute Stube, Dumont/Köln 1989 (S. 155); Publication Unit Birmingham Museums and Art Gallery/City of Birmingham Museums and Art Gallery (S. 105 u.); Reiß-Museum, Stadt Mannheim (S. 77, S. 90); Sächsische Landesbibliothek/Abteilung Deutsche Fotothek, Dresden (S. 22 u.l.); aus: C. Schulz-Hoffmann – Simplizissimus/Ausstellungskatalog, München 1977 (S. 169); Staatliche Kunsthalle, Karlsruhe (S. 86); Stadtarchiv Freiburg/Sign. M 736-1564 (S. 153 o.); Stadtarchiv Karlsruhe (S. 64); Stadt- und Universitätsbibliothek Frankfurt a.M. (S. 78); aus: W. Stöckle – Das Deutsche Kaiserreich, Klett/Stuttgart 1985 (S. 161 l., S. 185 u., S. 187); Süddeutscher Verlag/Bilderdienst, München (S. 117, S. 118, S. 127, S. 129, S. 149 r., S. 181 r.); Tourismus-Zentrale Hamburg GmbH (S. 61 o.); Ullstein Bilderdienst, Berlin (S. 141 l., S. 153 u., S. 154 u.l./1, S. 161 r., S. 186 r.); USIS, Bonn (S. 26); Foto Wagener, Müllheim (S. 82); Wehrgeschichtliches Museum, Rastatt (S. 140, S. 185 o.); weitere: Verlagsarchiv F. Schöningh, Paderborn.

Die Kapitel wurden verfaßt von:
Norbert Baha (S. 104–139), Michael Gugel/Folkert Meyer (S. 60/61, S. 91–103, S. 140–197) und Herbert Kraume (S. 5–59, S. 62–90).

Gedruckt auf umweltfreundlichem, chlorfrei gebleichtem Papier mit 50% Altpapieranteil.

Printed in Germany. Gesamtherstellung Ferdinand Schöningh.

Druck 5 4 3 2 1   Jahr 97 96 95 94 93

ISBN 3-506-34883-3

Inhaltsverzeichnis

Hinweise zum Aufbau und zur Verwendung von HISTORIA

HISTORIA, der Titel des Schulbuchs, ist ein altgriechisches Wort; es bedeutet **Erkundung** und zugleich **Kunde** davon, Erzählung, Darstellung. Es ist ein Kenn- und *Leitwort* im doppelten Sinne: Wir erkunden in dem Buch möglichst selbständig, was die **Materialien** (M) uns auf Fragen antworten, sie geben uns Einblicke in Ereignisse und Zusammenhänge; wir überprüfen dann das Erkundete und Erkannte, indem wir uns an der zusammenfassenden **Darstellung** orientieren.

Sechs Kapitel von HISTORIA 3 beginnen mit Auftaktbildern und Rahmenerzählungen. Sie führen uns anschaulich und an Beispielen in sechs Großthemen ein und bringen uns auf *Leitfragen* des Unterrichts. Wir sehen nur das, wonach wir fragen; wer nicht neugierig fragen will, erfährt meist nur Weniges und Einerlei. Die 6 Themen werden in **50 Unterrichtseinheiten** aufgegliedert, die Unterrichtseinheiten in Arbeits- und Darstellungsteile. Darin werden Zusammenhänge und ihnen entsprechende Leitbegriffe erklärt. Pfeile in den Texten weisen auf solche ▷*Leit- und Schlüsselbegriffe* hin; sie sind Erinnerungsträger und zeigen wie Kompaßnadeln an, worauf es ankommt. In einem **Glossar** werden sie erläutert und aufeinander bezogen. Sie helfen uns, das Erkannte und Gelernte zu ordnen, zu speichern und wiederzuverwenden. Es sind Wegweiser auf unserer Erkundungsfahrt in die Vergangenheit.

In HISTORIA 3 umfaßt die Vergangenheit „nur" etwa 7 Generationen im Zeitraum von der Glorreichen Englischen Revolution 1688 bis zum Ausbruch des Ersten Weltkriegs 1914, einer unvorstellbaren Katastrophe für unser zu Ende gehendes 20. Jahrhundert. HISTORIA 2 umfaßte von 800 n. Chr. bis 1700 n. Chr. etwa 27 Generationen und HISTORIA 1 von der Altsteinzeit an bis zu Karl dem Großen über 20 000 Generationen. Wir sehen, die Zeiträume werden immer enger, die Abfolge der Ereignisse immer schneller und verwickelter. Die Veränderungen in Politik, Wirtschaft und Gesellschaft, in Wissenschaft und Technik beschleunigen sich rasant. Entfernte Erdregionen und Kulturen rücken einander näher, die Geschichte wird Weltgeschichte. Ungeheure Kräfte der Veränderungen werden im 18. und 19. Jahrhundert freigesetzt. Sie haben viele Namen und Herkünfte, die wichtigsten heißen ganz im Sinne der **Sechs Themen**: ▷ Aufklärung, ▷ Revolution, ▷ Nationalstaat, ▷ Industrialisierung, ▷ bürgerliche Gesellschaft, ▷ Imperialismus. Wer diesen Prozeß der Modernisierung nicht erkundet und kennenlernt, der versteht seine und unsere gegenwärtige Welt nicht. HISTORIA 3 will hierzu eine erste Orientierung geben.

Mächte und Ideen im 18. Jahrhundert

Micromégas. Stich von Vidal 18. Jahrhundert

Voltaire (1694–1778)

Böse Welt, ohnmächtige Vernunft?

Der französische Philosoph und Schriftsteller Voltaire, Freund König Friedrichs II. von Preußen, läßt in seiner um 1739 entstandenen satirischen Novelle „Micromégas" („Kleingroß") einen Bewohner des Sterns Sirius, „acht Meilen oder 120 000 Fuß hoch", auf die Erde kommen. Bei seinem ersten Kontakt mit den Menschen hat Micromégas ein Schiff mit einer Gruppe von Gelehrten in der hohlen Hand gefangen, die er durch ein Mikroskop betrachtet; dabei entwickelt sich folgender Dialog:

„O intelligente Atome, in denen das höchste We-sen seine Geschicklichkeit und seine Macht kundtun wollte, ihr müßt wohl reinere Freuden auf Eurem Erdball genießen; denn da ihr so wenig Materie habt und ganz Geist zu sein scheint, müßt ihr Eure Zeit mit Lieben und Denken verbringen, denn dies ist das wahre Leben des Geistes. Nirgendwo habe ich das wahre Glück gesehen, aber hier muß es zweifellos sein." Auf diese Rede schüttelten alle Philosophen die Köpfe, und einer von ihnen, offenherziger als die anderen, gestand rundheraus, daß, abgesehen von einer kleinen Zahl von Erdenbewohnern, die sehr wenig geschätzt würden, alles andere eine Ansammlung von Verrückten, Bösartigen oder Unglücklichen sei. „Wir haben mehr Materie als nötig ist, um viel Böses zu tun", sagte er, „wenn das Böse von der Materie herkommt, und zuviel Geist, wenn es vom Geist herkommt. Wissen Sie, zum Beispiel, daß es in dem Augenblick, wo ich zu ihnen spreche, hunderttausend Verrückte unserer Art mit Hüten auf dem Kopf gibt, die hunderttausend andere Lebewesen töten, die Turbane tragen, oder von ihnen massakriert werden? Und daß dies seit undenklichen Zeiten auf dieser Welt der Brauch ist?" Der Siriusbewohner erzitterte und fragte, was denn der Grund für solche schrecklichen Streitereien unter so schwächlichen Lebewesen sei. „Es handelt sich", sagte der Philosoph, „um einen kleinen Haufen Erde, etwa so groß wie Ihr Absatz. Es ist aber nicht so, daß irgendeiner dieser Millionen Menschen, die sich umbringen lassen, einen Anspruch auf einen Halm dieses Lehmhaufens hat. Es geht nur darum, ob er einem bestimmten Menschen gehört, den sie *Sultan* nennen, oder einem anderen, den man, ich weiß nicht warum, *Caesar, Kaiser* oder *Zar* nennt. Weder der eine noch der andere hat den Dreckhaufen, um den es geht, jemals gesehen, noch wird er ihn jemals sehen. Und keines der Lebewesen, die sich gegenseitig umbringen, hat je das andere Lebewesen gesehen, für das es sich umbringen läßt." „O Ihr Unglücklichen!" schrie der Siriusbewohner mit Empörung, „kann man sich einen solchen Ausbruch von tollwütigem Wahnsinn vorstellen! Ich habe nicht übel Lust, drei Schritte zu machen und mit drei Fußtritten diesen ganzen Ameisenhaufen lächerlicher Mordbestien zu zerstampfen."

„Diese Mühe können Sie sich sparen", antwortete man ihm, „sie arbeiten schon selbst genug für ihren Untergang. Wissen Sie, daß in zehn Jahren kaum ein Hundertstel dieser Elenden überlebt? Selbst wenn sie nicht das Schwert gezogen hätten, würden fast alle an Hunger, Erschöpfung oder ihrer eigenen Unmäßigkeit zugrundegehen. Außerdem sollte man nicht *sie* bestrafen, sondern jene Barbaren im bequemen Sessel, die in ihren Kabinetten, so zur besseren Verdauung, ein Massaker an einer Million Menschen anordnen und anschließend feierliche Dankgottesdienste abhalten lassen." Der Reisende empfand Mitleid mit der winzigen Menschenrasse, in der er derartige Gegensätze entdeckte. „Da Sie aber zu der kleinen Schar der Weisen gehören", sagte er zu den Herren, „und auch offensichtlich niemanden für Geld töten, sagen Sie mir doch bitte, womit Sie sich beschäftigen." „Wir sezieren Fliegen", sagte der Philosoph, „wir messen Linien, wir reihen Zahlen aneinander. Wir stimmen überein in zwei oder drei Punkten, die wir verstehen, und wir streiten über zwei- oder dreitausend andere, die wir nicht verstehen."

(Nach: Voltaire, Romans et Contes. Chronologie, préface et notes par René Pomeau. Paris (Flammarion) 1966, S.144 f. Übers. H. Kraume)

In der Literatur des 17. und 18. Jahrhunderts war es ein beliebter Kunstgriff, die Zustände der europäischen Gesellschaft mit den Augen eines Fremden, eines „Wilden" aus den neuentdeckten Erdteilen oder eines Fabelwesens wie „Micromégas" zu betrachten, der wie der bekanntere „Gulliver" des Iren Jonathan Swift als Riese zu den Zwergen kommt. Ein solcher Kunstgriff erlaubt es, die Welt der Europäer als eine fremde darzustellen, Gewöhnliches und Selbstverständliches zu „verfremden", um es noch kritischer zu beurteilen, als dies sonst möglich wäre. Die Erde, die Micromégas auffindet, kann er nur unter dem Mikroskop betrachten; sie ist damit auf die Größe eines Ameisenhaufens geschrumpft. Kriege und Staatsaktionen haben die Bedeutung von Revierkämpfen unter Insektenschwärmen, ihre Grausamkeit steht in einem lächerlichen Widerspruch zu den wahren Ursachen. Die Walachei und das serbische Hinterland von Belgrad, um die sich Russen und Österreicher auf der einen, Türken auf der anderen Seite 1737 bekämpften, sind aus der Sicht des Riesen ein kleiner Haufen Dreck; der Unterschied zwischen Völkern und Kulturen beschränkt sich auf den zwischen Hüten und Turbanen. Die böse Welt, die der Philosoph Voltaire beschreibt, gibt jedoch Anlaß zu Fragen.

● Was waren die Gründe für so viele Kriege in Europa?
● Wer waren die „Barbaren im bequemen Sessel", die dafür verantwortlich gemacht werden?
● Ließen sich alle Völker willenlos in Kriege verwickeln, in denen sie zu Tausenden für Interessen starben, die nicht ihre eigenen waren und von denen sie nicht einmal etwas verstanden? Gab es nicht auch Völker, die sich gegen ihre Peiniger wehrten?
● Gab es keine politischen Bemühungen um Kriegsverhütung und Friedenssicherung? Nahmen die Menschen den Krieg als naturgegeben oder schicksalhaft hin?
● Hatten Philosophie und Wissenschaft keinerlei Einfluß auf das politische Geschehen, wie es das Bild vom Insekten sezierenden Wissenschaftler nahelegt? Verändert nicht auch biologische Forschung das Weltbild der Menschen?
● Lassen sich schließlich zu den Konflikten unserer Zeit Parallelen entdecken, mit denen wir das Problem Krieg und Frieden besser begreifen lernen?

Schlacht bei Hochkirch in Sachsen 1758

Abgangs-Liste,

von der Infanterie in der Bataille bey Cunnersdorf ohnweit Frankfurth am 12ten August 1759.

Namen derer Grenadier-Bataillons und Regimenter.	Todte.					Bleßirte.					Gefangene und Vermißte.					Summa.				
	Ober-Off.	Unter-Off.	Spil-leute	Zimer-leute	Gemeine	Ober-Off.	Unter-Off.	Spil-leute	Zimer-leute	Gemeine	Ober-Off.	Unter-Off.	Spil-leute	Zimer-leute	Gemeine	Ober-Off.	Unter-Off.	Spil-leute	Zimer-leute	Gemeine
1 Grenad. Bat. von Billerbeck,	.	2	1	.	85	8	9	3	.	226	1	.	.	.	.	9	11	3	.	312
2 " " von Lubath,	.	3	.	.	114	6	7	6	.	181	.	.	.	.	.	6	10	6	.	295
3 " " von Heiden,	1	.	.	.	35	7	5	4	.	185	.	.	1	.	38	8	5	5	.	258
4 " " von Bornstedt,	2	2	.	.	51	2	6	1	.	192	.	2	.	.	34	4	10	1	.	277
5 " " von Oesterreich,	1	1	.	.	173	8	10	1	.	160	2	.	.	.	.	11	11	1	.	333
6 " " von Schwarz,	3	2	2	.	86	8	8	3	.	209	1	.	.	.	1	12	10	5	.	296
7 " " von der Tanne,	1	1	.	.	39	10	15	2	.	231	.	.	.	.	.	11	16	2	.	270
8 " " von Lossow,	1	.	.	.	40	3	7	1	.	75	.	.	.	.	.	4	7	1	.	115
9 " " von Beyer,	1	1	.	.	128	7	4	.	1	122	.	.	.	.	.	8	4	.	1	250
10 " " von Busch,	.	1	1	2	108	9	6	2	4	165	.	.	.	.	.	9	7	3	6	273
11 " " von Nesse,	.	1	5	.	134	7	10	1	1	99	.	.	.	.	.	7	11	6	1	233
12 Regiment, Marggraf Carl,	1	5	.	.	150	15	29	5	6	329	.	.	.	.	300	16	34	5	5	779
13 " " von Hülsen,	2	10	2	.	310	23	21	3	.	437	.	.	.	.	.	25	31	5	.	747
14 " " von Fink,	1	10	.	.	105	21	41	10	4	796	2	.	.	.	.	24	51	10	4	901
15 " " Prinz Heinrich,	2	8	5	3	259	15	27	4	3	359	1	.	.	.	.	18	35	9	6	618
16 " " von Bredow,	3	8	6	2	307	21	11	.	3	392	1	.	.	.	.	25	19	7	5	699
17 " " von Knobloch,	9	14	4	1	434	8	22	2	4	320	1	.	.	.	.	16	36	6	5	754
18 " " von Golze,	3	.	.	.	.	6	17	2	.	181	.	2	1	2	102	9	19	2	.	283
19 " " von Schenkendorf,	2	2	3	.	26	8	16	1	1	264	1	.	.	1	26	11	18	4	2	316
20 " " von Leschwitz,	1	8	3	.	135	11	9	3	2	344	1	6	2	5	25	13	23	7	7	504
21 " " von Kanitz,	1	12	1	1	190	6	12	.	4	246	.	.	.	.	.	7	24	1	7	436
22 " " Herzog von Bevern,	.	4	.	.	106	10	16	7	2	210	.	.	.	.	.	10	20	7	2	316
23 " " Graf von Wied,	.	3	3	1	130	16	16	4	6	439	.	.	.	.	.	16	19	7	7	569
24 " " von Grabow,	6	10	2	4	344	23	20	1	3	301	1	.	.	.	.	30	30	3	7	646
25 " " von Diericke,	.	.	.	.	.	.	.	.	.	.	8	39	8	.	378	8	39	8	.	378
26 " " von Sydow,	4	4	3	1	103	11	10	3	.	155	.	4	.	.	66	15	18	6	.	258
27 " " von Bülow,	1	12	.	3	273	14	23	2	4	300	1	.	.	.	.	16	35	2	7	673
28 " " Graf von Dohna,	1	2	.	.	109	12	14	2	3	344	.	2	1	.	74	18	3	3	3	527
29 " " von Lehwald,	5	8	3	1	298	29	29	2	2	374	.	.	.	.	.	16	37	5	4	672
30 " " von Zastrow,	3	2	2	.	257	15	14	3	4	533	.	2	1	.	20	18	18	6	4	710
31 " " von Braun,	5	10	1	.	211	10	29	2	4	611	2	8	1	1	47	17	43	5	5	869
32 " " von Hausen,	5	2	3	.	103	10	15	3	.	230	1	8	1	.	172	16	25	7	.	565
Summa	65.	146.	49.	19.	4736.	331.	472.	82.	57.	8740.	28.	69.	17.	9.	1003.	433.	694.	151.	89.	15028.

1. Licht und Finsternis

Die Reformation des 16. Jahrhunderts hatte die Kirche in verschiedene Konfessionen mit unterschiedlichen theologischen Grundlagen gespalten; der Humanismus hatte ein neues, auf die Würde des Individuums gegründetes Menschenbild geschaffen. Beide hatten aber an einem grundsätzlich religiösen Weltbild festgehalten. Erst die wissenschaftlichen und philosophischen Erkenntnisse des 17. und 18. Jahrhunderts brechen einem neuen Denken Bahn, in dem die Religion grundsätzlich in Frage gestellt wurde. Man nennt das 18. Jahrhundert das Zeitalter der Aufklärung.

M 1 Kritik am Menschen: Immanuel Kant (1784)

Beantwortung der Frage: *Was ist Aufklärung?*
Aufklärung ist der Ausgang des Menschen aus seiner selbst verschuldeten Unmündigkeit. Unmündigkeit ist das Unvermögen, sich seines Ver-
5 standes ohne Leitung eines anderen zu bedienen. Selbstverschuldet ist diese Unmündigkeit, wenn die Ursache derselben nicht am Mangel des Verstandes, sondern der Entschließung und

Immanuel Kant (1724–1804)

des Muthes liegt, sich seiner ohne Leitung eines anderen zu bedienen. *Sapere aude!* Habe Muth, 10 dich deines eigenen Verstandes zu bedienen! ist also der Wahlspruch der Aufklärung. Faulheit und Feigheit sind die Ursachen, warum ein so großer Teil der Menschen, nachdem sie die Natur längst von fremder Leitung frei gesprochen ... 15 dennoch gerne Zeitlebens unmündig bleiben; und warum es Anderen so leicht wird, sich zu deren Vormündern aufzuwerfen. Es ist so bequem, unmündig zu sein ...

(Berlinische Monatsschrift, Dezember 1784)

M 2 Kritik an der Religion: Denis Diderot (1713-1784)

Wenn die Vernunft ein Geschenk des Himmels ist, und wenn man dasselbe vom Glauben sagen kann, dann hat uns der Himmel zwei unverträgliche, nicht zu vereinbarende Dinge gegeben.
In einem riesigen Wald verirrt, besitze ich zur 5 Orientierung nichts als eine kleine Kerze; da kommt ein Unbekannter vorbei und sagt zu mir: „Lieber Freund, lösche deine Kerze aus, damit du den Weg besser findest!" Dieser Unbekannte ist Theologe. 10
Nimm dem Christen die Furcht vor der Hölle, und du nimmst ihm seinen Glauben.
Eine Religion, die wahr ist und alle Menschen überall zu allen Zeiten angeht, müßte ewig, allgemein und einleuchtend sein. Keine besitzt diese 15 Kennzeichen. Demnach sind alle dreimal als falsch erwiesen.

(Denis Diderot, Pensées philosophiques, in: Œuvres philosophiques. Textes établis ... par Paul Vernière, Paris (Garnier) 1964, S. 58–60. Übers. H. Kraume)

M 3 Kritik an der Politik: Diderot

Gespräche mit Katharina II. (1773):
Jede Willkürherrschaft ist schlecht; ich nehme davon die Willkürherrschaft eines guten, standhaften und gerechten Machthabers nicht aus. Ein solcher Machthaber gewöhnt sein Volk daran, jedem beliebigen Machthaber Ehrfurcht und An- 5 hänglichkeit zu erweisen. Er nimmt den Menschen das Recht, zu überlegen, zu wollen oder nicht zu wollen, sich zu widersetzen ...
Das Recht auf Opposition scheint mir ein natürliches, unveräußerliches und heiliges Recht einer 10 menschlichen Gesellschaft zu sein.

(D. Diderot, Entretiens avec Catherine II., in: Œuvres politiques. Textes établis ... par Paul Vernière, Paris (Garnier) 1963, S. 271 f. Übers. H. Kraume)

Arbeitsaufgaben

① Erläutere Kants Definition von Aufklärung (M 1). Trifft sein Urteil zu, die Unmündigkeit des Menschen sei selbstverschuldet?

② Welche Vorwürfe richtet Diderot an die Religionen (M 2)?

③ Begründe, warum Religionskritik zu Herrschaftskritik führt.

④ Warum ist für Diderot ein guter Herrscher ein Unglück für sein Volk (M 3)? Sind in seiner Auffassung Bezüge zu Kants Definition von Aufklärung zu finden?

Daniel Chodowiecki (1726–1801): „Toleranz"

Toleranz und Vernunft

Auf der Brücke von Abbeville (Nordfrankreich) wurde in der Nacht vom 8. auf den 9. August 1765 ein Kruzifix verstümmelt. Der Verdacht richtete sich bald auf drei junge Adlige, die bereits durch „gottlose" Lieder und Reden aufgefallen waren. Einer von ihnen, der zwanzigjährige Chevalier de la Barre, wurde gefoltert und mit dem Schwert hingerichtet. Einem mitangeklagten Freund gelang die Flucht; er hatte das Glück, daß sich der Philosoph Voltaire seiner annahm, ihm eine Offiziersstelle im preußischen Heer verschaffte und zu seinem Fall eine Flugschrift, „Der Schrei des unschuldigen Blutes", an den König richtete. Daß der berühmteste französische Autor seiner Zeit publizistisch eingriff, machte den Fall de la Barre in ganz Europa bekannt. Erst im Jahre 1793 wurde auch er durch den Nationalkonvent, das revolutionäre Parlament, feierlich rehabilitiert.

Schon 1763 hatte Voltaire den „Traktat über die Toleranz" veröffentlicht. Gestützt auf die historischen Erfahrungen mit dem Fanatismus der Religionskriege und die im Naturrecht begründete Gleichberechtigung aller menschlichen Überzeugungen, warb er für Toleranz und Menschlichkeit im Umgang der Menschen miteinander: „Mögen sich die Menschen erinnern, daß sie Brüder sind! Mögen sie Abscheu vor der Tyrannei über die Seelen haben."

Mit seinem Engagement für unschuldig Verfolgte handelte Voltaire ganz im Sinne der philosophischen Grundströmung seiner Zeit. Die Bewegung der Aufklärung (frz. lumières, engl. enlightenment) hatte sich in fast ganz Westeuropa verbreitet und in Frankreich ihre radikalsten Vordenker gefunden. Das Licht der menschlichen Vernunft sollte die Finsternis des Aberglaubens und des Fanatismus durchdringen und ablösen. Die Offenbarungsreligionen mit ihrem Jenseitsglauben, ihrem Absolutheitsanspruch sollten durch vernunftgemäße Sittlichkeit im Diesseits ersetzt werden. Bevormundung durch die Autorität von Kirchen oder Staat sei mit der Würde des selbstbestimmten menschlichen Individuums nicht zu vereinbaren; Kritik anstelle von naiver Gläubigkeit war die Forderung der Stunde. Freiheit des Denkens und Forschens sollte gewährleistet werden, damit der selbständig denkende Mensch sein Schicksal in die eigenen Hände nehmen konnte. Wenn erst die größtmögliche Zahl von Menschen aufgeklärt wäre, würde sich der Fortschritt der Menschheit nicht mehr aufhalten lassen. Ein ungeheurer Optimismus breitete sich in den intellektuellen Zirkeln, Salons und neugegründeten wissenschaftlichen Akademien aus, wurde in „Journalen" und Büchern massenhaft verbreitet. Voltaires Zeitgenossen Denis Diderot (1713–1784) und Jean Baptiste d'Alembert (1717–1783) verwirklichten mit zahlreichen anderen Autoren das ehrgeizige Projekt, das gesamte Wissen der Zeit in einem großen Werk zusammenzufassen; die „Encyclopédie ou Dictionnaire raisonné des sciences, des arts et des métiers" erschien 1751 bis 1772 trotz heftiger Widerstände, vor allem von seiten der Kirche.

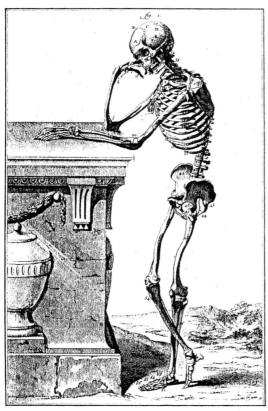

Illustration aus der Encyclopédie, Art. „Anatomie": Der Mensch, selbst als Totengerippe noch denkend.

Politische und gesellschaftliche Ideen. Der Generalangriff der Aufklärer auf die traditionellen Autoritäten mußte zwangsläufig auch zur Kritik an den politischen und gesellschaftlichen Zuständen der Zeit führen. Vor allem die Ständegesellschaft mit ihren Privilegien für Adel und Klerus wurde kritisiert; mit dem Naturrecht wurde die grundsätzliche Gleichheit der Menschen festgestellt, denen gewisse unveräußerliche Rechte – auf Leben, Freiheit, Schutz vor staatlicher Willkür – zugesprochen werden (▷ Menschenrechte). Die Wurzel des Übels sah man in der Machtkonzentration in der Hand der Könige. Der englische Philosoph John Locke (1632–1704) entwickelte

als erster die Theorie der Gewaltenteilung. Die Gesetzgebungsgewalt, die Legislative, eine gewählte Volksvertretung, müsse von der ausführenden Gewalt, der Exekutive, getrennt sein, um einen Mißbrauch der Macht unmöglich zu machen. Wenn aber der König die gewählte Legislative behindere, habe er den Herrschaftsvertrag gebrochen, und die Untertanen hätten das Recht auf Widerstand. Der französische Jurist Montesquieu (1689-1755) nahm diese Lehre in seinem Werk „De l'esprit des lois" wieder auf, fügt aber noch eine dritte Gewalt hinzu: auch die Rechtsprechung, die Jurisdiktion, müsse eine eigenständige Gewalt sein, um dem Bürger den Schutz seiner Freiheit gewährleisten zu können. Dem Rechtswesen des absolutistischen Staates galt die besondere Kritik der Aufklärer. Der Italiener Cesare Beccaria forderte in seinem Werk „Über Verbrechen und Strafen" (1766) die Abschaffung der grausamen Körperstrafen und der Folter.

Der schottische Moralphilosoph Adam Smith bekämpfte in seiner Schrift „Der Reichtum der Nationen" (1776) die merkantilistische Wirtschaftslenkung. Nur wenn der einzelne in Freiheit seine Interessen verfolgen könne, werde die Leistung der Wirtschaft aufs äußerste gesteigert. Im freien Spiel von Angebot und Nachfrage auf dem Markt steuere sich die Wirtschaft selbst und bewirke so, wie von unsichtbarer Hand gelenkt, das größtmögliche Allgemeinwohl. Nach dieser Theorie des Wirtschaftsliberalismus muß sich der Staat auf die Gewährleistung von innerer und äußerer Sicherheit, Rechtsprechung und Schulwesen beschränken.

Gingen aber Locke und Montesquieu noch davon aus, daß die Exekutive in der Hand eines Monarchen bleiben müsse, so dachten andere bereits radikaler und lehnten die königliche Gewalt als solche ab. Nur in einer Republik könnten die Freiheit und Gleichheit der Bürger sicher sein. Jean-Jacques Rousseau (1712–1778) lehrte in seinem Hauptwerk „Du contrat social" (Der Gesellschaftsvertrag, 1762), daß eine Gesellschaftsform zu finden sei, in der jeder seine Einzelrechte der Gemeinschaft, der ‚volonté générale', freiwillig unterordnet. In der so verwirklichten Volkssouveränität sei jeder zugleich Herrscher und Beherrschter, eine Kontrolle oder Teilung der Gewalten nicht mehr nötig. Da Rousseau zugleich forderte, daß ein Bürger, der sich der volonté générale verweigere, zum Gehorsam gezwungen werden solle – „daß er gezwungen wird, frei zu sein" –, liegt in seinem Ideal der direkten ▷ Demokratie die Gefahr einer Erziehungsdiktatur.

2. Parlamentarismus statt Absolutismus

Voltaire hatte in seiner Satire eine Welt dargestellt, in der die Völker von Kaisern, Sultanen, „Barbaren in bequemen Sesseln" beherrscht und tyrannisiert werden. Die Entwicklung im England des 17. Jahrhunderts entspricht aber nicht diesem Bild. Hier hatte das Parlament die Macht des Königs entscheidend eingeschränkt. Der englische König mußte also, im Unterschied zum französischen Absolutismus, mit Kontrolle, Widerstand und Eingriffen in seine Politik rechnen. Für die Bürger bedeutete dies, daß ihre Interessen und Vorstellungen diskutiert und teilweise auch politisch verwirklicht werden konnten.

M 1 Parlament und Exekutive

Aus dem Tagebuch des Samuel Pepys, Leiter der Proviantabteilung im Marineamt:
20.10.1667. Heute erhielt ich den Befehl, dem Parlamentsausschuß eine Liste aller Schiffe und ihrer Befehlshaber vorzulegen, die während des Krieges ausgelaufen sind.
5 22.10. Schlecht geschlafen, aus Angst, wie die Sache im Parlament ausgehen wird. Den ganzen Morgen damit beschäftigt, alles noch einmal zurechtzulegen, hatte nicht einmal Zeit zum Essen. Als das Haus vollzählig war, wurden wir aufgeru
10 fen. Ich gab meinen Bericht, wie sich die Dinge abgespielt haben, und beantwortete alle Fragen, so daß ich glaube, man war mit mir und dem Amt vollauf zufrieden. ...
29.2.1668. So endet dieser Monat, mit großen
15 Sorgen für mich wegen der Fragen im Parlament, besonders wegen der Matrosenbesoldung.
1.3. Mit Sir W. Coventry unsere Verteidigungsstrategie durchgegangen, für nächsten Donnerstag im Parlament. Wenn sie uns nicht wider alle
20 Vernunft ruinieren wollen, werden wir uns unserer Haut gut zu wehren wissen. ...
4.3. Wieder den ganzen Tag bis spät in die Nacht gearbeitet. Gab den anderen die wichtigsten Punkte an, über die ich sprechen will. Stelle zu
25 meinem Ärger fest, daß sich alle auf mich verlassen, der ich den geringsten Grund habe, mich so anzustrengen, denn Dank für meine Arbeit bekomme ich von den anderen gewiß nicht.
5.3. Bis 6 Uhr früh schlaflos gelegen. Rief dann

nach meiner Frau, um mich trösten zu lassen. 30 Gegen 9 Uhr war ich bereit und fuhr nach Westminster, wo meine Kollegen schon warteten. Um mich zu beruhigen, trank ich noch ein halbes Pint Sekt und dann noch etwas Branntwein, wodurch mein Mut erheblich wuchs. Zwischen 11 und 35 12 Uhr wurden wir hereingerufen. Das Unterhaus war bis auf den letzten Platz gefüllt und voller Voreingenommenheit und Erwartung. Nachdem der Sprecher die Unzufriedenheit des Hauses zum Ausdruck gebracht und den Kommissionsbericht 40 verlesen hatte, begann ich mit unserer Verteidigung, sehr sanft und ansprechend, redete ohne Stocken und ohne etwas auszulassen, ohne daß mich der Sprecher auch nur einmal unterbrochen hätte. Dann zogen wir uns zurück, und alle Kolle 45 gen, die mich gehört hatten, beglückwünschten mich und sagten, meine Rede sei die beste gewesen, die sie je gehört hätten. ... Da aber meine Rede so lange dauerte, waren viele zwischendurch zum Essen gegangen und halb betrunken 50 zurückgekehrt; weil das Haus nicht vollständig war, wurde die Entscheidung auf morgen in einer Woche vertagt. Trotzdem ist es klar, daß wir an Boden gewonnen haben, und jedermann sagt, daß ich große Ehre eingelegt habe. ... 55

(Samuel Pepys, Tagebuch aus dem London des 17. Jahrhunderts, hrsg. v. Helmut Winter. Stuttgart (Reclam) 1980, S. 393–405)

M 2 Meinungen, Interessen, Entscheidungen

Eine Parlamentsdebatte im Jahre 1691:
Donnerstag, 19. November
Lord Ranelagh legte eine Liste der Streitkräfte Seiner Majestät für den Dienst im Jahre 1692 vor, und wie sie aufgestellt werden sollten: ...
In England 5
Vier Regimenter zu Pferde, zwei zu 300 und zwei zu 213 Mann, insgesamt 1 026
Ein Regiment Dragoner von 480 Mann
Zwölf Fußregimenter, jedes zu 780 Mann, insgesamt 9 360 10
Eine unabhängige Kompanie von 50 Mann. Insgesamt: 10 916 (folgen weitere Posten für Schottland, Irland, „Westindien" und den Feldzug gegen Frankreich)
So beläuft sich die Gesamtstärke aller Streitkräf 15
te ... auf 64 924 Mann. ...
Sir John Lowther: Sie haben eine Materie von großer Bedeutung vor sich, nicht nur für unsere Nation, sondern für ganz Europa. Es geht um die Unterstützung unserer Bündnispartner gegen 20
den gemeinsamen Feind, die Franzosen. Wir

haben nun einen König, von dem ich zu behaupten wage, daß er der beste General auf der Welt ist; Sie haben starke Bündnisse gegen diesen ge-
25 meinsamen Feind ... Der einzige Weg ist, eine Armee gegen ihn an Land zu setzen, dann muß er entweder auf die See herauskommen, um gegen uns zu kämpfen, oder er muß zusehen, daß sein Land von einer mächtigen Armee verwüstet wird.
30 Dann werden seine eigenen Untertanen geneigt sein, sich gegen ihn zu erheben, da sie von so viel Unterdrückung und Steuern überwältigt werden. Ich erinnere mich daran, daß auch frühere Parlamente den Krieg mit Frankreich gewünscht
35 haben, sogar zu einer Zeit, als es gute Gründe gab, zu fürchten, daß die Regierung nicht willens dazu war. Jetzt aber haben Sie einen eigenen König, um Ihre Streitkräfte zu führen, um an die Spitze einer siegreichen Armee zu treten – einen
40 König, der ganz und gar Ihre Interessen vertritt ... Mein Antrag geht daher dahin, daß Sie die Anzahl von Männern bewilligen, die Seine Majestät für notwendig hält. ...
Paul Foley: ... Es wird von einigen mit Nachdruck
45 vertreten, daß es nötig ist, eine Armee von 65 000 Mann zu haben, aber Sie sollten sich doch auch Gedanken darüber machen, wie Sie das Geld aufbringen, um diese zu bezahlen ... Die Nation ist bereits mit zwei Millionen verschuldet. Ich muß
50 für meinen Teil erklären, daß ich nicht die Notwendigkeit für soviele Männer sehe, und daher wünsche ich nicht, daß wir dieser Liste zustimmen.
Sir John Guise: Ich wundere mich nicht, daß das
55 Mitglied, das zuletzt sprach, nicht versteht, was zu einer Armee gehört; er ist an solche Dinge nicht gewöhnt. Aber nehmen wir einmal an, wir tun, was dieser Gentleman von uns wünscht, nämlich die Liste ablehnen. Dann ist das Bündnis
60 gebrochen ... und wir haben nichts mehr zu tun, als uns zur See zu verteidigen. Das Verhältnis Ihrer Flotte zur holländischen ist zwei zu eins, und beide zusammen sind stark genug für die französische. Wenn aber der Franzose Holland über-
65 rennen und die Holländer zwingen sollte, ihre Flotte mit der seinen zu vereinigen, was würde dann aus Ihnen werden? Sie haben einen Krieg mit Frankreich beschlossen, und daß Sie Seiner Majestät Mittel geben würden, um ihn energisch
70 zu führen; Sie haben Bündnisse geschlossen zu diesem Zweck. Dann wäre es eine feine Sache, wenn herauskäme, daß Sie es für die energische Fortführung des Krieges angemessen hielten, mehr als 30 000 Mann zu entlassen.

Sir John Thompson: Jetzt sind Sie nicht korrekt. 75 Deshalb beantrage ich, daß wir an die Einzelposten gehen, Kapitel für Kapitel, wie es in der Liste steht ... Ich erkläre, daß ich gegen eine stehende Armee bin. Ich bin ihr gegenüber sehr mißtrauisch, und deshalb bitte ich, daß wir Punkt für 80 Punkt durchgehen, um zu sehen, was nötig ist und was nicht. ...

Mr. Hampden: Seine Majestät ist ein großer Heerführer, und da er denkt, daß 65 000 Mann notwendig sind, kann ich als einfacher Privat- 85 mann nur schließen, daß dem Gewicht beizumessen ist ...

Sir Robert Cotton: Denken Sie doch daran, wie bereitwillig die Holländer und die anderen Verbündeten waren, Ihnen in Notzeiten zu helfen, 90 wie sie ihre Heere und Flotten zur Verfügung stellten, um Sie zu retten, als Ihre Gesetze, Ihre Religion und alles in Gefahr war. Und sollen wir so undankbar sein, sie im Stich zu lassen, wenn sie unsere Hilfe am nötigsten haben? ... 95

Sir Thomas Clarges: Ich meine, eine Anzahl von Soldaten anzugeben ist dasselbe wie die Geldsumme zu nennen, denn wenn wir soviele Soldaten bereitstellen müssen, dann müssen wir sie auch besolden. Das ist nichts anderes, als was 100 auch das Parlament von Paris tut. Man nennt ihnen eine Summe, und sie bringen sie auf, aber ich wünsche nicht, daß wir auch soweit kommen. Wir sind zusammengerufen worden, um Rat zu geben, aber diese Art und Weise, eine Summe zu 105 nennen, beraubt uns unserer Freiheit.

Sir William Leveson-Gower: Ich bin dafür, die Liste in Bausch und Bogen abzustimmen, und das, weil ich meine, daß das Urteil Seiner Majestät besser ist als mein eigenes, und deshalb unter- 110 werfe ich mich ihm ...

Schließlich wurde die Liste zur Abstimmung gestellt, und es wurde beschlossen, daß für das Jahr 1692 eine Armee von 64 924 Mann notwendig ist, um den Frieden dieses Königreichs zu si- 115 chern und einen energischen Krieg gegen Frankreich zu führen. ...

(The Parliamentary Diary of Narcissus Luttrell. ed. by Henry Horwitz. Oxford (Clarendon Press) 1972, S. 28-33. Übers. H. Kraume – M. Tocha)

Arbeitsaufgaben

① Wie lassen sich die Sorgen des Marinebeamten Pepys (M 1) erklären? In welcher Situation könnte ein preußischer Beamter derartige Ängste empfinden?

② Erläutere die Arbeitsweise, die Zuständigkeit und Funktion des Parlaments anhand von M 2.

③ Vergleiche die Argumente der Redner in M 2. Von welchen Befürchtungen und Hoffnungen lassen sie sich leiten?

④ Welche Konsequenzen haben die Bestimmungen der Bill of Rights (s. Darstellungsteil) für die Machtstellung des englischen Königs? Vergleiche sie mit der des Königs von Frankreich.

Die Glorreiche Revolution

Tor Bay an der Südwestküste Englands, 5. November 1688. Eine riesige Flotte, über 200 Transportschiffe, die von 59 Kriegsschiffen eskortiert werden, treibt auf die Bucht zu und wirft, nachdem eine Vorhut unbehelligt von ihrem Erkundigungsgang zurückgekehrt ist, Anker vor dem kleinen Fischerdorf Brixham. Unter der Führung Wilhelms III. von Oranien, des Statthalters der Niederlande, gehen 12 000 Fußsoldaten und 3 000 Berittene an Land und marschieren, ohne auf Widerstand zu stoßen, ins Landesinnere vor. Am 9. November ist die Bezirkshauptstadt Exeter erreicht, wo der Eroberer von einer großen Menschenmenge begrüßt wird; Adel, Geistlichkeit und Bürgermeister machen dem Fürsten ihre Aufwartung. Die Armee erhält in den folgenden Tagen laufend Verstärkung durch Soldaten und Offiziere des englischen Heeres, die ihrem König, Jakob II. aus dem Hause Stuart, die Treue aufkündigten. Druckereien arbeiten Tag und Nacht, um die Reden und Schriften des Oraniers unters Volk zu bringen und jeden Engländer aufzufordern, sich „für die Rettung des Protestantismus und die Herrschaft des Rechts" seiner Armee anzuschließen. Sogar die Tochter des Königs, Prinzessin Anne, verläßt den königlichen Palast von Whitehall und geht zu den Gegnern über. Nach einem mißglückten Versuch, sein Heer gegen den Feind zu führen, flieht Jakob II. nach Frankreich; während man ihn nachts über die Themse rudert, wirft er das Großsiegel von England in den Fluß, um dem Eindringling jeden Anschein rechtmäßiger Herrschaft unmöglich zu machen. Dieser zieht am 18.12.1688 siegreich in London ein.

Flucht Jakobs II. am 11.12. 1688. Holländische Darstellung

Wilhelm von Oranien bei der Landung in Tor Bay (Gemälde von Jan van Wyck).
Herrscherbildnisse werden meist in Auftrag gegeben. Sie bezeugen das Selbstverständnis und die Herrschafts-
auffassung der Dargestellten. Wilhelm von Oranien zeigt sich als siegesbewußter Feldherr hoch zu Roß mit Degen
und Marschallstab.
Auf der Gedenkmedaille (S. 15) erscheint er als Wiederhersteller, „Restaurator", der alten englischen Freiheitsrech-
te. Auf dem Gemälde (S. 15) ist er mit Federkiel Unterzeichner der Verfassungs- und Vertragsurkunde.
Alle drei Bildnisse sind Herrschaftspropaganda. Das 3. Bild kommt der neuen Herrschaftsordnung eines „King in
Parliament" am nächsten. Absolutistische Monarchen hätten sich so nie darstellen lassen.

14

König Wilhelm und Königin Maria bei der Unterzeichnung der Bill of Rights

King in Parliament. Am 22. Januar 1689 tritt ein neugewähltes Parlament zusammen, das feierlich erklärt, daß König Jakob II. den <u>Vertrag</u> zwischen König und Volk gebrochen habe und daher abgesetzt sei. Wilhelm von Oranien und seine Frau Maria, die älteste Tochter Jakobs, werden zu Monarchen erklärt und am 13. Februar gekrönt, nachdem sie die <u>Declaration of Rights</u> unterschrieben hatten. Hierin verpflichtete sich das Herrscherpaar unter anderem,
- ohne Zustimmung des Parlaments keine Steuern zu erheben,
- ohne Parlamentsbeschluß in Friedenszeiten kein stehendes Heer in England zu unterhalten,
- keine Gesetze durch königliche Gewalt aufzuheben,
- den Untertanen das Recht zu garantieren, Bittschriften an den König zu richten,
- die freie Wahl der Parlamentsabgeordneten zu gewährleisten und deren Redefreiheit nicht zu beeinträchtigen.

Als <u>Bill of Rights</u> erhält die Erklärung Gesetzeskraft.

Wie ist dieser in der europäischen Geschichte einmalige Vorgang zu erklären? Während in fast ganz Europa der Absolutismus nach französischem Vorbild durchgesetzt worden war, gelang es dem englischen Parlament in den folgenden Jahren sogar, die Gewichte noch weiter zuungunsten des Königs zu verschieben. Alle drei Jahre sollten Wahlen abgehalten werden; die Leitung der politischen Geschäfte durch den Premierminister mußte mehr und mehr mit der Mehrheit des Parlaments abgestimmt werden, während die nichtregierende Minderheit ein Recht auf <u>Opposition</u> hatte. Diese Herrschaftsform nennt man ▷ <u>parlamentarische Monarchie.</u>

Gedenkmedaille: König Wilhelm überreicht England, Schottland und Irland eine Freiheitsmütze. Inschrift: Veni, vici, libertatem reddidi (Ich kam, siegte, gab die Freiheit zurück).

Die blutige Revolution und die Restauration.
Die ▷ Revolution von 1688/89 war nicht die erste in der englischen Geschichte. Seit der Thronfolge des Hauses Stuart (1603–1688) war das Verhältnis zwischen der Krone und dem Parlament, das aus zwei Häusern, dem hochadligen House of Lords (Oberhaus) und dem vom niederen Adel und dem wohlhabenden Bürgertum gewählten House of Commons (Unterhaus) bestand, immer konfliktreicher geworden. Verschärft wurden die Konflikte durch den Gegensatz zwischen der anglikanischen Hochkirche und den calvinistischen Puritanern. König Karl I. (1625–1649), der Vater Jakobs II., löste mit seinen Übergriffen in das Steuerbewilligungsrecht des Parlaments und gegen einzelne Mitglieder des Unterhauses einen blutigen Bürgerkrieg aus, den der Führer des Parlamentsheeres, der Puritaner Oliver Cromwell, siegreich beendete. Der König wurde am 30.1.1649 als Hochverräter öffentlich vor dem Whitehall-Palast hingerichtet, das Königtum als „unnötig, lästig, der Freiheit, Sicherheit und dem gemeinen Wohl gefährlich" abgeschafft. England war eine Republik geworden, die Cromwell als Lordprotektor mit fast diktatorischer Macht regierte. Nach seinem Tod setzten sich einflußreiche Parlamentskreise zusammen mit der Armee dafür ein, den Sohn des hingerichteten Königs, Karl II., auf den Thron zu berufen. Auf die Revolution folgte die Restauration des Königtums und des Parlaments. Das Verhältnis zwischen der Krone und dem Parlament blieb aber weiterhin gespannt. Immer wieder mußten dem König Zugeständnisse abgerungen werden; das wichtigste war die Habeas-Corpus-Akte von 1679, die willkürliche Verhaftung ohne richterlichen Haftbefehl verbot. Durch die Test-Akte von 1673, die alle Nichtanglikaner von Staatsämtern ausschloß, wurde die Toleranzpolitik Karls II. gegenüber Katholiken und Calvinisten eingeschränkt.

Hat man aus den Erfahrungen von 1649 gelernt? Den endgültigen Bruch mit dem Hause Stuart löste der katholische Nachfolger Karls II., sein Bruder Jakob II., aus. Der Aufbau einer starken Armee und die offenkundige Bevorzugung von Katholiken durch den König stießen auf Widerstand, da man mit Recht die Errichtung einer absolutistischen Herrschaft befürchtete. Die Gefahr eines neuen Bürgerkriegs wurde durch die Berufung Wilhelms von Oranien abgewendet, der als regierender Fürst und Schwiegersohn Ja-

Kartenspiel mit Szenen der Revolution von 1688: Zerstörung einer katholischen Kirche

kobs II. als rechtmäßiger König galt. Eine Radikalisierung wie 1649 fand daher nicht statt. Mit der Annahme der Declaration of Rights war die Mitherrschaft des Parlaments endgültig gesichert. 1714 bestieg Georg von Hannover aufgrund eines Parlamentsbeschlusses den Thron, obwohl 58 andere Fürsten höhere Erbansprüche hatten. Die ▷ Monarchie hatte ihren heiligen Charakter weitgehend verloren. Der jetzt einsetzende Aufstieg Englands zur Weltmacht lieferte den Beweis, daß die Einschränkung der königlichen Gewalt nicht zum Machtverlust des Staates führen mußte.

Nach wie vor war das Parlament aber ein Instrument der oberen Schichten; das Wahlrecht war an Besitz geknüpft. So waren im Jahre 1793 z.B. nicht einmal 10% der erwachsenen männlichen Engländer wahlberechtigt.

3. Kriege, Allianzen, Gleichgewicht

Voltaires Darstellung des Türkenkriegs erweckt den Eindruck, als ob Kriege im 18. Jahrhundert aus nichtigen Anlässen, um der Launen einiger Hauptakteure willen geführt würden. Tatsächlich bestimmten die Interessen der Großmächte, zu denen seit der Regierung Friedrich Wilhelms I. auch das Königreich Preußen gezählt werden mußte, den Gang der Außenpolitik. Heiraten und Erbfälle, Diplomatie und gelegentlich auch Bestechung und Erpressung waren Mittel des Machtkampfs. Wenn diese Methoden nicht zum Erfolg führten, galt der Krieg als legitimes Mittel zur Durchsetzung der eigenen Machtansprüche. Einige Fürsten machten sich aber auch Gedanken über die Grenzen ihrer Rechte.

M 1 Instruktion

Aus der Instruktion König Friedrich Wilhelms I. von Preußen für seinen Nachfolger (1722):
Mein lieber Succeßor bitte ich umb Gottes willen keinen ungerechten krihg anzufangen und nicht ein aggreßör sein den Gott die ungerechte Krige
5 verbohten und Ihr iemals müßet rechenschaft gehben von ieden Menschen, der dar in ein ungerechten Krig gebliben ist; bedenk was Gottes gericht scharf ist, lehset die Historie da werdet Ihr sehen das die ungerechte Krige nicht guht abgelauffen sein als da habet Ihr Ludewig der 14. Kö-
10 nig in franckreich ... Ihr seid zwahr ein grohser herre auf erden aber Ihr müßet von allen unrechtmeßigen krig und Bluht das Ihr vergißen laßet vor Gott rechenschaft tuhn. ...

(Die politischen Testamente der Hohenzollern. Bearbeitet von R. Dietrich, Veröffentlichungen aus den Archiven Preußischer Kulturbesitz, Bd. 20, Köln – Wien (Böhlau) 1986, S. 239)

M 2 Testament

Aus dem Politischen Testament Friedrichs II. (1752), Kapitel „Politische Träumereien":
Macchiavell sagt, daß eine selbstlose Macht, die sich zwischen ehrgeizigen Mächten befände, endlich zugrunde gehen müsse. Das verdrießt mich sehr, aber ich muß zugeben, daß Macchia-
5 vell recht hat. ...

Man vergrößert sich auf zweierlei Art, durch reiche Erbschaften oder durch Eroberungen ...
Von allen Provinzen in Europa gibt es keine, die besser zu unserem Staat paßten als Sachsen, Polnisch-Preußen und Schwedisch-Pommern, 10 weil alle drei ihn abrunden.
Sachsen indessen ist die nützlichste; es würde die Grenze am weitesten hinausrücken und Berlin decken, diesen Mittelpunkt des Reichs ...
Was diese Eroberungen erleichtern würde, wäre, 15 wenn Sachsen mit der Königin von Ungarn [Maria Theresia] verbündet wäre und diese Fürstin oder ihre Nachfolger mit Preußen gebrochen hätten. Das wäre ein Vorwand, in Sachsen einzumarschieren, um die Armee zu entwaffnen und sich 20 im Lande festzusetzen. ...
Damit dieser Plan vollständig gelänge, müßte Rußland, während wir im Krieg mit Österreich und Sachsen sind, in einen mit den Türken verwickelt sein, und man müßte dem Wiener Hof so 25 viele Feinde wie möglich auf den Hals ziehen, damit man nicht alle seine Kräfte zu bekämpfen hätte ... Im folgenden Feldzug würde man daran arbeiten, die Ungarn aufzuwiegeln ...
Die Provinz, die uns nach Sachsen am besten 30 anstünde, wäre Polnisch-Preußen. Es trennt Preußen von Pommern und verhindert, das erstere zu behaupten ... Ich glaube nicht, daß der Waffengang das beste Mittel wäre, diese Provinz dem Königreich hinzuzufügen, und ich bin ge- 35 neigt, Euch das zu sagen, was Viktor Amadeus, König von Sardinien, Karl Emanuel zu sagen pflegte: „Mein Sohn, man muß Mailand essen wie eine Artischocke, Blatt für Blatt." Polen ist ein Wahlkönigtum; beim Tode seiner Könige ist es 40 durch Parteien immerwährend beunruhigt. Dann ist es Zeit, daraus Nutzen zu ziehen und durch unsere Neutralität bald eine Stadt, bald einen anderen Bezirk zu gewinnen, bis alles geschluckt ist. ... Schwedisch-Pommern ist die Provinz, die 45 uns am besten anstünde nach denen, von denen ich eben gesprochen habe. Diese Erwerbung ließe sich nur durch Verträge machen. ...

(Die politischen Testamente der Hohenzollern, a.a.O., S. 367–375)

Arbeitsaufgaben

① Erläutere die Gedanken der beiden Könige von Preußen zu „Krieg, Allianz und Gleichgewicht".
② Vergleiche die vielen Kriege im Europa des 17. und 18. Jahrhunderts hinsichtlich ihrer Ursachen, Ziele und Ergebnisse. – Wurde der Aufklärer Voltaire in seiner Satire „Micromegas" (s. S. 5 f.) dieser Politik der Großmächte gerecht?

③ Was hätte Friedrich II., der hochgebildete und selbst als Schriftsteller tätige „Philosoph von Sanssouci", seinem langjährigen geistreichen Gastfreund Voltaire nach der Lektüre des „Micromegas" erwidern können?

④ Vergleiche die vertraulichen und einsamen Überlegungen der beiden Könige von Preußen zur Kriegführung mit der öffentlichen Debatte des englischen Parlaments zum selben Thema.

Europa 1648 – 1748

Die Friedensverträge von Münster und Osnabrück hatten nur für Mitteleuropa eine Zeit stabilen Friedens bewirkt, während im Westen und Osten Europas die Spannungen und Kriege fortdauerten. Ursachen waren die Großmachtbestrebungen Frankreichs und Schwedens, der beiden Hauptgewinner des Dreißigjährigen Krieges, und der Versuch des Osmanischen Reichs, seine Stellung auf dem Balkan zu festigen.

Während Kaiser und Reich mit der Situation beschäftigt waren, die durch die Eroberung Straßburgs (1681) im Westen des Reichs entstanden war, suchte Sultan Mehmed IV. die Lage zu einem Vorstoß auf die habsburgischen Kernlande auszunutzen. Im Sommer 1683 war die Hauptstadt Wien für 9 Wochen von den Türken belagert, bis es einer vereinigten Armee unter König Johann Sobieski von Polen und Herzog Karl von Lothringen gelang, die Stadt zu befreien und die Türken zum Rückzug zu zwingen. Ein Jahr später schlossen der Kaiser, der Papst, die Republik Venedig und Polen eine Heilige Liga gegen das Osmanische Reich. Der Balkan wurde für mehrere Jahrzehnte Schauplatz einer Gegenoffensive, bei der der kaiserliche Feldherr Prinz Eugen von Savoyen Ungarn, Siebenbürgen, Teile von Kroatien und Slowenien und 1717 sogar die Stadt Belgrad eroberte.

Der Spanische Erbfolgekrieg. Im Westen hatte vor allem die aggressive Politik Ludwigs XIV., der zwischen 1667 und 1697 mehrere Kriege führte, um seine Ansprüche gegenüber dem Reich und den spanischen Niederlanden durchzusetzen, den Frieden gefährdet. Der Sieg über die Türken und die Glorreiche Revolution, die einen erbitterten Gegner des französischen Absolutismus auf den englischen Thron gebracht hatte, verschlechterten die französische Position in Europa. Im Jahre 1700 bot sich dem französischen König eine Gelegenheit, Frankreich wieder zur Führungsmacht zu machen, als der letzte spanische Habsburger, Karl II., kinderlos starb und seine Krone einem Enkel Ludwigs XIV. vererbte. Ansprüche auf die Erbfolge hatten aber auch die österreichischen Habsburger; die Aussicht auf eine französisch-spanische Universalmonarchie, zu der auch die Kolonien in Südamerika und Asien gehört hätten, führte die Seemächte England und Holland dazu, mit dem Kaiser und einigen Reichsständen die Große Haager Allianz gegen Frankreich zu schließen. Der Spanische Erbfolgekrieg, der in Oberitalien und den südlichen Niederlanden, in Süddeutschland und in den Kolonien geführt wurde, brachte im Zusammenspiel des Prinzen Eugen mit dem englischen Feldherrn Marlborough Frankreich an den Rand einer Katastrophe, die nur dadurch vermieden wurde, daß in England nun Bedenken gegen eine österreichisch-spanische Übermacht laut wurden und eine neue Mehrheit im Parlament auf den Frieden hinarbeitete. Die Friedensschlüsse von Utrecht (1713) und Rastatt (1714) zeigen, daß sich die englische Vorstellung vom ▷ Gleichgewicht der Mächte durchgesetzt hatte. Zwar wurde der Enkel Ludwigs XIV. als spanischer König bestätigt, jedoch der Zusammenschluß beider Länder vertraglich ausgeschlossen. Österreich wurde mit den spanischen Niederlanden und den spanischen Besitzungen in Italien entschädigt, während sich England mit Gibraltar und Menorca sowie einigen französischen Besitzungen in Nordamerika Schlüsselpositionen für die Beherrschung der Meere sicherte; den Handelsinteressen Englands kam die Übertragung des „Asiento", des Monopols für den Sklavenhandel mit den südamerikanischen Kolonien Spaniens, entgegen.

Der Nordische Krieg. Die Lage im Norden Europas, wo sich Schweden 1648 die Großmachtstellung gesichert hatte, wurde vor allem durch die Entwicklung Rußlands unter Zar Peter dem Großen (1689–1725) entscheidend verändert. Dieser versuchte, sein Land durch eine rücksichtslose Modernisierung von Wirtschaft, Verwaltung, Heer und Flotte auf den Stand der übrigen absolutistischen Großmächte zu bringen. Auf schwedischem Grund und Boden gründete er seine neue Hauptstadt St. Petersburg, mit der der Welt auch symbolisch die neue Westorientierung des Zarenreichs demonstriert werden sollte. Der Konflikt mit Schweden war damit unausweichlich geworden. König Karl XII., der 1697 im Alter von 15 Jahren den Thron bestiegen hatte, gelang es trotz seiner überragenden militärischen Fähigkeiten nicht, den Nordischen Krieg (1700–1721) gegen das mit Dänemark und Polen verbündete Rußland zu seinen Gunsten zu entscheiden. In den Friedensverträgen mußte Schweden nahezu alle Gewinne aus dem Dreißigjährigen Krieg aufgeben und war damit nur noch eine Macht zweiten Ranges.

Aus dem von Frankreich und Schweden beherrschten Europa war ein kompliziertes mehrpoliges System geworden, in dem der weltweite Gegensatz zwischen Frankreich und England und die unübersichtlichen Verhältnisse in Osteuropa für ständige Spannungen sorgten.

Der österreichische Erbfolgekrieg. Mehrere Mächte witterten eine Gelegenheit zur Machtvergrößerung, als im Jahre 1740 mit Kaiser Karl VI. auch die österreichische Linie der Habsburger im Mannesstamm ausstarb. Schon 1713 hatte man daher durch ein Hausgesetz, die Pragmatische Sanktion, für diesen Fall die weibliche Erbfolge zu sichern versucht. Da dieses Gesetz von den übrigen Mächten nicht oder nur scheinbar angenommen worden war, ging es im kommenden Konflikt um die Existenz des Hauses Österreich. Gleich nach der Krönung der Kaisertochter Maria Theresia ließ der junge preußische König Friedrich II., der im selben Jahr den Thron bestiegen hatte, seine Truppen in die österreichische Provinz Schlesien einmarschieren (Schlesische Kriege 1740–1742 und 1744–45). Dies war nur der Auftakt für eine antiösterreichische Allianz aus Frankreich, Schweden, Spanien und Bayern, die ihrerseits Ansprüche anmeldeten und 1742 die Wahl des bayerischen Kurfürsten zum Kaiser (Karl VII., 1742–1745) durchsetzten. Für die Rechte Österreichs setzten sich nur die Seemächte ein, die das europäische Gleichgewicht bedroht sahen. Nach dem Tod des bayerischen Kaisers konnte Maria Theresia die Wahl ihres Gatten Franz Stephan zum Kaiser durchsetzen; der Krieg fand aber erst 1748 im Frieden von Aachen ein Ende. Maria Theresia hatte ihre Rechte international zur Anerkennung gebracht, mußte aber Schlesien dem preußischen Rivalen überlassen.

Europa 1721: Gleichgewicht oder Hegemonie?

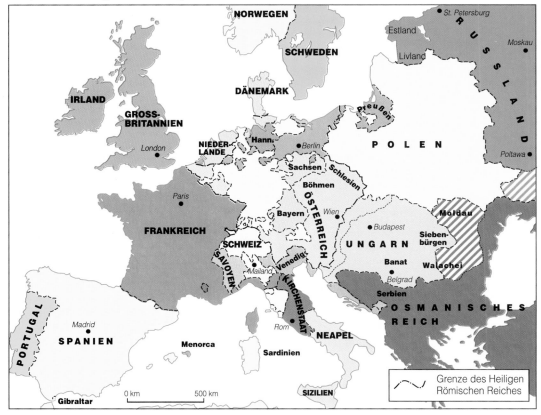

4. Kolonialkrieg – Kabinettskrieg – Allianzkrieg

Der Friede von Aachen (1748) hatte keine feste europäische Friedensordnung geschaffen. Österreich hatte sich mit dem Verlust Schlesiens nicht abgefunden. Die Spannungen in Europa wurden durch den Machtkampf zwischen Frankreich und England in Nordamerika verschärft.

M 1 **Denkschrift**

Denkschrift des österreichischen Staatskanzlers Fürst Kaunitz-Rietberg vom 28. August 1755:
Richtig ist, daß Preußen muß übern Haufen geworffen werden, wann das durchlauchtigste Ertzhauss aufrecht stehen soll ... Wir haben weniger Einfluß und Ansehen in allen Europaeischen An-
5 gelegenheiten. Im Reich setzt sich Preußen öffentlich der Kayserlichen Authorität entgegen; und wir wissen sicher, daß es nur auf Unseren Untergang lauret und solchen menschlichem Ansehen nach bewürken würde, wann wir ihme
10 nicht bevorkommen.
Richtig ist, daß Wir ihn nicht ohne die größte Gefahr attaquiren können, wann Wir keine Hülfe haben, und vor Unsern übrigen Nachbarn nicht sicher seynd.
15 Richtig ist, daß Unsere eigenen Alliirte niemahlen, und am wenigsten jetzo, Uns dazu helffen werden; im Gegentheil ist alle Vermuthung vorhanden, daß sie mit Preußen, wenigstens was sein Stillsitzen anbetrifft, verstanden. ... [sich ver-
20 ständigen]
Richtig ist, daß Holland gar nichts und England zu wenig thun, aber Uns die größte Last des Krieges gegen Frankreich aufbürden wollen.
Richtig ist, daß Wir allein dieser Macht nicht ge-
25 wachsen; daß Wir die Niederlande verliehren würden, und daß im glücklichsten Fall, Wir Unsere Länder, trouppen und Finanzen ruiniren müssen, ohne den geringsten Vortheil zu hoffen zu haben. Indessen Unser gefährlichster Nachbar
30 der Ruhe genießen, seine Kräfften schonen, und die Gelegenheit abwarten würde, Uns mit seiner ganzen Macht zu überfallen. ...
So fraget sich, ob nicht ein ander Mittel zu erfinden, um nicht nur den Schaden zu vermeiden, sondern auch wohl einen großen Vortheil aus den 35 gefährlichen Umständen zu ziehen.
Dieses Mittel wäre nun gefunden, wann Wir
1. Frankreich durch hinlängliche Ursachen bewegen könnten, die Preußische Allianz zu abandoniren [aufzugeben], und wann 40
2. Rußland zu vermögen wäre, Preußen zu gleicher Zeit mit einer Armee von 80- und mehr Tausend Mann auf den Leib zu fallen.

Denkschriften des Fürsten Wenzel Kaunitz-Rittberg, Hrsg. v. A. Beer. Archiv für österreichische Geschichte XL–VIII. 1872, S. 39 f.)

M 2 **Die englische Debatte um die Beendigung des Krieges (1762)**

1. Brief König Georg III. an Lord Bute (neuer Premierminister) nach dem Rückzug der russischen Truppen, 5.2.1762:
... ich fürchte, daß der plötzliche Rückzug der russischen Streitkräfte möglicherweise diesen *zu ehrgeizigen Monarchen* [Friedrich II.] dazu ermutigt, noch schlimmere Rachepläne gegen den Hof von Wien auszubrüten, wo er sich jetzt von einem 5 furchtbaren Widersacher befreit findet; es ist daher unsere Aufgabe, ihn zum Frieden zu zwingen ... Sie, mein lieber Freund, werden zweifellos mit Ihrer Rede diesen *stolzen, rücksichtslosen Fürsten* davon überzeugen, daß er keine Sicherheit 10 findet außer im Frieden ...

(Letters from George III to Lord Bute 1756–1766, ed. .. by Romney Sedgwick, Westport/Connecticut (Greenwood Press) 1981, S. 81, übers. H. Kraume)

2. Rede des früheren Premierministers William Pitt über die Bedingungen eines Sonderfriedens mit Frankreich, 9.12.1762:
Der deutsche Krieg hinderte Frankreich, seine Kolonien und Inseln in Amerika, Asien und Afrika zu unterstützen ... Daß die auf dem Tisch des Hauses niedergelegten Präliminarartikel (Vor-15 friedensartikel) den König von Preußen (welchen der Redner den hochherzigsten Bundesgenossen nannte, den England je besessen habe), seinem Schicksal überlassen wollte, tadelte er in den schärfsten Ausdrücken. Er nannte das hin-20 terhältig, betrügerisch, gemein und verräterisch. Nachdem man diesen großen und herrlichen Monarchen vier Monate lang mit Subsidienversprechungen hingehalten, habe man ihn schließlich hintergangen und enttäuscht ... 25

(Zit. in: Heinz Schilling, Höfe und Allianzen – Deutschland 1648–1763. Berlin 1989, S. 466 f.)

Arbeitsaufgaben

① Erläutere die außenpolitischen Zielsetzungen, die Kaunitz (M 1) entwickelt. Welche Veränderungen im europäischen Staatensystem würden sie bei ihrer Verwirklichung zur Folge haben?

② Vergleiche die außenpolitischen Gedanken von Kaunitz mit denen Friedrichs II. (s. M 2, S. 17).

③ Welche verschiedenen Interessen kommen in den beiden englischen Stellungnahmen zum Ausdruck?

Der Siebenjährige Krieg

Im oberen Ohiotal begann 1754 eine bewaffnete Auseinandersetzung, die einen langjährigen Krieg auslöste; dieser wurde zugleich in drei Erdteilen geführt. Eine englische Miliztruppe unter der Führung George Washingtons, eines Tabakpflanzers aus Virginia, drang auf französisches Territorium vor, das zwischen den Großen Seen im Norden und Nouvelle Orléans im Süden durch eine Reihe von Forts gesichert war. Nach Anfangserfolgen mußte sich die Truppe aber bald wieder zurückziehen. Seitdem befanden sich die beiden Großmächte auf dem nordamerikanischen Kontinent im Kriegszustand; beide zogen die mit ihnen verbündeten Indianerstämme in diesen Krieg hinein. Auch der Kampf um die Vorherrschaft in Indien wurde mit Waffengewalt ausgetragen. Da die Kräfteverhältnisse ausgeglichen waren, mußten sich beide Mächte nach Bundesgenossen umsehen.

Eine diplomatische Sensation. Die Lage auf dem europäischen Kontinent war nach wie vor durch den preußisch-österreichischen Dualismus geprägt. Die österreichische Regierung unter Staatskanzler Kaunitz, die sich mit dem Verlust Schlesiens nicht abgefunden hatte, suchte die Annäherung an Frankreich und Rußland, um militärisch gegen Preußen vorgehen zu können. Ein Bündnis mit Frankreich war aber nur unter der Voraussetzung möglich, daß das jahrhundertealte Mißtrauen zwischen den beiden Mächten abgebaut würde. Hierzu leisteten England und Preußen ungewollt Vorschub.

Um das Kurfürstentum Hannover, das in Personalunion mit der Krone Englands verbunden war, vor einem französischen Entlastungsangriff zu schützen, schloß die englische Regierung im Januar 1756 mit Friedrich II. die Konvention von Westminster als Verteidigungsbündnis. Frankreich fühlte sich von seinem früheren Bündnispartner betrogen und sah keine andere Wahl, als auf die österreichischen Angebote einzugehen. Dem französisch-österreichischen Bündnis schlossen sich nach und nach Rußland, Schweden und die meisten Reichsstände an. Preußen war isoliert.

Prävention oder Aggression? Dem drohenden Angriff seiner verbündeten Gegner, deren Pläne ihm durch einen Spion bekannt geworden waren, suchte Friedrich II. durch einen Präventivschlag gegen Sachsen zuvorzukommen. Der Einmarsch und Sieg über die sächsische Armee verschaffften ihm zwar eine bessere Ausgangsbasis für den Krieg gegen Österreich, stempelten ihn aber vor der Weltöffentlichkeit zum Friedensbrecher und isolierten ihn so vollends. Von England nur durch Subsidiengelder unterstützt, mußte die preußische Armee den Kontinentalkrieg fast

Nordamerika im 18. Jahrhundert

englischer Besitz

spanischer Besitz

französischer Besitz

Der Feldherr schläft im Schoße eines Soldaten. Preußische Legendenbildung um Friedrich II.

allein führen und stand trotz großer Erfolge mehrmals vor der völligen Vernichtung. Nach der schweren Niederlage bei Kunersdorf (12.8.1759) schien das Schicksal Preußens besiegelt. Die Hauptstadt Berlin wurde zweimal von den Gegnern besetzt. Die Rettung des preußischen Staates wurde später propagandistisch als „Mirakel des Hauses Brandenburg" bezeichnet; in Wirklichkeit hatten die Verbündeten nur versäumt, den Sieg von Kunersdorf zu einer entschlossenen Schlußoffensive auszunutzen. Der Tod der Zarin Elisabeth (1762) führte schließlich zum Ausscheiden Rußlands und zu einer entscheidenden Verbesserung der militärischen Lage Preußens.

Dresden. Die Trümmer der Kreuzkirche, Juli 1760. Gemälde von Canaletto

Friedensschlüsse – auf wessen Kosten?

Nachdem England seine Hauptziele, die Eroberung der französischen Besitzungen in Nordamerika und Indien, erreicht hatte, wurde der Premierminister William Pitt, der stets die Verbindung mit Preußen gesucht hatte, gestürzt. Die neue Regierung unter Lord Bute suchte sogleich den Frieden mit Frankreich und stellte die Subsidienzahlungen an Preußen ein.

Im Frieden von Paris mußte Frankreich fast alle Besitzungen in Nordamerika und Indien an England abgeben; England war zur Weltmacht geworden. Bei den Friedensverhandlungen mit Preußen im sächsischen Schloß Hubertusburg trat Österreich Schlesien endgültig ab. Preußen hatte seine Großmachtstellung bewahren können.

Friedrich August Calau: Invalider Husar auf Krücken

Den Preis für diesen Gewinn beschreibt ein heutiger Historiker: „...von den rund 500 000 Toten des Krieges hatte allein Preußen 180 000 zu beklagen ...Beim Friedensschluß 1763 gab es in der Mark kaum eine Adelsfamilie, die nicht mindestens einen Angehörigen dem Ruhm Preußens geopfert hatte; ...allein die Familie Kleist hatte 23 Mitglieder verloren, die Münchows 14, die Seydlitz', Arnims, Bredows, Schulenburgs, Puttkamers und viele andere deren sieben oder acht. Von den 1 850 Mann, mit denen das Berliner Grenadierregiment Linden 1756 auszog, sollten 1763 ganze 50 Soldaten heimkehren."

5. Gleichgewicht der Großen auf Kosten der Kleinen

Die Vorstellung vom friedenbewahrenden Gleichgewicht galt nur für das Verhältnis der fünf Großmächte. Die kleineren oder schwächeren Staaten hatten in diesem Konzert nur dann eine Chance, wenn sich ihre Interessen mit denen einer Großmacht verbinden ließen.

M 1 Preußische Politik gegenüber Polen

Aus der Instruktion Friedrich Wilhelms I. von Preußen 1722:
Mit der Republicke Pohlen ist guht in guhte freundschaft lehben und sie ein guht vertrauen bezeugen und auf den Reihtag euch bestendig eine Partey zu machen, das Ihr den reihtag bre-
5 chen Könnet, wen Ihr es euer interesse apropos findet. Ihr müßet mit aller macht bearbeiten, das es eine Republicke bleibe und das nicht ein Su-werener König seyn, sondern bestendig eine freie Republicke verbleibe. ...

(Die politischen Testamente der Hohenzollern a.a.O., S. 239 f.)

M 2 Briefwechsel

Brief König Stanislaus August II. an Kaiserin Maria Theresia vom 26. Juni 1773:
Verehrte Frau Schwester,
was auch immer die Schritte gewesen sein mö-gen, die Ihre Kaiserliche Majestät gegen Polen unternehmen zu müssen glaubten, so bin ich si-
5 cher, daß Sie sie wider Willen getan haben und sich die Folgen dieser Maßnahmen nicht so grau-sam für uns vorstellen können, wie sie tatsächlich sind. ... Das Entgegenkommen der Republik ge-gen die drei Höfe [Preußen, Österreich, Rußland]
10 am 14. Mai letzten Jahres hätte eigentlich zur Einstellung aller Feindseligkeiten führen müssen ...; trotzdem haben Ihre Truppen nicht nur Polen und die Umgebung seiner Hauptstadt nicht ver-lassen, sondern haben ihre Härte gegen seine
15 Einwohner noch verdoppelt. Nicht zufrieden mit den beträchtlichen Lieferungen, die unser Land ihnen seit einem Jahr leistet, haben sie neue und außergewöhnliche Forderungen erhoben, die die Erzeugnisse des Landes oft um das Doppelte
20 übersteigen ...

... Wenn auch die Politik alles rechtfertigen sollte, dann sollten doch wenigstens ihre Mittel den Zie-len angemessen sein. Man wollte durch Druck-mittel die Polen zwingen, einen Reichstag einzu-berufen und eine Delegation zu bilden, um ihre 25 Provinzen abzutreten. Der Reichstag hat stattge-funden, die Delegation ist gebildet worden, und die Druckmittel nehmen zu statt aufzuhören.
Wenn Sie wüßten, Madame, daß an manchen Or-ten unsere Äcker nicht eingesät worden sind, weil 30 Ihre Truppen den Bauern das letzte Korn wegge-nommen haben, und diese fliehen und ganze Dörfer verlassen, wo sie vor Hunger sterben wür-den, dann würden Sie Ihr mitleidiges christliches Herz fragen hören: Was hat mir diese polnische 35 Nation getan, daß sie schlimmer behandelt wird als irgendeine von denen, die ungerechte Kriege gegen mich geführt haben ...?
Ich bin so sehr von der Gerechtigkeitsliebe Ihrer Kaiserlichen Majestät überzeugt, daß ich glaube, 40 es genügt, Ihnen einmal alle diese Gegenstände vor Augen zu führen, um mir schmeicheln zu kön-nen, daß Sie schnellste und wirksamste Abhilfe dafür schaffen wollen. ...
Ich bin, verehrte Frau Schwester, 45
Ihrer Kaiserlichen und Königlichen Apostolischen Majestät
guter Bruder und Nachbar
König Stanislaus August

Antwort Maria Theresias, Wien 5. Juli 1773:
Mein Herr Bruder, 50
ich habe den Brief Ihrer Majestät vom 26. Juni er-halten; ... ich glaube aber, daß ich nur kurz auf alles antworten soll, was er enthält und was nach meiner Auffassung nicht in direkter Korrespon-denz zwischen uns behandelt werden sollte ... 55
(ich) glaube mich darauf berufen zu müssen, was von ministerieller Seite in meinem Namen in die-ser Hinsicht veröffentlicht worden ist. Alles, was ich hinzufügen kann, ist, daß Ihre Majestät mir Gerechtigkeit widerfahren lassen werden, wenn 60 Sie sich überzeugt haben, daß ich ehrlich über Ihr Los bekümmert bin und daß ich seine Bitternis lin-dern werde, soweit es von mir abhängt. Bezüg-lich der Militärlieferungen habe ich meinem be-vollmächtigten Minister ... Befehle gegeben, die 65 Ihre Majestät hoffentlich in Übereinstimmung mit der Gerechtigkeit und den Umständen finden wird.
Im übrigen bleibe ich mit allen Gefühlen, die ich Ihrer Majestät schulde, mein Herr Bruder, 70
Ihrer Majestät gute Schwester und Nachbarin ...

(Die erste Theilung Polens – Documente, hrsg. von Adolf Beer. Wien 1873, S. 92–95, Aus dem Frz. übers. H. Kraume)

① Zeige, wie die Teilung Polens aus preußischer, österreichischer und polnischer Sicht beurteilt wird. (Vgl. auch S. 17, M 2)

② Der König von Polen und die Kaiserin von Österreich reden sich als Geschwister an. Wo endet ihre Geschwisterliebe?

③ Vergleiche mit Hilfe der folgenden Darstellung den polnischen Reichstag mit dem englischen Parlament (s. S. 11 ff.).

④ Aus Machtinteressen können große Staaten einen kleineren Staat, nicht aber einfach eine ganze Nation auslöschen. Warum nicht? (▷ Nation)

Die polnischen Teilungen

Eine dramatische Szene spielte sich am Abend des 3. November 1771 in der Kapuzinergasse in Warschau ab. König Stanislaus August wurde in seiner Kutsche von 40 Bewaffneten zu Pferde angegriffen. Sie hielten zunächst den Wagen an, töteten einen Haiducken, der den Wagenschlag zu verteidigen suchte, wobei ein Schuß den Pelzmantel des Königs durchlöcherte, ohne ihn jedoch zu verletzen. Ein Säbelhieb fügte ihm eine leichte Verletzung im Nacken zu. Zuerst zu Pferd, dann zu Fuß irrte die Gruppe in der Umgebung der von russischen Truppen besetzten Hauptstadt herum, um den König den aufständischen „Konföderierten" auszuliefern, die gegen die Russen und den von ihnen abhängigen König kämpften. Nur einem plötzlichen Gesinnungswandel des Anführers der Truppe, Kosinski, soll Stanislaus August sein Leben verdankt haben; blutend und erschöpft kehrte er in den Morgenstunden nach Warschau zurück.

Diese Episode, die in ganz Europa Aufsehen erregte, bildete den Auftakt zum letzten Akt des polnischen Dramas, das von Bürgerkriegen und Interventionen der mächtigen Nachbarn Rußland, Preußen und Österreich geschürt wurde. Der junge Kaiser Joseph II., Sohn und Mitregent Maria Theresias, hatte als erster Ansprüche auf polnisches Territorium erhoben und eine Grafschaft besetzt, die seine Vorfahren 1412 an Polen verpfändet hatten. Die beiden anderen Großmächte

„Der Dreikönigskuchen". Kupferstich von Noel Lemire, Paris 1773. Die Darstellung zeigt König Stanislaus August II. zwischen Katharina II. (links), Joseph II. und Friedrich II. (rechts). Das Blatt, das die Politik der drei Großmächte kritisiert, wurde von der Zensur verboten.

mochten da nicht zurückstehen; die Teilungsverträge, die Österreich 1772 mit Preußen und Rußland schloß, beraubten Polen um mehr als ein Viertel seines Territoriums und um mehr als ein Drittel seiner gesamten Einwohnerzahl (ca. 200 000 km², 4,5 Millionen Einwohner).

Schwäche der Republik – Stärke des Absolutismus. Nur aus der besonderen Verfassung des polnischen Staates läßt sich dieser einmalige Gewaltakt verständlich machen. Polen war eine „Republik" mit einem gewählten König; das Wahlrecht hatte der von allen Adelsfamilien besetzte Reichstag (Sejm). Durch Druck und Bestechung wichtiger Familien und Adelsparteien mischten sich die europäischen Staaten mehr und mehr in diese Vorgänge ein. So finden wir im 17. Jahrhundert schwedische, im 18. Jahrhundert sächsische Fürsten auf dem polnischen Thron. Auch die Wahl Stanislaus Augusts II. aus dem Hause Poniatowski (1764–1795), mit dem erstmals wieder ein Pole den Thron bestieg, war nur durch den Einfluß der Zarin Katharina II. und ihrer polnischen Parteigänger möglich geworden. Neben dem Wahlrecht hatte der Reichstag das volle Gesetzgebungs- und Steuerbewilligungsrecht. Offensivkriege waren dem König untersagt; nicht einmal Verteidigungskriege durfte er ohne einen Reichstagsbeschluß führen.

Die Beschlußfähigkeit war vor allem durch die Einrichtung des Liberum Veto behindert. Dieses bedeutete, daß im Reichstag die Stimme eines einzigen Adelsvertreters genügte, um Beschlüsse etwa in Steuer- oder Militärfragen hinfällig zu machen. Die Folge war, daß selbst bedeutende Herrscher auf dem polnischen Thron keine kontinuierliche Politik betreiben konnten, sondern immer wieder zu Kompromissen mit den sich gegenseitig befehdenden Adelsgruppen (Konföderationen) genötigt waren. So kam auch kein gemeinsamer Widerstand gegen die Teilungsverträge zustande.

Reformversuche. Die Katastrophe von 1772 löste im polnischen Adel einen Schock aus, der zu weitreichenden Konsequenzen führte. Immerhin war Polen auch jetzt noch territorial so groß wie Frankreich, entsprach seine Einwohnerzahl der der Weltmacht England. Durch Reformen in der Steuergesetzgebung und im Heerwesen sollte die Leistungskraft des Staates gesteigert werden; im Geiste der Aufklärung wurde das noch ganz mittelalterliche Bildungssystem modernisiert. Den Schlußpunkt dieser polnischen Erneuerung sollte – schon im Schatten der Französischen Revolution (s.u.S. 44) – eine neue politische Verfassung bilden, die die Prinzipien der

Die Teilung Polens 1772, 1792, 1795

1. Teilung 1772

3. Teilung 1795
an Preußen
an Preußen
an Rußland
an Rußland
an Österreich
an Österreich

2. Teilung 1792
an Preußen   an Rußland

Gewaltenteilung und der Volkssouveränität zu verwirklichen suchte. Das Königtum sollte künftig erblich sein. Die Verwirklichung dieser Verfassung hätte aus Polen einen modernen Staat gemacht, aber eben dies wurde durch eine erneute Intervention Rußlands verhindert. Im Einvernehmen mit Preußen, das sich seine Hilfe mit westpolnischen Gebieten honorieren ließ, annektierte Katharina II. ein weiteres Mal Territorien im Osten Polens (2. polnische Teilung 1793); dieses verlor dabei etwa die Hälfte des 1772 verbliebenen Bestandes. Ein Aufstand patriotischer Polen unter General Tadeusz Kosciusko wurde von den drei benachbarten Großmächten gemeinsam niedergeschlagen; 1795 teilten sie einvernehmlich den Rest Polens unter sich auf.

Den Widerstandswillen der Polen vermochten die Großmächte aber auch im ganzen folgenden Jahrhundert nicht zu brechen. Immer wieder brachen Aufstände mit dem Ziel eines unabhängigen Polen aus, polnische Revolutionäre waren an vielen Unruhen in Europa beteiligt. Erst nach dem Ersten Weltkrieg (1918) wurde wieder ein unabhängiger polnischer Staat gegründet. Ein 1797 gedichtetes Kampflied wurde zur Nationalhymne des freien Polen:

„Noch ist Polen nicht verloren,
Solange wir noch leben.
Was das Schwert uns tückisch raubte,
Wird das Schwert uns wiedergeben ..."

6. Die amerikanische Revolution – eine englische in Amerika?

In England hatte sich 1688 erstmals eine parlamentarische Regierungsform durchgesetzt, die auf aufgeklärten Grundsätzen beruhte. Prinzipiell galten diese auch in den britischen Kolonien in Nordamerika. Im Konflikt mit dem Mutterland wurden nun diese Grundsätze gegen den Urheber gekehrt. Ein englischer Historiker sagte über die amerikanische Revolution, sie erscheine dem Kenner der englischen Geschichte „wie eine Geschichte, die er schon einmal gelesen hat".

M 1 **Aus der amerikanischen Unabhängigkeitserklärung vom 4. Juli 1776**

Wir halten diese Wahrheit für in sich einleuchtend: daß alle Menschen gleich geschaffen sind; daß sie von ihrem Schöpfer mit gewissen unveräußerlichen Rechten ausgestattet sind, darunter Leben, Freiheit und Streben nach Glück; daß zur ₅ Sicherung dieser Rechte Regierungen unter den Menschen eingesetzt sind, die ihre gerechten Vollmachten von der Einwilligung der Regierten herleiten; daß, wenn immer eine Regierungsform diesen Zielen zum Schaden gereicht, es ₁₀ das Recht des Volkes ist, sie zu ändern oder abzuschaffen und eine neue Regierung einzusetzen ...

Die Geschichte des gegenwärtigen Königs von Großbritannien ist eine Geschichte wiederholter ₁₅ Beleidigungen und Anmaßungen, die alle das direkte Ziel verfolgen, eine unbeschränkte Tyrannei über diese Staaten aufzurichten. Zum Beweise hierfür mögen Tatsachen einer geneigten Welt unterbreitet werden: ₂₀

Er hat seine Zustimmung zu Gesetzen verweigert, die durchaus zweckmäßig und für das allgemeine Wohl erforderlich waren. ...

Er hat wiederholt Volksvertretungen aufgelöst, weil sie sich mit mannhafter Festigkeit seinen ₂₅ Eingriffen in die Rechte des Volkes widersetzten.

Er hat sich nach solchen Auflösungen Neuwahlen lange Zeit widersetzt ...

Er hat Richter in ihrer Amtsführung und der Höhe und Auszahlung ihres Gehaltes allein von seinem ₃₀ Willen abhängig gemacht. ...

Die Unterzeichnung der Unabhängigkeitserklärung. Gemälde von J. Trumbull

Er hat unter uns in Friedenszeiten stehende Heere unterhalten ohne die Zustimmung unserer gesetzgebenden Körperschaften. ...

35 Er hat sich mit anderen zusammengetan, um uns einer Rechtsprechung zu unterwerfen, die unserer Verfassung fremd ist ..., um unseren Handel mit allen Teilen der Welt abzudrosseln; um uns Steuern ohne unsere Zustimmung aufzu-

40 erlegen; ...

Ein Fürst, dessen Charakter so durch jede seiner Handlungen als tyrannisch gebrandmarkt ist, ist ungeeignet, der Herrscher über ein freies Volk zu sein ...

(Wolfgang Lautemann/M. Schlenke (Hrsg.), Geschichte in Quellen, Amerikanische und Französische Revolution. München (BSV) 1981, S. 90 ff.)

Arbeitsaufgaben

① Welche Grundsätze der Aufklärung kommen in der Unabhängigkeitserklärung zum Ausdruck? Ziehe auch S. 8–16 heran.

② Vergleiche die amerikanische mit der englischen Revolution. Nenne Gemeinsamkeiten und Unterschiede.

③ Findest du in der amerikanischen Gesellschaft des 18. Jahrhunderts Widersprüche zu den Ideen der Unabhängigkeitserklärung?

Die Vereinigten Staaten um 1800

▨ Das Gebiet der 13 alten Staaten
(Vermont und Maine wurden 1791 bzw. 1820 als Staaten in die Union aufgenommen)

▢ 1783 von England abgetreten
(die Staaten entstanden in den nächsten Jahrzehnten)

Ein Volk im Bund mit Gott ?

Im November 1620 landete ein kleines englisches Segelschiff, die Mayflower, an der Küste bei Cape Cod im heutigen US-Bundesstaat Massachusetts. 41 Auswanderer aus England schlossen vor dem Betreten des Festlandes in der Kajüte des Schiffes einen Vertrag, den Mayflower Compact: zur „Ehre Gottes und zur Ausbreitung des christlichen Glaubens und zum Ruhm von König und Vaterland" sei die Fahrt unternommen worden. Jetzt werde man sich zu einem „bürgerlichen politischen Körper" vereinigen, der sich selbst „rechte und billige Gesetze, Verfügungen, Erlasse, Einrichtungen und Ämter" geben solle. Die Männer, die diesen Vertrag schlossen und die Kolonie Plymouth gründeten, waren strenggläubige Puritaner, die mit ihren Familien aus dem England der Stuart-Könige (s.o. S. 16) ausgewandert waren, um in einem „neuen Jerusalem" ein Leben nach ihren eigenen Überzeugungen führen zu können. Hierzu gehörte der calvinistische Glaube an die Prädestination, die göttliche Vorherbestimmung des

Menschen zum Heil oder zur Verdammnis. Nach calvinistischer Auffassung läßt schon der Erfolg im diesseitigen Leben auf Gottes Segen schließen, so daß harte Arbeit und Leistung, Verzicht und Sparsamkeit gottgefällig seien. Ferner lehnten sie die hierarchischen Strukturen der anglikanischen und der katholischen Kirche ab; ihre Gemeinden wurden von gewählten Vertretern, Presbytern (Kirchenältesten), geleitet. Die Selbstverwaltung der religiösen Gemeinden wurde zugleich auch die Grundlage der politischen Ordnung.

Obwohl seit der Gründung der ersten englischen Kolonie in Virginia (1607) auch Angehörige anderer Kirchen nach Nordamerika auswanderten, viele Siedler auch nicht aus religiösen Gründen ihre Heimatländer verließen, sondern um drückender Armut und politischer Unterdrückung zu entgehen, so haben doch die puritanischen Tugenden der Pilgerväter das Leben in den neuen Kolonien entscheidend geprägt. Trotz der unvorstellbar harten Lebensbedingungen auf dem neuen Kontinent war die Bevölkerungszahl bis

27

1776 auf etwa 2 Millionen angestiegen; dazu kommen noch Hunderttausende „Einwanderer in Ketten", schwarze Sklaven von der Westküste Afrikas, die auf den Sklavenmärkten der Westindischen Inseln an die Plantagenbesitzer der südlichen Kolonien verkauft wurden. Mit der Gründung der Kolonie Georgia (1732) war die jüngste der 13 englischen Kolonien in Nordamerika entstanden. Unterschiedlich war die Rechtsform der neuen Kolonien. Die ältesten Niederlassungen waren von Handelsgesellschaften gegründet worden; daneben gab es aber auch „Eigentümerkolonien", die Privatpersonen gehörten, und „Kronkolonien". Obwohl sie alle weitgehende Selbständigkeit in ihren inneren Angelegenheiten genossen, war die Oberhoheit des englischen Königs und des Parlaments von Westminster unumstritten.

Wirtschaftlich und gesellschaftlich lassen sich drei Hauptregionen unterscheiden. Die nördlichen Staaten (Neuengland) waren fast rein englisch besiedelt und puritanisch geprägt; sie lebten außer von Landwirtschaft von Seehandel, Fischerei und Gewerbe.

Die mittlere Zone (New York, New Jersey, Pennsylvania) war stärker agrarisch ausgerichtet, besaß aber mit Philadelphia und New York zwei bedeutende Handelsplätze; hier lebten neben englischen auch holländische, deutsche, schwedische und französische Siedler. Im Süden waren die Besitzer großer Plantagen, auf denen mit Hilfe von Sklaven Tabak, Baumwolle und Indigo angebaut wurde, die führende Schicht. Sie stammten zumeist aus dem englischen Landadel und pflegten einen aristokratischen Lebensstil.

Aus zwei Gründen mußte das Leben in den amerikanischen Kolonien verlockend erscheinen: Es gab keine Ständegesellschaft wie in Europa, und es herrschte trotz einiger Versuche von Puritanern, Staat und Religion zu verbinden, Glaubens- und Meinungsfreiheit. Die wirtschaftliche Freiheit der Kolonien war aber durch die Navigationsakte von 1651 und 1660, die den Handelsverkehr auf England einschränkte, stark behindert.

Prinzipien von 1688 – Forderungen von 1776.
Der Siebenjährige Krieg (s.o. S. 21) hatte die Landkarte Nordamerikas gründlich verändert. Das ganze Festland östlich des Mississippi war britisch geworden. Der Preis für diesen Erfolg war eine hohe Staatsverschuldung, die durch Steuererhöhungen abzutragen war. Daran sollten sich jetzt erstmals auch die Kolonien beteiligen. Nach dem Stamp Act von 1765 sollte eine Stempelsteuer für Urkunden und Akten, die im englischen Mutterland bereits eingeführt war, erhoben werden. Die finanziellen Belastungen hätten die in-

zwischen recht wohlhabenden Kolonien tragen können. Sie waren jedoch empört über diesen Eingriff in ihre Selbstverwaltung; nach ihrer Auffassung hatte das englische Parlament, in dem sie nicht vertreten waren, gegen die Grundsätze der Bill of Rights verstoßen, nach der keine Steuer ohne Zustimmung der Betroffenen erhoben werden durfte. „Ein Parlament von Großbritannien kann das Recht, den Kolonien Steuern aufzuerlegen, ebensowenig in Anspruch nehmen wie ein Pariser Parlament", erklärte der Jurist John Adams aus Massachusetts. „No taxation without representation" wurde zur Losung des Kampfes. Eine Widerstandsorganisation, die Sons of Liberty, verhinderten die Durchführung des Gesetzes mit Gewalt. Als wirksamstes Kampfmittel erwies sich der Boykott englischer Waren. London zog die Stempelsteuer zwar zurück, erließ aber zugleich den Declaratory Act, in dem die „unbeschränkte Gewalt" von König und Parlament, den Kolonien bindende Gesetze zu geben, bekräftigt wurde.

1773 erfolgte der Anstoß zum offenen Kampf. Aufständische, die als Indianer verkleidet waren, warfen eine ganze Schiffsladung Tee in den Hafen von Boston (Boston Tea Party), um gegen die Einfuhr von verzolltem Tee zu protestieren. Da man mit einer harten englischen Reaktion rechnen mußte, wurde der 1. Kontinentalkongreß berufen, der über die gemeinsame Verteidigung beraten sollte.

1775 begannen in Massachusetts die ersten bewaffneten Auseinandersetzungen. Der 2. Kontinentalkongreß 1775/1776 ernannte George Washington zum Oberbefehlshaber der Bürgermiliz, die jetzt Kontinentalarmee hieß. Nach der Annahme der Unabhängigkeitserklärung durch den Kongreß am 4. Juli 1776 wurde aus dem Kampf um die Rechte der Kolonien der Unabhängigkeitskrieg. Er wurde erst entschieden, als Frankreich 1781 auf der Seite der Aufständischen in den Krieg eintrat. Im Heer Washingtons kämpften der Pole Tadeusz Kosciusko und der Preuße Friedrich Wilhelm von Steuben. Ein junger französischer Adliger, der Marquis de La Fayette, rüstete auf eigene Kosten eine Truppe zur Unterstützung der Amerikaner aus. Europas Aufklärer sahen den Kampf der Amerikaner als ihren eigenen an.

Im Frieden von Versailles (1783) mußte England die Unabhängigkeit der 13 Staaten anerkennen; von seinem nordamerikanischen Empire blieb nur Kanada übrig, das jetzt den Zustrom der „Loyalists", königstreuer Kolonisten, die auf englischer Seite gekämpft hatten, aufnahm.

7. „Aus den Irrtümern anderer Nationen Weisheit lernen ..." – So lautete die Devise eines „Gründervaters"

Der Sieg über die Engländer hatte den Amerikanern die Unabhängigkeit gebracht. Jetzt galt es, aus den Kolonien einen Staat zu bilden. Das Bewußtsein der Gründerväter ist von dem Optimismus getragen, die Chance zu einem völligen Neubeginn zu haben. John Adams aus Massachusetts rühmt sich, zu einer Zeit zu leben, „in der die größten Gesetzgeber der Antike zu leben gewünscht hätten".

M 1 Thomas Paine über die Verkündigung einer künftigen Verfassung

Paine war 1774 aus England eingewandert.
Ein Tag soll ausgewählt werden, an dem die Charta (Verfassung) feierlich verkündet wird; wenn man sie vorbringt, soll sie auf dem göttlichen Gesetz, dem Wort Gottes, liegen; dann soll eine Krone darauf liegen, damit die Welt wisse, 5 daß wir die Monarchie nur soweit billigen, als in Amerika das Gesetz König ist. Denn wenn in absoluten Herrschaften der König das Gesetz ist, so sollte in freien Ländern das Gesetz König sein, und einen anderen sollte es nicht geben. Aber damit nicht irgendein Mißbrauch später daraus entstehe, soll die Krone am Ende der Zeremonie zerstört und unter das Volk gestreut werden, dessen Recht das ist.

(Zit.: W.P. Adams, Republikanische Verfassung und bürgerliche Freiheit; in: Politica – Abhandlungen und Texte zur politischen Wissenschaft, hrsg. v. W. Hennis und H. Maier, Bd. 37. Darmstadt und Neuwied (Luchterhand) 1973, S. 31 f.)

M 2 Die Verfassung der Vereinigten Staaten von 1787

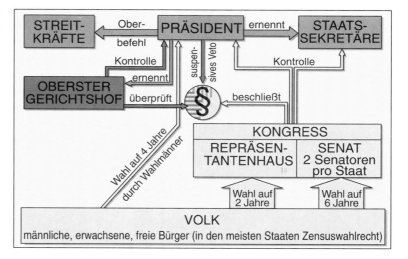

Arbeitsaufgaben

① Welche Traditionen und politischen Grundsätze finden in der Zeremonie, die Thomas Paine vorschlägt, symbolischen Ausdruck?

② Wird die amerikanische Verfassung den Besorgnissen Paines und den Grundsätzen der Unabhängigkeitserklärung (s.o. S. 26 f.) gerecht?

③ Aufklärung – Erklärung der Unabhängigkeit – Krieg und Revolution – Friede und Verfassung: Erkläre den inneren Zusammenhang.

Bundesstaat oder Staatenbund?

Bei der Gründung des neuen Staates waren die „Verfassungsväter" durch die Vorgeschichte und ihr Selbstverständnis an bestimmte Grundsätze gebunden. Nach der Auseinandersetzung mit dem König von England konnte der neue Staat nur eine Republik sein; die englischen Rechtstraditionen waren aber nach wie vor bindend, so daß nur eine konstitutionelle (verfassungsmäßige) Ordnung mit gesicherten ▷ Grundrechten denkbar war. Die aufklärerischen Prinzipien ließen sich nur auf der Grundlage der Gewaltenteilung verwirklichen. Der Zusammenschluß von 13 Einzelstaaten schließlich war nur in einem föderalen (bundesstaatlichen) System möglich.

Bereits während des Unabhängigkeitskrieges hatten sich die meisten der 13 Kolonien Verfassungen gegeben und waren damit zu Staaten geworden. Eine Zentralregierung existierte jedoch nicht. Zwar hatte der Kongreß 1777 die Articles of Confederation erlassen, mit denen wenigstens in den wichtigsten Fragen gemeinsame Beschlüsse möglich waren. Jeder der 13 Staaten hatte, unabhängig von der Zahl seiner Delegierten, eine Stimme im Kongreß, dieser konnte aber keine Gesetze geben. Die politischen und wirtschaftlichen Probleme der Nachkriegszeit konnten aber in einem derartigen Staatenbund nicht gelöst werden. (▷ Bundesstaat)

Am 25. Mai 1787 trat in Philadelphia der Verfassungskonvent zusammen. Das Ergebnis seiner Beratungen ist die amerikanische ▷ Verfassung, die in ihren Grundzügen bis heute gültig geblieben ist. Das Hauptproblem der bundesstaatlichen Ordnung war das Verhältnis zwischen Zentralgewalt und Einzelstaaten. Da die bisherige Lösung, daß jeder Staat eine Stimme hatte, die bevölkerungsreichen Staaten zugunsten der kleinen benachteiligte, eine Vertretung nur nach Größe der Bevölkerung aber die kleinen Staaten an die Wand gedrückt hätte, wurde ein Kompromiß gefunden. Im Repräsentantenhaus sind die Staaten nach Bevölkerungszahl vertreten, im Senat hat jeder Staat, ob groß oder klein, nur zwei Vertreter. Dieses Zweikammerparlament, der Kongreß, hat die volle Gesetzgebungsgewalt und Steuerhoheit für die ganze Union. Die Einzelstaaten müssen sich dem Bundesrecht unterwerfen.

Das Staatsoberhaupt, der Präsident, wird über Wahlmänner von der Gesamtbevölkerung gewählt und steht als Haupt der Exekutive dem Kongreß selbständig gegenüber. Seine Kompetenzen gehen so weit, daß einer der Verfassungsväter, Thomas Jefferson, ihn einen „Wahlmonarchen" nannte.

Das Verhältnis der 3 Gewalten hat man als „checks and balances" (Kontrollen und Gegengewichte) bezeichnet. Der Kongreß schränkt über sein Gesetzgebungs- und Steuerbewilligungsrecht die Macht des Präsidenten ein. Dieser wiederum kann ein Gesetz durch ein Veto vorläufig aufheben; das Veto kann aber vom Kongreß wieder mit Zweidrittelmehrheit überstimmt werden. Der Präsident kann den Kongreß nicht auflösen, dieser den Präsidenten nicht während seiner Amtszeit abwählen. Nur bei Verfassungsbruch ist ein Amtsenthebungsverfahren (impeachment) gegen den Präsidenten möglich. Ein Regierungsmitglied kann nicht zugleich dem Kongreß angehören. Die Dritte Gewalt, das Oberste Bundesgericht, überprüft die Gesetze des Kongresses und die Maßnahmen des Präsidenten auf ihre Verfassungsmäßigkeit.

Join or die (sich anschließen oder sterben). Ein heftiger Kampf entbrannte um die Ratifizierung dieser Verfassung durch die Einzelstaaten. Gültigkeit sollte sie erst haben, wenn sie von neun Staaten anerkannt war. Bedenken wurden gegen die starke Zentralgewalt und das Fehlen einer Bill of Rights geäußert. Die Nation war in zwei Lager gespalten; die Federalists kämpften für die Annahme der Verfassung, die Anti-Federalists wollten sie verhindern oder wenigstens Änderungen durchsetzen. James Madison, ein führender Federalist, formulierte 1789 die 10 Amendments (Verbesserungen, Ergänzungen), in denen die wichtigsten Grundrechte niedergelegt sind. Ein Haupteinwand gegen die Verfassung war damit ausgeräumt. 1788 hatte mit New Hampshire der neunte Staat der Verfassung zugestimmt. Im folgenden Jahr wurde George Washington zum ersten Präsidenten gewählt.

Aus heutiger Sicht ist der demokratische Charakter des neuen Staates durch zwei Widersprüche eingeschränkt. Zunächst wurde das Wahlrecht in den meisten Staaten erst bei einer bestimmten Höhe des Eigentums erteilt; ein großer Teil der Bürger war damit von der Wahl ausgeschlossen. Erst unter Präsident Andrew Jackson (1828–1836) wurde das allgemeine Wahlrecht für weiße Männer eingeführt; Frauen sind seit 1920 wahlberechtigt.

Ein zweiter Widerspruch zu den Prinzipien der Unabhängigkeitserklärung war der Fortbestand der Sklaverei. Obwohl die meisten Nordstaaten inzwischen Verbote erlassen hatten, glaubte man, auf die Plantagenwirtschaft des Südens Rücksicht nehmen zu müssen. Erst unter der Präsidentschaft Abraham Lincolns (1861–1865) wurden die Sklaven befreit, nachdem ein blutiger Bürgerkrieg zwischen Nord- und Südstaaten geführt worden war. Die Stellung der schwarzen Minderheit ist jedoch bis heute ein Problem der amerikanischen Gesellschaft geblieben.

Die Französische Revolution

Ludwig XVI., Gemälde von Duplessi

Die Hinrichtung Ludwigs XVI., zeitgenössisches
französisches Gemälde

Ein Zwischenfall im Theater von Grenoble

Im Theater von Grenoble, der Hauptstadt der südfranzösischen Provinz Dauphiné, ereignete sich am Abend des 26. Januar 1769 ein Zwischenfall, ein Skandal. Man spielte zum ersten Mal die Tragödie „Beverley oder Der Spieler" von Joseph Saurin, ein Stück, das in Paris Begeisterungsstürme ausgelöst hatte. Und hatte nicht sogar der alte Voltaire, der berühmteste französische Autor des Jahrhunderts, sich lobend darüber geäußert? Wer in Grenoble zur guten Gesellschaft zählen wollte, war an diesem Abend im Theater.

Der Zuschauerraum war daher fast gefüllt, als eine Dame aus dem gehobenen Bürgertum, Madame Barnave, die Gattin eines bekannten und geschätzten Anwalts beim <u>Parlament</u>, dem obersten Gerichtshof der Provinz, mit ihrem siebenjährigen Sohn eintrat.

Leider gab es keine Platzreservierungen, und Madame Barnave hatte sich wohl zu lange mit ihrer Garderobe beschäftigt ... Eine Loge war noch frei, ausgerechnet neben der des Herrn Intendanten, des obersten Beamten der königlichen Provinzverwaltung. Madame Barnave schüchtert dies nicht ein – aber als sie die Loge betreten will, ist diese verschlossen. Ein königlicher Beamter, ein adliger Kriegskommissar, hatte sie für einige Damen aus seinen Kreisen reserviert und sein Siegel an die Tür anbringen lassen. Mit welchem Recht? Es gibt doch keine reservierten Plätze! Madame Barnave zögert nicht lange. Über die Nachbarloge, an den versteinerten Mienen der dort sitzenden Damen und Herren vorbei, steigt sie auf das Geländer – ein Augenzeuge im Parterre vermerkt später anzüglich, daß man ihr Bein von unten sehen konnte – und nimmt in der leeren Loge Platz. Der Skandal ist da.

Der Theaterdirektor, voller Angst vor den versammelten Obrigkeiten und Autoritäten, bettelt, fleht, bestürmt sie, die Loge zu räumen. Er hat ebensowenig Erfolg wie der diensttuende Gendarmerieoffizier und vier Schweizer Grenadiere, die sie mit aufgepflanztem Bajonett aus der Loge treiben wollen. Die Frau hat Charakter, sie ist nicht einzuschüchtern. Erst als der militärische Oberbefehlshaber der Provinz, Graf Clermont-Tonnerre, persönlich erscheint und ihr befiehlt, die Loge zu verlassen, gibt sie nach. Die Loge ist wieder frei.

Unterdessen wiegelt Maître Barnave im Parkett die Menge auf: „Meine Herren, meine Frau wird auf Befehl des Gouverneurs vertrieben – muß man sich das bieten lassen?" Während man im Parkett protestiert, klatschen die Adligen in den Logen Beifall, als die Bürgerfrau aus der Loge getrieben wird. Zwei Lager bilden sich, hier Bürger, dort Adel, und die Lage wird bedrohlich. Der Intendant droht Maître Barnave mit Gefängnis – der mit allen Wassern gewaschene Jurist kann darüber nur lachen. Inzwischen kommen die adligen Damen, für die die Loge reserviert worden ist. Man warnt sie, dort zu erscheinen – es könnte ein Unglück geben.

Ehe es zu Gewalttätigkeiten kommt, siegt die Vernunft der Bürger. Aber man zeigt sich mit seinesgleichen solidarisch: voller Empörung über die Schmach, die einer der ihren angetan wurde, verlassen alle Damen des Bürgertums den Saal, gefolgt von den Herren. Die Premiere findet vor halbleerem Saal statt, der Provinzadel ist unter sich.

Für die Bürger fängt der Abend jetzt erst richtig an. Madame Barnave münzt ihre Niederlage in einen moralischen Sieg um; von diesem Abend wird man in Grenoble noch lange sprechen! In Eile läßt sie bei sämtlichen Delikatessenhändlern der Stadt die Bestände aufkaufen und lädt alle Mitstreiter zum Essen ein. Dreißig Pistolen [Goldmünzen] wird sie der Abend kosten, aber an Geld fehlt es ja nicht, und das improvisierte kalte Buffet kann sich sehen lassen. Der Champagner fließt in Strömen, mit Witz und Fröhlichkeit tröstet man sich über die gesellschaftliche Benachteiligung, über die Arroganz des Adels hinweg.

Am nächsten Morgen ließ die Stadtverwaltung eine Polizeivorschrift bekanntmachen, nach der Platzreservierungen im Theater verboten wurden. Aber kein Bürger von Grenoble ließ sich dort mehr sehen, solange nicht auch Madame Barnave wieder erschien. Es ist nicht überliefert, wie lange die Schauspieler vor leeren Rängen spielten.

Kindheitserinnerungen sind oft besonders einprägsam. Antoine Barnave, der als Siebenjähriger vielleicht nur zufällig an diesem Abend seine Mutter ins Theater begleiten durfte, sollte die Szene nie vergessen, wie sie unter Beifall der adligen Damen aus der Loge vertrieben wurde. Als Erwachsener schwor er, seinen Stand aus dem „Zustand der Erniedrigung" zu befreien – ein Revolutionär der ersten Stunde von 1789 und später eines der prominentesten Opfer der Revolution, die er selbst mit ausgelöst hatte.

Aber auch in Grenoble gab es Leute mit einem

guten Gedächtnis. Und diese erinnerten sich, daß die temperamentvolle Madame Barnave schon einmal, vier Jahre zuvor, das Stadtgespräch aller Klatschbasen von Grenoble gewesen war. Ihr Mann war damals noch Staatsanwalt gewesen und hatte sich verpflichtet gefühlt, zu einem großen Festessen, das seine Frau für die ersten Kreise der Stadt gab, auch die Beamten und Schreiber des Parlaments einzuladen. Doch als man zu Tisch schritt, stellten diese fest, daß sie nicht an der allgemeinen Tafel, sondern in einem Nebenraum Platz nehmen sollten. Nur einer, der weitläufig mit den Barnaves verwandt war, durfte bei den vornehmen Gästen sitzen. Der Zorn war groß; aufgebracht weigerten sich die Beamten, „im Hühnerstall zu essen", und verließen das Haus. Die Spaßvögel unter ihnen dichteten Spottlieder auf Madame Barnave, die noch wochenlang in der ganzen Stadt gesungen wurden.

„Es ist das Unglück mit der Gleichheit", bemerkt ein unbekannter Kommentator dazu, „daß wir sie zwar wünschen, aber immer nur mit denen, die über uns stehen."

(Nach: Jean-Jacques Chevallier, Barnave ou les deux faces de la Révolution. Grenoble (Presses universitaires) 1979, S. 14–22. Übers. H. Kraume)

Eine Episode, ein Provinzskandal, Tratsch um die Streitereien beleidigter Kleinstadtgrößen aus der Zeit König Ludwigs XV., nebensächliche Alltagsgeschichte, zufällig überliefert und belanglos im Vergleich mit den gleichzeitig ablaufenden Vorgängen der großen Politik, den Errungenschaften und Kämpfen des geistigen Lebens. Aber auch ein typischer Konflikt: Adlige, die allein aufgrund ihrer Geburt Vorrechte beanspruchen und mit Hilfe der Staatsgewalt durchsetzen, Bürger, reich und selbstbewußt, die sich dagegen auflehnen und Gleichberechtigung verlangen –

ein Abbild der Ständegesellschaft des alten Europa, die bis dahin nur von den Theoretikern der Aufklärung in Frage gestellt worden war. Jetzt ist diese aufklärerische Kritik ins allgemeine Bewußtsein gedrungen, und es bedurfte nur noch geringer Anlässe, bis die tausend kleinen täglichen Demütigungen dieser Art zu der großen Wut werden, die die alte Gesellschaftsordnung, das ▷ Ancien Régime, hinwegfegen wird. Aber wie verhält sich das Bürgertum selbst? Noch während sie die Aufhebung der Standesgrenzen fordern, beginnen sie selbst, nach unten Klassenschranken zu errichten, andere auszuschließen und die eigene Stellung gegen die Forderungen von unten zu verteidigen. Der Theaterskandal von Grenoble 20 Jahre vor dem Ausbruch der Revolution weist indirekt auf revolutionäres Potential in der französischen Gesellschaft hin. Darüberhinaus fragen wir:

● Welche konkreten gesellschaftlichen Zustände lösen eine Revolution aus? Welche geistigen Bewegungen stehen dahinter?
● Wie verhalten sich die staatlichen Gewalten in einer solchen Situation?
● Welche treibenden Kräfte lösen eine Revolution aus? Und was ist eigentlich eine Revolution? Wie unterscheidet sich die französische von der amerikanischen und englischen Revolution?
● Spielen auch die Schichten eine Rolle, die sozial unter den Großbürgern stehen, Bauern, Handwerker, Arbeiter?
● Wie verhalten sich siegreiche Revolutionäre?
● Welche neue Staats- und Gesellschaftsordnung wird durch die Revolution geschaffen?
● Wie wirkt sich eine Revolution auf die Nachbarländer aus?

1. Eine kranke Gesellschaft, ein unregierbarer Staat?

Anschauungsmaterial über die Zustände des Ancien Régime, der vorrevolutionären Ordnung Frankreichs, bieten die „Cahiers des doléances" (Beschwerdehefte), die in allen Gemeinden Frankreichs im Frühjahr 1789 verfaßt wurden und von denen über 40 000 erhalten sind. Sie folgen oft vorgefertigten Mustern und geben die Sorgen und Nöte der einfachen Franzosen wieder.

M 1 Beschwerden und Forderungen

a) Aus dem <u>Cahier des doléances</u> der Pfarrei Soulvache, Sénéchaussée (Gerichtsbezirk) Rennes (Bretagne):
Sire,
Art. 1: Wir beklagen uns, daß wir allein zur Instandhaltung der Hauptstraßen herangezogen werden ...
5 Art. 2: Über das Losverfahren zur Einberufung zur Miliz, das uns die nützlichen und oft notwendigen jungen Leute entzieht.
Art. 3: Über die feudalen Frondienste und Dienstbarkeiten, die zu weit gehen und zu schwer
10 sind ...
Art. 4: Über die Einrichtung von Taubenschlägen und Kaninchenjagden (<u>adliges Privileg</u>).
Art. 5: Über die Ungleichheit der Besteuerung, die bewirkt, daß wir zu hoch besteuert werden.
15 Art. 6: Über die Ungerechtigkeit der Sondersteuern für unseren Stand, da wir allein die außerordentliche Herdsteuer, die Einquartierung von Soldaten, die Milizen, Grundsteuer, Steuern auf Branntwein und Liköre usw. bezahlen.
20 Art. 7: Daß wir bis jetzt keinen Vertreter bei den Provinzständen hatten; daher kommt es wohl, daß die staatlichen Lasten auf unseren Köpfen angehäuft sind. ...
Art. 8: Wir wünschen, das Bürgerrecht zu bewahren und in Zukunft bei jeder Nationalversammlung vertreten zu werden.
Art. 9: Daß bei einer solchen Versammlung unsere Vertreter mindest ebensoviele sein sollen wie die der privilegierten Stände, und daß ihre Stimmen nach Köpfen, nicht nach Ständen gezählt
30 werden sollen.
Art. 10: Daß unsere Vertreter weder Adlige noch Geadelte noch Kleriker sein sollen, sondern immer aus unserem Stand.

35 Art. 13: Daß jedes Gesetz, das uns von allen zivilen und militärischen Posten ausschließt, aufgehoben werden soll.
Art. 23: Daß die Generalstände in regelmäßigen und nicht zu großen Abständen wieder einberufen werden sollen ...
40
Art. 26: Wir beklagen uns auch darüber, daß die Wälder unserer Herren nicht eingehegt sind, und daß ihre Jagdhüter uns beträchtliche Bußgelder zahlen lassen, wenn sie unser Vieh dort aufgreifen ...
45
Art. 27: Wir beklagen uns, daß die Lehnsherren allein in den Flüssen und Bächen, die durch unsere Äcker und Wiesen fließen, fischen und mit ihren Netzen Schlamm und Sand auf unseren Wiesen verbreiten, und das manchmal am Abend
50 vor der Heuernte ...

(Cahiers des Plaintes et Doléances de Loire Atlantique 1789. ... réalisé sous la direction de Michelle Le Mené et de Marie-Héléne Santrot. Edition du Conseil Général de Loire-Atlantique 1989, Tome IV, S. 1393–1398. Übers. H. Kraume)

b) *Cahier des doléances des dritten Standes im Gerichtsbezirk Vannes (Bretagne):*

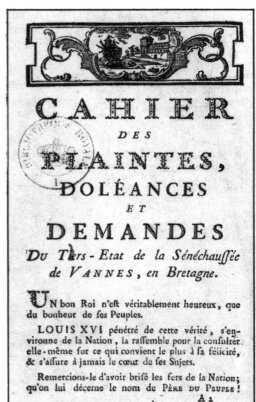

„Ein guter König ist nur über das Glück seines Volkes wirklich glücklich"

Arbeitsaufgaben

① Erläutere die Sorgen und Nöte der Landgemeinde Soulvache (M 1a). Welche Informationen über das Verhalten des Adels kann man dem Text entnehmen?

② Versuche, die Forderungen in M 1a und b in soziale und politische zu gliedern.

③ Welche Auffassung von der Aufgabe eines Königs wird im Titelblatt des Cahier des doléances ausgedrückt?

④ Versuche, den Anteil der drei Stände an der Bevölkerung und am Grundbesitz (s. Darstellungsteil) in einer Graphik darzustellen.

⑤ Ein Abgeordneter protestierte schriftlich gegen die Kleiderordnung (s.u. S. 37). Wie könnte er seinen Protest begründet haben?

Der „Tag der Dachziegel"

In Grenoble herrscht am 7. Juni 1788, fast zwanzig Jahre nach der denkwürdigen Theateraufführung, der offene Aufruhr. Handwerker, Marktfrauen, Bedienstete, Bauern aus den umliegenden Dörfern, Herumtreiber aller Art rotten sich zusammen, verbarrikadieren die Stadttore und ziehen in Scharen vor den Sitz des Parlaments. Der Wagen des Präsidenten, der reisefertig im Hof steht, wird entladen, die Pferde werden wieder ausgespannt: das Parlament bleibt hier! Zwei Regimenter Soldaten, die der Generalleutnant Clermont-Tonnerre gegen die Menge einsetzen will, empfängt ein Hagel von Steinen. In den engen Gassen werden sie von den Dächern mit Dachziegeln beworfen, Schüsse fallen, es gibt die ersten Verletzten, schließlich zwei Tote. Angesichts des drohenden Blutbads gibt Clermont-Tonnerre nach und zieht seine Soldaten ab. Sein Palais wird von der aufgebrachten Menge gestürmt, der Weinkeller geleert; der Tag endet mit einem allgemeinen Besäufnis. Noch in der Nacht hat die Polizei alle Hände voll zu tun, um auf den Straßen die herumliegenden Exemplare einer Flugschrift aufzusammeln, „Über den Geist der Edikte." Autor ist Antoine Barnave, inzwischen Rechtsanwalt am Parlament.

Wie war es zu diesem Volksprotest gekommen? Nach altem Brauch hatten die Richter der Parlamente in Frankreich die Pflicht, königliche Gesetze und Erlasse zu überprüfen und an die untergeordneten Verwaltungsstellen weiterzuleiten. Aus diesem Recht erwuchs ihnen allmählich politische Macht; Gesetzen, die ihnen zweifelhaft erschienen, wurde die Weiterleitung verweigert.

Seit 1787 waren aus Paris häufiger Gesetze gekommen, die den Interessen der adligen Richter widersprachen: angesichts der bedrohlich ansteigenden Staatsverschuldung und des bevorstehenden Staatsbankrotts hatte der Finanzminister Calonne vorgeschlagen, daß auch die beiden oberen Stände, Adel und Klerus, künftig Steuern zahlen sollten. Um dieses Programm durchzusetzen, berief König Ludwig XVI. eine Versammlung von Notabeln, Vertretern des hohen Adels und der Geistlichkeit, ein. Da diese ihre Zustimmung zu der Reform verweigerten, suchte die Regierung durch eine umfassende Reform der Justiz den Widerstand der Parlamente zu brechen. Im Zuge dieser Maßnahmen sollte auch das Parlament von Grenoble weitgehend entmachtet werden. Sein Protest wurde mit einer Lettre de Cachet, die alle Richter auf ihre Güter verbannte, beantwortet. Handwerker und Krämer hätten ihre Kunden, Gerichtsdiener und Hausgesinde ihre Arbeitsplätze verloren. Mit seinem Aufstand suchte das einfache Volk also die Privilegien des Adels zu verteidigen, ohne Erfolg allerdings. Nun aber nahm das Bürgertum die Sache in die Hand.

Schon einen Monat später traten die Provinzialstände der Provinz Dauphiné zusammen und verlangten vom König die Einberufung der Generalstände, einer Versammlung der drei Stände des ganzen Königreichs, um einen Ausweg aus der Staatskrise zu finden. Auch die Parlamente forderten eine solche Versammlung, da sie sich davon die Bestätigung ihrer alten Privilegien erhofften. So gab der König nach und berief die Generalstände auf den 1. Mai 1789.

Eine Gesellschaft der Ungleichheit. Wie sah nun die französische Gesellschaft aus, die ihre Vertreter in die Ständeversammlung wählen sollte? Von den 25 Millionen Einwohnern Frankreichs gehörten etwa 130 000 Personen (0,7%) dem Ersten Stand, dem Klerus, an. Nur eine Minderheit von adlig geborenen Geistlichen konnte jedoch die höheren, gut dotierten Stellen in der Kirche besetzen, während die niedere Geistlichkeit meist ziemlich ärmlich lebte; etwa die Hälfte der Geistlichen waren Mönche oder Nonnen. Der Klerus als Stand war aber vielfach privilegiert; er kontrollierte das Erziehungswesen, die Armen- und Krankenhäuser und war Eigentümer von etwa 10% des nutzbaren Bodens. Sein Einkommen war fast so hoch wie das gesamte Steueraufkommen des Staates. Der Erste Stand selbst war aber von allen Steuern befreit und trug nur durch „freiwillige" Zuschüsse zu den öffentlichen Ausgaben bei.

Etwa 300 000 Menschen (1,5%) gehörten dem Zweiten Stand, dem Adel, an. Eine Minderheit lebte am Hofe in Versailles, die große Mehrheit auf dem Land, wo viele so verarmt waren, daß sie nur mühsam ein „standesgemäßes" Leben führen konnten. Der Adel besaß ca. 25–30% der Nutzflächen und war von der Taille, der allgemeinen Königssteuer, und von der Gabelle, der Salzsteuer, befreit, mußte aber die Kopfsteuer und den Zwanzigsten bezahlen. Innerhalb des Adels suchten sich die Angehörigen des alten Schwertadels von denen des Amtsadels, ursprünglich bürgerlichen Familien, die als Staatsdiener geadelt worden waren, abzusetzen. Eine Verordnung des Königs aus dem Jahre 1781 kam diesem Streben entgegen. Demnach sollten Offiziere wenigstens vier Generationen adliger Abstammung nachweisen können.

Der Dritte Stand – Motor des Fortschritts?
Trotz ihrer Privilegien waren die beiden oberen Stände keine geschlossene Gruppe. Eine Minderheit war stark von den Ideen der Aufklärung beeinflußt und sympathisierte mit dem Dritten Stand, dem die restlichen 98% der Bevölkerung angehörten; dieser war entsprechend vielfältig gegliedert. An oberster Stelle stand das Großbürgertum (Bourgeoisie), das in Handel, Manufakturwesen, Schiffahrt und Bankgeschäften große Vermögen erworben hatte; einflußreich war auch die Gruppe der freien Berufe, Rechtsanwälte, Ärzte und Apotheker, bei denen die Ideen der Aufklärung besonders nachhaltig gewirkt hatten. Da sich die Großbürger für die fortschrittliche und dynamische Schicht hielten, war ihnen der Standesdünkel des Adels besonders verhaßt; viele legten aber ihr Geld in Landbesitz an (etwa 20% des Grundbesitzes) und führten selbst eine herrschaftliche Existenz. Zum Bürgertum gehörten aber auch die kleinen Gewerbetreibenden, Handwerker und Ladenbesitzer, deren Interessen andere waren als die der Großbürger. Handwerksgesellen und Lohnarbeiter der großen Manufakturen bildeten eine oft unzufriedene und unruhige Unterschicht. Bettler und andere Standeslose in den Städten lebten in äußerstem Elend. Die Angehörigen des Dritten Standes waren in der Regel zur Zahlung aller Steuern verpflichtet. Die überwiegende Mehrzahl der Franzosen, zwischen 75 und 80%, lebte auf dem Land. Auch hier gab es große soziale Unterschiede. Eine Minderheit der Bauern lebte in einem gewissen Wohlstand, die Mehrheit waren kleine Einzelbauern, während die Tagelöhner in äußerstem Elend

Die Bäuerin im Frondienst. „Man muß hoffen, daß dieses Spiel bald zu Ende ist"

lebten. Nicht nur zur Zahlung aller Steuern waren die Bauern verpflichtet; ein französischer Historiker beschreibt ihre Situation folgendermaßen: „... selbst der grundbesitzende Bauer (muß) einen Teil seiner Ernte der Kirche abliefern und dem Grundherrn den cens, das Herrengeld, in bar, den champart, die Herrengarbe, in Naturalien geben, Frondienst leisten, Abgaben auf Erbfall und Verkauf zahlen, die Herrenjagd auf seiner Flur dulden, ganz abgesehen davon, daß er verpflichtet ist, den Backofen, die Mühle und die Kelter der Herrschaft gegen die vorgeschriebene Gebühr zu benutzen."

Die wirtschaftliche Lage der Jahre 1786–1789 verschärfte die Krise noch. Durch einen Handelsvertrag mit England, der die Einfuhr englischer Waren erleichterte, gerieten die französischen Textilproduzenten in Schwierigkeiten; Entlassungen und Massenarbeitslosigkeit waren die Folgen. 1788 kam infolge einer Mißernte eine starke Erhöhung des Brotpreises hinzu. Zeitweilig mußte eine Pariser Arbeiterfamilie mehr als 80%

ihres Einkommens für das Hauptnahrungsmittel Brot ausgeben. Die hungernden städtischen Massen machten die reichen Getreidehändler für ihre Not verantwortlich und waren stets zu gewaltsamem Protest bereit.

Ein unregierbarer Staat? Die vielfachen gesellschaftlichen Spannungen hätten nur durch einen starken, funktionsfähigen Staat mit einem überragenden Herrscher gemeistert werden können. Ludwig XVI. aber galt als schwacher König; obwohl er mehrfach fortschrittliche Minister berief, war er noch völlig von seinem Gottesgnadentum überzeugt. Die Königin Marie Antoinette, Tochter der Kaiserin Maria Theresia, war im Volk unbeliebt. Skandale und Intrigen hatten ihrem Ruf geschadet und damit auch die Autorität des Königtums untergraben.

Außenpolitische Niederlagen wie der Siebenjährige Krieg (s.o. S. 21) hatten Frankreichs Prestige auch nach außen geschwächt, Erfolge wie die Teilnahme am amerikanischen Unabhängigkeitskrieg (s.o. S. 28) wiederum wirkten sich negativ auf die Finanzen aus.

Eine riesige Bürokratie war durch die Käuflichkeit von Ämtern geschaffen worden. Zusammen mit den Parlamenten blockierte sie jeden Versuch, diese Zustände zu ändern. Besonders verhaßt waren die Generalpächter, die fast wie Privatunternehmer Steuern eintrieben und sich damit selbst bereicherten. Calonne errechnete für 1786 einen Finanzbedarf von 587 Millionen Livres, Einnahmen in Höhe von 475 Millionen; der Fehlbetrag belief sich also auf fast ein Viertel des Haushalts, wobei etwa die Hälfte der Ausgaben für die Zinsen früherer Staatsschulden aufzuwenden waren.

Die Einberufung der Generalstände, zum ersten Mal seit 1614, war ein Zeichen, daß die Krise nicht mehr mit den Mitteln des absolutistischen Staates bewältigt werden konnte.

Kleiderordnung für die Generalstände

CLERGÉ · · · · NOBLESSE · · · · TIERS-ÉTAT.
Costume de Cérémonie de Messieurs les Deputés des 3 Ordres aux Etats Généraux.
A Paris chez Basset Md. d'Estampes et Fabricant de Papiers Peint rue St Jacques au coin de celle des Mathurins.

2. Drei Revolutionen – oder eine?

Eine Finanzkrise sollte durch die Einberufung der Generalstände überwunden werden, aber schon bei den ersten Sitzungen zeigte sich, daß Abgeordnete viel weitergehende Vorstellungen von ihren Aufgaben hatten. Wie aber würden sich die hungernden städtischen Volksmassen, wie die unterdrückten Bauern verhalten?

M 1 Für und Wider einer Erklärung der Menschenrechte

Die Debatte in der Nationalversammlung:
Grandin: Eine Erklärung der Rechte enthält notwendigerweise abstrakte und diskussionswürdige Gegenstände; es ist nicht klug, Rechte zu erklären, ohne auch Pflichten aufzustellen.
5 ... Wenn man also eine Erklärung der Menschenrechte machen will, muß man auch die der Pflichten machen. ... Ich schlage daher vor, die Erklärung der Menschenrechte fallenzulassen. Es geht nicht um die Rechte, die der Mensch im Na-
10 turzustand haben kann, sondern darum, die Prinzipien der Monarchie festzulegen. ...
Barnave: ... Wir brauchen also eine Erklärung der Menschenrechte. Diese Erklärung hat zweierlei praktischen Nutzen; zunächst soll sie den Geist
15 der Gesetzgebung festlegen, damit man sie nicht in Zukunft ändert, dann soll sie den Geist bei der Vervollständigung dieser Gesetzgebung leiten, die nicht alle Fälle vorhersehen kann. ... Man hat gesagt, sie sei unnötig, weil sie in allen Herzen
20 eingeschrieben ist, und gefährlich, weil das Volk seine Rechte mißbrauchen wird, sobald es sie kennt. Aber die Erfahrung und die Geschichte antworten und widerlegen siegreich diese beiden Einwände.
25 Ich glaube, daß es unerläßlich ist, an die Spitze der Verfassung eine Erklärung der Rechte, deren sich der Mensch erfreuen soll, zu setzen. Sie muß einfach sein, jedermann verständlich, und sie soll der *nationale Katechismus* werden.
30 *Malouet*: ... Die Amerikaner haben den Menschen in der Natur genommen, und bieten ihn der Welt in seiner ursprünglichen Souveränität dar. Aber die neugebildete amerikanische Gesellschaft ist insgesamt aus Eigentümern zusam-
35 mengesetzt, die bereits an die Gleichheit gewöhnt sind, dem Luxus wie der Armut fremd, die

kaum das Joch der Steuern, der Vorurteile, die uns beherrschen, kennen, weil sie auf der Erde, die sie bebauen, keinerlei Spur von Feudallast gefunden haben. Solche Menschen waren zwei- 40 fellos befähigt, die Freiheit in ihrer ganzen Kraft zu erhalten, denn ihre Neigungen, ihre Sitten, ihre Stellung riefen sie zur Demokratie.
Wir aber, meine Herren, haben zu Mitbürgern eine unendliche Vielzahl von Menschen ohne Ei- 45 gentum, die vor allem anderen ihren Lebensunterhalt von sicherer Arbeit, genauer Ordnung und ständigem Schutz erwarten, die sich oft und nicht ohne gerechte Gründe über das Schauspiel von Luxus und Überfluß empören. 50
Man darf nicht glauben, daß ich daraus schließe, daß diese Klasse kein gleiches Recht auf Freiheit habe. Ein solcher Gedanke liegt mir fern. Die Freiheit muß wie die Sonne sein, die für alle scheint. Aber ich glaube, meine Herren, daß es in 55 einem großen Reich notwendig ist, daß die Menschen, die das Schicksal in Abhängigkeit gebracht hat, eher die gerechten Grenzen als die Ausweitung ihrer natürlichen Freiheit sehen. ...

(L'An 1 des droits de l'homme. Textes réunis par Antoine de Baecque, présentés par Antoine de Baecque, Wolfgang Schmale et Michel Vovelle. Paris (Presses du CNRS) 1988, S. 103–106. Übers. H. Kraume)

M 2 Opfer oder Täuschung – Die Abschaffung der Privilegien

a) Der Abgeordnete Leguen de Kérangal in der Sitzung des 4.8.1789:
Sie hätten die Brandstiftungen an den Schlössern verhindern können, wenn Sie rechtzeitig erklärt hätten, daß die schrecklichen Waffen [= Urkunden für Adelsprivilegien], die sich darin befanden und die das Volk seit Jahrhunderten 5 quälen, zwangsweise abgelöst werden sollten ...
Das Volk, das sich nach Gerechtigkeit sehnt und der Bedrückung überflüssig ist, macht sich selbst daran, diese Urkunden zu zerstören, diese Denkmäler der Barbarei unserer Väter. 10
Seien wir gerecht, meine Herren: Man bringe uns diese Urkunden hierher, die nicht nur das Schamgefühl, sondern auch die Menschlichkeit selbst beleidigen. Man bringe sie uns her, diese Urkunden, die die menschliche Gattung erniedrigen, 15 die verlangen, daß die Menschen wie Zugvieh vor einen Karren gespannt werden. Man bringe sie her, diese Urkunden, die Menschen zwingen, nächtelang auf die Teiche zu schlagen, damit die Frösche nicht den Schlaf ihrer wollüstigen Herren 20 stören.
Wer von uns, in diesem Zeitalter der Aufklärung, möchte nicht aus diesen niederträchtigen Perga-

menten ein Sühnefeuer entzünden und selbst die Fackel herbeitragen, um daraus ein Opfer auf dem Altar des Gemeinwohls zu machen?

Meine Herren, Sie werden dem aufgewühlten Frankreich erst dann den Frieden bringen, wenn Sie dem Volk versprochen haben, daß Sie alle Feudalrechte in Geldleistungen umwandeln werden, die nach Belieben abgelöst werden können, daß die Gesetze, die Sie verkünden, spurlos alles vernichten werden, worüber sich das Volk zu Recht beklagt. Sagen Sie ihm, daß Sie die Ungerechtigkeit dieser Rechte eingestehen, die in den Zeiten der Unwissenheit und Finsternis erworben wurden ...

b) Der Journalist Jean-Paul Marat über die Beschlüsse vom 4./5. August (L'ami du peuple vom 21.9.1789):
Entlarvung des Plans, das Volk einzuschläfern und die Verfassung zu verhindern.

... So, sagt man uns, das hat die Nationalversammlung für Frankreich und die ganze Menschheit getan, in einer einzigen Sitzung, an einem einzigen Abend; ein erhabener Kampf der Gerechtigkeit und der Großherzigkeit; eine herrliche Szene, würdig, allen Jahrhunderten überliefert zu werden und allen Völkern zum Vorbild zu dienen ...
War das aber wirklich der Fall? Hüten wir uns, die Tugend zu schmähen, aber fallen wir auch auf niemand herein. Wenn es Wohltätigkeit war, die diese Opfer veranlaßt hat, dann muß man zugestehen, daß sie recht lange gewartet hat, bis sie ihre Stimme erhob. Wie! Im Schein der Flammen ihrer brennenden Schlösser haben sie die Seelengröße, auf das Privileg zu verzichten, Menschen in Ketten zu halten, die ihre Feiheit mit der Waffe in der Hand errungen haben! Angesichts der Hinrichtung der Plünderer, der Erpresser, der Satelliten des Despotismus haben sie die Großzügigkeit, auf den Herrenzehnten zu verzichten und nichts mehr von den Unglücklichen zu verlangen, die kaum etwas zum Leben haben ... Nehmen wir an, sie hätten aus Tugend getan, was man genausogut auch der Furcht zuschreiben könnte; aber gestehen wir doch auch ein, daß die Bedeutung dieser Opfer, die man in einem ersten Jubel so überschwenglich begrüßt hat, doch etwas übertrieben wurde. ...
Wenn man bedenkt, daß die meisten dieser angekündigten Zugeständnisse erst in weiter Ferne wirken werden, daß keins von ihnen augenblicklich das Elend des Volkes und die Krankheiten des Staates erleichtern wird, daß die Unglücklichen erst einmal Brot brauchen ..., wenn man bedenkt, daß die ewigen Debatten über einzelne Zugeständnisse kostbare Zeit verschwenden und das große Werk der Verfassung verzögern, des einzigen Mittels, das den Frieden, das Vertrauen und die Glaubwürdigkeit wiederherstellen kann ..., dann wird man bedauern, daß die Generalstände für diese kleinen Dinge die Zeit geopfert haben, die für große Dinge bestimmt war. ...

(Le Monde de la Révolution française, Nr. 8, 1989, S. 9 f. Übers. H. Kraume)

Arbeitsaufgaben

① Was erwarten die Befürworter, was befürchten die Gegner einer Menschenrechtserklärung?

② In der Debatte geht es um Leitbegriffe wie Freiheit, Gleichheit, Nation. Wie verwenden die Redner diese Begriffe? (M 1 + M 2)

③ Vergleiche die Beschwerden und Forderungen der Pfarrei Soulvache (S. 34, M 1) mit den revolutionären Errungenschaften, wie sie auf S. 38–41 dargestellt werden.

④ Mit welchen Emotionen und Argumenten fordert der Abgeordnete Leguen de Kérangal zur Abschaffung der beurkundeten Privilegien auf?

⑤ Der Journalist Marat versucht die Abschaffung der feudalen Privilegien zu entlarven. Erläutere seine Argumente.

Die Verfassungsrevolution

„Meine Herren! Dieser Tag, den mein Herz seit langer Zeit ersehnte, ist nun endlich gekommen. Ich sehe mich von den Vertretern der Nation umgeben, über die zu gebieten ich mich rühme."
Mit diesen Worten eröffnete am 5. Mai 1789 König Ludwig XVI. die Versammlung der drei Stände. 1165 Abgeordnete waren gewählt worden; der neue Finanzminister Necker hatte durchgesetzt, daß dem Dritten Stand ebensoviele Vertreter zugestanden worden waren wie den beiden anderen zusammen. Er hatte damit einer Forderung entsprochen, die in einer aufsehenerregenden Flugschrift des Abbé Sieyès im Januar 1789 erhoben worden war. Sieyès, der trotz seiner Zugehörigkeit zur hohen Geistlichkeit mit den Ideen des aufgeklärten Bürgertums sympathisierte, hatte in seiner Schrift „Was ist der Dritte Stand?" in schlagwortartiger Knappheit die Stimmung des Dritten Standes getroffen:
1. „Was ist der Dritte Stand? Alles.
2. Was ist er bis jetzt in der staatlichen Ordnung gewesen? Nichts.
3. Was verlangt er? Etwas darin zu werden."

Seine erste Forderung hatte der König bewilligt. Die zweite stand aber noch offen: Nach Sieyès' Vorstellung sollte nicht mehr, wie vor 1614, nach Ständen, sondern nach Köpfen abgestimmt werden; dadurch hoffte der Dritte Stand, die aufgeklärten Vertreter der beiden ersten Stände auf seine Seite ziehen und so über eine Mehrheit verfügen zu können. Er forderte daher die Vertreter der beiden oberen Stände auf, sich mit ihm zur <u>Nationalversammlung</u> zusammenzuschließen. Am 17. Juni erklärte Sieyès: „Nach dem Resultat der Wahlprüfung steht fest, daß diese Versammlung bereits jetzt aus Vertretern zusammengesetzt ist, die direkt von wenigstens 96/100 der Nation entsandt wurden ... Die Benennung ‚Versammlung der anerkannten und beglaubigten Vertreter der französischen Nation‘ ist die einzige Benennung, die der Versammlung beim gegenwärtigen Stand der Dinge zukommt."

Damit war der Sonderrolle der beiden anderen Stände der Boden entzogen worden; zugleich hatte aber die Versammlung auch den Anspruch bekundet, nicht mehr Gehilfe des Königs, sondern Träger der nationalen Souveränität zu sein. Mit knapper Mehrheit beschloß der Klerus, sich der Nationalversammlung anzuschließen, der Adel lehnte dies mehrheitlich ab. 80 Adlige sprachen sich immerhin für den Beitritt aus.

Als die Volksvertreter sich am 20. Juni wieder im Sitzungssaal einfinden wollten, fanden sie die Tür auf Befehl des Königs verschlossen. Nach langem Warten im Regen beschlossen sie, die Sitzung in einer Sporthalle, dem „Ballhaus", fortzusetzen. Auf Antrag der Abgeordneten Mounier, Target, Le Chapelier und Barnave schwor die Versammlung, sich nicht zu trennen, bevor Frankreich eine ▷ Verfassung habe. Der König lehnte dies ab; am 23. Juni nahm er erstmals wieder an einer Sitzung teil und befahl die getrennte Verhandlung. Dahinter stand die Drohung der Auflösung der Generalstände. Dem Großzeremonienmeister, der darauf den Saal räumen lassen wollte, erklärte der Abgeordnete Graf Mirabeau: „Wir lassen uns von unseren Plätzen nur durch die Gewalt der Bajonette vertreiben." Dazu aber war Ludwig XVI. nicht bereit. Am 27. Juni befahl er dem Ersten und dem Zweiten Stand, sich mit dem Dritten Stand zur Nationalversammlung, zur <u>Konstituante</u>, zu vereinigen.

Die Volksrevolution – Stadt und Land. Seit der Niederlage des Königs gegen die Nationalversammlung steuerte der Hof einen Gegenkurs. Am 11. Juli wurden der populäre Minister Necker und alle anderen reformfreudigen Minister entlassen und durch konservative Männer ersetzt. Zugleich wurden um Versailles und Paris Truppen zusammengezogen, um eventuelle Unruhen unter Kontrolle halten zu können. In Paris brach eine panikartige Unruhe aus, die von Agitatoren noch geschürt wurde. Man befürchtete eine gewaltsame Auflösung der Nationalversammlung, einen militärischen Gegenschlag und noch höhe-

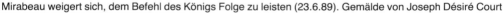

Mirabeau weigert sich, dem Befehl des Königs Folge zu leisten (23.6.89). Gemälde von Joseph Désiré Court

Der Kampf um die Bastille

re Brotpreise. Am 13. Juli begannen die Pariser Wahlmänner, das Volk zu bewaffnen, um sich gegen Übergriffe zu schützen. Als die Menge am folgenden Tag auch in der Bastille, einer Burg aus dem 14. Jahrhundert, die seit langem als Staatsgefängnis diente, nach Waffen suchen wollte, kam es zu einer Belagerung. Der Kommandant ließ auf die Menge schießen, es gab 98 Tote unter den Stürmenden. Nach dem Fall der Bastille am 14. Juli 1789 wurden die Gefangenen, 5 gewöhnliche Verbrecher und 2 Geisteskranke, befreit, einige Wachmannschaften erschlagen; der für den Schießbefehl verantwortliche Kommandant wurde gelyncht. Dieses Ereignis wurde zum Symbol der Volksrevolution. Die Bastille wurde abgerissen, die Steine konnten zur Erinnerung an den denkwürdigen Tag gekauft werden.

Das Volk von Paris, der von den oberen Ständen verachtete „Pöbel", hatte seine Macht erkannt. In vielen anderen Städten folgte man dem Beispiel der Stadt Paris, gründete eine Bürgerwehr, die Nationalgarde, und nahm die politische Macht in die eigenen Hände. Die Nachrichten aus Paris und Versailles erreichten in wenigen Tagen auch die Landbevölkerung. Zugleich verbreitete sich das Gerücht, der Adel plane einen großen militärischen Gegenschlag, bei dem, wie man aus Erfahrung wußte, die Bauern das erste Opfer gewesen wären. Panikartig erhoben sich die Bauern gegen die Schlösser ihrer Herren; la grande peur, die große Angst, nannte man später diesen Aufstand. Vor allem auf die alten Urkunden, in denen ihre Lasten und Dienste verzeichnet waren,

hatten es die Bauern abgesehen. Eine erste Emigrationswelle französischer Adliger strömte nach Deutschland und England, um sich in Sicherheit zu bringen und die Gegenrevolution zu planen.

Bauernaufstand

Eine solche Bewegung konnte nur noch durch entschlossenes politisches Handeln aufgehalten werden. In einer dramatischen Sitzung in der Nacht vom 4. auf den 5. August 1789 beschloß die Nationalversammlung die völlige Abschaffung von Leibeigenschaft und Frondiensten sowie die Ablösung aller übrigen Herrenrechte gegen Geld; adlige und geistliche Abgeordnete opferten feierlich ihre alten Vorrechte „auf dem Altar der Nation". Eine tausendjährige Gesellschaftsordnung war über Nacht beendet worden.

3. Die Revolution beenden?

Das Jahr 1791 bezeichnet einen deutlichen Einschnitt im Verlauf der Französischen Revolution. Mit der Verkündigung der ▷ Verfassung beendete die Konstituante ihre Arbeit. Die Ergebnisse wurden jedoch von den politischen Kräften höchst unterschiedlich beurteilt.

M 1 Rede Barnaves vom 15.7.1791

... und ich sage: heute ist jede Veränderung verhängnisvoll, heute ist jede Fortsetzung der Revolution unheilvoll. Ich stelle eine Frage, die von nationalem Interesse ist: werden wir die Revolution
5 beenden oder werden wir sie von neuem beginnen? ... Ich habe vor einiger Zeit gesagt, daß ich den Angriff der fremden Mächte und der Emigranten nicht fürchte; aber heute sage ich mit derselben Aufrichtigkeit, daß ich die Fortsetzung der
10 Unruhen und Gärungen fürchte, die uns so lange beschäftigen werden, als die Revolution nicht vollständig und friedlich beendet ist ... Denken Sie daran, meine Herren, denken Sie immer daran, was nach Ihnen geschehen wird! Ihr habt getan, was gut war für die Freiheit und die Gleichheit 15 ... Ihr habt alle Menschen vor dem Gesetz gleichgemacht, Ihr habt dem Staat wiedergegeben, was ihm genommen wurde: daraus ergibt sich diese große Wahrheit, daß, wenn die Revolution noch einen Schritt weitergeht, sie dies nicht ohne 20 Gefahr tun kann; daß auf der Linie der Freiheit die erste Handlung, die noch folgen könnte, die Vernichtung des Königtums wäre; und daß auf der Linie der Gleichheit die erste Handlung, die noch folgen könnte, der Angriff auf das Eigentum wäre 25 (Beifall).

(Reden der Französischen Revolution, Hrsg. v. Peter Fischer. München (dtv) 1974, S. 136 f.)

M 2 1789–1792

Der Journalist Jean Paul Marat über das Ergebnis der ersten drei Jahre (L'ami du peuple vom 7.7.1792):
Seit drei Jahren setzen wir alles daran, unsere Freiheit zurückzugewinnen. Dessen ungeachtet sind wir weiter von ihr entfernt als am ersten Tag, und nie zuvor wurden wir mehr geknechtet. ...
Wenn auch anfangs die gebildeten, wohlhaben- 5 den und intrigierenden der niederen Klassen gegen den Despoten Partei ergriffen, so taten sie es nur, um sich gegen das Volk zu wenden, nachdem sie sich mit seinem Vertrauen umgeben und sich seiner Kräfte bedient hatten, um sich den 10 Platz der privilegierten Stände, die sie abgeschafft haben, zu sichern. Auf diese Weise also wurde die Revolution nur durchgeführt und getragen von den untersten Klassen der Gesellschaft, von den Arbeitern, den Handwerkern, den Klein- 15 händlern, den Bauern, der Plebs, von jenen Unglücklichen, die die unverschämten Reichen mit Kanaille bezeichnen und die römischer Übermut einst Proletarier nannte. Aber daß sich die Revolution einzig zugunsten der Grundbesitzer, der 20 Juristen und Rechtsverdreher auswirken würde, hätte man nie gedacht.
Der Plan der Revolution ist völlig fehlgeschlagen ... Das Volk ist weit davon entfernt, zu ahnen, daß es sich nur dann Freiheit verschaffen und Ruhe 25 sichern kann, wenn es sich der Vaterlandsverräter ... entledigt und die Rädelsführer unter den Verschwörern in ihrem eigenen Blut ertränkt.

(Walter Markov (Hrsg.), Revolution im Zeugenstand – Frankreich 1789 bis 1799, Bd. 2: Gesprochenes und Geschriebenes. Frankfurt (Fischer) 1987, S. 254 ff.)

Karikatur auf Barnave: Der Mann des Volkes 1789, der Mann des Hofes 1791: Mal kalt, mal warm, mal weiß, mal schwarz, früher links und heute rechts, sagte ich euch guten Tag und sage euch guten Abend!

Art. 1: Die Abschaffung aller Korporationen von Bürgern gleichen Standes und Berufes ist eine der wesentlichen Grundlagen der französischen Verfassung; es ist daher verboten, sie de facto,
5 unter welchem Vorwand, in welcher Form auch immer, wiederzubegründen.
Art. 4: Wenn gegen den Geist der Freiheit und der Verfassung Bürger des gleichen Berufes, Handwerks oder Gewerbes Beschlüsse fassen bzw.
10 untereinander Absprachen treffen mit dem Ziel, den Beitrag ihres Gewerbefleißes oder ihrer Arbeit einhellig zu verweigern oder nur zu einem abgesprochenen Preise zu leisten, so werden solche Beschlüsse, ... für verfassungswidrig, gegen
15 die Freiheit und die Erklärung der Menschenrechte verstoßend und damit für null und nichtig erklärt ...

(Die Französische Revolution. Eine Dokumentation, Hrsg. v. Walter Grab. München (Nymphenburger Verlagshandlung) 1973, S. 51 f.)

Arbeitsaufgaben

① Aus welchen Gründen fürchtet Barnave eine Fortsetzung der Revolution? Welche Interessen kommen dabei zum Ausdruck? Gehe auch auf die Karikatur ein.
② Vergleiche Barnaves Standpunkt mit dem Marats. Für welche Bevölkerungsschichten ergreift Marat Partei?
③ Lassen sich im Gesetz Le Chapelier Anhaltspunkte für Marats Argumente finden? Welchen Interessen kommen diese Bestimmungen entgegen, welchen schaden sie?
④ Inwieweit entspricht und widerspricht die 1. Revolutionsverfassung von 1791 der Erklärung der Menschen- und Bürgerrechte? (Vgl. Darstellungsteil)

Leistungen und Grenzen der ersten Nationalversammlung

Mit der Abschaffung des Feudalismus hatte die Nationalversammlung bereits eine Grundlage für die künftige Verfassung Frankreichs geschaffen. Ein weiterer Schritt folgte am 26. August mit der Erklärung der ▷ Menschen- und Bürgerrechte. In 17 Artikeln werden die Rechte aufgezählt, deren Unkenntnis oder Verachtung „die einzigen Ursachen des öffentlichen Unglücks und der Verderbtheit der Regierungen" seien.
Die wichtigsten dieser unveräußerlichen Rechte lauten:
– Alle Menschen sind frei und gleich an Rechten.
– Der Schutz dieser Rechte, Freiheit, Eigentum, Sicherheit und Widerstand gegen Unterdrückung, ist Ziel jeder politischen Vereinigung.
– Der Ursprung aller Souveränität ist die Nation.
– Alle Bürger haben das Recht, an der Gesetzgebung mitzuwirken und nach ihren Fähigkeiten Staatsämter zu bekleiden.
– Es herrscht Meinungs- und Gedankenfreiheit.
– Steuern können nur durch Volksvertreter bewilligt werden und müssen gleichmäßig auf alle Bürger verteilt werden.
– Grundlage der Verfassung ist die Gewaltenteilung.
– Das Eigentum ist durch die Verfassung geschützt.
Freiheit sollte auch im Wirtschaftsleben herrschen. Binnen- und Wegzölle, Monopole und Zünfte, Salz- und Verbrauchssteuern wurden abgeschafft, Maße und Gewichte für das ganze Königreich vereinheitlicht. Der Handel wurde von allen Beschränkungen befreit. Gegen die Freigabe des Getreidehandels erhob sich jedoch Protest in den ärmeren Schichten.
Daß die Interessen des dritten Standes keineswegs einheitlich waren, zeigte sich vor allem an der Behandlung des Kirchenbesitzes. Auf Antrag des Abgeordneten Talleyrand, des Bischofs von Autun, wurde am 2. November 1789 der gesamte Kirchenbesitz verstaatlicht. Die Absicht war, mit dem Gewinn aus dieser Enteignung endlich die Staatsschulden zu bezahlen. Um die Kassen zu füllen, gab der Staat verzinsliche Schuldscheine (Assignaten) aus, deren Wert durch die verstaatlichten Güter gedeckt war. Nach und nach wurden aus diesen Schuldscheinen offizielle Zahlungsmittel, die wie Papiergeld behandelt wurden. Durch den Kauf von Kirchengütern sollten die Bauern zu eigenem Land kommen; doch konnten sich nur wenige den Kauf leisten, wie auch die Ablöse der Herrenrechte für viele nicht zu bezahlen war. Tagelöhner und arme Bauern hatten daher wenig Nutzen von der Revolution. Am Kirchengut bereicherten sich dagegen viele Bürger, die hierin eine sichere Kapitalanlage sahen. Außerdem verloren die Assignaten rasch an Wert, so daß auch der finanzpolitische Erfolg dieser Politik zweifelhaft war.
Die Kirche aber war aus dem gesellschaftlichen Leben ausgeschaltet; auch die Orden wurden aufgelöst. 1790 wurde den Priestern ein Eid auf

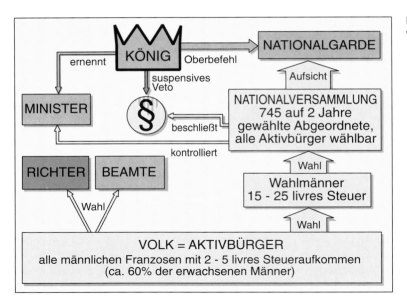

Die Abbildung zeigt das Schema der Verfassung mit folgenden Elementen:

- **KÖNIG** (mit Krone)
- **ernennt** → **MINISTER**
- **Oberbefehl** → **NATIONALGARDE**
- **suspensives Veto** → **§**
- **Aufsicht** über Nationalgarde
- **NATIONALVERSAMMLUNG** 745 auf 2 Jahre gewählte Abgeordnete, alle Aktivbürger wählbar
- **beschließt** → **§**
- **kontrolliert**
- **RICHTER**, **BEAMTE** ← **Wahl**
- **Wahlmänner** 15 - 25 livres Steuer ← **Wahl**
- **VOLK = AKTIVBÜRGER** alle männlichen Franzosen mit 2 - 5 livres Steueraufkommen (ca. 60% der erwachsenen Männer) → **Wahl**

die künftige Verfassung abverlangt. Da der Papst sich diesem Ansinnen widersetzte, verweigerten viele Priester den Eid. Die französische Kirche war gespalten.

Die Neueinteilung der Verwaltungsbezirke ist bis heute erhalten geblieben. Die alten 31 Provinzen wurden aufgelöst und durch 83 Départements ersetzt, die meistens nach Flüssen oder Bergen benannt sind. Gewählte Beamte sollten an die Stelle der verhaßten Intendanten und Steuerpächter treten.

Eine Verfassung für die Reichen? Nach fast zweijähriger Diskussion wurde am 3. September 1791 die französische Verfassung verkündet. In ihr wurde das Prinzip der Gewaltenteilung (s.o. S. 10) verwirklicht; Frankreich wurde zu einer konstitutionellen Monarchie. Heftig umstritten war, neben dem Vetorecht des Königs, die Frage des Wahlrechts. Gegen die Auffassung einer demokratischen Minderheit, die das allgemeine Wahlrecht forderte, setzten sich die Verfechter des Zensuswahlrechts durch.

Wo steht der König? Im Juni 1791 unternahm der König mit seiner Familie einen Fluchtversuch. In Varennes, einem kleinen Ort östlich von Paris, wurde er erkannt und festgehalten. Barnave und zwei weitere Abgeordnete führten ihn nach Paris zurück.

Wie war es zu dieser entscheidenden Wende im Verhältnis zwischen König und Nation gekommen? Bereits am 6. Oktober 1789 hatte eine revolutionäre Hungerrevolte, der „Zug der Marktweiber nach Versailles", die Übersiedlung des Hofs und der Nationalversammlung in den Tuilerienpalast von Paris erzwungen. Obwohl er in Paris leichter unter Druck zu setzen war, leistete Ludwig XVI. allen revolutionären Maßnahmen der Nationalversammlung so hartnäckigen Widerstand, daß man im Volk nur noch von „Monsieur Veto" sprach. Daß er meistens am Ende doch nachgeben mußte, verringerte seine Autorität weiter. Sollte mit diesem König die neue Verfassung zu verwirklichen sein?

In feierlicher Sitzung nahm er sie am 14. September vor der Nationalversammlung an. Sitzend, mit den Hüten auf dem Kopf, hörten die Abgeordneten den Eid, den der König auf die Verfassung schwor. Einen Thron hatte man ihm nicht vorbereitet.

Aus dem Exil protestierten die Brüder des Königs in einem offenen Brief im Namen des „Grundgesetzes der Monarchie" gegen den Ausschluß des Königs aus der Gesetzgebung, gegen die „Tyrannei des Volkes" und verlangten die Wiederherstellung der Rechte des Klerus und des Adels. Ludwig XVI. saß zwischen allen Stühlen.

4. Krieg für die Freiheit?

Während aufgeklärte Bürger in ganz Europa im neuen Frankreich ein Vorbild und eine Hoffnung für die eigene Zukunft erblickten, sahen die Monarchen in der Revolution eine Bedrohung ihrer eigenen Stellung. Die zahlreichen Emigranten, die im Exil gegen die Revolution hetzten, aber auch das Verhalten des Königs führten im Lager der Revolutionäre zu einer intensiven Debatte über einen möglichen Krieg.

M 1 — Rede des Abgeordneten Isnard in der Legislative (29.11.1791)

Die Sprache der Waffen ist die einzige, die uns bleibt gegen Abtrünnige [die Emigranten], die nicht zurückkehren wollen, wohin die Pflicht sie ruft. In der Tat, jeder Gedanke an Kapitulation
5 wäre ein Verbrechen, wäre Vaterlandsbeleidigung. ... Unsere Gegner sind Feinde der Verfassung; sie wollen, mit dem Schwert und durch Aushungerung, die Parlamente und den Adel in ihre alten Rechte einsetzen, die Vorrangstellung
10 des Königs verstärken ... Sagen wir dem König, daß es in seinem eigenen Interesse ist, die Verfassung zu verteidigen, daß seine Krone an diesem geheiligten Palladium hängt; daß er nur durch das Volk und für das Volk regiert, daß die
15 Nation sein Souverän und er ein Untertan des Gesetzes ist ...
Sagen wir Europa, daß alle Schlachten, die die Völker sich liefern werden, weil die Tyrannen es so wollen, wie die Schläge sind, welche zwei
20 Freunde sich, aufgestachelt von einem heimtückischen Intriganten, in der Dunkelheit zufügen; sobald es heller Tag wird, werfen sie ihre Waffen beiseite, umarmen sich und nehmen Rache an dem, der sie täuschte ...

M 2 — Rede Robespierres vor dem Jakobinerklub (2.1.1792)

... Die ausgefallenste Idee, die im Kopf eines Politikers entstehen kann, ist die Vorstellung, es würde für ein Volk genügen, mit Waffengewalt bei einem anderen Volke einzudringen, um es zur
5 Annahme seiner Gesetze und seiner Verfassung zu bewegen. Niemand mag bewaffnete Missionare; und der erste Rat, den die Natur und die Vorsicht einem eingeben, besteht darin, die Eindringlinge wie Feinde zurückzuschlagen. Ich
10 habe gesagt, daß eine solche Invasion viel eher die Erinnerung an die Brandschatzung der Pfalz und an die letzten Kriege wiedererwecken könnte, als konstitutionelle Gedanken entstehen zu lassen ...
15 Bevor Sie sich in die Politik und in die Staatsgeschäfte der europäischen Fürsten verirren, beginnen Sie gefälligst damit, Ihre Blicke auf Ihre eigene Lage im Innern zu richten; stellen Sie zunächst in Ihren eigenen Angelegenheiten die
20 Ordnung wieder her, bevor Sie sich vornehmen, anderen die Freiheit zu bringen ...
Haben Sie nicht gesagt, daß sich der Sitz allen Übels in Koblenz [Hauptzentrum der Emigranten] befindet? ... So nehmen Sie denn zur Kenntnis,
25 daß sich nach Meinung des aufgeklärten Franzosen das wahre Koblenz in Frankreich befindet, daß das Koblenz des Bischofs von Trier nur eine der treibenden Kräfte einer gegen die Freiheit gebildeten, umfangreichen Verschwörung darstellt,
30 deren Brutstätte und Zentrum und deren Anführer sich mitten unter uns befinden ...
Der Krieg ist gut für die Armeeoffiziere, für Ehrgeizlinge und für Börsenspekulanten; er ist gut für die Minister, ... er ist gut für den Hof, er ist gut für
35 die Exekutive, deren Autorität, Ansehen und Einfluß er erhöht, und er ist gut für die Koalition der Adligen, der Intriganten und der Gemäßigten, die Frankreich regieren ...

(Walter Grab (Hrsg.), Die Französische Revolution – Eine Dokumentation. München (Nymphenburger Verlagshandlung) 1973, S. 94–100)

Arbeitsaufgaben

① Warum ist Isnard für den Krieg? Erläutere sein Feindbild.
② Aus welchen Gründen lehnt Robespierre den Krieg ab?
③ An welchen Fragen und Interessen kommt es zur ▷ Parteibildung und Spaltung in der Bewegung der Revolutionäre (s. Darstellungsteil)?
④ Welche Rolle spielte der König vom Beginn der Revolution bis zu seiner Hinrichtung?

Eine politisierte Gesellschaft

Einem deutschen Reisenden, Joachim Heinrich Campe, fiel bereits im Herbst und Winter des ersten Revolutionsjahres die veränderte Atmosphäre der französischen Hauptstadt auf. „Auf-

Camille Desmoulins redet zum Volk.

fallend und befremdend" findet er den Anblick „ganz gemeiner Menschen aus der allerniedrigsten Volksklasse, z.B. der Wasserträger, ... die größtentheils weder lesen noch schreiben können" und jetzt „warmen Antheil an den öffentlichen Angelegenheiten nehmen, ... ihre Eimer wohl zwanzigmal in einer und derselben Straße niedersetzen, um erst zu hören, was der Colporteur [Zeitungsverkäufer] ausruft." Wenn zwei oder drei Männer im Gespräch die Stimme etwas erhöhen, so erregten sie gleich Aufmerksamkeit: „Es entsteht ein Haufe, und in einigen Minuten schwillt derselbe zu mehreren hundert Köpfen an."

Bei den Wahlen zur neuen Nationalversammlung, der Legislative, zeigten sich die Folgen dieser Politisierung der Bevölkerung. Durch Gesetz war es verboten worden, daß die Abgeordneten der Konstituante wieder kandidierten. Dort hatten sich im Laufe der Debatten drei politische Hauptrichtungen herausgebildet, die Verteidiger der alten Ordnung, die man verächtlich Aristokraten nannte, die Monarchisten, die eine starke Monarchie wollten, und die Patrioten, die entschiedensten Revolutionäre. Es hatte sich die Gewohnheit ausgebildet, daß die Aristokraten rechts, die Patrioten links vom Präsidium saßen, die Monarchisten in der Mitte. Bis heute sind die Begriffe

„Linke", „Rechte" und „Mitte" zur Kennzeichnung politischer Grundeinstellungen gebräuchlich.

Aristokraten und Monarchisten waren in der Legislative nicht mehr vertreten, die Patrioten bildeten keine einheitliche Gruppe mehr, sondern hatten sich auf mehrere politische Klubs, Vorformen von Parteien, verteilt. Der bekannteste und bedeutendste war der Klub der Jakobiner, der nach seinem Tagungsort, einem aufgehobenen Kloster, so genannt wurde und in kurzer Zeit in ganz Frankreich Tochtergesellschaften gründete. Ihr bekanntester Sprecher war der Anwalt Maximilien Robespierre aus Arras. Der Jakobinerklub spaltete sich nach der Flucht des Königs, da die Gruppe um Barnave trotz allem an der konstitutionellen Monarchie festhalten wollte. Sie zogen am 16.Juli 1791 aus und nannten sich von da an Feuillants. Eine andere Gruppe der Jakobiner wurde Girondisten genannt, da einige prominente Mitglieder aus dem Departement Gironde stammten.

Während in den Klubs vor allem das gehobene Bürgertum aktiv war, organisierten sich die ärmeren Schichten in den 48 Sektionen (Wahlbezirken) der Hauptstadt. In einer der Sektionen wurde die „Gesellschaft der Freunde der Menschen- und Bürgerrechte" gegründet, eine radikalde-

1. Nationalversammlung 17. 6. 1789

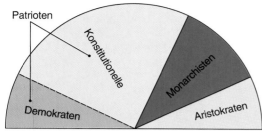

Patrioten

Konstitutionelle

Monarchisten

Demokraten

Aristokraten

Genaue Zahlenangaben sind nicht möglich

2. Nationalversammlung : Legislative 1. 10. 1791

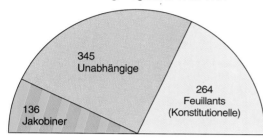

345
Unabhängige

264
Feuillants
(Konstitutionelle)

136
Jakobiner

mokratische Vereinigung, die in einem ehemaligen Franziskanerkloster tagte und daher den Namen Cordeliers trug. Radikale Volksredner wie Danton, Journalisten wie Marat, Hébert und Desmoulins begannen hier ihre Karriere. Obwohl die Schichten, die sie vertraten, noch vom aktiven Wahlrecht ausgeschlossen waren, übten sie über die Volksmassen bereits großen Einfluß auf die Entscheidungen der Legislative aus.

Wem nützt ein Krieg? Obwohl die Schwächung Frankreichs durch die Revolution anfangs im Interesse der europäischen Mächte zu liegen schien, löste die neue Ordnung bei den Herrschern nun Besorgnis aus. Nach der mißlungenen Flucht des Königs verständigten sich die beiden Rivalen Preußen und Österreich auf eine gemeinsame Politik gegenüber dem revolutionären Frankreich (Erklärung von Pillnitz, 27.8.1791). In Frankreich schlug die Stimmung mehr und mehr zugunsten des Krieges um. Vor allem die Girondisten, deren Wortführer Brissot heftig für den Krieg agitierte, erhofften sich davon eine Festigung der Revolution im Innern und eine Ausbreitung revolutionärer Ideen im Ausland. Die Wirtschaftslage, vor allem der Verfall der Assignaten, war ein weiterer Grund für die Kriegspolitik. Auch der König war für den Krieg, um sich im Falle

einer Niederlage mit Hilfe der ausländischen Monarchen wieder in seine alten Rechte einsetzen zu lassen oder im Falle eines Sieges mit Hilfe der Armee eine stärkere Stellung gegenüber der Nationalversammlung einzunehmen. Auf seinen Vorschlag hin erklärte die Legislative am 20. April 1792 den Krieg „gegen den König von Ungarn und Böhmen." Die wenigen Gegenstimmen vermochten sich nicht durchzusetzen.

Für Preußen und Österreich war damit der Bündnisfall gegeben. Der Oberkommandierende der verbündeten Armee, der Herzog von Braunschweig, erließ am 25.Juli 1792 in Koblenz unter dem Einfluß der Emigranten ein Manifest, in dem der Stadt Paris die völlige Zerstörung angedroht wurde, wenn dem König oder seiner Familie „die mindeste Beleidigung ... zugefügt" werden sollte. Der Einmarsch der Verbündeten begann. An der Nordfront, in den österreichischen Niederlanden, erlitten die französischen Truppen die ersten Niederlagen.

Die zweite Volksrevolution. Diese Ereignisse lösten in Paris einen Umschwung aus. Eine revolutionäre Stadtverwaltung, die Commune, übernahm die Macht in der Stadt. Am 10. August stürmte die aufgehetzte Volksmenge das königliche Schloß, die Tuilerien, metzelte die Schweizer Wachmannschaft nieder und bedrohte den König, der sich mit seiner Familie unter den Schutz der Nationalversammlung stellte; er wurde im Temple inhaftiert. Briefe und Dokumente, die man in einem Geheimschrank des Schlosses fand, bewiesen seine Kontakte zu den gegenrevolutionären Kräften; ein Hochverratsprozeß wurde eingeleitet. Eine neue Nationalversammlung, jetzt Nationalkonvent genannt, wurde auf der Grundlage des allgemeinen Wahlrechts gewählt. Darin waren die Anhänger der konstitutionellen Monarchie nicht mehr vertreten. Die Auseinandersetzungen liefen jetzt auf einen Macht-

3. Nationalversammlung : Nationalkonvent 21. 9. 1792

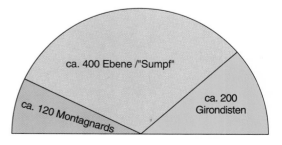

ca. 400 Ebene /"Sumpf"

ca. 120 Montagnards

ca. 200
Girondisten

kampf zwischen den Girondisten und dem radikalen Flügel der Jakobiner hinaus, die jetzt wegen ihrer Sitze auf den oberen Rängen Montagnards (Bergpartei) genannt wurden.

Am 21. September wurde das Königtum für abgeschafft erklärt; Frankreich war eine Republik geworden. In der neuen Verfassung von 1793 wurde dies bestätigt. Sie sah ferner das allgemeine Männerwahlrecht und die Volksabstimmung über Gesetze vor. Auf der Grundlage von Rousseaus (s.o. S. 10) Gesellschaftsvertrag glaubte man auf die Gewaltenteilung verzichten zu können. Eine neue Erklärung der ▷ Menschenrechte enthielt erstmals auch soziale Grundrechte wie die öffentliche Unterstützung Bedürftiger oder das Recht auf Unterricht. Die Inkraftsetzung der ▷ Verfassung wurde allerdings für die Dauer des Krieges verschoben; Frankreich wurde drei Jahre lang ohne gültige Verfassung regiert.

Die äußere Bedrohung führte zu einem krankhaften Mißtrauen gegenüber „Verrätern" und „Aristokraten". Anfang September 1792 kam es zu einem Massaker an Häftlingen der Pariser Gefängnisse, die durch den neuen Justizminister Danton schutzlos selbsternannten „Volksgerichten" überantwortet wurden (Septembermorde). Etwa 1300 Menschen kamen dabei ums Leben. Gewalt und Terror wurden zu Methoden der politischen Auseinandersetzung, obwohl die Kanonade bei Valmy (20.9.) den Vormarsch der preußischen Armee aufgehalten hatte. Die Gegenoffensive zwang die Preußen zum Rückzug; Mainz und Speyer sowie die österreichischen Niederlande wurden von der französischen Armee besetzt.

Im Dezember 1792 begann der Prozeß gegen den König, der sich als „Bürger Capet" wegen Hochverrats zu verantworten hatte. Mit knapper Mehrheit verurteilte ihn der Konvent zum Tode. „Ludwig muß sterben, damit das Vaterland leben soll", rief St. Just, ein Vertrauter Robespierres, in seinem Plädoyer aus. Am 21. Januar 1793 wurde das Urteil auf der Place de la Révolution öffentlich mit der Guillotine vollstreckt.

Der Sturm auf die Tuilerien, 10.8.1792. Die roten Uniformen sind die der Schweizergarde, die blauen die der Nationalgarde, die sich teilweise den Aufständischen angeschlossen hatte.

5. Volksherrschaft oder Jakobinerdiktatur?

Medaille mit dem Bild Robespierres

Wer würde die neue französische Republik beherrschen? In der gewählten Volksvertretung waren nur zwei profilierte Gruppen vertreten, die Girondisten und die Montagnards. Es kam nun darauf an, welche der beiden Gruppen die breite Mehrheit der „Ebene" auf ihre Seite ziehen würde. In diesem Machtkampf war nicht nur die parlamentarische Taktik, sondern auch das Verhältnis zu den Kräften der Volksrevolution von entscheidender Bedeutung.

M 1 Brissot: Die Revolution muß abgeschlossen werden

Vor dem 10. August [s. S. 47] waren die Zerstörer wirklich Revolutionäre, – denn jeder Revolutionär muß zuerst Zerstörer sein. Heute aber sind die Zerstörer wirkliche Gegenrevolutionäre. Sie sind
5 Anarchisten und Gleichmacher. ...

(Zit.: Ernst Schulin, Die Französische Revolution. München (Beck) ²1989, S. 194 f.)

M 2 Die Grundsätze der Republik

Offener Brief Robespierres an seine Wähler (September 1792):
Bürger, ... das Königtum ist vernichtet, Adel und Klerus sind verschwunden, und die Herrschaft der Gleichheit beginnt ... Wer möchte das hohe Schicksal des französischen Volkes eintauschen
5 gegen die Verfassung jener Vereinigten Staaten von Amerika, die sich auf die Aristokratie des Reichtums gründen und unwiderstehlich bereits zum monarchischen Despotismus abgleiten?
Es genügt nicht, den Thron umgestürzt zu haben;
10 worauf es ankommt, ist, auf seinen Trümmern die heilige Gleichheit und die unveräußerlichen Menschenrechte zu errichten. Nicht ein leeres Wort macht die Republik aus, sondern der Charakter der Bürger. Die Seele der Republik ist die Tu-
15 gend, daß heißt, die Vaterlandsliebe, die hochherzige Hingabe, die die privaten Interessen im Gemeinwohl aufgehen läßt. Die Feinde der Republik sind die feigen Egoisten, die Ehrgeizlinge und Bestochenen. Ihr habt die Könige verjagt,
aber habt ihr auch die Laster verjagt, die deren 20 unheilvolle Herrschaft bei euch hinterlassen hat? ...
Ihr werdet sehen, daß diejenigen, die bisher ohne Unterschied Patrioten genannt wurden, sich in zwei Klassen trennen. Die einen wollen die Re- 25 publik für sich selbst, und die anderen für das Volk ... Die ersteren werden die Regierungsform nach aristokratischen Grundsätzen und den Interessen der Reichen ... bilden, die anderen werden sie auf die Grundsätze der Gleichheit und 30 des Gemeinwohls zu gründen suchen ...
Die öffentliche Meinung kann die Feinde der Freiheit nicht mehr an den klaren Zügen von Royalismus oder Aristokratie erkennen; sie muß sie unter den schwierigeren Formen des fehlenden 35 Bürgersinns und der Intrige zu fassen suchen ...
Es gibt nur noch zwei Parteien in der Republik, die der guten und schlechten Bürger, das heißt, die des französischen Volkes und die der Ehrgeizigen und Gierigen. ... 40
Die Regierung ist eingerichtet, um dem allgemeinen Willen zur Geltung zu verhelfen, und diejenigen, die regieren, haben einen individuellen Willen; sie streben natürlicherweise nach ihren Sonderinteressen. Daher muß daß Gesetz sie unauf- 45 hörlich zum Allgemeininteresse zurückführen ...
Der Regierung die notwendige Energie geben, um die Individuen der Herrschaft des allgemeinen Willens zu unterwerfen, und trotzdem verhindern, daß sie Mißbrauch damit treibt, das ist 50 das große Problem, das der Gesetzgeber lösen muß. ...

(P.-J.B. Buchez et. P.-C. Roux (Hrsg.), Histoire Parlementaire de la Révolution Française, Bd. 19. Paris 1835, S. 167–172. Übers. H. Kraume)

M 3 **Wer beherrscht Frankreich, Paris oder die Provinz?**

Isnard (25.5.1793): ... Frankreich hat Paris die Nationalvertretung als kostbares Gut anvertraut. Paris muß sie achten; die Verwaltungsbehörden müssen alles in ihrer Macht Stehende tun, damit
5 ihr diese Achtung erhalten bleibt. Wenn jemals der Konvent erniedrigt würde, wenn er jemals durch einen dieser Aufstände, die seit dem 10. März immer aufs neue ausbrechen und vor denen die Stadtbeamten den Konvent niemals ge-
10 warnt haben ... (Unruhe auf der Linken) ...
Ich erkläre euch im Namen von ganz Frankreich, daß Paris zerstört werden würde ... (Heftige Unruhe) ... Bald würde man an den Ufern der Seine nachforschen, ob es Paris je gegeben hat ...

(Markov, a.a.O., S. 418)

Arbeitsaufgaben

① Revolution – mit welchen Mitteln, wie lange, zu welchem Ziel? Vergleiche hierzu die Antworten Brissots (M 1), Barnaves (S. 42, M 1) und Robespierres (M 2) und versuche, ihre politische Einstellung zu charakterisieren.
② Vergleiche die Rede Isnards (M 3) mit dem Manifest des Herzogs von Braunschweig (s. S. 47). Wie wird diese Rede wohl auf die Pariser Bevölkerung gewirkt haben?
③ Schreibe einen kurzen Lebenslauf Barnaves (s. S. 32 f., 35, 38 f., 42, 44, 46, s. S. 51) und erläutere, was daran typisch für die Revolutionäre der ersten Phase ist.

Krieg und Terror

Nach der Hinrichtung des Königs verschärfte sich die Lage für das revolutionäre Frankreich. Im November 1792 hatte der Konvent allen unterdrückten Völkern die Hilfe Frankreichs versprochen. Am 1. Februar 1793 erklärte er England und den Niederlanden, zwei Tage später Spanien den Krieg. Die Verbündeten gingen zur Offensive über, bei der die Eroberungen von 1792 wieder verlorengingen. Am 24.2.1793 beschloß der Konvent die Aushebung von weiteren 300 000 Soldaten. Gegen diesen Beschluß erhoben sich am 12. März die Bauern in der Vendée und führten einen erfolgreichen Kleinkrieg, der weitere zwei Armeen band. Königstreue Adlige und eidverweigernde Priester schlossen sich dem Aufstand an. Die Wirtschaftslage wurde katastrophal. Die Kaufkraft der Assignaten sank im Sommer 1793 auf ein Viertel ihres ursprünglichen Wertes. Die Preise stiegen derartig, daß in Paris der Brotpreis subventioniert werden mußte, um das Schlimmste zu verhüten. Im Konvent verschärfte sich der Machtkampf zwischen den Girondisten und der Bergpartei, die über die Cordeliers die Sansculotten, die radikalen Massen von Handwerkern, Gesellen und Arbeitern, mobilisieren konnte. Zwischen dem 31.5. und dem 2.6.1793 fiel die Entscheidung. Als zuletzt 80 000 Bewaffnete das Konventsgebäude umstellten, ließ die Volksvertretung die führenden Girondisten verhaften. Sie wurden im Oktober hingerichtet. Die Macht war jetzt in den Händen der Bergpartei. Ein Ausschuß des Nationalkonvents, der am 7.4. gegründete Wohlfahrtsausschuß, übernahm mit fast diktatorischen Vollmachten die Exekutive.

Der Kampf mit den Gegnern der Revolution wurde jetzt mit voller Härte geführt. Am 23. August 1793 verkündete der Konvent die Levée en masse (Massenaufgebot), die der Montagnard Lazare Carnot organisierte: „Die jungen Männer werden in den Kampf ziehen, die verheirateten Waffen schmieden ... Die Frauen werden Uniformen und Zelte nähen ..., die Kinder werden Leinen zupfen ..." Selbst die Greise sollten auf den Plätzen „Haß gegen die Könige" predigen. Der Krieg war die Sache der ganzen Nation geworden. Ein Regiment Freiwilliger aus Marseille sang zum ersten Mal den Schlachtgesang, der als „Marseillaise" zur Nationalhymne wurde.

Dem Druck der neuen Volksheere unter der Führung junger Generäle waren die Armeen der absolutistischen Mächte nicht mehr gewachsen. Mit Ausnahme der Engländer, die zur See weiterhin Frankreichs Küsten blockierten, mußten sich alle Gegner zurückziehen; das linke Rheinufer, die österreichischen Niederlande und Holland wurden erobert, „Tochterrepubliken" in den besetzten Gebieten gegründet. Auch die aufständische Vendée wurde in einem blutigen Rachefeldzug der „höllischen Kolonnen" des Generals Turreau zurückerobert, die Bevölkerung ganzer Dörfer, auch Frauen und Kinder, systematisch ausgerottet. In den aufständischen Städten Marseille, Lyon und Nantes ließen eigenmächtig handelnde Kommissare Tausende erschießen oder ertränken. Mit dem „Gesetz über die Verdächtigen" vom 17. September wurde der Terror, den Robespierre als „strenge, unbeugsame Justiz" definierte, offiziell. Es erlaubte die Verhaftung aller Personen, die sich durch ihr Verhalten, ihre Be-

Verhaftung eines „Verdächtigen"

ziehungen oder ihre Ansichten als „Parteigänger der Tyrannen, des Föderalismus und Feinde der Freiheit zu erkennen gegeben haben."
Bereits am 10. März 1793 war das Revolutionstribunal gegründet worden; am 10.6.1794 wurden Verhör und Verteidigung abgeschafft, gab es nur noch die Alternative Freispruch oder Todesstrafe. „Seien wir schrecklich, damit das Volk es nicht zu sein braucht", rief Danton in Anspielung auf die Septembermorde aus. Für mehr als ein Jahr wurde die Guillotine, die ursprünglich ein Mittel zur Humanisierung der Todesstrafe sein sollte,

Danton auf dem Weg zur Hinrichtung

zum Symbol der Jakobinerherrschaft; ihr fielen die Girondisten, Königin Marie Antoinette, Adlige und eidverweigernde Priester, aber auch die radikalen Führer der Sansculotten zum Opfer. Auch Antoine Barnave wurde wegen seiner königsfreundlichen Politik im November 1793 hingerichtet. Man schätzt die Gesamtzahl der Opfer – ohne die des Bürgerkriegs – auf etwa 35 000–40 000. Auf dem Höhepunkt des Terrors im Frühjahr 1794 ließ Robespierre sogar Abgeordnete der Montagnards verhaften und hinrichten, so Danton, der sich für eine Mäßigung des Terrors ausgesprochen hatte. Für drei Monate war der „Unbestechliche" im Besitz unumschränkter Macht.

Eine revolutionäre Kultur. Eine neue republikanische Kultur sollte alle Überbleibsel des Ancien Régimes ersetzen. Ein neuer Kalender trat an die Stelle des alten; man begann, vom Jahr 1 der Republik an zu zählen. Die alten Monatsnamen wurden durch jahreszeitliche wie „Thermidor" (Wärmemonat) oder „Brumaire" (Nebelmonat) ersetzt; die Woche hatte jetzt 10 Tage. Königsbilder verschwanden von Kirchenportalen und aus den Kartenspielen. In der Kleidung und den Alltagsgewohnheiten, etwa in der Anrede „Bürger" und „Bürgerin" mit der Pflicht zum Duzen, in der Ausgestaltung der Wohnung, im Feiern von republikanischen Festen, dem Pflanzen von Freiheitsbäumen suchte man nach neuen Formen und Symbolen des Lebens. Revolutionslieder wie die Marseillaise oder das „Ça ira" setzten die Massen in Begeisterung: „Ça ira, ça ira, les aristocrates à la lanterne ..." (so wird's gehn, so wird's gehn, die Aristokraten an die Laterne). Der Journalist Hébert begann einen fanatischen Feldzug gegen die christliche Religion, die er durch seine atheistische „Religion der Vernunft" ersetzen wollte. In parodistischen Aufzügen wurde der christliche Kult verhöhnt, Bürger legten ihre

Anbruch einer neuen Zeit: Im Licht der Menschenrechte tanzen die Menschen um einen Freiheitsbaum

christlichen Vornamen ab. Robespierre lehnte den Atheismus ab und brachte ein Gesetz über den „Kult des höchsten Wesens" ein, auf den alle Bürger verpflichtet wurden. Eheschließungen fanden nicht mehr in der Kirche, sondern im Rathaus vor den Tafeln mit den Menschenrechten statt.

Freier Handel oder Staatswirtschaft? Eine neue Volksrevolution drohte am 4. September 1793. Mit dem Schrei „Brot, Brot" sammelten sich die Massen von Paris auf Plätzen und Boulevards. Am folgenden Tag umstellten die bewaffneten Sansculotten den Konvent und erpreßten ihn zu verschärften Maßnahmen gegen innere und äußere Gegner. Jacques Roux, ein ehemaliger Priester und jetzt ein radikaler Verfechter der Gleichheit, hatte schon seit Monaten gegen „Hamsterer" und „Wucherer" agitiert; schon im Juli 1793 hatte der Konvent Gesetze gegen das Horten von Getreide erlassen und den Terror auch auf Wirtschaftsvergehen ausgeweitet. Auch waren die noch ausstehenden Ablösezahlungen für Feudallasten gestrichen, noch vorhandene Urkunden verbrannt worden.

Am 29. September wurde ein „Gesetz über das große Maximum" erlassen, das für nahezu alle Waren des täglichen Gebrauchs, nicht nur für Lebensmittel, die Preise des Jahres 1790 als Höchstpreise festsetzte; Händler, die höhere Preise verlangten, sollten als „Verdächtige" behandelt werden. Ein weiterer Sieg der Sansculotten?

Dasselbe Dekret setzte aber auch für die Löhne und Gehälter eine Obergrenze, das Anderthalbfache des Durchschnittslohns von 1790. Der Vorteil der Armen war also eingeschränkt. Jacques Roux wurde am Abend des 5. September verhaftet; im Gefängnis beging er Selbstmord. Auch mit den Sansculotten wollte die Bergpartei die Macht nicht teilen. Deren populärster Sprecher im Konvent, Hébert, wurde im Frühjahr 1794 Opfer des Terrors.

Als am 9. Thermidor (27. Juli) 1794 ein Bündnis von Gegnern Robespierres zustande kam und seine Verhaftung erwirkte, unternahmen die Sansculotten nichts, um ihn zu retten. Einen Tag später wurde er mit 21 seiner Vertrauten guillotiniert.

6. Bürgerliche Republik oder Militärdiktatur?

1795: Die Gleichheit besteht darin, daß das Gesetz für alle das nämliche ist, es sei, daß es beschütze, oder daß es strafe. ... 5

(W. Grab (Hrsg.), a.a.O. S. 151 und S. 237)

Mit dem Sturz Robespierres war die Phase des offenen Staatsterrors beendet. Wer würde aber Frankreich künftig regieren? War der Konvent in der Lage, die seit 1792 drängenden wirtschaftlichen, sozialen und außenpolitischen Probleme zu lösen? Und was würde von der Revolution übrigbleiben?

M 1 Wer soll herrschen?

Aus den Beratungen über die Verfassung von 1795:

Boissy d'Anglas: Wir sollen von den Besten regiert werden; die Besten sind die Gebildetsten und die am meisten an der Aufrechterhaltung der Gesetze Interessierten. Nun werdet ihr mit gerin-
5 gen Ausnahmen solche Männer nur unter jenen finden, die Eigentum besitzen, dadurch dem Lande anhängen, das es erhält, den Gesetzen, die es beschützen, der Ruhe, die es bewahrt, und die diesem Eigentum und der Muße, die es gewährt,
10 die Erziehung schulden, die sie befähigt, mit Scharfsinn und Billigkeit die Vorteile und Unzuträglichkeiten der Gesetze abzuwägen, die das Schicksal des Vaterlandes bestimmen ... Ein von den Besitzenden regiertes Land befindet sich in
15 einem geordneten gesellschaftlichen Zustand. Wo die Nichtbesitzenden herrschen, ist es im Naturzustand.

Dupont de Nemours: Es ist klar, daß die Besitzenden, ohne deren Willen kein Mensch im Lande
20 wohnen noch essen könnte, die Bürger par excellence sind. Sie sind souverän von Gnaden Gottes, der Natur, ihrer Arbeit und ihres Vorsprungs und dank den Leistungen und Fortschritten ihrer Vorfahren.

(Albert Mathiez, Geschichte der Französischen Revolution. Zürich 1940, Bd. 2, S. 858)

M 2 Was heißt Gleichheit?

Die Verfassungen von 1793 und 1795:
1793: Alle Menschen sind von Natur und vor dem Gesetz gleich.

M 3 Äußerungen Napoleons

Seine Auffassung von Politik und sein Menschenbild:

a) 1791:
Hunderttausend Perser fliehen vor einer Handvoll Athener, zwanzigtausend fallen unter den Schlägen von dreihundert Spartiaten ... Fünfzehnhundert Schweizer machen bei Morgarten den lächerlichen Hochmut von zwanzigtausend 5
Österreichern zuschanden ... Sagen wir es mit Stolz: Der versklavte Mensch ist kaum ein Schatten des freien Menschen ... da die Vernunft die Richtschnur seines (des Menschen) Handelns ist, weil der Zwang ihn erniedrigt und vernichtet, 10
darf man niemals jemanden zwingen, Ideen anzunehmen, die er nicht selbst fühlt.
Vollständige und absolute Gedankenfreiheit ... ist daher die Grundlage der Moral ...

b) Über den Staatsstreich von 1799 (Memoiren, nach 1815):
Man hat philosophisch diskutiert und wird es 15
noch länger tun, ob wir nicht das Gesetz gebrochen haben, ob wir nicht Verbrecher waren [am 18. Brumaire]. Aber das sind alles Abstraktionen, gut für Bücher oder Rednertribünen, die vor einer gebieterischen Notwendigkeit verschwinden 20
müssen. Sonst könnte man auch den Seemann wegen Sachbeschädigung anklagen, der seine Masten abschlägt, um nicht unterzugehen. Tatsache ist, daß das Vaterland ohne uns verloren gewesen wäre und daß wir es retteten ... 25

c) Über sein Verhältnis zur Revolution (nach 1815):
Es ist absolut notwendig, daß eine Regierung, die auf Revolutionen folgt, die unaufhörlich von äußeren Feinden angegriffen und von inneren Machtkämpfen beunruhigt wird, etwas hart ist. Im Frieden hätte ich die Diktatur niedergelegt, und 30
meine konstitutionelle Herrschaft hätte begonnen. Trotz der Einschränkungen, vom Ergebnis her gesehen war mein System immer noch das freiheitlichste von Europa.

(Napoléon – Pensées politiques et sociales, rassemblées ... par Adrien Dansette. Paris (Flammarion) 1969, S. 7 u. S. 33 ff. Übers. H. Kraume).

① Gleichheit von Natur aus oder Gleichheit vor dem Gesetz: Welche der beiden Gleichheitsvorstellungen erweitert oder beschränkt die Freiheit und das Eigentum des einzelnen (M 2)?

② Womit begründen beide Sprecher (M 1) ihre Ansicht, daß gebildete und besitzende Bürger zur Regierung besonders befugt und berechtigt sind?

③ Wie hat sich Napoleons Auffassung von den Menschen und der Politik zwischen 1791 und 1799 gewandelt?

Die Republik des Bürgertums

26. Oktober 1795. Der 1792 gewählte Nationalkonvent hält seine letzte Sitzung ab. Sein letztes Dekret betrifft einen Ortsnamen: der Platz der Revolution wird in Place de la Concorde, Platz der Eintracht, umbenannt. Der Platz, wo der König, die Girondisten, Danton und schließlich Robespierre hingerichtet worden waren, soll nun die nationale Eintracht symbolisieren. Wie weit entsprach dieser Wunsch der Wirklichkeit?

Der offizielle Staatsterror war mit dem Tod Robespierres zu Ende; dafür tobte nun in vielen Departements der „weiße Terror". Bewaffnete Jugendbanden machten Jagd auf Jakobiner und Sansculotten; Kommissaren und dem Hauptankläger des Revolutionstribunals wurde nun selbst der Prozeß gemacht. Der Jakobinerklub wurde geschlossen.

Im Dezember 1794 war bereits das Maximum-Gesetz aufgehoben worden; die Folge war eine gewaltige Preissteigerung, unter der die Armen zu leiden hatten. Zweimal, im April und Mai 1795, versuchten die Sansculotten den Konvent mit Gewalt zur Rücknahme der Maßnahmen zu zwingen (Germinal- und Prairial-Aufstand). Sie wurden von Militäreinheiten blutig niedergeschlagen und entwaffnet. Damit war klar, welche Bevölkerungsschicht jetzt in Frankreich an der Macht war, das Besitzbürgertum, die Bourgeoisie. Aber auch die Armee hatte gezeigt, daß sie ein Machtfaktor im Staat war.

Die Verfassung, die der Konvent am 23. 9. 1795 zur Volksabstimmung stellte, entsprach wieder den Interessen der wohlhabenderen Schichten. Das Wahlrecht war wieder, wie 1791 (s. S. 44), an die Steuerleistung gebunden, aber geringfügig erweitert worden, so daß etwa 5 Millionen Männer wählen durften. Zwischen der Legislative, die aus zwei Kammern, dem Rat der 500 und dem Rat der Alten, bestand, und der Exekutive, dem fünfköpfigen Direktorium, herrschte strikte Gewaltenteilung.

Bevor die Verfassung in Kraft trat, mußte noch einmal ein gewaltsamer Umsturzversuch abgewehrt werden. Am 13. Vendémiaire (5. Oktober) griffen die Anhänger des Königtums zu den Waffen. Bei den Armeeinheiten, die den Aufstand niederschlugen, zeichnete sich ein junger Artilleriegeneral besonders aus, der 26jährige Napoleon Bonaparte.

Die Machtübergabe an die neugewählte Legislative konnte in Ruhe vollzogen werden. Nicht einmal ein Fünftel der Wähler machte bei der Volksabstimmung von seinem Recht Gebrauch.

Ein französischer Caesar? Der Staatsstreich Napoleons. Das Jahr 1795 hatte den Armeen der Republik große Erfolge gebracht. Die österreichischen Niederlande waren in französischer Hand, in Holland war nach der Besetzung eine Tochterrepublik, die „Batavische Republik", gegründet worden. Im Unterschied zu den Anfängen der Revolutionskriege kam es den Franzosen jetzt auf Eroberungen an, auf die Schaffung „natürlicher Grenzen" und auf die Ausbeutung von abhängigen Republiken für die eigenen Zwecke; der französische Staatshaushalt konnte so die Belastungen durch den Krieg verkraften. Preußen schied im Frieden von Basel (5.4.1895) aus dem Krieg im Westen aus, um seine Interessen bei der 3. polnischen Teilung (s.o. S. 25) besser verteidigen zu können. Kurz darauf schloß auch Spanien Frie-

Napoleon Bonaparte als Erster Konsul. Unvollendetes Portrait von David

Italien-Feldzug: Napoleon ehrt die Besiegten

den, so daß sich die militärischen Pläne jetzt auf Österreich konzentrieren konnten.

Zwei französische Armeen sollten einen Vorstoß durch Süddeutschland auf Wien unternehmen, während eine dritte in Oberitalien gegen das Königreich Piemont, das zur antifranzösischen Koalition gehörte, und die österreichische Lombardei vorgehen sollte. Das Kommando über diese Armee erhielt Napoleon Bonaparte.

1769 als Sohn einer korsischen Kleinadelsfamilie in Ajaccio geboren, war Bonaparte schon mit 10 Jahren in die Armee eingetreten und hatte unter dem Ancien Régime eine Ausbildung zum Artillerieoffizier erhalten. Bei der Rückeroberung der Hafenstadt Toulon, die von Engländern besetzt worden war, zeichnete er sich aus und wurde mit 24 Jahren vom Hauptmann zum Brigadegeneral befördert. Nach dem Vendémiaire-Aufstand (s.o.) wurde er Divisionsgeneral und Befehlshaber der Heimatarmee. Durch die Heirat mit einer Generalswitwe, Joséphine Beauharnais, gewann er Zugang zu den einflußreichen Kreisen des Direktoriums.

Der Feldzug in Oberitalien wurde zu einem überwältigenden Erfolg. Im Frieden von Campo-Formio mußte Österreich die Lombardei und das linke Rheinufer abtreten; es wurde mit der Republik Venedig entschädigt. In ganz Italien entstanden weitere Tochterrepubliken; auch die Schweiz wurde zur „Helvetischen Republik".

Durch einen Feldzug nach Ägypten sollte der gefährlichste Gegner Frankreichs, England, getroffen werden; dieses Unternehmen scheiterte, als die französische Flotte durch Admiral Nelson bei Abukir vernichtet wurde. England brachte eine zweite Koalition zustande, die 1799 zum Angriff auf die französischen Positionen überging (2. Koalitionskrieg).

Der General, der durch seine Erfolge das Direktorium gestützt hatte, bereitete ihm auch sein Ende. Am 18. Brumaire (9. November) 1799 stürzte Bonaparte mit Hilfe seiner Truppen die Regierung und jagte das Parlament auseinander. Der Staatsstreich war von Sieyès (s.o. S. 39) eingefädelt worden, der durch die Herrschaft einer starken Exekutive die Errungenschaften der Revolution festigen wollte. Mit ihm und Roger Ducos, einem ehemaligen Konventsabgeordneten, bildete Napoleon das „Konsulat"; eine neue Verfassung sah nur noch ein Scheinparlament vor und gab der Exekutive, in Wirklichkeit dem Ersten Konsul Bonaparte, die nahezu unbeschränkte Macht. Durch Plebiszite, Volksabstimmungen, wurden die Maßnahmen der Regierung von Fall zu Fall legitimiert. Am 15. Dezember 1799 wurde die neue Verfassung zur Abstimmung gestellt; die Proklamation der Konsuln endete mit den Worten: „Bürger, die Revolution hält an den Grundsätzen, die an ihrem Beginn standen, fest. Sie ist beendet."

55

7. Vollender oder Zerstörer der Revolution?

Für fünfzehn Jahre hing das Schicksal Frankreichs und Europas von Napoleon ab. Unter seinen Kriegen hatten die Völker zu leiden, aber durch seine Politik lernten sie auch die Errungenschaften der Revolution kennen. Sein Herrschaftssystem vereinigte höchst widersprüchliche Merkmale, traditionelle und revolutionäre.

M 1 Thron und Nation

Rede Napoleons vor der Gesetzgebenden Körperschaft (1814):
Der Thron ohne die Nation, das sind nur vier Stücke Holz, bedeckt mit einem Stück Samt. Die Nation ist in dem Thron, der Thron ist in der Nation ... Sie nennen sich Volksvertreter, Sie sind es
5 nicht, die Urwählerversammlungen haben Sie nicht erwählt. Es gibt nur einen Volksvertreter in Frankreich, mich. Fünf Millionen Wähler haben mich nacheinander zum Konsul, zum Konsul auf Lebenszeit, zum Kaiser gewählt. Wenn es eine
10 Autorität, einen Menschen in Frankreich gibt, der dasselbe von sich sagen kann, dann möge er sich melden, er kann mit mir rivalisieren. Ich habe die Krone nicht von meinen Vätern, sondern vom Willen der Nation, die sie mir gegeben hat.

M 2 Furcht als Herrschaftsprinzip

Napoleon gegenüber dem Minister Chaptal (um 1805):
Fünf oder sechs Familien teilen sich die Throne Europas, und sie sehen mit Schmerz, daß sich ein Korse auf einen davon gesetzt hat. Ich kann mich nur mit Gewalt darauf halten; ich kann sie
5 nur dadurch daran gewöhnen, mich als ihresgleichen anzusehen, daß ich sie unter dem Joch halte; meine Kaiserherrschaft ist zerstört, wenn ich aufhöre, Furcht zu erregen ... Was für einen König aus altem Geschlecht gleichgültig wäre, ist für
10 mich sehr ernst ... Zwischen den alten Souveränen hatte ein Krieg nur das Ziel, eine Provinz abzuzweigen oder eine Festung zu erobern; für mich geht es immer um meine Existenz oder um die des Empire.

Im Innern gleicht meine Stellung in nichts der der 15 alten Souveräne. Sie können träge in ihren Schlössern leben; sie können sich ohne Scham allen Ausschweifungen eines zügellosen Lebens hingeben; niemand bestreitet ihre Legitimität, niemand denkt daran, sie zu ersetzen, niemand 20 nennt sie undankbar; denn niemand hat ihnen auf den Thron geholfen. Für mich ist das ganz anders: es gibt keinen General, der nicht glaubt, er habe dasselbe Recht auf den Thron wie ich. Es gibt keinen einflußreichen Mann, der nicht glaubt, 25 er habe mir den Weg zum 18. Brumaire gebahnt. Ich muß daher sehr streng mit diesen Menschen sein ... Sie lieben mich nicht, aber sie fürchten mich, und das genügt mir ...
Im Innern wie im Äußeren herrsche ich nur durch 30 die Furcht, die ich einflöße. Und wenn ich dieses System aufgäbe, so wäre ich bald entthront. ...

(A. Dansette (Hrsg.), a.a.O., S. 46 ff. Übers. H. Kraume)

M 3 Kritik an der Errichtung des Erbkaisertums

Lazare Carnot am 1. Mai 1804:
Bürger Tribune, ... es liegt mir fern, die Lobpreisungen auf den Ersten Konsul abschwächen zu wollen; wenn wir Bonaparte nur den Code Civil verdankten, dann schon verdiente sein Name der Nachwelt überliefert zu werden. Aber, was für 5 Dienste ein Bürger seinem Vaterland auch geleistet haben mag, es gibt Grenzen, die die Ehre wie auch die Vernunft der nationalen Dankbarkeit setzen. Wenn dieser Bürger die öffentliche Freiheit wiederhergestellt hat, wenn er das Wohl 10 seines Landes bewirkt hat, wird es dann eine Belohnung sein, ihm das Opfer eben dieser Freiheit zu bringen? Und hieße das nicht, sein eigenes Werk zu vernichten, wenn man aus diesem Land sein persönliches Erbteil macht? 15
In dem Augenblick, als man dem französischen Volk die Frage des Konsulats auf Lebenszeit zur Abstimmung vorlegte, konnte jeder leicht erkennen, daß da ein Hintergedanke existierte ...
Heute enthüllt sich endlich offen das Ziel all die- 20 ser vorbereitenden Maßnahmen: der formelle Vorschlag, über den wir aufgerufen sind, uns zu äußern, geht dahin, das monarchische System wiederherzustellen und dem Ersten Konsul die erbliche Kaiserwürde zu übertragen. 25
Ich stimmte seinerzeit gegen das Konsulat auf Lebenszeit, und genauso werde ich gegen die Wiederherstellung der Monarchie stimmen, wozu mich meine Eigenschaft als Tribun verpflichtet ...
[Carnot setzt sich mit dem Argument, nur die

Monarchie garantiere die Stabilität der Herrschaft, auseinander]:

30 In Frankreich hat sich die erste Dynastie achthundert Jahre lang gehalten; aber wurde das Volk deswegen weniger gequält? Wieviel innere Zwietracht, wieviel äußere Kriege für Ansprüche, für Erbrechte, die jene Dynastie zu Bündnissen mit
35 fremden Mächten führten! In dem Augenblick, wo eine Nation sich die Einzelinteressen einer Familie zu eigen macht, muß sie in einer Vielzahl von Ereignissen eingreifen, die ihr sonst vollkommen gleichgültig geblieben wären. ...
40 Es ist sehr wahr, daß der Staat vor dem 18. Brumaire in Auflösung verfiel und daß die absolute Gewalt ihn vom Rand des Abgrunds weggezogen hat; aber was folgt daraus? Was jeder weiß: daß die politischen Körper von Krankheiten befallen werden, die man nur mit starken Heilmitteln
45 heilen kann, daß eine befristete Diktatur manchmal notwendig ist, um die Freiheit zu retten ... Aber wenn ein starkes Heilmittel einen Kranken gerettet hat, muß man ihm dann täglich ein sol-
50 ches verabreichen?
Es scheint daher sehr zweifelhaft, daß die neue Ordnung der Dinge dem Staat mehr Stabilität verleihen kann. Für die Regierung gibt es nur eine Art, sich zu konsolidieren: ... gerecht zu sein. ...
55 Wurde die Freiheit dem Menschen nur gezeigt, daß er sich ihrer niemals erfreuen kann? ... Nein, ich kann dieses Gut, das in der ganzen Welt allen anderen vorgezogen wird, ohne das alle anderen nichts sind, nicht als eine einfache Illusion anse-
60 hen. Mein Herz sagt mir, daß die Freiheit möglich ist, daß ihre Herrschaft leicht ist und stabiler als irgendeine Willkürherrschaft oder Oligarchie ... Ich stimme gegen den Vorschlag.
[Carnots Stimme war die einzige Gegenstimme.]

(Buchez/Roux (Hrsg.), a.a.O., Bd. 39, Paris 1883, S.114–121. Übers. H. Kraume)

Arbeitsaufgaben

① Womit versucht Napoleon seine Alleinherrschaft zu legitimieren und womit sie abzusichern?
② Sammle Gründe, warum die Franzosen Napoleons Herrschaft hingenommen haben.
③ Von welchem Standort aus beurteilt Carnot die Leistung und die kaiserliche Machtstellung Napoleons?
④ Napoleon und Carnot berufen sich auf die Revolution. Wer von beiden beruft sich mit größerem Recht auf dieses Erbe?

Volkssouveränität oder monarchische Legitimität?

Eine Alleinherrschaft im Frankreich nach der Revolution war grundsätzlich problematisch. Zunächst fehlte Napoleon die Legitimität eines Monarchen. Eine Herrschaft auf der Grundlage der Volkssouveränität war aber mit seiner absoluten Machtstellung nicht zu vereinbaren. Er mußte also den Bürgern das Gefühl vermitteln, daß sie nach wie vor an der Herrschaft beteiligt seien, einige Formen der Republik also bestehen lassen. So gab es immer noch eine Volksvertretung, die sogar nach dem allgemeinen Wahlrecht gewählt wurde. Durch die Einrichtung des Plebiszits konnte Napoleon sie aber umgehen, durch Pressezensur die öffentliche Meinung in seinem Sinn beeinflussen. Seine militärischen Erfolge und der wirtschaftliche Aufschwung machten seine Stellung unangreifbar. Der Erste Konsul hatte daher in allem die letzte Entscheidung. Er ernannte alle Minister und Beamten, konnte außenpolitische Verträge abschließen und hatte das alleinige Gesetzesvorschlagsrecht.
Die Selbstverwaltung der Départements wurde abgeschafft und die gesamte Verwaltung zentralisiert.
Populär wurde Napoleon vor allem durch das Konkordat, das den langjährigen Konflikt mit der katholischen Kirche beendete. Die enteigneten Güter wurden aber nicht zurückgegeben, und auch die Zivilehe blieb erhalten. Ein Vorschlagsrecht für die Besetzung der Bischofssitze behielt sich Napoleon vor. Zur innenpolitischen Versöhnung wurden die Sondergesetze gegen Emigranten aufgehoben; diese konnten darauf nach Frankreich zurückkehren. Auch sie wurden nicht entschädigt, konnten lediglich ihre nationalisierten Güter zurückkaufen. Ihnen wie auch den bürgerlichen Revolutionären bot der neue Staat eine Fülle von Aufstiegsmöglichkeiten in der Armee, der Verwaltung und Rechtsprechung, so daß eine neue, auf Leistung beruhende Führungsschicht entstand. Ein typischer Fall ist Joseph Fouché, ehemaliger Konventsabgeordneter. Als Kommissar 1793/94 für den Terror in Lyon verantwortlich, wurde er unter Napoleon Minister und organisierte die politische Polizei. Auch der Außenminister Talleyrand war, obwohl unter dem Ancien Régime Bischof von Autun, ein Revolutionär der ersten Stunde. Er leitete auch nach dem Sturz Napoleons weiterhin die Außenpolitik Frankreichs.
Als Napoleons größte Leistung gilt das neue Bürgerliche Gesetzbuch, der Code Civil von 1804,

auch Code Napoléon genannt. Es regelt die Rechtsverhältnisse der Bürger untereinander, Familien-, Eigentums- und Handelsfragen. Die Errungenschaften von 1789, die Gleichheit aller Personen vor dem Gesetz und die freie Verfügung über das Eigentum, sind hierin gesichert. Der Code Civil ist heute noch Grundlage des Bürgerlichen Rechts in Frankreich und wurde von vielen europäischen Staaten übernommen. 1810 wurde auch das Strafrecht nach den aufgeklärten Prinzipien der Revolution erneuert.

Mit den wachsenden Erfolgen konnte Napoleon auch seine persönliche Stellung zur Volksabstimmung stellen. 1802 wurde der Erste Konsul, der ursprünglich auf 10 Jahre berufen war, zum Konsul auf Lebenszeit. Im Mai 1804 machte ihn eine Volksabstimmung zum erblichen Kaiser der Franzosen; der Staat hieß jetzt nicht mehr Republik, sondern Empire. Erbkaisertum und Volkssouveränität, an sich zwei sich widersprechende Prinzipien, sollten Napoleons Herrschaft begründen. Mit großem Zeremoniell wurde am 2. Dezember 1804 die Krönung gefeiert. Aber der Papst mußte hierzu nach Paris kommen und war auch nur eine Randfigur. Die Krone setzte Napoleon sich und seiner Gattin selbst auf. Durch traditionelle Heiratspolitik setzte Napoleon seine Bemühungen um Legitimität und Anerkennung durch die alten Herrscherhäuser fort; nach der Scheidung von seiner Gattin (1810) heiratete er die Habsburgerin Marie Louise und war damit Schwiegersohn des Kaisers von Österreich.

Napoleon krönt seine Gemahlin, Gemälde von David. „Der Papst hat mich nicht zum König, sondern zum Kaiser gekrönt, und ich trete nicht die Rechtsnachfolge der Könige an, sondern die Karls des Großen." (Napoleon 1806)

Die Deutsche Frage im 19. Jahrhundert

Barrikadenkampf auf dem Berliner Alexanderplatz in der Nacht vom 18. auf 19. März 1848

Die vereinten revolutionären Völker Europas 1848. Zeitgenössische französische Darstellung

März 1848: Revolution in Deutschland?

„Pulver ist schwarz.
Blut ist rot.
Golden flackert die Flamme!"
(F. Freiligrath)

Berlin, Samstag, der 18. März 1848. Ganz Berlin ist bereits am Vormittag auf den Beinen – freilich nicht hinaus ins Grüne, sondern ins Zentrum, zum Schloß. Überall sind in Bürgerversammlungen am Abend zuvor vier Forderungen aufgestellt worden: Abzug aller Truppen aus Berlin, Aufstellung einer bewaffneten Bürgerwehr, Pressefreiheit, Einberufung des Landtags. Heute nun muß dies durchgesetzt werden, denn seit Tagen schon, seit bekannt geworden ist, daß die Revolution in Wien gesiegt hat, ist es immer wieder zu Zusammenstößen zwischen Bürgern und einem zunehmend gereizter reagierenden Militär gekommen. Dieses will auf keinen Fall zulassen, daß in Preußen das Pariser Beispiel vom Februar Schule macht, wo Revolutionäre die Monarchie hinweggefegt und damit eine Welle von Revolutionen im übrigen Europa ausgelöst haben.
Gegen 14.00 Uhr ist der Platz vor dem Schloß brechend voll Menschen. Plötzlich öffnet sich die Balkontür im ersten Geschoß: König Friedrich Wilhelm IV. persönlich tritt heraus und winkt begütigend. Begeisterte Hochrufe der mehrheitlich immer noch königstreuen Berliner antworten ihm. Das Volk drängt sich näher ans Schloß heran; die ersten Menschen schieben sich bereits durchs Portal in den Innenhof. Dort erschallen Rufe wie „Soldaten fort", „das Militär zurück".
Die nervöse Schloßwache aber versucht, die Menge vom Schloß abzudrängen; sogar Kavallerie wird eingesetzt. Die Stimmung auf dem Platz schwankt, wird unfreundlicher – da fallen zwei Schüsse. Man schreit: „Verrat! Die Soldaten greifen an!" – helle Empörung greift um sich. Der Platz wird zum Hexenkessel, überall wütende Rufe: „Zu den Waffen! Baut Barrikaden!"
In fieberhafter Hast werden überall in der Stadt Straßensperren errichtet. Ab 15.00 Uhr entbrennt der offene Barrikadenkampf. Im Lauf des Nachmittags und Abends steigt die Erbitterung auf beiden Seiten. Der Blutzoll ist erschreckend hoch – fast 200 Tote allein auf der Seite der Revolutionäre. Heckenschützen schießen aus Fenstern auf die angreifenden Soldaten, von den Dächern werden sie mit Steinen bombardiert; das Militär

setzt im Gegenzug Kanonen gegen Barrikaden und Häuser ein. An Feuerkraft und Ausrüstung sind die regulären Truppen überlegen, an manchen Stellen allerdings löst sich bereits die Disziplin – Soldaten laufen zu den Aufständischen über.
Im Schloß herrscht derweil Ratlosigkeit und Angst. Der blutige Kampf sei bis zum Sieg fortzusetzen – dies die Meinung des königlichen Bruders, des Prinzen Wilhelm, den das Volk bitter den „Kartätschen-Prinzen" nennen wird. Wäre – bei unzuverlässigen Truppen – eine Vereinbarung mit den Aufständischen, die wenigstens die Monarchie sichere, nicht vorzuziehen? – dies die Überlegung der Gegenseite, der sich der König endlich anschließt. Noch in der Nacht wird ein königlicher Aufruf „An meine lieben Berliner" erlassen, der die Forderungen des Volkes akzeptiert und die Kämpfe als unglückselige Mißverständnisse darstellt. Zugleich ergeht an die Truppen der Befehl zum Rückzug aus Berlin.
Ein trüber Sonntagmorgen bricht an. Die Berliner stehen an den Ecken und Plätzen und lesen den angeschlagenen Aufruf. Hohngelächter fast überall. Erneut zieht man zum Schloßplatz. Mit sich führt die Menge auf offenen Wagen und Tragbahren die Leichen der beim Barrikadenkampf des Vortags gefallenen Aufständischen. Ihre blutigen Wunden sind aufgedeckt, die Bahren mit Blumen, Laub und der revolutionären Trikolore schwarz-rot-gold geschmückt. In Sprechchören ruft man den König, er möge den Gefallenen die letzte Ehre erweisen. In Trauerkleidung tritt Friedrich Wilhelm wieder auf den Schloßbalkon, am Arm die zitternde Königin. Entsetzt sehen die beiden die teilweise entstellten Leichen. „Die Mütze ab!" schreit es aus der Menge. Der Ohnmacht nahe kommt Friedrich Wilhelm der Aufforderung nach und verbeugt sich tief vor den

21. März 1848: Der König reitet hinter einer schwarz-rot-goldenen Fahne durch Berlin

Opfern seiner Soldaten. „Nun fehlt nur noch die Guillotine!" soll die Königin geflüstert haben. Tiefer war noch nie ein preußischer König gedemütigt worden. Mit maßloser Erbitterung mußten Adel und Militär das zur Kenntnis nehmen.

Am Dienstag darauf, dem 21. März, reitet der König hinter einer schwarz-rot-goldenen Fahne durch Berlin. Sein Pferd wird von einem Barrikadenkämpfer geführt. Ein königliches Manifest verkündet: „Preußen geht fortan in Deutschland auf." Die Revolution scheint auch in Preußen gesiegt zu haben.

Die Märzereignisse des Jahres 1848 in Berlin ähneln in auffallender Weise Vorgängen, wie sie sich im revolutionären Frankreich 1789 abgespielt haben. Sie scheinen eine ähnliche Entwicklung wie dort auch in Deutschland einzuleiten. Die Geschichte nahm jedoch eine andere Wendung, und auch die feurigen, nach 1848 geschriebenen Revolutionslieder – etwa die Freiligraths – konnten über die Niederlage der Revolution nicht hinwegtäuschen. Wohl gibt es seit 1871 einen machtvollen deutschen Nationalstaat, das Deutsche Kaiserreich. Dieses wurde aber nicht durch revolutionäre Bürger, sondern durch die wiedererstarkte preußische Monarchie und das preußische Militär errichtet – nach blutigen Siegen über die alte deutsche Vormacht Österreich und über Frankreich. Diese Einheit wurde nicht gegen die Fürsten, sondern gegen andere Staaten und Völker erstritten. Der erste neue Kaiser war der „Kartätschen-Prinz".

Otto von Bismarck, adeliger Großgrundbesitzer und Architekt dieser konservativen Art von nationaler Einheit und nationaler Politik, hatte bereits im März 1848 voll Bitterkeit bemerkt, man habe der Revolution zu früh nachgegeben. Mit „vier Schuß in der Tasche" war er, wie er später erzählte, von seinem Gut Schönhausen in Brandenburg nach Berlin gezogen, seinen König zu verteidigen, mußte aber angesichts der Haltung des Monarchen „mit verwundetem Gefühl" zurückkehren. Für diesen Mann entstanden nach seinem Tode 1898 überall in Deutschland Hunderte von meist kriegerisch gestalteten Denkmälern und Gedenkstätten, errichtet von dankbaren deutschen Bürgern. Gehörte seiner politischen Richtung die Zukunft?

Damit ist angesprochen, was man die Deutsche Frage im 19. Jahrhundert nennt: Wie sollte ein moderner deutscher Nationalstaat beschaffen sein? Welche Gebiete sollten dazugehören? Welche Staatsform sollte er haben, und welche gesellschaftlichen Kräfte

Denkmal für Fürst Bismarck in Hamburg, 1906. Es ist aus Granit und 34 Meter hoch

sollten diesen Weg Deutschlands in die moderne Zeit bestimmen?

Im Laufe des 19. Jahrhunderts wurden auf diese Fragen recht unterschiedliche Antworten gegeben – zunächst auf dem Wiener Kongreß 1815, der die Epoche der Französischen Revolution von 1789 abschloß, dann in der deutschen Revolution 1848/49 und schließlich bei der Reichsgründung 1871. Letzten Endes ging Deutschland nicht den politischen Weg Frankreichs. Das französische Modell einer ▷ Revolution von unten wurde in Preußen wie in anderen Staaten Deutschlands erfolgreich zu einer „Revolution von oben" abgewandelt. Wie war dies möglich, und welche Folgen hatte es, daß Deutschland nicht unter den Farben schwarz-rot-gold, sondern unter dem konservativen Banner schwarz-weiß-rot den Weg in die Moderne antrat?

Die Flaggen des Deutschen Reiches von 1871

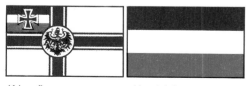

Kriegsflagge   Handelsflagge

1. Fürstliche Revolutionäre von Napoleons Gnaden

„Am Anfang war Napoleon", schreibt ein deutscher Historiker einleitend zur deutschen Geschichte des 19. Jahrhunderts. Durch Napoleons Herrschaft werden alte Formen und Lebenswelten zertrümmert, moderne Staaten gegründet, die Grundlagen für eine moderne Gesellschaft gelegt. Wie reagieren die Deutschen auf diese Anstöße von außen, welche Konsequenzen ziehen sie daraus?

M 1 Südwestdeutschland vor 1803 und nach 1809

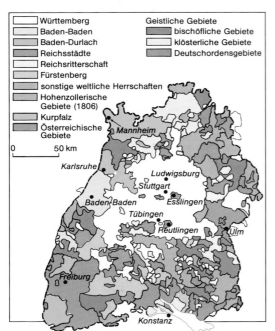

Württemberg
Baden-Baden
Baden-Durlach
Reichsstädte
Reichsritterschaft
Fürstenberg
sonstige weltliche Herrschaften
Hohenzollerische Gebiete (1806)
Kurpfalz
Österreichische Gebiete

Geistliche Gebiete
bischöfliche Gebiete
klösterliche Gebiete
Deutschordensgebiete

0   50 km

Fürstentümer
Hohenzollern-Hechingen und Hohenzollern-Sigmaringen
ab 1850 preußischer Regierungsbezirk Sigmaringen
(Hohenzollerische Lande)

0   50 km

M 2 Die Kirche – ein Hemmschuh des Fortschritts?

Anonyme Streitschrift aus dem Jahre 1798:
Wirft man einen Blick auf Schwabens Karte, so sieht man, daß von Tyrols Gränze an bis nach Ulm, und von da am Bodensee hin ... die Hoch-stifte Augsburg, Konstanz und Kempten, die Prä-
5 laturen Ottobeuren, Memmingen, Ochsenhau-sen ... bey 300 000 Seelen und gegen 150 bis 170 Quadratmeilen besitzen, in welchem ganzen Umfange weder Fabriken noch Manufakturen, noch ein anderer wesentlicher Zweig von Indu-
10 strie anzutreffen ist, so kann man leicht daraus schließen, ... daß diese Leute als Knechte ihre mit harten Bedingnißen überlassene Güter bear-beiten, und den reichsten Profit davon an ihre Herren, die dafür Gott dienen, abgeben müssen. Bey einem solch knechtischen Volk kann dahero 15 weder Energie, noch Industrie, noch Vervoll-kommnung des menschlichen Wohlstandes auf-keimen, da bey demjenigen, der im Lohn eines anderen arbeitet, nur Trägheit, Erschlaffung, Verdrossenheit und Gleichgültigkeit erzeugt 20 wird.
Aus dieser Folge mag sich die Hauptursache ab-leiten lassen, warum in geistlichen Staaten die mehresten Bettler angetroffen werden.

(J. Weiss (Hrsg.), Säkularisation in Oberschwaben; in: Politik und Unterricht, hrsg. von der Landeszentrale für politische Bildung Baden-Württemberg. Stutt-gart 3/1989, S. 22)

Säkularisierung, Mediatisierung und Modernisierung

Rückblick des Abtes Ignaz Speckle von St. Peter:
Es ist also nun auch vorüber, das mörderische, zerstörende Jahr 1806. Schrecklich fing es an, zerstörend fuhr es fort, zerstörte bis am letzten Tage in ganz Deutschland und auch bei uns. ...
5 Im großen wurden zwei der ersten Mächte Deutschlands geschlagen und gestürzt: Österreich noch im Jahre 1805 besiegt, nicht zerstört, aber durch einen Frieden sehr geschwächt, und ganz Süddeutschland unter französisches Joch
10 gebracht. Im Jahre 1806 ward Preußen in Zeit von 14 Tagen geschlagen, beinahe zernichtet, und in ganz Deutschland ist nichts mehr, das widerstehen kann. Das Deutsche Reich ward aufgelöset, die Kaiserkrone von Österreich selbst
15 abgelegt. Alle Bande deutscher Fürsten zerrissen. Ein neuer Bund unter fremder Protektion errichtet, alle deutsche Freiheit gefesselt. Die Schwachen, welche unter dem Schutz der Verfassung und des Kaisers für sich existierten, ihre
20 Rechte und Eigentum behaupten und genießen konnten, alle unterjocht, der Selbständigkeit beraubet und einige wenige, Bayern, Wirtemberg, Baden zu ihrem und ihrer Untertanen Unglück vergrößert. Fremde Familien auf Throne gesetzt
25 etc., und ein Schein von Frieden täuschte eine Weile ... Zum Anfang des Jahres ist nun gar keine Aussicht. ... Zerstreuung und Zerfall ist das einzige, was man itzt voraussehen kann.

(Ursmar Engelmann (Hrsg.), Das Tagebuch von Ignaz Speckle, Abt von St.Peter im Schwarzwald, 2. Teil: 1803–1819. Stuttgart (Kohlhammer) 1966: Veröffentlichungen der Kommission für geschichtliche Landeskunde in Baden-Württenberg, Reihe a. 13. Band. S. 206 f.)

Arbeitsaufgaben

① Vergleiche die beiden Karten des deutschen Südwestens und beschreibe die Veränderungen zwischen 1803 und 1809.

② Wie beurteilt der anonyme Autor von M 2 die geistlichen Herrschaften? Welche Konsequenzen müßten nach dieser Auffassung gezogen werden?

③ Welch pessimistisches Zeitbild entwirft der letzte Abt von St. Peter? Wie bewertet er das soeben aufgelöste Deutsche Reich?

④ Vergleiche die Politik der deutschen Fürsten gegenüber Kirche, Adel und ihrem kaiserlichen Herrn (s. Darstellungsteil) mit der der französischen Revolutionäre.

Eine vierspännige Kutsche fährt am 19. November 1806 im Kloster St. Peter im Breisgau vor. Sie bringt den badischen Kommissar in Klostersachen, den Geheimen Referendar Maler, der den Auftrag hat, das Klostervermögen zu inventarisieren. Es ist nicht das erste Mal; schon im Sommer klagte Abt Ignaz Speckle in seinem Tagebuch, daß die „Behandlung von seiten Badens ... immerfort erniedrigend und habsüchtig" sei: ... immer Untersuchung, Inventieren, Schätzungen, so daß, wenn wir Gantierer [Bankrotteure, Betrüger gewesen wären...]" Die jetzige Schätzung dauert mehr als eine Woche. Herr Maler kommt auf einen Vermögensstand von 857 919 Gulden zugunsten der badischen Staatskasse, von denen jedoch ein Teil für Pensionen der Mönche und gottesdienstliche Zwecke gebunden ist.

Insgesamt trotzdem ein gutes Geschäft! Am Weihnachtstag 1806 wird der Wirtschaftsverband des Klosters aufgelöst, das Gesinde entlassen. „Die allermeisten sollen nun mit Neujahr außer Kost und Lohn kommen und wissen nicht, wo sie in Zukunft zu essen haben."

Letzter Akt: Der Katalog der berühmten Bibliothek kommt aus Karlsruhe zurück; mit Rotstift hat man dort die Bücher angekreuzt, die der großherzoglichen Hofbibliothek einverleibt werden sollen. 30 Kisten, gefüllt mit kostbaren Handschriften und Frühdrucken, werden auf ein Pferdefuhrwerk geladen und gehen nach Karlsruhe. „Dort wird sie selten jemand ansehen und lesen gar niemand", schreibt der letzte Abt in der siebenhundertjährigen Geschichte des Klosters dazu.

Wie war es zu diesem offenkundigen Bruch alten Rechts gekommen? Im Frieden von Lunéville (1801) hatte Frankreich das linke Rheinufer erworben. Für ihre Verluste sollten die betroffenen deutschen Fürsten entschädigt werden. Diese Lage diente Napoleon als Vorwand für eine grundlegende Umgestaltung der deutschen Verhältnisse. Eine <u>Deputation</u> (Ausschuß) des Reichstags arbeitete ein Gesetz aus, das als <u>Reichsdeputationshauptschluß</u> verkündet wurde. Zunächst wurde die Kirche durch die ▷ Säkularisierung ihrer weltlichen Herrschaften beraubt, ihre Territorien und Untertanen wurden weltlichen Fürsten als „Entschädigung" zugeschlagen. Zugleich wurde aber auch – wie 1789 – das kirchliche Vermögen enteignet. Zwar übernahmen die Staaten die Verpflichtung, für eine materielle Ausstattung der Bistümer und Pfarren zu sorgen, doch waren die wirtschaftlichen Folgen für die betroffenen Untertanen, für die die Kirche Grundherr, Arbeitgeber und Kunde war, katastrophal. Berühmte Klöster, seit den Karolingern und Ottonen Zentren des religiösen und kulturellen Lebens, wurden in Gefängnisse oder Fabriken umgewandelt. Insgesamt 70 reichsunmittelbare kirchliche Herrschaften verschwanden von der Landkarte, Hunderte von anderen Klöstern wurden enteignet.

Eine Kirche als Ballsaal: Das Kapuzinerkloster in Baden-Baden wurde zum Hotel umgebaut.

Das zweite Opfer dieser „Revolution von oben" waren die Reichsstädte, die bis dahin ihre Reichsunmittelbarkeit erhalten hatten, das heißt, sie waren keinem anderen Landesherrn als dem Kaiser unterstellt. Mit wenigen Ausnahmen wurden sie jetzt mediatisiert, das heißt einem Landesherrn unterstellt, so daß sie nur noch „mittelbar" unter dem Kaiser standen.

1805 endete der 3. Koalitionskrieg mit einer vernichtenden Niederlage der vereinigten russisch-österreichischen Armee in der „Dreikaiserschlacht" bei Austerlitz. Nach dem Frieden von Preßburg wurde die Auflösung des alten Reichs endgültig vollzogen. Am 12. Juli 1806 gründeten 16 Reichsfürsten den Rheinbund und erklärten am 1. August ihren Austritt aus dem Reich. Sie waren jetzt Frankreich zur militärischen Unterstützung verpflichtet. Die Rheinbundakte gab ihnen das Recht zur Mediatisierung der kleineren Reichsfürsten und der Reichsritter, die Untertanen ihrer politisch glücklicheren Nachbarn wur-

den. Von den süddeutschen Fürsten waren Baden, Württemberg und Bayern Nutznießer dieser Flurbereinigung. Bayern und Württemberg wurden zu Königreichen, Baden zum Großherzogtum erhoben. Eheschließungen mit Verwandten Napoleons krönten die erfolgreiche Politik der süddeutschen Herrscherhäuser. Napoleon hatte sein Ziel erreicht: es waren leistungsfähige Mittelstaaten entstanden, die ihm zwar als Bündnispartner nützen, als Gegner aber nicht schaden konnten.

Die Rechts- und Friedensordnung des alten Reichs war durch diese Politik zerstört worden. Am 6. August 1806 legte Kaiser Franz II. die Krone des Heiligen Römischen Reiches deutscher Nation nieder. In der Reichsverfassung war ein solcher Vorgang nicht vorgesehen.

Modernisierung durch Reformen. Die großen Erwerbungen der süddeutschen Mittelstaaten schufen aber auch Probleme. Wie sollten Untertanen verschiedenster Herkunft, Tradition und Konfession in den neuen Staatsverband eingegliedert werden, ohne daß es zu Unruhen kam? Wer sollte die sozialen Aufgaben übernehmen, die bisher von der Kirche geleistet worden waren? Und wie ließ sich die wirtschaftliche und militärische Leistungsfähigkeit des Staates so steigern, daß er zwischen den Großmächten Bestand haben würde? Nur durch Reformen konnten diese Aufgaben bewältigt werden.

Zum Teil griff man dabei auf Traditionen aufgeklärter Fürsten zurück. In Baden war z.B. schon vor der Französischen Revolution die Leibeigenschaft aufgehoben worden. Jetzt konnte man auch das revolutionäre französische Modell zum Vorbild nehmen.

Die Rechtsordnung wurde vereinheitlicht und modernisiert, indem man den Code Napoléon in etwas veränderter Form übernahm. Er blieb bis 1900 geltendes Recht. Die Leistungsfähigkeit der badischen Staatsregierung wurde durch die Einrichtung von Fachministerien gesteigert. Das Land wurde, ähnlich wie Frankreich, ohne Rücksicht auf historische oder konfessionelle Gesichtspunkte in 10 Kreise eingeteilt; der Kreisdirektor war, wie der französische Präfekt, direkt der Zentralregierung verantwortlich. Bildung und Leistung, nicht mehr Herkunft und Stand waren für die Stellung in der Verwaltung maßgeblich. 1808 versprach der Großherzog dem Land eine Verfassung, um „das Band zwischen seiner Person und den Staatsbürgern noch tiefer zu knüpfen". Sie kam aber erst 10 Jahre später zustande.

2. Eine „Revolution im guten Sinn"?

Auch Preußen war in der Auseinandersetzung mit dem napoleonischen Frankreich zusammengebrochen. Würde der preußische Staat zur bedeutungslosen mittleren Macht absinken, oder würde es ihm gelingen, seine frühere Großmachtstellung zurückzugewinnen? Alles hing davon ab, wie die Herausforderung durch das modernere Frankreich aufgenommen wurde. Nach den Worten König Friedrich Wilhelms III. sollte Preußen durch geistige Kraft ersetzen, was es an militärischer Macht verloren habe.

M 1 Aufruf

Der Berliner Militärgouverneur nach der Niederlage von Jena:

Der König hat eine Bataille verlohren. Jetzt ist Ruhe die erste Bürgerpflicht. Ich fordere die Einwohner Berlins dazu auf. Der König und seine Brüder leben!

Berlin, den 17. October 1806.

Graf v. d. Schulenburg.

M 2 Aus der „Rigaer Denkschrift"

Der preußische Minister Hardenberg am 12. 9. 1807:
Die Begebenheiten, welche seit mehreren Jahren unser Staunen erregen, hängen mit dem großen Weltplan einer weisen Vorsehung zusammen. Nur darin können wir Beruhigung finden.
5 Wenngleich unserem Blick nicht vergönnt ist, tief in diesen Plan einzudringen, so läßt sich doch der

Zweck dabei vermuten: das Schwache, Kraftlose, Veraltete überall zu zerstören und nach dem Gange, den die Natur auch im Physischen nimmt, neue Kräfte zu weiteren Fortschritten zur Voll- 10 kommenheit zu beleben.
Der Staat, dem es glückt, den wahren Geist der Zeit zu fassen, und sich in jenen Weltplan durch die Weisheit seiner Regierung *ruhig* hinein zu arbeiten, ohne daß es gewaltsamer Zuckungen be- 15 dürfe, hat unstreitig große Vorzüge, und seine Glieder müssen die Sorgfalt segnen, die für sie so wohltätig wirkt.
Die Französische Revolution, wovon die gegenwärtigen Kriege die Fortsetzung sind, gab den 20 Franzosen unter Blutvergießen und Stürmen einen ganz neuen Schwung. Alle schlafenden Kräfte wurden geweckt, das Elende und Schwache, veraltete Vorurteile und Gebrechen wurden – freilich zugleich mit manchem Guten – zerstört. 25 Die Benachbarten und Überwundenen wurden mit dem Strome fortgerissen.... Der Wahn, daß man die Revolution am sichersten durch Festhalten am Alten und durch strenge Verfolgung der durch solche geltend gemachten Grundsätze 30 entgegenstreben könne, hat besonders dazu beigetragen, die Revolution zu befördern und derselben eine stets wachsende Ausdehnung zu geben. Die Gewalt dieser Grundsätze ist so groß, sie sind so allgemein anerkannt und verbreitet, 35 daß der Staat, der sie nicht annimmt, entweder seinem Untergang oder der erzwungenen Annahme derselben entgegensehen muß. ...
Also eine Revolution im guten Sinn, gerade hinführend zu dem großen Zweck der Veredelung 40 der Menschheit, durch Weisheit der Regierung und nicht durch gewaltsame Impulsion von innen oder außen, – das ist unser Ziel, unser leitendes Prinzip. Demokratische Grundsätze in einer monarchischen Regierung: dieses scheint mir die an- 45 gemessene Form für den gegenwärtigen Zeitgeist. ...

(Die Reorganisation des Preußischen Staates unter Stein und Hardenberg. Erster Teil: Allgemeine Verwaltungs- und Behördenreform. Hrsg. v. Georg Winter, Bd. I., Leipzig 1931 (Publikationen aus den preußischen Staatsarchiven 93), S. 305 f.)

M 3 Vorsorge für den Wohlstand

Präambel des Edikts, „den erleichterten Besitz und den freien Gebrauch des Grund-Eigenthums ... betreffend" (9.10.1807):
Wir, Friedrich Wilhelm, von Gottes Gnaden König von Preußen ... Tun kund und fügen hiermit zu wissen:

Nach dem eingetretenen Frieden hat Uns die
5 Vorsorge für den gesunkenen Wohlstand Unserer getreuen Untertanen, dessen baldigste Wiederherstellung und möglichste Erhöhung vor allem beschäftigt. Wir haben hierbei erwogen, daß
es, bei der allgemeinen Not, die Uns zu Gebot
10 stehenden Mittel übersteige, jedem einzelnen
Hilfe zu verschaffen, ohne den Zweck erfüllen zu
können, und daß eben sowohl den unerläßlichen
Forderungen der Gerechtigkeit, als den Grundsätzen einer wohlgeordneten Staatswirtschaft
15 gemäß sei, alles zu entfernen, was den einzelnen
bisher hinderte, den Wohlstand zu erlangen, den
er nach dem Maß seiner Kräfte zu erreichen fähig
war ...

(Ernst Rudolf Huber (Hrsg), Dokumente zur deutschen Verfassungsgeschichte, Bd. 1, Stuttgart 1961, S. 38 f.)

Arbeitsaufgaben

① Welche Auffassung vom Staat und vom Bürger spricht aus dem Aufruf des Berliner Gouverneurs (M 1)? Wäre solch ein Aufruf in Paris
während der Revolution und unter Napoleon
denkbar gewesen? (s. S. 56, M 2)

② Worin sieht Hardenberg (M 2) die Gewalt der
Französischen Revolution, und wie will er ihr
begegnen? Was versteht er unter einer „Revolution im guten Sinne" für Preußen?

③ Auf welches Vorbild könnte sich Hardenberg
berufen, wenn er „demokratische Grundsätze in einer monarchischen Regierung" prakti-
zieren will? (s. S. 15 u. 44)

④ Welche Reformen leitet der preußische Staat
ein, und welche Überlegungen liegen ihnen
zugrunde (vgl. Darstellungsteil)?

Reichsfreiherr Karl vom und zum Stein (1757–1831),
Bleistiftzeichnung von F. Olivier, 1820

Karl August Graf von Hardenberg (1750–1822)

Der preußische Weg in die Moderne

Durch die schwere Niederlage bei Auerstedt und
Jena (27.10.1806) und den Frieden von Tilsit
(9.7.1807) war Preußen territorial halbiert worden
und auf den Stand einer mittleren Macht herab-
gesunken. Es mußte 120 Millionen Franken
Kriegskosten leisten und seine Armee auf 42 000
Mann begrenzen. Nur durch eine grundlegende
Modernisierung des gesamten politischen und
gesellschaftlichen Systems konnte der Nieder-
gang Preußens rückgängig gemacht werden.
Diese Umgestaltung, die in wenigen Jahren
durchgesetzt werden konnte, ist das Werk einer
Gruppe von Reformpolitikern, Beamten und Offizieren, an ihrer Spitze Karl Reichsfreiherr vom
und zum Stein (1757–1831) und Karl August Graf
von Hardensberg (1750–1822).

Beide hatten sich als Nichtpreußen im preußischen Staatsdienst bewährt und waren im Jahre 1807 durch Denkschriften zur Reform des Staates hervorgetreten. Während Stein bereits 1808 auf Napoleons Verlangen entlassen werden mußte und bis 1812 nur noch im Exil für Preußen tätig sein konnte, blieb Hardenberg bis 1822 der führende Staatsmann Preußens, seit 1810 in der neugeschaffenen Stellung eines Staatskanzlers.

Zwischen 1807 und 1813 wurden folgende ▷ Reformen durchgesetzt:

— Modernisierung der Regierung durch Aufteilung in 5 Ressortministerien,
— Selbstverwaltung der Städte: die Bürger dürfen ihre Stadtverordneten und diese den Magistrat wählen,
— Militärreform durch die Generäle Scharnhorst und Gneisenau: durch das Reservistensystem wird die Beschränkung auf 42 000 Mann umgangen. Von 1813 an herrscht die allgemeine Wehrpflicht; der Bürger bleibt bis zum 40. Lebensjahr in der Landwehr dienstpflichtig,
— Gesellschaftsreform: Bauernbefreiung, Aufhebung der bäuerlichen „Guts-Unterthänigkeit", d.h. aller Formen feudaler Abhängigkeit (Zwangsdienste, Heiratsbeschränkungen, Schollenbindung): „Nach dem Martini-Tage 1810 giebt es nur freie Leute." Adlige können bürgerliche Berufe ergreifen, Bürger Rittergüter erwerben,
— Gewerbefreiheit durch Aufhebung der Zunftschranken,
— Bildungsreform (Wilhelm von Humboldt): Gründung der Universität Berlin auf der Grundlage der Einheit von Forschung und Lehre; die Zulassung zum Studium erfordert das Abitur an einem humanistischen Gymnasium; Durchsetzung der allgemeinen Schulpflicht, Ausbildung der Lehrer an staatlichen Anstalten.

Grundgedanke aller Reformen war es einerseits, durch rechtzeitige Beseitigung von Mißständen eine Revolution zu verhindern, andererseits, den Bürger durch die Abschaffung von Fesseln aller Art, durch größtmögliche Freiheit zu höherer Leistung zu motivieren. Es war eine „Revolution von oben", durch die der Staat den Bürger in die Pflicht zu nehmen suchte, ohne ihn aber an der Reform aktiv zu beteiligen. Da die Bereitschaft zur Reform beim König auch nur so lange dauerte, wie die Bedrohung von außen bestand, wurden die meisten Reformer nach 1815 entmachtet. Obwohl die Grundlagen der ▷ bürgerlichen Gesellschaft gelegt waren, blieb vieles Stückwerk. Die ▷ Emanzipation der Juden, die 1812 verkündet wurde, stellte sie zwar den übrigen Bürgern rechtlich gleich und erlaubte ihnen das Studium an den Hochschulen, jedoch blieb ihnen der Zugang zu höheren Stellen im Staatsdienst und im Heer nach wie vor versperrt. Die Finanzreform, die alle Steuerprivilegien beseitigen sollte, scheiterte am Widerstand des Adels, dessen Macht keineswegs gebrochen war.

Auch die Folgen der Bauernbefreiung und der Gewerbefreiheit waren nicht für alle Betroffenen positiv. Der Adel mußte für die aufgehobenen Feudalrechte, das Obereigentum am Lande, Frondienste und Abgaben von den Bauern entschädigt werden. Dies konnte entweder durch Geldzahlungen oder durch die Abgabe von einem Drittel bis der Hälfte des bäuerlichen Landes geschehen. Für den Bauern bedeutete dies, daß er den Hof auf Jahrzehnte verschulden oder seine Anbaufläche beträchtlich verkleinern mußte, so daß diese dann keine ausreichende Existenzgrundlage mehr bot. Die Adligen erkannten hier ihre Chance; sie kauften in großer Zahl die unrentablen Kleinbetriebe, oft unter Wert, auf und vereinigten sie zu großen Gutswirtschaften („Bauernlegen"). Man schätzt, daß in den östlichen Provinzen des Königreichs auf diese Weise etwa 15% der Bauernhöfe verschwanden. Da auch die Fürsorgepflicht des Gutsherrn aufgehoben war, blieb den früheren Besitzern nichts weiter übrig, als sich als Landarbeiter zu verdingen oder in die Städte abzuwandern.

Dort war aber die Lage auch nicht besser. Die Aufhebung der Zünfte hatte dazu geführt, daß die Zahl der Handwerksbetriebe sprunghaft gestiegen war. Im Konkurrenzkampf gingen viele von ihnen wieder zugrunde. Zusammen mit den vom Land eingewanderten Arbeitskräften bildeten diese Handwerker eine neue Schicht, die in äußerster Armut lebte (Pauperismus); durch ein starkes Bevölkerungswachstum wurde dieses Problem noch verstärkt. (s.u. S. 128) Im Finanzedikt von 1810 hatte der König versprochen, der „Nation eine zweckmäßig eingerichtete Repräsentation", also eine Volksvertretung, zu geben. Dieses Versprechen wurde jedoch nicht eingelöst; Preußen blieb bis 1848 ohne ▷ Verfassung und Parlament, die Regierungsweise absolutistisch.

3. Befreiungskrieg oder Freiheitskrieg?

Die Umgestaltung der deutschen Staatenwelt und die Reformpolitik waren Reaktionen der Fürsten und Regierungen auf die französische Vorherrschaft. Wie aber veränderte sich das Bewußtsein der deutschen Bevölkerung angesichts dieser Herausforderung? Würde es gelingen, das Volk zur Erhebung gegen Napoleon zu bewegen?

M 1 Lied der schwarzen Jäger

Der Autor, Theodor Körner, fiel am 26.8.1813 als Freiwilliger im Lützowschen Korps.

Ins Feld, ins Feld! Die Rachegeister mahnen.
Auf, deutsches Volk, zum Krieg!
Ins Feld, ins Feld! Hoch flattern unsre Fahnen,
Sie führen uns zum Sieg.

5 Klein ist die Schar, doch groß ist das Vertrauen
Auf den rechten Gott.
Wo seine Engel ihre Festen bauen.
Sind Höllenkünste Spott.

Gebt kein Pardon! Könnt ihr das Schwert nicht
10 heben.
So würgt sie ohne Scheu!
Und hoch verkauft den letzten Tropfen Leben!
Der Tod macht alle frei.

Noch trauern wir im schwarzen Rächerkleide
15 Um den gestorb'nen Mut;
Doch fragt man euch, was dieses Rot bedeute,
Das deutet Frankenblut.

Mit Gott! – Einst geht hoch über Feindesleichen
Der Stern des Friedens auf;
20 Dann pflanzen wir ein weißes Siegeszeichen
Am freien Rheinstrom auf.

(Körners Werke, Hrsg. von Hans Zimmer, Leipzig und Wien (Bibliographisches Institut) 1916, S. 189)

M 2 Goethe

Antwort auf die Frage, warum er keinen Beitrag zur Dichtung der Befreiungskriege geleistet habe (14.3.1830):
Liebesgedichte habe ich nur gemacht wenn ich liebte. Wie hätte ich nun Lieder des Hasses schreiben können ohne Haß! ... ich haßte die Franzosen nicht, wiewohl ich Gott dankte, als wir sie los waren. Wie hätte auch ich, dem nur Kultur 5 und Barbarei Dinge von Bedeutung sind, eine Nation hassen können, die zu den kultiviertesten der Erde gehört und der ich einen so großen Teil meiner eigenen Bildung verdankte!
Überhaupt ist es mit dem Nationalhaß ein eige- 10 nes Ding. Auf den untersten Stufen der Kultur werden Sie ihn immer am stärksten und heftigsten finden. Es gibt aber eine Stufe, wo er ganz verschwindet und wo man gewissermaßen *über* den Nationen steht, und man ein Glück oder ein 15 Wehe seines Nachbarvolkes empfindet, als wäre es dem eigenen begegnet ...

(J.P. Eckermann, Gespräch mit Goethe in den letzten Jahren seines Lebens, Leipzig (Reclam) o.J., Bd. 3, S. 223)

M 3 Heinrich Heine

Der Dichter (seit 1831 im Exil in Frankreich) in der Rückschau auf die Volksbewegung der Befreiungskriege:
Wir hätten auch den Napoleon ganz ruhig ertragen. Aber unsere Fürsten, während sie hofften, durch Gott von ihm befreit zu werden, gaben sie auch zugleich dem Gedanken Raum, daß die zusammengefaßten Kräfte ihrer Völker dabei sehr 5 mitwirksam sein möchten, man suchte in dieser Absicht den Gemeinsinn unter den Deutschen zu wecken, und sogar die allerhöchsten Personen sprachen jetzt von deutscher Volkstümlichkeit, vom gemeinsamen deutschen Vaterlande, von 10 der Vereinigung der christlich germanischen Stämme, von der Einheit Deutschlands. Man befahl uns den Patriotismus, und wir wurden Patrioten; denn wir thun alles, was uns unsere Fürsten befehlen, ... Der Patriotismus des Franzosen be- 15 steht darin, daß sein Herz erwärmt wird, durch diese Wärme sich ausdehnt, sich erweitert, daß es nicht mehr bloß die nächsten Angehörigen, sondern ganz Frankreich, das ganze Land der Civilisation mit seiner Liebe umfaßt. Der Pa- 20 triotismus des Deutschen hingegen besteht darin, daß sein Herz enger wird, daß es sich zusammenzieht, wie Leder in der Kälte, daß er das Fremdländische haßt, daß er nicht mehr Weltbürger, nicht mehr Europäer, sondern nur ein enger 25 Deutscher sein will. Da sahen wir nun das idealische Flegeltum, das Herr Jahn [s.u. S. 71] in System gebracht; es begann die schäbige, plumpe, ungewaschene Opposition gegen eine Gesin-

30 nung, die eben das Herrlichste und Heiligste ist,
was Deutschland hervorgebracht hat, nämlich gegen jene Humanität, gegen jene allgemeine Men-
schenverbrüderung ... Als Gott, der Schnee und
die Kosaken die besten Kräfte des Napoleon zer-
35 stört hatten, erhielten wir Deutsche den allerhöchsten Befehl, uns vom fremden Joche zu befreien,
und wir loderten auf in männlichem Zorn ob der
allzu lang ertragenen Knechtschaft, und wir be-
geisterten uns durch die guten Melodien und
40 schlechten Verse der Körnerschen Lieder, und
wir erkämpften die Freiheit; denn wir thun alles,
was uns von unseren Fürsten befohlen wird.

(Heinrich Heine, Die romantische Schule, Erstes Buch; in: Sämtliche Werke,
Dritter Band, Halle o.J. (Verlag Otto Hendel), S. 157 f.).

Arbeitsaufgaben

① Zu welcher Art von Krieg will das Gedicht Körners (M1) aufrufen? Vergleiche seine nationalistische Kriegsauffassung mit der der
Franzosen (s. S. 47, 55) und der Polen (s.
S. 25).
② Von welchem Standpunkt beurteilt Goethe
die Resonanz auf die Kriege von 1813/14?
③ Welche Motive und Hintergedanken unterstellt Heine den deutschen Patrioten und Fürsten? Erläutere den Unterschied, den Heine
zwischen deutschem und französischem Patriotismus macht. (▷ Nation)

Die deutsche Nationalbewegung

In der Nacht vom 18. auf den 19. Oktober 1814
herrschte an vielen Orten Deutschlands eine
festliche Stimmung. Geschmückte Festzüge zogen aus den Städten und Dörfern und versammelten sich um die Freudenfeuer, die man auf
Bergen und Hügeln entzündet hatte. Vaterländi-
sche Lieder wurden gesungen, Pfarrer, Lehrer
und Bürgermeister hielten patriotische Reden,
man ließ die Fürsten hochleben. Ein Festgottes-
dienst folgte am nächsten Morgen; ergriffen sang
man „Nun danket alle Gott" ...
Deutschland feierte den ersten Jahrestag der
Schlacht von Leipzig, bei der Napoleon seine entscheidende Niederlage erlitten hatte. So war das
große Nationalfest zugleich von Haß auf die Franzosen geprägt, von deren Herrschaft, dem „Skla-
venjoch", man sich endlich befreit habe. Im
Kampf gegen den „eroberungsgierigen galli-
schen Nachbarn" habe die deutsche Nation sich
gefunden: Nie mehr solle man von „Nord- und
Südteutschen, von Oesterreichern, Preußen,
Sachsen, Baiern, Würtembergern, Badnern und
Hessen" reden – „laßt uns Teutsche bleiben!"
Wie war der Sieg über das übermächtige Frankreich möglich geworden? 1806 war England als
einzige Macht übriggeblieben, die Frankreich
noch Widerstand leisten konnte. Da Admiral Nelson die französische Flotte bei Trafalgar vernichtet hatte (1805), war England für Napoleon unangreifbar geworden; er versuchte nun, durch einen
Wirtschaftskrieg den Gegner zu treffen. 1806 ver-

Europa 1812

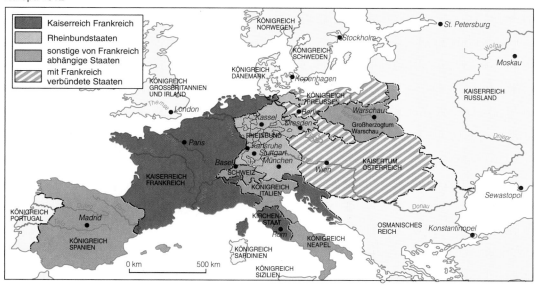

kündete er die Blockade des gesamten Kontinents für alle englischen Waren (Kontinentalsperre). Um diese Maßnahme durchzusetzen, mußten die Küsten Europas streng kontrolliert werden; so wurden 1810 die Niederlande und die deutsche Nordseeküste von Frankreich besetzt. Auch Spanien und Portugal wurden 1808 erobert; Napoleons Bruder Joseph wurde als neuer König von Spanien eingesetzt. In Spanien erhob sich aber das Volk gegen die französische Herrschaft; die Landbevölkerung führte einen erbitterten Kleinkrieg („Guerrilla") gegen die Besatzer, denen es trotz härtester Mittel nicht gelang, den Aufstand zu ersticken.

Auch in Österreich begann sich Widerstand zu regen. 1809 eröffnete der Kaiser erneut den Krieg gegen Napoleon, mußte sich aber trotz einiger Anfangserfolge geschlagen geben. In Tirol, das an Napoleons Verbündeten Bayern abgetreten worden war, erhoben sich die Bauern unter Andreas Hofer gegen die bayerische und französische Herrschaft. Hofer wurde 1810 gefangen und in Mantua standrechtlich erschossen.

Zum Jahresende 1810 verkündete Zar Alexander I., daß Rußland sich nicht mehr an die Kontinentalsperre halten werde. Um die Einhaltung zu erzwingen, rüstete Napoleon eine Armee von bis dahin ungeahnter Größe, die Grande Armée, aus. 700 000 Mann, von denen die eine Hälfte Franzosen, die andere Verbündete waren, marschierten im Juni 1812 in Rußland ein, schlugen die russische Armee in mehreren Schlachten und erreichten am 14. September Moskau. Der Brand der Stadt, von den Russen selbst gelegt, und der einbrechende Winter zwangen Napoleon zum Rückzug, der mit einer Katastrophe endete. Mehr als die Hälfte seiner Armee ging an Kälte, Seuchen, Hunger und den ständigen Angriffen der Kosaken zugrunde. Napoleon selbst kehrte in Eilmärschen nach Paris zurück.

Volkskrieg oder Kabinettskrieg? In Deutschland hatte sich die Stimmung seit 1806 grundlegend gewandelt. Nicht nur in Preußen, sondern auch in den Rheinbundstaaten wurde die französische Vorherrschaft nicht mehr als Befreiung, sondern als drückende Belastung empfunden. Zugleich erkannte man, daß die Schwäche des alten Reichs die französische Übermacht erst möglich gemacht hatte. Die Erfolge der napoleonischen Heere bewiesen, daß die Idee der ▷ Nation ein Volk zu gewaltigen Leistungen anspornen konnte. Viele Deutsche schlossen daraus, daß es nun darauf ankomme, die vielen deutschen Territorien, die bisher nur eine kulturelle Einheit bilde-

Biwak in Molodetschno, Dezember 1812

70

ten, zu einem machtvollen ▷ Nationalstaat zusammenzuschließen. Zur Einheit gehörte aber untrennbar die Freiheit; der neue deutsche Staat, von dem man träumte, sollte daher ein ▷ Verfassungsstaat sein, in dem die Menschenrechte verwirklicht sein sollten. Dichter und Wissenschaftler verkündeten die nationale Idee. Der erste Rektor der neuen Universität Berlin, der Philosoph Johann Gottlieb Fichte, rief in seinen „Reden an die deutsche Nation" zur Rückbesinnung auf die deutsche Kultur und Sprache auf. In der Ablehnung alles Französischen wandte man sich dem eigenen „Volkstum" zu. Nicht mehr der „Weltbürger", das Ideal der Aufklärung, galt als Vorbild, sondern der national denkende und empfindende Mensch. Eine nationale Massenorganisation war die Turnbewegung, die 1811 von Friedrich Ludwig Jahn in Berlin gegründet worden war und jeden ausschloß, der „Ausländerei liebt, lobt, treibt und beschönigt". „Erst wenn alle wehrbare Mannschaft durch Leibesübungen waffenfähig geworden ... kann ein solches Volk ein wehrhaftes heißen." „Wehrlos, ehrlos", schrieb Jahn in seiner Schrift „Das deutsche Volksthum" von 1810.

Im Frühjahr 1813 sah die deutsche Nationalbewegung die Zeit für eine allgemeine Volkserhebung gekommen. Im Dezember 1812 hatte der Kommandeur der preußischen Armee in Ostpreußen, General Yorck, eigenmächtig ein Neutralitätsabkommen mit den siegreichen Russen geschlossen. Nur zögernd schloß sich der preußische König dem allgemeinen Wunsch nach einem Bündniswechsel an. Am 17. März 1813 erließ er schließlich in Breslau seinen Aufruf „An mein Volk", der das Volk zum Freiheitskrieg aufrief. Eine neue militärische Auszeichnung, das Eiserne Kreuz, sollte die alten ständischen Ehrenzeichen ersetzen. Tausende von Freiwilligen bildeten „Freikorps"; das berühmteste, das Lützowsche Korps, trug einen schwarzen Rock mit roten Aufschlägen und goldenen Knöpfen.

In einer viertägigen Schlacht, der „Völkerschlacht" bei Leipzig (16.–19.10.1813), fiel die Entscheidung. Dem Druck der vereinigten preußisch-russischen, österreichischen und schwedischen Armeen unterlag Napoleon und mußte sich fluchtartig nach Frankreich zurückziehen. Am 31.3.1814 zogen die siegreichen Alliierten in Paris ein. Als Geschlagener erhielt der Kaiser die Insel Elba als Herrschaft.

Unter dem Bruder des hingerichteten Ludwig XVI., Ludwig XVIII., wurde die Bourbonenmonarchie restauriert. Auch als Napoleon im März 1815 überraschend von Elba nach Frankreich zurück-

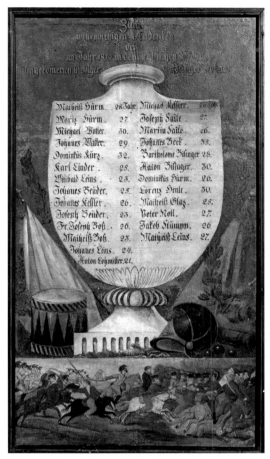

Gedenktafel für württembergische Gefallene des Rußlandfeldzugs

kehrte und die Herrschaft wieder übernahm, dauerte diese Episode nur kurz („Herrschaft der 100 Tage"). In der Schlacht von Waterloo wurde er von Engländern und Preußen geschlagen und mußte abdanken. Die Insel St. Helena im südlichen Atlantik wurde sein endgültiges Exil bis zu seinem Tode im Jahre 1821.

Möglich war dieser Sieg vor allem durch den Beitritt Österreichs zum antifranzösischen Bündnis geworden. Kaiser Franz I. und sein Minister, Fürst Metternich, hatten keinerlei Sympathien für die nationale Bewegung. Die Bündnisvereinbarungen, auch mit Rheinbundstaaten wie Bayern und Württemberg, die das Lager wechselten, hatten daher schon wieder den Charakter der traditionellen Kabinettspolitik, bei der die Regierenden die Ziele unter sich bestimmten.

4. Restauration oder Neuordnung?

Mit dem Sieg über Napoleon waren die Kriege der Revolutionszeit beendet worden. Die französische Vorherrschaft über Europa war beseitigt. Wie aber sollte eine neue europäische Friedensordnung aussehen? Wie würden die Sieger mit dem geschlagenen Gegner verfahren? Wollte man alle Auswirkungen der Revolution, z.B. die Säkularisierung und Mediatisierung, rückgängig machen, das Heilige Römische Reich wiedererrichten? Wie würden die Erwartungen der deutschen Patrioten berücksichtigt werden?
Friedrich Gentz, ein Vertrauter Metternichs, über den Wiener Kongreß:

M 1 Entwurf für eine Abschlußerklärung

... Die Aufgabe dieses Kongresses war schwierig und kompliziert. Es ging darum, alles wiederzuerrichten, was zwanzig Jahre Unordnung zerstört hatten, das politische Gebäude aus den gewalti-
5 gen Trümmern wiederaufzubauen, mit denen eine fürchterliche Erschütterung den Boden Europas bedeckt hatte, Staaten wiederherzustellen, die für das allgemeine System notwendig sind, die aber unter dem Gewicht ihres Unglücks voll-
10 ständig zusammengebrochen waren, anderen ihr richtiges Ausmaß wiederzugeben, über eine Anzahl von Territorien zu verfügen, die im Abgrund einer riesigen Herrschaft verschlungen worden waren und die der Sturz dieser Herr-
15 schaft vakant gelassen hatte, schließlich darum, durch eine weise Neuverteilung der Kräfte unter den wichtigsten politischen Mächten das unheilvolle Übergewicht einer einzelnen zu verhindern, wie auch die Rückkehr der Gefahren zu vermei-
20 den, deren Beispiel die Welt erschreckt und belehrt hatte.
Diese große Aufgabe ist beendet. ... Die Souveräne sind, wenn sie sich heute trennen, ... eine einzige, einfache und heilige Verpflichtung einge-
25 gangen, nämlich die, alle anderen Erwägungen gegenüber dem Erhalt des Friedens zurückzustellen und jeden Plan, die bestehende Ordnung zu erschüttern, ... mit allen Mitteln, die ihnen die Vorsehung anvertraut hat, im Keim zu erstik-
30 ken ...

(Oesterreichs Teilnahme an den Befreiungskriegen ... nach Aufzeichnungen von Friedrich von Gentz, hrsg. von Richard Fürst Metternich-Winneburg ... Wien (C. Gerold's Sohn) 1887, S. 531 ff. Aus dem Frz. übers. v. H. Kraume)

M 2 Über die politische Neuordnung Deutschlands

Der allgemeine Wunsch ganz Deutschlands geht dahin, daß das Haus Oesterreich die 1806 niedergelegte deutsche Kaiserkrone wieder aufnehme und mit einer ausgedehnteren und wirksameren Gewalt ausgestattet werde, als es damals be-
5 saß ... Ich habe täglich zwanzigmal Gelegenheit, den Verdruß zu beobachten, welchen die Abgeordneten aller Theile Deutschlands, besonders jene der Rheinländer, Schwabens, Frankens empfinden, wenn sie gewahren, daß wenig Hoff-
10 nung auf Erfüllung dieser Lieblingsidee vorhanden ist. Der Wiener Hof ist zu einsichtsvoll ..., um sich der ehrenvollen, aber gefährlichen Rolle zu unterziehen, welche Deutschland ihn spielen lassen möchte. ... Man müßte also, damit die kaiser-
15 liche Gewalt thatsächlichen Bestand erhielte, sie mit Befugnissen ausstatten, die von jenen sehr verschieden wären, auf die sie in den letzten Zeiten beschränkt war; diese wesentliche Aenderung ist aber ... mit den Rechten und Prärogativen
20 [Vorrechte], durchaus unvereinbar, welche die großen deutschen Staaten, wie Preußen, Baiern, Hannover, seit mehr als einem halben Jahrhundert ausgeübt haben und auf welche sie ... sicherlich niemals verzichten werden. Oesterreich will
25 mit einem Worte weder einen leeren Titel ohne wirklichen Werth annehmen, noch eine Gewalt anstreben, gegen welche die hervorragenden Mitglieder des deutschen Bundes sich unaufhörlich sträuben würden. Es will aber auch nicht, daß
30 ein Anderer sich einen Platz anmaße, auf den es aus so gewichtigen Gründen verzichtet ...

(ebd., S. 443 f.)

Arbeitsaufgaben

① Welche Ziele hatte sich laut M 1 der Wiener Kongreß gesetzt? Wie werden die Erfahrungen der Revolutionszeit beurteilt, und welche Zukunftsperspektive ergibt sich daraus?

② Erläutere die Position des Wiener Hofs, wie sie in M 2 dargelegt wird. Welche Chancen werden den Vorstellungen der deutschen Nationalbewegung eingeräumt?

③ Vergleiche den Entwurf (M 1, M 2) mit den Vereinbarungen des Kongresses (s. Darstellungsteil).

Der Wiener Kongreß

Im November 1814 trat nach langen Vorverhand-
lungen in Wien der Friedenskongreß zusammen.
Der Kaiser und der Zar, sechs Könige, über hundert Fürsten und Scharen von Diplomaten gingen
daran, nach 23 Kriegsjahren eine neue Friedensordnung zu entwerfen. Zar Alexander I., Metternich, die preußischen Reformer Hardenberg und
Humboldt, der englische Außenminister Castle-
reagh waren die maßgeblichen Staatsmänner
auf der Siegerseite. Für die restaurierte Bourbonenmonarchie war Talleyrand (s.o. S. 57) erschienen. Allerdings kam der Kongreß fast nie als
ganzer zusammen; die meisten Verhandlungen
spielten sich unter vier Augen, in Form von Ge-
heimgesprächen und Intrigen, ab. Metternich,
der heimliche Lenker des Kongresses, war durch
Spitzel und Geheimpolizisten über die Absichten
und Pläne der anderen Mächte meist schon frühzeitig informiert.

Die gegensätzlichen Interessen der Großmäche
traten an einem territorialen Problem zutage, der
sächsisch-polnischen Frage. Preußen und Rußland waren sich darin einig, daß das von Napoleon geschaffenen Herzogtum Warschau an Rußland fallen sollte; Preußen sollte als Ausgleich für
seine verlorenen polnischen Gebiete das ganze
Königreich Sachsen erhalten. Dem König von
Sachsen wurde Verrat vorgeworfen, weil er bis
zuletzt an dem Bündnis mit Napoleon festgehalten hatte, während die übrigen Rheinbundstaaten zu den Siegern übergegangen waren. „Verrat
ist eine Frage des Datums", bemerkte Talleyrand
zu dieser Begründung. Gegen diesen Plan stellten sich England und Österreich; weder die West-
expansion Rußlands noch der Machtgewinn
Preußens war mit den Vorstellungen der beiden
Großmächte vom europäischen ▷ Gleichgewicht
zu vereinbaren. Den König von Sachsen abzusetzen hätte bedeutet, revolutionäre, völker-
rechtswidrige Grundsätze anzuwenden. Da
Preußen und Rußland auf ihrer Position beharr-
ten, drohte der Krieg mit veränderten Fronten erneut auszubrechen.

In dieser Situation gelang es Metternich, Frank-
reich auf seine Linie zu bringen. Damit war der
Beweis erbracht, daß Frankreich als Großmacht
im europäischen Mächtespiel unentbehrlich war.
Triumphierend teilte Talleyrand seinem König
mit: „Die Koalition ist aufgelöst ... Frankreich ist in
Europa nicht mehr isoliert." Die Kompromißlö-
sung ging zu Lasten der schwachen Staaten;
Sachsen mußte zwei Fünftel des Landes an
Preußen abtreten. Polen wurde sogar zum vier-

Clemens Lothar Fürst von Metternich. Gemälde von Th.
Lawrence

ten Mal geteilt. Der Zar beherrschte in Personalunion das neugeschaffene Königreich Polen
(„Kongreßpolen"); die westlichen Gebiete fielen
an Preußen und Österreich.

Grundsätze und ihre Anwendung. An der Behandlung Frankreichs wird deutlich, daß es die
Hauptsorge des Kongresses war, das europäische Gleichgewicht wiederherzustellen. Aus diesem Grund mußte der Besiegte zwar alle Eroberungen seit 1792 zurückgeben, blieb aber im übrigen verschont. Eine folgenreiche territoriale Entscheidung war es, daß Österreich auf seine süd-
westdeutschen und niederländischen Gebiete
verzichtete und sich nach Süd- und Osteuropa
orientierte, während Preußen in Westdeutsch-
land große Gewinne machte, „nach Deutschland
hineinwuchs". Die Ansprüche Rußlands auf
Machtgewinn im Westen konnten beschränkt
werden. Hauptursache für die lange Zeit des
Krieges war nach Meinung der Staatsmänner
das revolutionäre Denken. Diesem setzte man
den Grundsatz der Legitimität der Herr-
scherdynastien entgegen. Die Restauration war
jedoch nicht vollständig. Weder setzte man die
Kirche wieder in den Besitz der säkularisierten
Herrschaften, noch machte man die Mediatisie-

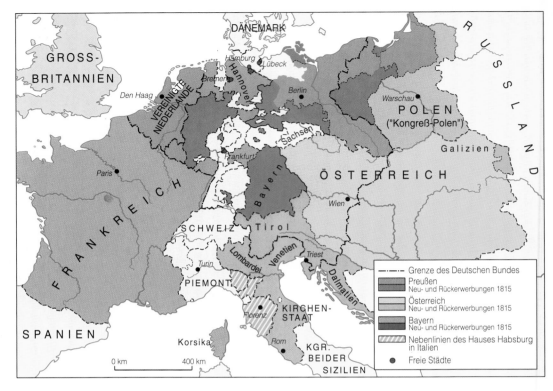

Mitteleuropa 1815

rung wieder rückgängig. Im Namen der Solidarität der Monarchen durften die Großmächte eingreifen, wenn in einem Land eine Revolution ausbrechen sollte (Interventionsrecht). Der Zar arbeitete darauf hin, diese Ordnung religiös abzusichern; die Heilige Allianz, die er mit Österreich und Preußen schloß, sollte die drei christlichen Religionen und Herrscher im Kampf gegen die Revolution vereinigen. Mehr oder weniger widerwillig schlossen sich die übrigen Staaten dem Bündnis an.

Die Gleichgewichtsidee bestimmte auch die Neugestaltung der deutschen Verhältnisse, die Lösung der Deutschen Frage (▷ Nation), auf die die deutschen Patrioten große Hoffnungen gesetzt hatten. Das Ergebnis mußte sie enttäuschen. Statt des machtvollen deutschen nationalen Kaiserstaats gründete man einen losen Staatenbund, den Deutschen Bund (▷ Bundesstaat), dem 37 (später 35) monarchische Staaten und vier Freie Städte angehörten und der von den fünf Großmächten garantiert wurde. Alle Bundesstaaten waren souverän und nur durch den Bundestag in Frankfurt verbunden. Dieser war jedoch kein Parlament, sondern ein ständiger Gesandtenkongreß unter österreichischem Vorsitz, dessen Beschlüsse für alle Bundesstaaten verbindlich waren. Die beiden Großmächte Preußen und Österreich, die jeweils nur mit einem Teil ihres Staatsgebiets zum Bund gehörten, waren sich in den Grundsätzen einig. Der Dualismus lähmte jede politische Regung in Deutschland; für mehr als drei Jahrzehnte vermochte Metternich jede freiheitliche Bewegung zu unterdrücken.

5. „Preßfreiheit – Preßfrechheit": Der Kampf um eine politische Öffentlichkeit im Vormärz

Die Ergebnisse des Wiener Kongresses entsprachen nicht den Erwartungen der deutschen Nationalbewegung. Man warf den Fürsten Wortbruch vor. Wie würden die deutschen Patrioten politisch reagieren, und welche Möglichkeiten politischen Handelns boten sich ihnen?

M 1   „Deutschlands Pflichten"

Aus dem Aufruf von Johann Georg August Wirth zur Gründung des Preßvereins (Zweibrücken 1832):
Die Aufgabe unseres Volkes besteht ... darin, die Nothwendigkeit der Organisation eines deutschen Reiches, im demokratischen Sinne, zur lebendigen Ueberzeugung aller deutschen Bürger
5 zu erheben und alle dahin zu bringen, daß sie die Herbeiführung einer solchen politischen Reform unseres Vaterlandes als den Lebenszweck der gegenwärtigen Generation anerkennen. Gebt der großen Mehrheit des Volkes diese Überzeu-
10 gung in lebendiger und glühender Weise – und ihr seid nicht mehr weit vom Ziele entfernt. Ihr erreicht den großen Zweck sogar auf dem Wege friedlicher Reform: denn es ist ein Gesetz der Natur, daß keine materielle Macht der übereinstim-
15 menden und mit Feuer erfaßten Meinung eines Volkes zu widerstehen vermag. – Das Mittel zur Wiedervereinigung Deutschlands im Geiste ist aber einzig und allein die freie Presse. Dies wissen auch die Fürsten, und darum bieten sie alle
20 Kräfte auf, um dieser allmächtigen Waffe der Völker in Deutschland den Eingang zu verwehren. Die Seelenangst, mit der die deutschen Könige bei dem Gedanken an Freiheit der Presse ergriffen werden, ... muß die Völker auf den Werth und
25 die Macht der Presse aufmerksam machen ... Es kommt jetzt nur darauf an, die Presse, wo sie frei ist, gegen die faktische Gewalt der Könige zu schützen und dann zum Gemeingute der deutschen Nation zu erheben ... Diejenigen Journale,
30 welche als Hebel für die Nationalsache angesehen werden, müssen deshalb in das Eigenthum des Volkes übergehen und ihre Redaktoren absetzbare Diener des Volkes werden.

M 2   Aufklären oder losschlagen?

Eine Diskussion am Rande des Hambacher Festes:
Am Samstag Abend noch bildete sich im „Schiff" eine Diskussion, und hier hatte man Gelegenheit wahrzunehmen, wie, bei gleichem Eifer für die Sache der Freiheit und des Vaterlandes dennoch die Partei der Besonnen-Muthigen bei weitem die 5 der Jugendlich-Hitzigen, die die Sache der Wiedergeburt Deutschlands denn noch für gar zu leicht ansehen, überwog. Einer der Letzteren kam nämlich nach einem langen Schwall von *idealer Freiheit* und *europäischer Republik* mit 10 der Frage zum Vorschein, ob man denn nicht zusammengekommen sei, um endlich einmal *loszuschlagen*. Die einfache Gegenfrage aber, „*womit* und auf *wen* er losschlagen wolle?" hob den Redner aus dem Sattel, und andere praktische 15 Vorschläge zur *gesetzlichen Reform*, zur *Aufklärung* und *Belehrung* des deutschen Volkes, besonders im *Norden*, waren fortan Gegenstand der Diskussion.

(Der Schwarzwälder, 19.6.1832)

Arbeitsaufgaben

① Wie schätzt Wirth (M 1) die Rolle der ▷ Öffentlichkeit und der Presse ein?
② Journale als „Eigentum des Volkes" und Redaktoren als „absetzbare Diener des Volkes" – Vertragen sich diese Forderungen Wirths mit der Pressefreiheit?
③ Welches Grundproblem der deutschen Opposition kommt in M 2 zum Ausdruck?

Das Hambacher Fest

In dem kleinen pfälzischen Städtchen Neustadt wurde es am Abend des 26. Mai 1832 unruhig. Reisende kamen an, zu Fuß, auf Pferdefuhrwerken, allein oder in Gruppen. Aus den Wirtshäusern erschallten die verbotenen Freiheitslieder, aber kein Polizist wagte es, einzuschreiten. An den Tischen ereiferten sich Redner, andere zogen es noch vor, ihre Besprechungen in leisem Flüsterton zu halten. Es lag etwas in der Luft ...
Am nächsten Morgen ertönten die Glocken, ein langer Zug festlich geschmückter Menschen zog aus der Stadt auf die Burgruine von Hambach,

Zug auf das Hambacher Schloß am 27. Mai 1832

Bürger, Bauern, Studenten, eine Delegation aus dem benachbarten Elsaß, eine Gruppe polnischer Emigranten, insgesamt mindestens 25 000 Teilnehmer. Die <u>schwarz-rot-goldene Fahne</u> wurde auf dem Turm gehißt. Man sang „Hinauf, Patrioten, zum Schloß, zum Schloß" oder „Fürsten, zum Land hinaus, jetzt kommt der Völkerschmaus ... Erst jagt den Kaiser Franz, dann den im Siegerkranz ..." Auf der Burg ergriffen zwei Journalisten das Wort, Philipp Jakob Siebenpfeiffer und Johann Georg August Wirth, beide einem großen Publikum als unerbittliche Kritiker der politischen Verhältnisse bekannt. „Und es wird kommen der Tag, wo der Deutsche vom Alpengebirg und der Nordsee, vom Rhein, der Donau und Elbe den Bruder im Bruder umarmt, wo die Zollstöcke und die Schlagbäume, wo alle Hoheitszeichen der Trennung und Hemmung und Bedrückung verschwinden ... wo die Fürsten die bunten Hermeline feudalistischer Gottstatthalterschaft mit der männlichen Toga deutscher Nationalwürde vertauschen ...", so Siebenpfeiffer in seiner Rede. Noch 23 weiteren Rednern hörte die Menge mit Begeisterung zu.

Welche Nöte, welche leitenden Ideen veranlaßten die Menschen zu dieser ersten politischen Massenveranstaltung auf deutschem Boden? Die Ergebnisse des Wiener Kongresses (s.o. S. 72 ff.) hatten die deutschen Patrioten tief enttäuscht. Viele resignierten und zogen sich in ein unpolitisches Privatleben zurück („<u>Biedermeier</u>"). Andere suchten nach neuen Wegen, um ihre Ziele, Einheit, Freiheit und eine deutsche ▷ Verfassung, zu verwirklichen. Für diese Bewegung bürgerte sich bald er Begriff ▷ „<u>Liberale</u>" ein. Nur in den süddeutschen und einigen mitteldeutschen Staaten gab es aber Verfassungen, die es den Liberalen möglich machten, auf parlamentarischem Wege für ihre Ziele zu kämpfen.

Die Gegenseite besaß zweifellos die besseren Karten. Über die Institutionen des Deutschen Bundes (s.o. S. 74) suchte <u>Metternich</u> jede revolutionäre Bewegung im Keim zu ersticken. Da er und seine Gesinnungsgenossen am Bestehenden nach Möglichkeit festhalten, Veränderungen nur auf dem Weg vorsichtiger Reform zulassen wollten, nannte man sie ▷ <u>Konservative</u>.

Studenten waren die ersten, die sich gegen die Ordnung von 1815 organisierten. Eine Gruppe ehemaliger Freiwilliger der Kriege von 1813/14 an der Universität Jena gründete 1815 die Deutsche Burschenschaft (Studentenschaft), die am 4. Jahrestag der Schlacht von Leipzig (18.10. 1817) auf der Wartburg bei Eisenach zum ersten Mal öffentlich auftrat. Das Wartburgfest, bei dem die Forderung „Einheit und Freiheit" lautstark erhoben wurde, endete mit einem Skandal; einige Studenten, die Jahns Turnbewegung nahestanden, verbrannten feierlich Bücher konservativer Autoren und Symbole der Fürstenherrschaft, den Korporalstock, einen Zopf und eine Ulanenuniform. Wegen dieses Übergriffs setzte prompt die Bespitzelung und Verfolgung der Studenten ein. Diese erreichte ihren Höhepunkt, als ein Burschenschafter, der Theologe Carl Ludwig Sand, am 23.3.1819 in Mannheim den Schriftsteller August von Kotzebue ermordete, der als Agent des Zaren galt.

Diese sinnlose Tat kam Metternich gelegen. Eine Ministerkonferenz in Karlsbad faßte unter seiner Leitung weitreichende Beschlüsse, die als Karlsbader Beschlüsse berüchtigt wurden: Verbot der Burschenschaft, Kontrolle der Universitäten und Entlassung verdächtiger Professoren,

Einrichtung einer zentralen Untersuchungsstelle zur Erfassung revolutionärer Umtriebe. Die folgenreichste Bestimmung betraf die Presse: Alle Druckerzeugnisse unter 20 Bogen mußten vor der Veröffentlichung der Zensur vorgelegt werden, die daraus streichen oder sie auch ganz verbieten konnte. Größere Werke unterlagen der Nachzensur. Damit war die Opposition mundtot gemacht, vor allem, da die Staaten auch Versammlungen und Vereine verbieten konnten.

Erst die französische Julirevolution von 1830, die mit dem Sturz der Bourbonen und der Einsetzung des „Bürgerkönigs" Louis Philippe endete, brachte wieder Bewegung in die deutsche Politik. Der revolutionäre Funke sprang zunächst nach Belgien über, das sich vom Königreich der Vereinigten Niederlande trennte, und führte in Polen zu einem Aufstand gegen die russische Herrschaft. In drei blutigen Feldzügen wurde dieser niedergeschlagen. Tausende von Polen zogen durch die deutschen Staaten ins französische Exil und wurden von deutschen Liberalen als Freiheitshelden begeistert empfangen. Volksaufstände in Sachsen führten dazu, daß dieses Land

August von Kotzebues Ermordung

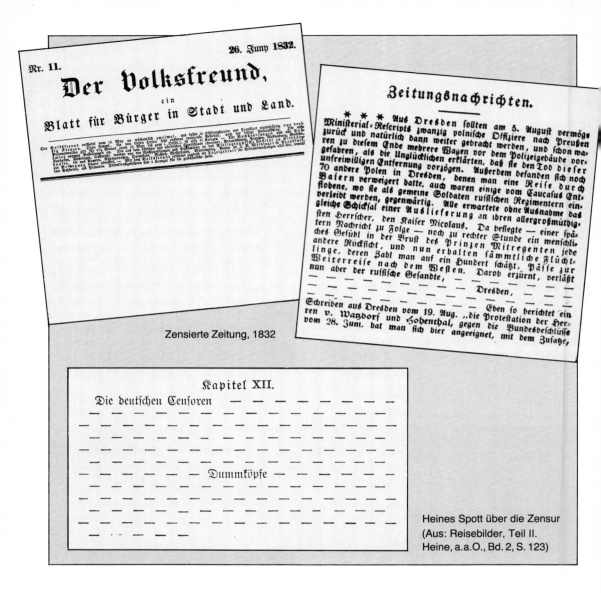

Zensierte Zeitung, 1832

Heines Spott über die Zensur
(Aus: Reisebilder, Teil II.
Heine, a.a.O., Bd. 2, S. 123)

endlich eine Verfassung erhielt. Der Herzog von Braunschweig, der ein besonders verhaßtes absolutistisches Regime führte, wurde sogar aus dem Land gejagt, sein Schloß zerstört. In der linksrheinischen Pfalz, die zu Bayern gehörte, galten noch seit der Zugehörigkeit zu Frankreich die französischen Gesetze. Die Karlsbader Beschlüsse hatten hier also keine Geltung. Aus diesem Grund begann hier eine Vereinigung, der Preßverein, die Presse im Sinne der Liberalen zu unterstützen. Mitglieder des Preßvereins waren es auch, die die Initiative für das Hambacher Fest ergriffen.

Obwohl diese Bewegung eine viel breitere Basis im Volk hatte als die Burschenschaft, wurde sie rasch unterdrückt. Vor allem nach 1833, als einige Burschenschafter im Zentrum des Deutschen Bundes einen gewaltsamen Aufstand versuchten (Frankfurter Wachensturm), war wieder ein Vorwand für hartes Durchgreifen gegeben. Durch die Wiener Konferenzen von 1834 wurden die Karlsbader Beschlüsse noch verschärft. Aber auch viele Liberale verurteilten die radikalen Töne des Hambacher Festes, die sozialen Forderungen, die dort erhoben worden waren, und die Anwendung von Gewalt. Die deutsche Opposition spaltete sich in radikale ▷ Demokraten und gemäßigte Konstitutionell-▷ Liberale.

6. 1848/49: Liberale oder demokratische Revolution?

Die Unterdrückung nach dem Hambacher Fest hatte nur eine scheinbare Beruhigung im Deutschen Bund bewirkt. Die eigentlichen Probleme waren nach wie vor ungelöst. In den vierziger Jahren kamen zu den politischen Fragen soziale hinzu. Die Massenarmut erreichte ein ungekanntes Ausmaß. Zum letzten Mal erlebte Europa eine Hungerkrise, die Tausende von Toten forderte. Aus Frankreich kam der Anstoß zu einer politischen Revolution. Jetzt stellte sich die Frage nach Einheit und Freiheit erneut.

M 1 „Erstes censurfreies Blatt"

Unter dieser Überschrift schreibt die Oberrheinische Zeitung (Freiburg) am 3. März 1848:
...Teutschland, das lange geknechtete, durchzuckt die freudige Hoffnung des endlichen Erblühens einer besseren Zukunft und des Eintritts in die Reihe der selbständigen Völker. ... Das wider-
5 rechtlich geknebelte Wort ist nun frei! Bis dahin kämpften wir um Wiedererlangung desselben, – um Preßfreiheit – von jetzt an werden wir *mit* der freien Presse kämpfen für die Verwirklichung der öffentlichen Entwicklung ...
10 Was wir wollen. Wir fordern für Teutschland – Einheit und Freiheit. Einheit in der Nationalität, Freiheit derjenigen Einrichtungen und politischen Formen, welche jene dadurch fördern, daß sie alle Einzelnen mit einem gemeinschaftlichen
15 Bande umschließen. Demnach begehren wir als Grundbedingung eines wahrhaft nationalen Volkslebens: nebst Freiheit der Presse, die der öffentlichen Lehre, des Gewissens, der Vereine oder des Rechts sich zu versammeln und zu ver-
20 binden, unabhängige Richter, d.h. Schwurgericht, Volksbewaffnung, und ein teutsches Parlament. Diese Forderungen bilden die Grundlage der neu zu gründenden Gesellschaftsverhältnisse, und erst wenn diese vollständig errungen sein
25 werden, ist es möglich, für die Gewinnung der zur Herstellung des vollendeten Rechtsstaates in politischer und sozialer Beziehung noch übrigen Erfordernisse mit Erfolg zu wirken.

M 2 Gustav Struve

Den liberalen Märzforderungen stellte der badische Demokrat im „Vorparlament" demokratische Forderungen zur Seite (31.3.1848):
3. ... eine progressive Einkommens- und Vermögenssteuer ...
7. Auflösung des Bundes, welcher bisher bestand zwischen Kirche und Staat und Kirche und Schule ... 5
11. Beseitigung des Notstandes der arbeitenden Klassen ...
12. Ausgleichung des Mißverhältnisses zwischen Arbeit und Kapital mittels eines besonderen Arbeiterministeriums, welches dem 10 Wucher steuert, die Arbeit schützt und derselben namentlich einen Anteil an dem Arbeitsgewinn sichert. ...
15. Aufhebung der erblichen Monarchie (Einherrschaft) und Ersetzung derselben durch 15 frei gewählte Parlamente, an deren Spitze frei gewählte Präsidenten stehen, alle vereint in der föderativen Bundesverfassung nach dem Muster der nordamerikanischen Freistaaten. ... 20

(Walter Grab (Hrsg.), Die Revolution von 1848 – Eine Dokumentation. München (Nymphenburger) 1980, S. 67–69)

M 3 Soziale Herkunft der Berliner „Märzgefallenen"

Von 269 identifizierten Toten waren:

Arbeitsleute und Proletarier:	52
Lehrlinge:	13
Gesellen:	115
Meister:	29
Diener, Kleinhändler:	34
„Gebildete Stände":	15
Berufslose Frauen:	7
Berufslose Knaben:	4

(Nach: Wolfram Siemann, Die deutsche Revolution von 1848/49, Frankfurt (Suhrkamp) 1985, S. 69)

M 4 Wie verstehen Bauern die Märzforderungen?

Antwort eines schlesischen Bauern auf die Frage, was „Preßfreiheit" sei: „Es ist die Freiheit, um alle die zu drücken und zu pressen, die dies bisher mit uns getan haben."

(Zitiert bei: R. Wirtz, „Widersetzlichkeiten, Excesse, Crawalle, Tumulte und Skandale" – Soziale Bewegung und gewalthafter sozialer Protest in Baden 1815–1848. Berlin (Ullstein) 1981, S. 184)

Was halten die Fürsten von den „Märzerrungenschaften"?

Der württembergische König Wilhelm I. an den russischen Botschafter Gorčakov:
Ich versuche Zeit zu gewinnen, um zu sehen, ob die deutschen Großmächte mir zu Hilfe kommen können und wollen ... Durch die Ernennung des neuen [März] Ministeriums gewinne ich Zeit und
5 vermeide blutige Szenen.

(Veit Valentin, Geschichte der deutschen Revolution von 1848–1849, Bd. 1. Neudruck Köln – Berlin (Kiepenheuer und Witsch) 1977, S. 352)

Arbeitsaufgaben

① Was würde sich in Deutschland ändern, wenn die „Märzforderungen" sich durchsetzten? (M 1)
② Worin gehen die Demokraten (M 2) über die allgemeinen Märzforderungen hinaus?
③ Was werden die Barrikadenkämpfer von Berlin (M 3) von der Revolution erhofft haben?
④ Welches politische Bewußtsein spricht aus der Äußerung des schlesischen Bauern (M 4)?
⑤ Beurteile die Einstellung des Königs von Württemberg zur Märzrevolution (M 5).

Die deutsche Revolution 1848

Hungerrevolten. In Landsberg an der Warthe kam es am 19. April 1847 zum Aufruhr. Ein Rittergutsbesitzer hatte die verfügbaren Kartoffelvorräte der Gegend aufgekauft und in seine Schnapsbrennerei bringen lassen. Für die ärmeren Einwohner gab es das Grundnahrungsmittel auf dem Markt nicht mehr zu kaufen, und wenn, dann zu völlig überhöhten Preisen. Schon am frühen Morgen versammelten sich Tagelöhner und ihre Frauen an der Warthebrücke, um die Kartoffelwagen zu plündern. Dann zog man vor einen Speicher in der Stadt, erbrach ihn gewaltsam und trug die Beute in Körben, Säcken, ja sogar in den Schürzen der Frauen davon. Insgesamt 68 Personen wurden später zu Gefängnis- und Prügelstrafen verurteilt; im benachbarten Schwiebus bekam eine Frau für den Diebstahl von 6 Kartoffeln 6 Wochen Gefängnis – eine Woche für eine Kartoffel. Solche Szenen spielten sich im Jahre 1847 in vielen Gegenden Deutschlands und Europas ab; Ursache war einerseits eine schwere Mißernte, andererseits die verheerende Armut der Unterschichten, die bei der geringsten Preissteigerung die notwendigen Nahrungsmittel, auch wenn sie vorhanden waren, nicht mehr bezahlen konnten. Bereits 1844 hatten sich die Weber in Schlesien, die unter der Konkurrenz englischer Importe litten, in ihrer Verzweiflung erhoben und waren durch Militär niedergeschlagen worden. Nun, 1847, zählte man 164 Hungerrevolten allein in Deutschland; drei Tage nach dem Aufstand von Landsberg war die preußische Hauptstadt Berlin an der Reihe.

Hier tagte seit kurzem der Vereinigte Landtag, die erste gesamtpreußische Volksvertretung, die sich aus den Abgeordneten der Provinziallandtage zusammensetzte. Da der König ihre Zustim-

Sturm auf Kartoffelstände in Berlin

mung zu einer Anleihe für den Bau einer Eisenbahnlinie Berlin-Königsberg suchte, hatten die Wortführer der Liberalen zum ersten Mal die Möglichkeit, ihre Anliegen in direkter Debatte mit der Regierung vorzutragen. Die Nöte der „Kartoffelrevolution" ließen sie jedoch ziemlich unbeeindruckt; die Sorge um das verletzte Eigentumsrecht, die gestörte öffentliche Ordnung trieb sie mehr um, hierin waren sie mit der Regierung einig. So waren es fast nur konservative Abgeordnete, die die Regierung an ihre sozialen Pflichten erinnerten; diese erließ daraufhin wenigstens ein Exportverbot für Nahrungsmittel. Die liberalen „Volksmänner" und das Volk hatten nicht mehr viel gemeinsam.

Die politische Revolution. Am Abend des 26. Februar 1848 saß der demokratische Landtagsabgeordnete Friedrich Hecker mit Gesinnungsgenossen im Gasthaus „Pariser Hof" in Mannheim; die Stimmung war gedrückt. Da überbrachte ein Bote die neuesten Nachrichten: In Paris hatte eine Revolution den angeblichen „Bürgerkönig" Louis Philippe gestürzt, die zweite Republik war ausgerufen worden. Schlagartig änderte sich die Stimmung: „... man sprang von den Sitzen auf, man umarmte sich, man stieß jubelnd an: „Jetzt rasch ans Werk für Deutschlands Befreiung, jetzt gehandelt ...!" Aus der französischen Februarrevolution ging die deutsche Märzrevolution hervor, die als politisches Ereignis weitaus folgenreicher sein sollte als die Hungerrevolten. Am nächsten Abend war bereits eine große Volksversammlung organisiert, die Eisenbahn brachte Tausende in die Residenz nach Karlsru-

he, wo Hecker dem Landtag eine Petition mit den Mannheimer Forderungen vorlegte. Überrumpelt und geängstigt bewilligte der Großherzog die neuen Freiheiten. In wenigen Tagen folgten die meisten deutschen Fürsten des „dritten Deutschland", der Mittel- und Kleinstaaten, seinem Beispiel, wichen vor dem Druck der Volksmassen zurück. Politiker, die noch wenige Tage zuvor verfolgt und verfemt gewesen waren, traten als „Märzminister" in die Regierungen ein. Die Presse konnte endlich frei berichten, politische Versammlungen durften stattfinden, Vereine offen gegründet werden. Schließlich wurde auch der Widerstand der beiden deutschen Großmächte gebrochen. Am 13. März stürzte das Symbol der vergangenen Epoche, Metternich, den auch der Kaiser nicht mehr halten konnte. Nationale Aufstände in Polen, Italien, Ungarn und Böhmen bedrohten den Bestand der Habsburgermonarchie.

Barrikadenkämpfe in Berlin forderten mehr als 300 Tote, bevor sich König Friedrich Wilhelm IV. „an die Spitze der Bewegung setzte" (s.o. S. 60 f.).

Bauernaufstände. Schließlich erhoben sich auch die Bauern überall da, wo noch Reste alter Feudalrechte auf ihren Gütern lasteten; dies war vor allem in den Gebieten der mediatisierten Fürsten im Südwesten Deutschlands der Fall. Ein typisches Beispiel: in der Nacht vom 7. auf den 8. März strömte eine wütende Bauernschar in den Hof des Schlosses Adelsheim im Odenwald. Aus Büchern und Akten, Schuldscheinen und Rechnungen wurde im Schloßhof ein großes Feuer an-

Wie der deutsche Michel die Nachtmütze wegwirft und sich vornimmt, ins Freie zu gehen. Karikatur 1848

gezündet. Gendarmerie und Beamte mußten dem Treiben machtlos zuschauen, konnten gerade noch verhindern, daß das ganze Schloß in Flammen aufging, wie es in Württemberg dem Fürsten von Hohenlohe-Bartenstein geschehen war. Der Freiherr von Adelsheim schlich durch die Hintertür des Schlosses unbemerkt davon. Fast überall wurden die Forderungen der Bauern sofort erfüllt; die Folge war, daß sie aus der Revolution ausschieden, noch ehe sie richtig begonnen hatte.

Schauplätze und Vorentscheidungen. Der Kampf um die künftige Gestalt Deutschlands wurde auf mehreren Ebenen geführt:

- In den großen Städten mußte jederzeit mit der Volksrevolution gerechnet werden, die die Straße zum Ort des Machtkampfs gemacht hatte.
- In der politischen Öffentlichkeit, in Vereinen, Versammlungen, in Zeitungen und Flugblättern spielte sich die Auseinandersetzung der Ideen ab.
- In den Parlamenten, zuerst denen der Einzelstaaten, dann in der ersten deutschen Nationalversammlung bildeten sich Fraktionen, die ihre Vorstellungen in heftigen Debatten und Kampfabstimmungen durchzusetzen suchten.
- Die Regierungen der Einzelstaaten, die „Märzministerien", mußten sich gegen die Vertreter der alten Gewalten und zusehends auch gegen die ihrer Meinung nach gefährlichen demokratischen Volksbewegungen durchsetzen.
- Schließlich waren die Fürsten trotz des Schocks der Märzrevolution noch im Besitz ihrer Machtmittel; die Armeen, die Polizei, die Scharen von Beamten und Staatsdienern waren bis jetzt loyal geblieben.

Wo die Entscheidungen fallen würden, war im März 1848 noch nicht abzusehen. Süddeutsche Liberale reagierten am schnellsten. Bereits am 5. März tagten 51 „Vaterlandsfreunde" in Heidelberg und beschlossen, die Vorbereitungen für ein deutsches Parlament einzuleiten. Für den 30. März wurde das Vorparlament nach Frankfurt berufen, zu dem alle „früheren oder gegenwärtigen Ständemitglieder" aus ganz Deutschland eingeladen wurden. Die Demokraten formierten sich am 19. März auf einer revolutionären Volksversammlung in Offenburg, an der 25 000 Bürger teilnahmen. Die Ausrufung der Republik war erwogen worden, wurde aber diesmal noch vermieden. Im Vorparlament vertraten Hecker und der Journalist Gustav Struve die Auffassungen der radikalen Revolutionäre. Demnach sollte sich die Versammlung für „permanent" erklären, d.h. wie die Nationalversammlung von 1789 als revolutionäre Volksvertretung zusammenbleiben und die Gunst der Stunde nutzen, bevor die Fürsten wieder das Heft in die Hand bekämen. Struves Programm war eindeutig republikanisch (s.o. S. 79) und wurde von der Mehrheit der Anwesenden verworfen; auch die Forderung nach Permanenz wurde mit 356 gegen 142 Stimmen abgelehnt. Nach dieser Niederlage versuchte Hecker im April 1848, in Südbaden die Volksrevolution zu beschleunigen. Am 13. April wurde in Konstanz die Republik ausgerufen. Der bewaffnete Zug der Republikaner nach Karlsruhe wurde aber von Regierungstruppen in mehreren Gefechten niedergeschlagen. Hecker, Struve und ihre Mitkämpfer flohen ins Schweizer Exil. Die radikale demokratische Bewegung war damit vorerst gescheitert.

Gefecht zwischen Aufständischen und württembergischen Truppen bei Niederdossenbach, 27.4.1848

Die Folgen des Hecker-Aufstands. Karikatur auf die Heckerfurcht der Regierung (aus „Eulenspiegel", 1848)

— Wo gehts denn hin?
— Ins Oberland.
— Was gibts denn dort?
— Es hat wieder ein Handwerksbursche den Hecker hochleben lassen.

7. Eine Verfassung nur für das Bürgertum?

Sitzung der Nationalversammlung in der Paulskirche

Mit der Niederschlagung der badischen Aprilrevolution war der Weg zur Wahl und Konstituierung der ersten deutschen Nationalversammlung frei geworden. Wer würde hier das deutsche Volk vertreten, welche Probleme mußten gelöst werden, und welche Vorstellungen würden sich in der Diskussion durchsetzen?

M 1   Fraktionen der Frankfurter Nationalversammlung

Donners-berg	Deutscher Hof	Westend-hall	Württem-berger Hof	Augsbur-ger Hof	Landsberg	Casino	Café Milani
7 %	8 %	7 %	6 %	7 %	6 %	21 %	6 %
Linke demokratisch		linkes Zentrum parlamentarisch-liberal			rechtes Zentrum konstitutionell-liberal		Rechte konservativ

32 % der Abgeordneten waren bei keiner Fraktion

(Siemann, a.a.O., S. 128)

Die großen, parteienbildenden Ziele und Entscheidungsfragen der deutschen Revolution sind in den Debatten der Nationalversammlung wie in einem Brennglas gebündelt: ▷ Nationalstaat und europäisches Mächtesystem (▷ Gleichgewicht), ▷ liberale Verfassung, sozialer ▷ Rechtsstaat und ▷ demokratische Mitbestimmung. Die folgenden Debattenbeiträge kreisen um soziale Grundrechte der Deutschen. Die Redner stellen die sozialen Fragen im Rahmen des zu gründenden nationalen Verfassungsstaates – also nicht international, wie der „Bund der Kommunisten". Die Schwierigkeiten, einen deutschen ▷ Nationalstaat in der Mitte Europas zu gründen, werden im Darstellungsteil aufgezeigt. Diese nationale Frage überschattete die soziale und liberale.

a) Nauwerck (Deutscher Hof):
In Hinsicht auf diese Klassen [die unfreiwillig Arbeitslosen] habe ich mir erlaubt, den Antrag zu stellen: „Jeder Deutsche hat ein Recht auf Unterhalt. Dem unfreiwillig Arbeitslosen, welchem kei-
5 ne verwandtschaftliche oder genossenschaftliche Hilfe wird, muß die Gemeinde, beziehentlich der Staat, Unterhalt gewähren, und zwar, soweit irgend möglich, durch Anweisung von Arbeit."
Sie sehen daraus, meine Herren, daß dies nicht
10 das berüchtigte Recht auf Arbeit ist, sondern nur das Recht auf Unterhalt, oder mit anderen Worten, das Recht, nicht zu verhungern. ... Meine Herren! Sie haben in den Grundrechten viele Freiheiten gewährt; gewähren Sie auch noch die
15 letzte Freiheit, die Freiheit des Daseins. Man könnte nun sagen, der Staat ... hat keinen Beruf, für den Einzelnen zu sorgen. Allein, meine Herren, wenn der Einzelne Pflichten gegen das Ganze, gegen die Gesellschaft hat, meine ich, daß
20 auch die Gesellschaft Pflichten gegen den Einzelnen hat. ...

b) Osterrath (Pariser Hof, Abspaltung vom Casino):
... wenn Sie den Bericht und die Anträge ... durchlesen, so finden Sie nichts vom Schutz der Arbeit, sondern vom Schutz der *Arbeiter*. Das wäre nun
25 ein Ausdruck, über den sich nicht viel sagen ließe; denn die Arbeiter sind nicht mehr und nicht minder geschützt, als die anderen Stände, und wenn alle deutschen Reichsangehörigen geschützt sind, sind es auch die Arbeiter ... [es sind]
30 drei Grundlagen [der Gesellschaft], das Eigen-thum, die Freiheit ... und drittens die Concurrenz. ... In Bezug auf das Eigenthum ... ruft die Gesellschaft dem Arbeiter zu: Arbeite, die Früchte der Arbeit sind dir gesichert; in Bezug auf die Freiheit ruft die Gesellschaft dem Arbeiter zu: Arbeite, du 35 kannst frei wählen, welches Geschäft du ergreifen willst, du arbeitest frei auf eigene Gefahr oder Verlust; und drittens ... in Bezug auf die Concurrenz: Arbeite, und suche es besser zu machen, als dein Nachbar! 40

c) Buß (Café Milani):
... Meine Herren! Es galt als Grundsatz einer gesunden Polizei [Politik] schon vor der Märzrevolution ... der allgemeine Satz: daß zuerst der Einzelne für sich sorgen müsse, und nur dort, wo seine Kraft nicht ausreicht, oder wo Vereine nicht hel- 45 fen können, oder wo die Gemeinde nicht eintreten kann, der Staat eintrete ... Das bleibt auf jeden Fall eine Eroberung dieser letzten Revolution, daß an die Stelle der übertriebenen Staatsbevormundung die freie Bewegung der Einzel- 50 nen, der Vereine und Körperschaften, namentlich der Gemeinden, der Rechtsstaaten an die Stelle des Polizeistaats getreten ist ... Allein der Staat soll indirect auf die Wohlfahrtspflege wirken, und dadurch auch für das Wohl der arbeitenden Klas- 55 sen, und zwar soll er dieß auf allen Gebieten der Cultur, und zuerst auf dem der religiösen Cultur thun. Meine Herren! Die Kirche ist jetzt nach der Forderung ihres Wesens und durch Ihre Beschlüsse frei. Sie wird diese Freiheit benutzen, 60 und so auch die Sorge für die arbeitenden Klassen, die Sorge für die Armen mit demjenigen Eifer übernehmen, welcher in ihrer Bestimmung liegt ... Die Kirche wird ... die Wunden der Gesellschaft heilen, die Opfer an ihr Herz nehmen, welche das 65 rollende Rad der Zeit in seinem Sturmlauf zerschmettert ...

d) Simon (Donnersberg):
Ich möchte Sie nun zunächst fragen, welcher Unterschied zwischen *Arbeitsunfähigen* und *unwillkürlich Arbeitslosen* bestehe? Ob ein Grund vor- 70 liege, Denjenigen schlechter zu stellen, der durch die gesellschaftlichen Verhältnisse gehindert wird, seine Kräfte zu verwerthen, als Denjenigen, welcher durch die Natur, durch Alter, durch Verstümmelung überhaupt zum Erwerbe unfähig ge- 75 worden? Ich finde zwischen diesen beiden Kategorien keine Veranlassung zu grundsätzlicher Unterscheidung. Wenn Sie die Pflicht des Staates anerkennen, Arbeitsunfähige vor dem Untergange zu bewahren, so weiß ich nicht, wie Sie die 80

Verpflichtung des Staates beseitigen wollen, den unfreiwillig Arbeitslosen Brod zu verschaffen ... Wer aber Kraft hat und arbeiten will, von Dem sa-
85 ge ich, er hat das Recht, nicht zu verhungern, wenn Sie dieses Recht von Staatswegen nicht anerkennen, so sage ich, er hat das Recht der Revolution ... (Unruhe auf der Rechten) ...
(Die Anträge wurden mit 317 gegen 114 Stimmen abgelehnt.)

(Stenographischer Bericht über die Verhandlungen der deutschen constitui-renden Nationalversammlung zu Frankfurt a.M., hrsg. v. Franz Wigard, Bd. 7. Frankfurt 1849, S. 5100 ff.)

Arbeitsaufgaben

① Die Abgeordneten diskutieren politische und soziale Grundrechte (M 2). Erläutere ihre Auf-fassungen von Menschenwürde, Staat und Gesellschaft.

② Welches Wahlrecht (allgemeines oder nach Zensus abgestuftes) werden die Redner be-fürworten?

③ In der sog. deutschen Frage stecken zwei Un-terfragen: Wer sind die Deutschen (Staats-volk)? Was ist Deutschland (Staatsgebiet und Staatsgewalt)? Versuche, mit Hilfe der Karte und des darstellenden Textes auf S. 74 sowie des Glossarartikels ▷ Nation diese für die deutsche Geschichte schwerwiegenden Fra-gen zu beantworten – aus der Sicht von 1848.

④ Welche Änderungen nach innen und außen müßten eintreten, wenn aus dem Deutschen Bund (s. S. 74) ein Deutsches Reich entsteht, wie es die Abgeordneten der Paulskirche er-strebten?

Die deutsche Nationalversammlung

Am 18. Mai 1848 trat die erste deutsche National-versammlung in der Paulskirche in Frankfurt zu-sammen. Man hatte es jedem Einzelstaat über-lassen, sein eigenes Wahlrecht anzuwenden. Trotz gewisser Einschränkungen konnten mindes-tens 75% der Männer wählen; die tatsächliche Wahlbeteiligung lag aber zum Teil erheblich dar-unter. 649 Wahlkreise des Deutschen Bundes hätten in der Paulskirche vertreten sein müssen; jedoch hatten viele Bezirke in Böhmen und Mäh-ren eine Wahlbeteiligung abgelehnt. Meistens waren weniger als 500 Abgeordnete anwesend; wenn man aber die Stellvertreter für ausgeschie-dene hinzuzählt, so waren insgesamt mehr als 800 Volksvertreter zeitweilig in Frankfurt tätig. Die meisten von ihnen stammten aus dem gebil-deten Bürgertum; mehr als 600 waren Akademi-ker, fast 500 Juristen. Nur wenige Abgeordnete waren Bauern oder Handwerker. Man hat deswe-gen oft die Paulskirche abwertend als „Professo-renparlament" bezeichnet, das weltfremde theo-retische Diskussionen geführt, darüber aber die politische Wirklichkeit vernachlässigt habe. Der Inhalt der Debatten und das Verhalten der Natio-nalversammlung gegenüber den politischen Problemen der Zeit zeigen aber, daß dieses Vor-urteil nicht gerechtfertigt ist.

Da Parteien und politische Klubs in der Zeit des Vormärz verboten waren, mußten sich die Abge-ordneten erst nach politischen Richtungen zu-sammenfinden. Es bildeten sich „Fraktionen" heraus, die man nach ihren Tagungslokalen, Frankfurter Wirtshaussälen, benannte. Die Sitz-ordnung, die seit der Französischen Revolution die politischen Richtungen in „Linke" und „Rech-te" trennte, behielt man auch in der Paulskirche bei. Auch die „Mitte", das liberale Lager, war in zwei Fraktionen gespalten, deren eine mehr der demokratischen Linken, die andere mehr der konservativen Rechten zuneigte. Erster Präsi-dent war Heinrich von Gagern, der als Burschen-schafter am Wartburgfest teilgenommen hatte und Sprecher der Liberalen in Hessen-Darmstadt war.

Eine der ersten Maßnahmen der National-versammlung, die Wahl einer provisorischen Exeku-tive, war bereits eine Vorentscheidung für die künftige Verfassung und eine Probe der Macht-verhältnisse zugleich. Mit überwältigender Mehr-heit setzte sich die rechte Mitte mit ihrem Vor-schlag durch, einen Fürsten, den habsburgi-schen Erzherzog Johann, zum „Reichsverwe-ser" zu ernennen. Seine Regierung, an deren Spitze ein liberaler Adliger, Fürst Karl von Leinin-gen, trat, verfügte aber weder über eigene Fi-nanzmittel noch über einen Beamtenapparat; im Fall bewaffneter Auseinandersetzungen war sie auf die Armeen der Einzelstaaten angewiesen.

Probleme und Lösungsversuche. Es war die Aufgabe der Nationalversammlung, durch eine gesamtdeutsche Verfassung die ▷ Deutsche Fra-ge zu lösen; diese war jedoch ein vielschichtiges Problem:

– Welche Länder sollten dazugehören? Von den Staaten des alten Deutschen Bundes hatten Luxemburg und die Provinz Limburg zur nie-derländischen, Holstein zur dänischen Krone gehört. Auch in Schleswig waren Abgeordnete gewählt worden, obwohl es nicht zum Deutschen Bund gehörte. Wie sollte man mit den preußischen und österreichischen Provinzen verfahren, die nicht zum Deutschen Bund gehörten? Und wie mit Böhmen, das zwar dazugehörte, aber nicht in einen deutschen Nationalstaat eingegliedert werden wollte?

Das Problem des habsburgischen Vielvölkerstaates führte schließlich dazu, daß sich zwei Hauptrichtungen herausbildeten, die kleindeutsche, die den neuen Staat ohne Österreich unter preußischer Führung begründen wollte, und die großdeutsche, die die deutschsprachigen Landesteile Österreichs einbeziehen wollte.

– Welche ▷ Grundrechte sollten die Deutschen genießen? Es wurde später der Nationalversammlung vorgeworfen, daß sie fast ein halbes Jahr mit den Debatten über die Grundrechte verbrachte, während sich die Gegenrevolution schon rüstete. Dabei wird aber übersehen, daß gerade die Grundrechte ein Band werden sollten, das die Deutschen einigte.

– Welche Staatsform sollte das künftige Deutsche Reich haben? Hierbei war nicht nur die Frage des Staatsoberhaupts und der Volksvertretung zu entscheiden, sondern auch das Verhältnis von Zentralgewalt und Einzelstaaten. Die Linke wollte die Einheitsrepublik und die Abschaffung der Länder, die Mitte und die Rechte wollten diese erhalten und einen Kaiser als Staatsoberhaupt.

– Schließlich erwarteten die Massen von Armen auch die Lösung ihrer Probleme von der Nationalversammlung; ihre Deutsche Frage war eine soziale Frage. Im August 1848 tagte in Berlin der Kongreß deutscher Handwerker- und Arbeitervereine und richtete eine Petition an die Nationalversammlung, sie solle die „Grundbedingungen alles socialen Lebens an die Spitze ihrer Berathungen stellen und zum Mittelpunkt des deutschen Verfassungswerkes machen".

Als erster Teil der ▷ Verfassung wurden am 27.12.1848 die Grundrechte, insgesamt 60 Paragraphen, als Gesetz verkündet. Mit der Gewährleistung persönlicher und politischer Freiheiten, der Abschaffung der letzten feudalen Vorrechte, der Trennung von Staat und Kirche holte man die Entwicklung der westeuropäischen Verfassungsstaaten nach.

Mit der Wahl des Reichsverwesers war bereits eine Vorentscheidung für die konstitutionelle ▷ Monarchie getroffen worden. Diese richtete sich nach dem Grundmuster von 1791 (s. o. S. 44). Die Liberalen mußten aber Kompromisse mit der Linken eingehen. So setzten sie zwar das Erbkaisertum gegen die republikanischen Ideen durch, mußten aber das allgemeine Wahlrecht hinnehmen und auf das absolute Vetorecht des Kaisers verzichten. Lediglich ein suspensives (aufschiebendes) Veto wurde ihm zugestanden. Unstrittig war zwischen den beiden Lagern, daß Gewaltenteilung herrschen sollte und die Regierung dem Reichstag verantwortlich sein würde. Dieser sollte aus zwei Kammern, dem Volkshaus und dem Staatenhaus, bestehen; der Bestand der Einzelstaaten war also garantiert worden. Am 28.3.1849 wählte die Nationalversammlung mit 290 gegen 248 Stimmen den preußischen König Friedrich Wilhelm IV. zum erblichen deutschen Kaiser. Die kleindeutsche Lösung hatte sich also durchgesetzt. Diese Entscheidung ist nur auf dem Hintergrund der europäischen Politik im Sommer und Herbst 1848 zu verstehen.

Der Abgeordnete Piepmeyer hält eine Rede. Karikatur von Johann Hermann Detmold und Adolf Schröder

8. Ein politisiertes Volk und die Gegenrevolution

Während in Frankfurt debattiert wurde, vollzog sich eine durchgreifende Politisierung des Volkes, aber auch die Kräfte der Gegenrevolution formierten sich. Wie würde die Nationalversammlung diese doppelte Herausforderung bestehen?

M 1   Stimmen zum Scheitern der parlamentarischen Revolution

Der Königsberger Demokrat Johann Jacoby in einer Rede an seine Wähler (14.4.1849):
... in ganz Deutschland ist der unselige Geist des Absolutismus mit Junkertum und Polizeiwirtschaft aufs neue erstanden. Es muß den Freund der Freiheit mit Unmut erfüllen, wie wieder das
5 alte Unwesen staatlicher Bevormundung sich überall breit macht, wie selbst auf der Rednerbühne der [preußischen] Abgeordnetenkammer man sich entblödet, die Märzrevolution und alles, was dem Volke wert und teuer ist, mit niedrigen
10 Schmähungen zu besudeln! ...
Allein, meine Herren! wie erfolglos immerhin die Arbeit der jetzigen Volksvertretung, wie traurig auch die nächste Zukunft sich gestalten mag, – der *endliche* Sieg ist der demokratischen Partei
15 gewiß! Die Zuversicht, die aus meinen Worten spricht, – nicht auf den guten Wille der Krone, nicht auf Kammermajorität und Ministernachgiebigkeit ist sie begründet, sondern einzig und allein auf die *Gerechtigkeit unserer Sache* und
20 auf die schuldbewußte *Ohnmacht der Gegner.* ...
Das Selbstgeständnis unserer Feinde legt Zeugnis ab von ihrer inneren Unsicherheit, von dem Bewußtsein der eigenen Ohnmacht. Sie kennen ja, meine Herren, das geistvolle Sprüchlein unse-
25 res eifrigsten Gegners ...:
„Gegen Demokraten
Helfen nur Soldaten!"
Ja wohl! *Nur Soldaten* helfen gegen Demokraten. Die demokratischen Grundsätze sind so offenba-
30 re, unerschütterliche Wahrheiten, daß sie – durch *Gründe* unwiderlegbar nicht *anders* bekämpft werden können als durch die rohe Gewalt blindgehorchender Maschinen ...

(W. Grab, a.a.O., S. 267 ff.)

Der liberale Abgeordnete Johann Gustav Droysen (Kiel) nach seinem Austritt aus der Nationalversammlung in einem Privatbrief (6.6.1849):
Lieber Freund! ... Die Vorgänge Deutschlands seit dem 3. April [Angebot der Kaiserkrone an den 35 preußischen König] sind der natürliche Verlauf rascher Verwesung. Mich ekelt es. ...
Möchte Preußen jetzt, nachdem Frankfurt verloren ist und damit Deutschland, auf das krasseste seine eigensten Interessen verfolgen, starr, fest 40 und eisern nach seinen Machtmitteln und Machtinteressen handeln, allen kreischenden Preußenhaß verachten: oderint dum metuant [mögen sie hassen, solange sie fürchten]. Es ist darin die einzige Rettung für Deutschland ... Dann hat 45 Preußen mit dem norddeutschen Bunde wenigstens Deutschland bis zum Main dem österreichischen Einfluß entrissen ...
Es war gescheit, die Verfassung mit dem Kaisertum abzulehnen, da sie weder die Machtmittel bot 50 noch ließ, sich selber durchzusetzen und Deutschland zu vertreten. Auf der Grundlage des Volkswillens an der Spitze Deutschlands wäre Preußen allen ... Schikanen der extremen Parteien ausgesetzt geblieben, zu denen die Verfassung 55 tausendfache Haken und Häkchen bot, hätte sich im vergeblichen Kampf aufgerieben. Jetzt nur stockpreußisch! Es gibt eine andere Reichsmacht, wenn dies Preußen sich seine Stellung aus eigenem Willen und nach dem von ihm ge- 60 deuteten Bedürfnis Deutschlands ertrotzt. Macht ist die beste Legitimität. Daß Preußen sie brauchte, aber auch rücksichtslos, namentlich gegen Österreich ...

(Hans Fenske (Hrsg.), Vormärz und Revolution 1840–1849. Quelle zum politischen Denken der Deutschen im 19. und 20. Jahrhundert 4, Darmstadt 1976, S. 418 ff.)

Arbeitsaufgaben

① Welche politische Zukunft Deutschlands erhofft der Demokrat Jacoby und welche der Liberale Droysen?
② Worauf gründen sie ihre Hoffnungen nach dem Scheitern der Revolution?
③ Woran ist hauptsächlich die deutsche Revolution 1848/49 gescheitert? (vgl. den folgenden Darstellungsteil)

Die gescheiterte Verfassung und das Ende der Revolution

Die Arbeit der Nationalversammlung wurde in der Bevölkerung mit großer Aufmerksamkeit verfolgt. Schon die vielen tausend Petitionen, die an die Paulskirche gerichtet wurden, zeugen von dem allgemeinen politischen Interesse, das mit der Revolution geweckt worden war. Die Beschränkungen der Vormärzzeit waren aufgehoben worden. So gründete man selbst in kleinen Gemeinden politische Zirkel und Klubs, gab Zeitschriften heraus und suchte sich überregional zu organisieren. Dabei bildeten sich 5 politische Hauptrichtungen heraus, aus denen sich später politische ▷ Parteien entwickeln sollten.

Die Spaltung der alten Opposition in Konstitutionell-Liberale und Demokraten (s.o. S. 78) erwies sich als irreparabel. Die ▷ Demokraten veranstalteten im Juni 1848 den ersten Demokratenkongreß in Frankfurt, bei dem bereits 89 Ortsvereine vertreten waren. Ihre Politik richtete sich mehr und mehr gegen die Paulskirchenmehrheit, die nach demokratischer Auffassung zu wenig revolutionär war. Die linken Fraktionen schlossen sich im November 1848 zum Zentralmärzverein zusammen, um die Märzerrungenschaften gegen die einsetzende Gegenrevolution zu verteidigen. Bis zum Frühjahr 1849 hatte der Verein etwa 500 000 Mitglieder in ganz Deutschland.

Die Anhänger der ▷ liberalen Paulskirchenmehrheit schlossen sich in den „Vaterländischen Vereinen", auch „Bürgervereine" oder „Konstitutionelle Klubs" genannt, zusammen. In Kassel wurde im September 1848 der „Nationale Verein" gegründet, um die Tätigkeit der einzelnen Ortsvereine zu koordinieren.

Die Katholiken organisierten sich in den „Pius-Vereinen"; die erste Generalversammlung tagte im Oktober 1848 in Mainz und bewirkte, daß die Nationalversammlung die kirchliche Aufsicht über den Religionsunterricht in die Grundrechte aufnahm.

Vor allem in Preußen und Bayern organisierten sich auch die ▷ Konservativen in königstreuen, revolutionsfeindlichen Vereinen. Einflußreichstes Organ dieser Richtung war die „Neue Preußische Zeitung", auch „Kreuzzeitung" genannt, da sie das Eiserne Kreuz (s.o. S. 71) als Symbol führte.

Von keiner der bürgerlichen Richtungen fühlten sich die Arbeiter vertreten. Aus dem Berliner Arbeiterkongreß ging die Allgemeine deutsche Arbeiterverbrüderung hervor, die von dem jungen Schriftsetzer Stephan Born geleitet wurde. Sie hatte ein halbes Jahr später bereits 15.000 Mitglieder und gab eine einflußreiche Zeitschrift, „Die Verbrüderung", heraus. „Wir nehmen unsere Angelegenheiten selbst in die Hand, und niemand soll sie uns wieder entreißen", hieß es in der Satzung. Einen radikaleren Standpunkt nahmen die Anhänger von Karl Marx (s.u.) ein, der im Februar 1848 sein „Kommunistisches Manifest" veröffentlicht hatte, in dem die soziale Revolution der Arbeiterklasse vorausgesagt wird. Der Bund der Kommunisten blieb aber eine kleine Minderheit (▷ Sozialismus).

Die Gegenrevolution. Ein Signal der beginnenden Gegenrevolution waren die militärischen Erfolge, die die Habsburgermonarchie bereits im Sommer 1848 über ihre Gegner in Italien und Prag errungen hatte; Preußen hatte im Mai die polnische Aufstandsbewegung in Posen niedergeschlagen. Der Konflikt um Schleswig-Holstein schließlich enthüllte die Machtlosigkeit der Nationalversammlung gegenüber den Großmächten.

In den beiden Herzogtümern, die zur Krone Dänemark gehörten, hatte im März 1848 ebenfalls die Revolution gesiegt. Gegen den dänischen Einmarsch in Schleswig war der Bundeskrieg erklärt worden. Preußen ließ seine Truppen nach Jütland vorstoßen, mußte aber unter dem Druck der Großmächte England und Rußland nach dem Waffenstillstand von Malmö (26.8.1848) den Rückzug antreten. Weder die Nationalversammlung noch die Provisorische Zentralgewalt waren bei diesen Vorgängen berücksichtigt worden. Nach heftigen Debatten nahm die Nationalversammlung den Waffenstillstand mit knapper Mehrheit an. In Frankfurt brach darauf am 18. September der offene Aufstand gegen das Parlament aus; zwei konservative Abgeordnete wurden ermordet. Truppen der „provisorischen Reichsgewalt" aus der Festung Mainz schlugen den Aufstand nieder. In Südbaden unternahm Struve (s.o. S. 82) den zweiten Versuch einer revolutionären Erhebung, der wie im April militärisch erfolglos war. Im Oktober brach in Wien die zweite Revolution aus; drei Wochen lang war die Hauptstadt in der Hand der demokratischen Vereine und ihrer bewaffneten Einheiten, bis sie in Straßenschlachten von regierungstreuen kroatischen und tschechischen Truppen zurückerobert wurde. Der Abgeordnete Robert Blum, Sprecher der demokratischen Fraktion „Deutscher Hof", der als Beobachter der Nationalversammlung nach Wien entsandt worden war, wurde auf Veranlassung des neuen österreichischen Ministerpräsidenten Schwarzenberg trotz seiner Immunität standrechtlich erschossen. Deutlicher konnte man der Nationalversammlung seine Kampfansage nicht kundtun. Schwarzenberg ließ keinen Zweifel daran, daß eine deutsche Einigung auf den Widerstand der erstarkten Habsburgermonarchie stoßen würde. Die Entscheidung für die kleindeutsche Lösung (s.o. S. 86) ist hieraus zu erklären.

Aber auch der preußische König hatte die Wende zur Gegenrevolution längst vollzogen. Nachdem in <u>Berlin</u> der Belagerungszustand verhängt worden war, löste er am 5. Dezember die preußische Nationalversammlung, die gleichzeitig mit der gesamtdeutschen gewählt worden war, auf und „<u>oktroyierte</u>" (gewährte) eine ▷ Verfassung.

In einer so gewandelten Lage wurde im Frühjahr 1849 die Reichsverfassung veröffentlicht. Im April wurde sie von 28 deutschen Staaten angenommen, aber gerade die großen Monarchien waren nicht darunter.

Am 28. April lehnte <u>Friedrich Wilhelm IV.</u> die Kaiserwürde endgültig ab. In einem privaten Brief hatte er die Krone, die ihm die Volksvertretung anbot, einen „imaginären Reif, aus Dreck und Letten gebacken" genannt; demselben Briefpartner teilte er auch seinen eigentlichen Wahlspruch mit: „Gegen Demokraten helfen nur Soldaten."

Die Nationalversammlung löste sich in den folgenden Wochen schrittweise auf; einzelne Staaten beriefen ihre Abgeordneten ab. Die Fraktionen der Linken versuchten, die Arbeit in <u>Stuttgart</u> fortzusetzen. Am 18. Juni 1849 wurde das „Rumpfparlament" auf Befehl des württembergischen Märzministers Römer durch Militär auseinandergejagt.

In einigen Staaten organisierte sich der demokra-

„Wie ein deutscher Staatsreisender in Grundrechten auf seiner Rundreise im Reich im ‚Wittelsbacher Hof' für seine Artikel keine Aufnahme findet ...", Karikatur auf Gagerns Bemühungen um Annahme der Verfassung

Meuterei in Karlsruhe, 13.5.1849

89

Erschießung des Mannheimer Demokraten Valentin Streuber, 11.10.1849

tische Widerstand. Der Kampf um die Annahme der Reichsverfassung, die „Reichsverfassungskampagne", wurde paradoxerweise von den Kräften geführt, denen die Verfassung eigentlich zu wenig demokratisch gewesen war. In Sachsen, den preußischen Westprovinzen und der bayerischen Pfalz kam es zu heftigen Kämpfen, die durch preußische Truppen blutig beendet wurden. In Baden gingen sogar große Teile der Armee auf die Seite der Revolutionäre über. Der Großherzog mußte das Land verlassen und um militärische Unterstützung bitten. Eine Versammlung der demokratischen Vereine in Offenburg (13.5.1849) wählte eine provisorische Regierung unter dem Abgeordneten Brentano (Donnersberg), die für kurze Zeit die Macht im Land übernahm. Eine gemeinsame Aktion der Reichstruppen und der preußischen Armee setzte auch der badischen Republik ein gewaltsames Ende; als letzter Zufluchtsort der Revolutionäre kapitulierte die Festung Rastatt am 23. Juli 1849. Standgerichte verkündeten Todesurteile; Hunderte Revolutio-

näre wurden zu langjährigen Zuchthausstrafen verurteilt. Dasselbe Schicksal traf im August 1849 die ungarische Revolution, die von russischen und österreichischen Truppen besiegt wurde. Die Revolution schien gescheitert, nicht nur in Deutschland, wo sie ihre Ziele Einheit und Freiheit nicht erreicht hatte, sondern auch im übrigen Europa. In Frankreich errichtete Napoleon III. nach einem Staatsstreich (1851) das 2. Kaiserreich. Dennoch wäre es falsch, ihr nur Scheitern zu bescheinigen. Die Reste der Feudalordnung blieben beseitigt, der vormärzliche Polizeistaat wurde nicht wiederhergestellt. Bei allen Mängeln – so wurde 1850 das allgemeine Wahlrecht zugunsten eines Dreiklassenwahlrechts abgeschafft – war Preußen doch endlich ein Verfassungsstaat geworden. Österreich folgte allerdings erst 1861. Die politische Bewußtseinsbildung, die Klärung der Positionen zwischen den späteren politischen Parteien waren Ergebnisse, die nicht gewaltsam rückgängig zu machen waren.

9. Realpolitik: Gemeinsamer Weg für das konservative Preußen und die liberale Bewegung?

Im Juni 1849 schlugen preußische Soldaten in Baden unter der Führung des Prinzen Wilhelm die letzten revolutionären Unruhen nieder; aber weder in Deutschland noch gar in Preußen wollten die Sieger zu vorrevolutionären Zuständen zurückkehren. Immerhin hatte ja die Revolution die Schwäche der alten Ordnung aufgedeckt. Eine Reaktion, wie sie hochkonservative Berater dem König nahelegten, der wieder ohne eine Verfassung regieren sollte, ließ sich auf Dauer nicht verwirklichen. Wenn aber der konservative Staat nationale und wirtschaftliche Ziele der Bürger zu verwirklichen half, konnte er zugleich die Grundlagen der eigenen Macht neu befestigen. Auf der anderen Seite war das liberale Bürgertum bereit, von den gegebenen inneren Machtverhältnissen auszugehen, wenn das den eigenen Interessen diente. „Realpolitik" nannte man diese Ausrichtung am „Machbaren"; die alten Ideen von Volkssouveränität und Freiheit mußten eben zeitweilig zurückgestellt werden.

M 1 Mit den Zielen der Revolution diese selbst bekämpfen?

Denkschrift der preußischen Regierung vom 9.5.1849 (Unionsplan):
Die Gefahren der gegenwärtigen Lage Deutschlands erwachsen hauptsächlich aus der Verbindung der unitarischen [nach nationaler Einheit strebend] mit der demokratischen Partei. ... durch
5 diese Verbindung allein gewinnt die demokratische Partei, welche im deutschen Volk keine tiefen und festen Wurzeln hat, ihre Kraft, indem sie das tiefgefühlte Bedürfnis, von dem die unitarischen Bestrebungen ausgehen, als Hebel und
10 Vorwand für die eigenen Zwecke benutzt ... Die tief im Herzen der deutschen Nation ruhenden Forderungen nun, ohne deren Erfüllung keine dauernde Ruhe in Deutschland eintreten und der Revolution kein Ziel gesetzt werden wird, ... [will
15 Preußen erfüllen].
Während Preußens Leben und Existenz ganz ebenso wie Deutschlands von der Befriedigung

aller jener Forderungen abhängt, so sieht Österreich sich in der Unmöglichkeit, die beiden letzteren derselben zu erfüllen. ... Preußen nur [kann] 20 aus der innigsten Verbindung mit Deutschland seine Lebenskraft schöpfen, ... ihm [ist] ... ein vorwiegendes Eingreifen in die Vertretung Deutschlands nicht nur möglich, sondern selbst Bedürfnis und Pflicht ... 25

(Zitiert nach: Ernst Rudolf Huber, Dokumente zur deutschen Verfassungsgeschichte, Bd. 1. Stuttgart (Kohlhammer) 1964, S. 421 ff.)

M 2 Die preußische Verfassung: ein Ergebnis der Revolution

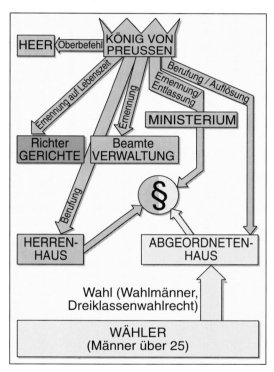

M 3 Deutschland – der Exerzierplatz für Österreich oder für Preußen?

Aus einem Brief des preußischen Bundestagsgesandten Otto von Bismarck an einen politischen Freund vom 20.12.1853:
... Unsre Politik hat keinen anderen Exerzierplatz als Deutschland, schon unsrer geographischen Verwachsenheit wegen, und gerade diesen glaubt Österreich dringend auch für sich zu gebrauchen; für beide ist kein Platz nach den An- 5 sprüchen, die Ö(sterreich) macht, also können

wir uns auf die Dauer nicht vertragen. Wir atmen
einer dem anderen die Luft vor dem Munde fort,
einer muß weichen oder von dem anderen ‚gewi-
10 chen werden', bis dahin müssen wir Gegner sein,
das halte ich für eine ... (verzeihen Sie das Wort)
Tatsache, wie unwillkommen sie auch sein mag.

(Zitiert nach: Hans Fenske, Der Weg zur Reichsgründung, Darmstadt (Wissenschaftliche Buchgesellschaft) 1977, S. 108)

M 4 Die Lokomotive, der feurige Vorläufer der Einheit

*Albert Borsig, Lokomotivfabrikant, bei der Feier
des fünfundzwanzigjährigen Bestehens der Firma 1862:*
Wir Deutschen sind eine gesplitterte Nation, die
da ringt nach Einheit, nach gemeinsamer Fahne
und Flagge, um sich im Schutz dieser im friedlichen Kampf der Industrie mit anderen Ländern
5 messen zu können. Lassen Sie uns hoffen, daß
wir das Ziel bald erreichen. Die Lokomotive ist der
feurige Vorläufer der Freiheit und Einheit in allen
Ländern, sie bringt am leichtesten Bildung, Arbeit
und Gesittung zu allen Nationen, sie rückt die
10 Völker näher aneinander, vermittelt den Austausch der weltlichen und geistigen Güter; sie
saust über Vorurteile, Zopfwesen, Kleinstaaterei,
Pass-Schererei schon jetzt in Deutschland mutig
hinweg – möge sie denn die Deutschen zu einer
15 Nation, ihre Industrie zu einer Großmacht machen ...

(Zitiert nach: Heinrich Lutz, Zwischen Habsburg und Preußen. Berlin (Siedler)
1985, S. 349)

Arbeitsaufgaben

1. Warum stellte sich die preußische Regierung
   an die Spitze der Einheitsbewegung (M 1)?
2. Welche Folge für Österreich muß die Einigung Deutschlands unter preußischer Führung haben? Welche Gefahren werden sich
   ergeben, wenn Preußen diese Politik durchsetzen will (M 3)?
3. Welche Vorteile brachte die preußische Verfassung ihren Bürgern? Vergleiche ihre
   Rechte mit denen vor 1848 (M 2).
4. In welchen Bereichen verfolgten die preußische Regierung und die liberale Bewegung
   nach 1850 gemeinsame Ziele (M 4)?
5. Vergleiche die preußische Antwort auf die
   Französische Revolution nach 1806 mit der
   auf die revolutionären Ereignisse von 1848.

Versammlung von Urwählern, die ihre Wahlmänner
wählen sollen, 1849

Preußen nach der Revolution

Als König Friedrich Wilhelm IV. im November
1848 in Preußen die liberalen Märzminister entließ und eine konservative Regierung zur Beseitigung der Revolution berief, fand sich unter den
neuen Ministern erstaunlicherweise ein Liberaler, der für Handel und Wirtschaft zuständige
Bankier von der Heydt. Er blieb – mit einer Unter-
brechung – preußischer Minister bis 1869. Die
Staatsführung hatte gelernt. In Wirtschaft und
Gesellschaft vollzog sich ein Wandel: Monarch
und Regierung mußten nun mit denen Fühlung
aufnehmen, die dieser Wandel begünstigte, den
wirtschaftlich erfolgreichen Bürgern. Wenn man
mit ihnen zusammenarbeitete – und in der Wirt-
schafts- und Außenpolitik gab es gemeinsame Interessen –, konnte zugleich der Revolution der
Wind aus den Segeln genommen werden. Die
Regierung entwickelte einen Plan, wie Preußen
die Einigung Deutschlands herbeiführen konnte.
Das war das Bündnis mit der nationalen Bewegung, die wenige Monate zuvor noch als Ausge-
burt der Revolution bekämpft worden war. Die
Großmächte sorgten allerdings dafür, daß dieser
Plan vorläufig fallengelassen werden mußte. Er-
folgreicheren Ausdruck fand der neue Realismus
in der Staatsführung aber in der endgültig 1850
vom König erlassenen preußischen Verfassung.
Zwar bestimmte der König allein die Regierung,
er selbst führte auch den militärischen Oberbefehl, aber auf die Gesetzgebung hatte eine gewählte 2. Kammer, das Abgeordnetenhaus, Einfluß: Erst wenn der König, das von ihm besetzte
Herrenhaus und die 2. Kammer sich einigten,
kam ein Gesetz zustande. Da auch der Staatshaushalt jährlich durch ein Gesetz festgestellt

werden mußte, war eine spätere Ausdehnung der Macht der Volksvertretung nach englischem Muster durchaus möglich (▷ parlamentarisches System). Das Wahlrecht wiederum war zwar allgemein, aber extrem ungleich.

Das Wahlgesetz vom 30.5.1849 für die Zweite Kammer teilte die Bevölkerung jeder Gemeinde nach der direkten Steuerleistung in drei Klassen ein, wobei die wenigen Höchstbesteuerten der 1. Klasse ebensoviele Wahlmänner wählten wie die Masse der schwächsten Steuerzahler in der 3. Klasse. Auf jede Klasse entfiel ein Drittel der öffentlich gewählten Wahlmänner, die ebenfalls öffentlich die Abgeordneten wählten. Das Wahlrecht bevorzugte einseitig den Besitz – natürlich im Hinblick auf reiche Rittergutsbesitzer – und sollte konservative Wahlergebnisse liefern. Außerdem konnte die Regierung wegen der öffentlichen Stimmabgabe durch massive Wahlbeeinflussung für die gewünschten Ergebnisse sorgen. Das gelang zunächst auch deshalb, weil die Demokraten dieses Wahlsystem fast einmütig ablehnten und an den ersten Wahlen nicht teilnahmen. Gegenüber den Entwürfen der Revolutionszeit war die Verfassung ausgesprochen konservativ, gleichwohl – Preußen war erstmals ein ▷ Verfassungsstaat. Die gesetzliche Garantie der ▷ Menschen- und Bürgerrechte unterstrich diesen modernen Zug. Mit dem Wahlrecht befreundete sich das liberale Bürgertum schon bald, da es mit der industriellen Entwicklung zu Geld kam. Seit 1862 hat das Abgeordnetenhaus – auch begünstigt durch das Wahlrecht – liberale Mehrheiten. Wegen der besonderen Verfassungskonstruktion bedeutete dies jedoch nicht, daß nun die Bürger die Politik bestimmen konnten. Bis 1918 gaben die ▷ Konservativen die entscheidenden Machtpositionen im Staat nicht aus der Hand, weder in Preußen, noch später im Deutschen Kaiserreich. (s. S. 143)

Die prinzipielle Klärung der Machtfrage im Staat schien jedoch für das liberale Bürgertum gar nicht entscheidend zu sein, betrieb doch die preußische Regierung ohnehin eine wesentlich bürgerlichen Interessen dienende Politik. Der staatlich geförderte Ausbau der Eisenbahn sorgte für die Beschäftigung von Maschinenfabriken und Stahlwerken. Die Regierung schloß für preußi-

Die 1000. Lokomotive der Firma Borsig: Albert Borsig tauft am 21.8.1858 die 1000. Lokomotive auf den Namen „Borussia"

sche Erzeugnisse günstige Handelsverträge und baute den Zollverein aus. Versuche Österreichs, sich dem Zollverein und seiner dynamischen Entwicklung anzuschließen, wurden von Preußen im Sinne eines machtpolitischen Führungsanspruchs entschieden abgewehrt. Schon Ende der 1850er Jahre nahm Preußen die führende Stellung in Handel und Industrie ein. Die wirtschaftliche Entwicklung ließ das Land in die nationalpolitische Rolle hineinwachsen, die ihm die Versammlung in der Paulskirche 1849 vergeblich zugedacht hatte. Was brauchte man da noch deren Ideen hervorkramen? Realismus hieß die Devise, und der galt als realistisch, der auf die offensichtlich gute Entwicklung des Bestehenden baute. Zunächst allerdings schien die Entwicklung gehemmt, denn zu einer Außenpolitik gegen Österreich, die konservative Führungsmacht des Deutschen Bundes, wie sie folgerichtig der preußische Bundestagsgesandte Otto von Bismarck vorschlug, konnten sich der König und seine Berater nicht entschließen. Der Anstoß für eine Neuorientierung mußte von außen kommen.

10. Wer erkämpft die Einheit: das Volk oder das Königsheer?

1850 wurde auf Antrag Österreichs der Deutsche Bund wiederhergestellt. Der revolutionären Forderung nach einem deutschen ▷ Nationalstaat sollte damit bewußt der Boden entzogen werden. Doch vor den Augen der deutschen Öffentlichkeit erstritten jetzt die Italiener ihre Einheit im Kampf gegen Österreich. Der französische Kaiser Napoleon III. leistete ihnen Schützenhilfe. Damit war das Thema Einheit auch in Deutschland wieder auf die Tagesordnung gesetzt. Während das Militär 1848/49 international vor allem gegen die Revolutionäre eingesetzt worden war, wurde der Krieg in den beiden nächsten Jahrzehnten wieder zum Mittel der äußeren Politik. Er veränderte nicht nur die europäische Landkarte, sondern Sieg und Niederlage führten auch dazu, daß die Trümpfe im innenpolitischen Machtspiel neu verteilt wurden.

M 1 Die nationale Rolle Preußens

1859 gründeten liberale Deutsche einen „Deutschen Nationalverein", der 1859 folgende Erklärung abgab:
... 6. Es ist die Pflicht jeden deutschen Mannes, die preußische Regierung, insoweit ihre Bestrebungen davon ausgehen, daß die Aufgaben des preußischen Staates mit den Bedürfnissen und
5 Aufgaben Deutschlands im wesentlichen zusammenfallen und soweit sie ihre Tätigkeit auf die Einführung einer starken und freien Gesamtverfassung Deutschlands richtet, nach Kräften zu unterstützen.

(Zitiert nach: Michael Stürmer, Die Reichsgründung. München (dtv.) 1984, S. 129)

M 2 Merkmale einer Nation

Eine Stimme aus dem liberalen Lager (Zeitschriftenbeitrag vom August 1860):
Seit 1848 hat der deutsche Handel bedeutend zugenommen. Österreich ungerechnet, kommt der Seehandel Deutschlands dem Frankreichs gleich und zunächst nach dem Seehandel Groß-

britanniens und Nordamerikas. Eine solche Quel- 5 le des Reichtums, solche Stellung unter den Völkern ist wahrlich ein Opfer wert. ... durch die Sprache sind wir nur ein Volk, durch unser Ringen nach Macht und Geltung eine Nation. ... Soll und darf aber Preußen ganz und allein die Sorge für 10 Deutschland in dieser Angelegenheit überlassen werden? Daß ihm die Führung Deutschlands gebührt, zu Lande wie zur See, steht für uns außer Zweifel. ... Wie wär's, wenn sich die deutschen Bevölkerungen für die Nordseeflotte zusammen- 15 schlössen, Schiffe bauen ließen und dieselben Preußen übergäben?

(Zitiert nach: Hans Fenske, Der Weg zur Reichsgründung. Darmstadt (Wissenschaftliche Buchgesellschaft) 1977, S. 196/97)

M 3 Sind das die Gedanken des Königs bei der Heeresreform?

Karikatur aus der „Frankfurter Latern", 1862

M 4 Königtum oder Sieg des Parlaments?

Das preußische Staatsministerium am 21.9.1862:
... Eure Königliche Majestät wollen uns allergnädigst gestatten, auf den Ursprung des hohen Besitztums, auf welches Allerhöchst dieselben unter Umständen verzichten wollen, ehrfurchtsvoll hinzuweisen. Dasselbe ist nicht ein Erwerb 5

aus freier Tat und persönlicher Aneignung, welches ebenso wieder aus freiem Entschluß aufgegeben werden könnte. Eure Königliche Majestät haben die Krone Preußens durch Gottes Gnaden
10 aus der Hand des Allmächtigen empfangen; ...
Es wird in der Gegenwart und auch in Preußen der seit dem vorigen Jahrhunderte begonnene Kampf zwischen Königtum und Demokratie fortgesetzt. Es würde aber die Wege der Demokratie
15 anbahnen, wenn in Preußen der König, zwar nicht von der Revolution auf der Straße überwunden, aber im Kampf mit der Demokratie in der Landesvertretung den Thron verlassen und die ihm durch Gottes Gnade übertragene Krone auf-
20 geben wollte. Es wäre dies die schwerste Niederlage des Königtums, weil der Sieg der Demokratie ohne Anwendung roher Gewalt mit wohlfeileren Mitteln errungen würde. ...

(Zitiert nach: Ernst Rudolf Huber, Dokumente zur deutschen Verfassungsgeschichte, Bd. 2. Stuttgart (Kohlhammer) 1964, S. 41-43)

M 5 **Die Gegner im Verfassungskonflikt**

a) Der König und sein Vasall
Wilhelm I. (1797–1888), zweiter Sohn des preußischen Königs Friedrich Wilhelms III., erhält eine militärische Ausbildung. Er will im März 1848 der Revolution in Berlin mit militärischer Gewalt
5 (s. S. 60) („Kartätschenprinz") entgegentreten,

muß aber nach England fliehen. Er führt 1849 die preußischen Truppen, welche in der Rheinpfalz, in Sachsen und in Baden die Aufstände niederschlagen.
1858 übernimmt er die Stellvertretung für seinen 10
kranken Bruder und besteigt nach dessen Tod Anfang 1861 den preußischen Thron. Die von ihm betriebene Heeresreform trifft auf den Widerstand des Abgeordnetenhauses. Im Dezember 1861 erringt die oppositionelle Fortschrittspartei 15
einen sensationellen Wahlsieg. Der Konflikt erreicht seinen Höhepunkt in der Haushaltsdebatte im Herbst 1862. Zum Ministerpräsidenten wird Otto von Bismarck berufen, den der König bisher als „konservativen Heißsporn" abgelehnt hatte. 20
Bismarck bietet seine Dienste an wie ein „kurbrandenburgischer Vasall, der seinen Lehnsherrn in Gefahr sieht".
Otto von Bismarck (1815–1898) entstammt einer altmärkischen Adelsfamilie. Er studiert Rechts- 25
wissenschaft; nach kurzer Tätigkeit im Staatsdienst bewirtschaftet er seine Güter. 1848 plant er eine Gegenrevolution (s. S. 61). 1849 wird er Mitglied des preußischen Parlamentes, er gehört dort zur äußersten Rechten. 1851 kommt er als 30
preußischer Bundestagsgesandter nach Frankfurt. Er vertritt mit Entschiedenheit preußische Machtinteressen und geht dabei zunehmend auf Distanz zu Österreich. 1859 wird er Gesandter in Petersburg, 1862 in Paris. Zu der 1862 übernom- 35
menen Stellung des preußischen Ministerpräsi-

Kaiser Wilhelm I.

Otto v. Bismarck (Foto von 1863)

denten kommt 1867/71 die des Reichskanzlers. Beim Tode Wilhelms 1888 hat er beide Positionen noch inne. Der hatte allerdings geklagt, es
40 sei „nicht leicht, unter einem solchen Kanzler Kaiser zu sein". Erst dessen Enkel Wilhelm II. entläßt Bismarck 1890, da er nicht geneigt ist, sich dem politischen Willen des Kanzlers unterzuordnen.

Bismarck bei Kaiser Wilhelm I. 1887

b) Das preußische Abgeordnetenhaus

Stellungnahme eines führenden liberalen Politikers (Schulze-Delitzsch), 15.9.62:
Die uns aufgedrungene Stellung der Wahrung
45 unseres Rechtes ist keine Stellung aus freier Wahl, ... Wir können nicht Vorlagen machen, um die Dinge auf den gesetzlichen Weg zurückzuführen ... Es existiert keine Partei, ... die gemeint [mit der Absicht] sei, die Verfassung irgendwie
50 anzutasten und den Schwerpunkt der Verfassung irgendwie in das Parlament hinüberzulegen. Aber der Schwerpunkt ... der verfassungsmäßigen Gewalten wird verlegt, wenn die Regierung der Volksvertretung ansinnt, ... daß sie wohl
55 den Etat zu bewilligen die Pflicht, aber davon zu streichen kein Recht habe ...

(Zitiert nach: Hans Fenske, Der Weg zur Reichsgründung. Darmstadt (Wissenschaftliche Buchgesellschaft) 1977, S. 261/62)

96

Arbeitsaufgaben

① Welche Gedanken vermutet die Karikatur (M 3) beim preußischen König?
② Inwiefern mußte die preußische Öffentlichkeit die Berufung Bismarcks als politische Kampfansage des Königs verstehen (M 5a)?
③ Warum verschärfte sich der Streit über die Heeresreform in Preußen sofort von Stufe zu Stufe: Heeresfrage, Verfassungsfrage, Machtfrage (M 4, vgl. M 2, S. 91)?
④ Warum wäre es den deutschen Liberalen lieber gewesen, wenn der preußische Verfassungskonflikt hätte vermieden werden können (M 1, M 2, M 5b)?

Der preußische Verfassungskonflikt: Die Blockade der Parlamentarisierung Deutschlands

„Nur nicht drängeln", warnten die preußischen Parlamentarier, als 1858 in Preußen ein Wechsel auf dem Thron stattgefunden hatte, der eine „Neue Ära" anzukündigen schien. Der schwerkranke Friedrich Wilhelm IV., der die Hoffnung der Anhänger der Reaktion verkörpert hatte, war durch seinen Bruder Wilhelm abgelöst worden, und der hatte gefordert, Preußen solle in Deutschland „moralische Eroberungen" machen. Jetzt endlich konnte Preußen nach Ansicht vieler Liberaler die Rolle übernehmen, die in Italien Piemont-Sardinien spielte. Das diplomatische Geschick des piemontesisch-sardinischen Grafen Cavour und der Druck der nationalen Einigungsbewegung lieferten offensichtlich das Erfolgsrezept, das man auch in Deutschland verwirklichen mußte. 1859 entstand nach italienischem Vorbild der „Nationalverein". Zu seinem Programm gehörte eine Stärkung der militärischen Leistungsfähigkeit Preußens. Hier war vieles aufzuholen, denn trotz allgemeiner Wehrpflicht konnten kaum mehr als 20% eines Altersjahrgangs eingezogen werden. Eine Heeresreform war deshalb zwingend notwendig. In diesem Punkt stimmten Regierung und Parlament völlig überein. Die Heeresstärke sollte von 150 000 auf 220 000 Soldaten ansteigen. Der preußische König Wilhelm I. wollte aber nicht nur die militärische Leistungsfähigkeit steigern, sondern zugleich eine Fehlentwicklung korrigieren, die seiner Meinung nach während der Revolution von 1848 offenbar geworden war. Deren anfänglicher Erfolg war aus seiner Sicht zugleich der Beweis für die mangelnde Zuverlässigkeit der Armee gewesen. Eine dreijährige Dienstzeit sollte die preußischen Soldaten so fest in das militärische Denken eingewöhnen, daß sie sich modernen „demokratischen" Ideen verschließen würden. Und dann sollte auch noch die Landwehr an Bedeutung verlieren, in der die Bürger militärische Aufgaben hatten (s. S. 67). In jedem Fall kostete die Heeresreform viel Geld, eine Steuererhöhung von 25% stand ins Haus. Hier wollten die Liberalen ansetzen, denn wenn die Regierung Geld brauchte, mußte das Parlament zustimmen. Das Haushaltsrecht ließ sich dann auch benutzen, um auf die Organisation der Armee inhaltlichen Einfluß zu nehmen. Diesen Versuch wertete der König als Eingriff in seine Kommandogewalt, der an den Grundfesten der preußischen Monarchie rührte. Seine konservativen Berater bestärkten ihn in seiner Position, ein Nachgeben deuteten sie als das Ende der Monarchie.

Daß preußische Abgeordnetenhaus wollte zwar keinen Konflikt und setzte auch seine Gesetzgebungsarbeit fort, aber es konnte in der Frage des Budgetrechtes nicht nachgeben, wenn es sich nicht zu einem einflußlosen Beratungsorgan zurückstufen lassen wollte. König und Volksvertretung warfen sich gegenseitig Verfassungsbruch vor. Der Heereskonflikt weitete sich aus zu einem Verfassungskonflikt, in dem die Frage beantwortet werden mußte, wer die Macht im preußischen Staat haben sollte. Königsherrschaft oder Parlamentsherrschaft, das war der Kern des Streits.

Der König bereitete seine Abdankung vor, er wollte den sich abzeichnenden Sieg des ▷ parlamentarischen Systems nicht hinnehmen. In dieser Situation gelang es den konservativen Beratern, den König dazu zu veranlassen, den langjährigen preußischen Bundestagsgesandten Otto von Bismarck zum Ministerpräsidenten zu berufen. Er sollte ein mögliches Bündnis zwischen Krone und liberaler Bewegung, das sie selbst um ihren Einfluß gebracht hätte, ein für alle Mal verhindern.

Bismarck hatte aber einen ganz anderen Plan. Um die Parlamentsmehrheit von ihrem Anspruch auf politische Mitwirkung abzulenken, wollte er deren nationale Forderung möglichst erfüllen. Sein Wort, durch „Eisen und Blut" werde die deutsche Einheit zu erreichen sein, sollte die Brücke zu seinen Widersachern schlagen. Die Wendung von „Eisen und Blut" hatte schon ein Lied aus der Zeit des Befreiungskrieges geprägt, auf den die Bürger immer noch stolz waren. Aus Bismarcks Mund wirkte das Zitat allerdings verheerend. Die liberale Öffentlichkeit verstand die

Karikatur im „Kladderadatsch", 19.10.1862: Napoleon III. ist ein Neffe Napoleons I. Das Datum auf dem Thronsessel (2. Dezember) bezeichnet den Jahrestag seines Staatsstreichs und den der Kaiserkrönung seines berühmten Onkels.

Worte als Ankündigung einer Gewaltherrschaft, die sich hinter außenpolitischen Abenteuern verstecken wollte. Hier sollte offensichtlich der Stil des französischen Kaisers Napoleon III. nachgeahmt werden, der 1851 durch einen Staatsstreich das Parlament ausgeschaltet hatte.

Bismarck verschärfte nun den Konflikt, indem er erklärte, die Verfassung enthalte offensichtlich eine Lücke, und in einem solchen Fall gelte der Wille des Monarchen. Wenn es sich nicht selbst aufgeben wollte, mußte das Parlament dieser „Lückentheorie" widersprechen. Die von Bismarck eingesetzte schärfste Waffe, die der Parlamentsauflösung, zeigte keine Wirkung, stumpfte durch die wiederholte Anwendung sogar ab. Doch obwohl die Neuwahlen zum preußischen Abgeordnetenhaus immer größere Mehrheiten für die oppositionelle Fortschrittspartei ergaben, verzichtete das Parlament peinlich darauf, den Konflikt aus der Volksvertretung hinauszutragen und etwa die Masse der Bevölkerung zu mobilisieren. Selbst während der Konfliktzeit ging die Wahlbeteiligung nicht über 34% hinaus. Die Abgeordneten aber vergaßen keineswegs die wirtschaftlichen Interessen ihrer Wähler und stimmten trotz des Konfliktes dem Handelsvertrag mit Frankreich zu. Die liberale Wirtschaftspolitik sollte auch aus der Sicht Bismarcks einem Bündnis zwischen Krone und Bürger den Boden bereiten. Damit behielt die Regierung die Initiative auch für Maßnahmen, mit denen sie den Konflikt gleichsam abschneiden konnte, eine Reihe von Kriegen, die den Deutschen dann die ersehnte Einheit brachte, die preußischen Machtstrukturen aber für Jahrzehnte festschrieb.

11. Der Weg zur Einheit: Äußere Kriege statt revolutionärer Erhebung

Revolution und Bürgerkrieg wollte nach 1848/49 kein deutscher Liberaler mehr, aber für die deutsche Einheit zu kämpfen, dazu war man bereit. Ein Beschluß des dänischen Reichstages von 1863, der praktisch die Annexion Schleswigs be-deutete, entflammte wie in den Revolutionstagen von 1848 den Kampfeswillen der Deutschen über alle staatlich und parteipolitisch trennenden Grenzen hinweg. Kein Verfassungskonflikt konnte das preußische Abgeordnetenhaus davon abhalten, die Regierung aufzufordern, sich an die Spitze der nationalen Bewegung zu stellen. Bismarck allerdings löste die Frage ohne die Mithilfe national bewegter Deutscher. Der Krieg konnte den Ansatzpunkt liefern, um ihn aus den Fesseln des Verfassungskonfliktes zu befreien. Doch wer bezahlte die politischen Kosten in seinem Konzept, „den äußeren Krieg dem inneren vorzuziehen"?

M 1 König Wilhelm I. auf dem Schlachtfeld von Königgrätz

Diese Fotografie stammt vom Morgen der Schlacht, 3.7.1866 (vorn links: Bismarck, vorn rechts: König Wilhelm I.).

M 2 Die Kräfte Preußens und Österreichs 1865/66

	Preußen	Österreich
Bevölkerung (Mill.)	19,3	37,5
Getreideernte (Mill. t)	0,8	0,7
Zahl der ortsfesten Dampfmaschinen	15 000	3 400
Steinkohleförderung (Mill. t)	12	5,7
Roheisenerzeugung (Mill. t)	0,85	0,46
Staatsschuld (Mill. Taler)	290	1 670
Militärhaushalt (Mill. Taler)	45	51
Heeresstärke	212 000	281 000

M 3 Die Schlacht von Königgrätz: Antwort auf die Deutsche Frage?

a) General von Schweinitz am Tage der Schlacht (3.7.1866):
Noch heute kann ich mir Rechenschaft geben von vielem, was mir durch den Kopf ging, als ich dicht hinter unserem geliebten König und Kriegsherrn hingaloppierte. Dies ist der wahre deutsche Kaiserritt, sagte ich mir, welcher die Schande von 5 uns nimmt von jenem anderen, den Friedrich Wilhelm IV. mit der dreifarbigen Fahne im März 1848 in possenhafter Weise aufführte ... Ich sagte mir, daß wir nicht nur die Österreicher besiegt, sondern auch die deutsche Frage gelöst und damit 10 die deutsche Revolution entwaffnet hätten ..., daß der siegreiche König von jetzt an den Beistand der demokratischen Elemente nicht mehr gebrauchen würde, sondern konservativ und anständig regieren könne." 15

(Denkwürdigkeiten des Botschafters General von Schweinitz, hrsg. von W. v. Schweinitz, Bd. 1. Berlin 1927, S. 230 f.)

b) Das Urteil Friedrich Kapps vom 18.9.1866, der 1848 zu den radikalen Demokraten gehörte und deshalb auswandern mußte:
... Der Krieg ... eröffnet die Ära der Wiedergeburt Deutschlands ... Was ist daran gelegen, wer die

zur Reorganisation unseres Vaterlandes unerläßliche Revolution macht, wer den Boden für die
20 spätere Aktion frei macht, wenn es nur überhaupt
geschieht. Im Gegenteil, mir ist in dieser Beziehung Bismarck und der Hohenzoller noch lieber
als die bewaffnete Demokratie ... Was jetzt
geschehen ist, ist die unerläßliche Bedingung
25 für eine gedeihliche nationale Zukunft, ohne
Bismarck hätten wir nie diesen Krieg gehabt,
jetzt liegt das Ziel klar und fest abgesteckt vor
uns, und die späteren Schritte sind verhältnismäßig leicht.

(Zitiert nach: W. Lautemann/M. Schlenke (Hrsg.), Geschichte in Quellen, Das
bürgerliche Zeitalter. München (bsv) 1980, S. 345)

M 4 Das Ende einer tausendjährigen Geschichte

Der Friedensvertrag von Prag zwischen Öster-
reich und Preußen vom 23.8.1866, Art. IV:
Seine Majestät der Kaiser von Österreich erkennt
die Auflösung des bisherigen deutschen Bundes
an und gibt Seine Zustimmung zu einer neuen
Gestaltung Deutschlands ohne Beteiligung des
5 Österreichischen Kaiserstaates. Ebenso ver-
spricht Seine Majestät das engere Bundesver-
hältnis anzuerkennen, welches Seine Majestät
der König von Preußen nördlich von der Linie des
Mains begründen wird, ...

(Zitiert nach: Ernst Rudolf Huber, Dokumente zur deutschen Verfassungsgeschichte, Bd. 2. Stuttgart (Kohlhammer) 1964, S. 218)

Arbeitsaufgaben

① Bismarck wußte im Sommer 1866, daß er im
Falle einer militärischen Niederlage politisch
erledigt war. In diesem Falle wollte er auf dem
Schlachtfeld den Tod suchen. Warum war jedoch das Risiko eines Kriegs gegen Österreich kalkulierbar? (M 2)
② Welches Verständnis hat Wilhelm I. von
seiner Rolle als König gehabt, wenn er sich
trotz der großen Gefahren auf dem Schlachtfeld aufgehalten hat? (M 1)
③ Welche unterschiedlichen „Lehren" konnten
aus dem preußischen Sieg gezogen werden?
(M 3)
④ „Der Friedensschluß von Prag hat ein Jahr-
tausend deutscher Geschichte beendet".
Nimm Stellung zu dieser These! (M 4)

Der deutsch-dänische und der deutsch-deutsche Krieg: Die deutsche Revolution in Kriegsform

Bismarck benutzte den Schub nationaler Empörung, den der Konflikt mit Dänemark freisetzte,
um seine liberalen Widersacher in Preußen matt-
zusetzen. Er mußte nur das Rezept beherzigen,
das ein englischer Konservativer in Hinblick auf
die dortige Wahlrechtsreform so beschrieben
hatte: „Die Liberalen beim Baden im Freien erwi-
schen und sich heimlich mit ihren Kleidern davon
machen." Wie konnten sich Liberale seiner Politik länger widersetzen, wenn er als preußischer
Ministerpräsident die nationale Einheit förderte?
Der dänische Verstoß gegen internationale Verträge, der in der Sicht der Großmächte das europäische Gleichgewicht gefährdete, und nicht etwa die Empörung der deutschen Nationalbewegung lieferte Bismarck 1864 den Grund für den
Krieg gegen Dänemark. So konnte dem Eingreifen der europäischen Mächte vorgebeugt, den Liberalen die Ziele genommen und die Macht Preußens gestärkt werden. Gemeinsam mit Österreich, das sich in dieser nationalen Frage nicht
isolieren durfte, wurde Dänemark besiegt, das
die Herzogtümer – fast 40% des dänischen Territoriums – an den preußischen und österreichischen Monarchen abtreten mußte. Der preußischen Armee war dieser Erfolg zu verdanken, revolutionäre Freiwillige, wie sie Garibaldi in Italien
geführt hatte, waren nicht zum Einsatz gekom-

Dänische Soldaten 1864; sie waren – ebenso wie die
Österreicher – mit Vorderladergewehren ausgerüstet.
Beim Nachladen mußten sie aufstehen!

men. Und auch den nächsten Schlag führte Bismarck bewußt ohne die direkte Beteiligung der nationalen Kräfte. Jetzt ging es darum, die österreichische Konkurrenz auszuschalten. Bismarck hatte Streitigkeiten bei der gemeinsamen Verwaltung der Herzogtümer von Beginn an absichtlich verschärft. Im Frühjahr 1866 erneuerte Preußen einen Vorschlag zur Reform des Deutschen Bundes, der die staatliche Einheit des Vielvölkerstaates Österreich bewußt in Frage stellte. Eine „aus direkten Wahlen und allgemeinem Stimmrecht hervorgehende Versammlung" sollte einberufen werden. Der Konflikt war da! Rechtzeitig hatte Preußen einen Geheimvertrag mit Italien abgeschlossen, das sich bereit erklärte, auf preußischer Seite zu kämpfen; es sollte dafür nach dem Sieg aus österreichischem Besitz mit Venetien bedacht werden.

Nachdem die Österreicher die Mobilisierung des Bundesheeres gegen Preußen beantragt hatten, erklärte Bismarck am 14. Juni 1866 den Bundesvertrag für gebrochen: der deutsch-deutsche Krieg hatte begonnen. Es war kein Bruderkrieg und auch kein „Nationalkrieg", sondern ein klassischer Kabinettskrieg. Österreich verfügte über größere militärische Erfahrung, aber die Preußen waren moderner: sie benutzten für ihren Aufmarsch systematisch die Eisenbahn und den Telegraphen, ihre Truppen waren mit dem „Zündnadelgewehr" ausgerüstet, einem Hinterladergewehr mit großer Feuerkraft. Der Krieg dauerte nicht einmal zwei Monate, er wurde mit einer einzigen großen Schlacht zwischen den böhmischen Orten Sadowa und Königgrätz für Preußen entschieden. Österreich mußte aus Deutschland ausscheiden und der Auflösung des Deutschen Bundes im Prager Frieden ausdrücklich zustimmen. Schleswig-Holstein, Hannover, Kurhessen, Nassau und die Freie Stadt Frankfurt wurden von Preußen annektiert. Die 1815 in Wien gezimmerte Ordnung Europas war zerbrochen.

Noch während der Kriegshandlungen hatte Bismarck die Gründung eines Bundes vorbereitet, der die 22 deutschen Staaten nördlich des Mains unter der Führung des Königs von Preußen vereinen sollte. Damit war die deutsche Einigung wieder einen gewaltigen Schritt vorangebracht, und die Liberalen mußten ihre Haltung überprüfen. Bismarck konnte den preußischen Sieg jetzt auch innenpolitisch nutzen. Die Popularität seiner Politik bewies sich schon bei der während des Krieges abgehaltenen Wahl zum preußischen Abgeordnetenhaus am 3. Juli 1866, dem Tag der Entscheidungsschlacht. Während die Liberalen in der Minderheit blieben, konnten die Konservati-

ven die Zahl ihrer Abgeordneten vervierfachen. Als die „Sieger von Königgrätz" hielten sie sich zusammen mit der Krone nun auch für die Gewinner des Verfassungskonfliktes: sie erwarteten die Entmachtung des ▷ Parlaments. Bismarck hatte aber nicht die Absicht, wieder vorrevolutionäre Zustände herzustellen. Gegen den erbitterten Widerstand mehrerer Ministerkollegen brachte er im Landtag den Antrag ein, die Kammer solle alle Ausgaben der Regierung seit 1862 nachträglich bewilligen (Indemnität). Mit diesem Eingeständnis, daß nicht verfassungsgemäß regiert worden war, erkannte Bismark das Haushaltsrecht des Parlamentes ausdrücklich an. Wenn die Liberalen auf dieses Angebot eingingen, konnten sie mit ihm zusammen das gemeinsame Ziel eines geeinten Deutschlands mit einer einheitlichen Wirtschafts- und Verfassungsordnung verwirklichen. Das hieß aber auch, daß die Liberalen die Heeresreform und die Beibehaltung der monarchischen Kommandogewalt hinzunehmen hatten. Während viele Anhänger des Fortschritts das als einen Verrat an ihren verfassungspolitischen Zielen nicht wollten, glaubte die sich nun abspaltende Gruppe der Nationalliberalen, im Interesse der nationalen Einheit auf die Durchsetzung des parlamentarischen Systems zunächst verzichten zu dürfen. Die Verwirrung war vollkommen. Ein Historiker, der 1862 Bismarck als „flachen Junker" eingestuft hatte, gestand Ende 1866: „Unsere Revolution wird von oben vollendet, wie begonnen, und wir mit unserem beschränkten Untertanenverstand tappen im dunkeln."

Auch das konservative Lager wurde durch das Entstehen der sogenannten „Freikonservativen" gespalten. Sie waren eine kleine Gruppe hoher Beamter, Diplomaten und Industrieller, die Bismarck vorbehaltlos unterstützten, während die preußischen Konservativen als „Altkonservative" sich als Opposition wiederfanden. Sie erlebten Bismarcks wirtschafts- und nationalpolitischen Kurs der nächsten Jahre als späten Sieg der Revolution. Das allerdings war eine Fehleinschätzung: Sieger blieb der König, das Parlament hatte endgültig verloren. Äußeres Anzeichen dafür ist die Tatsache, daß dem Parlament die Kontrolle über das preußische und dann auch das deutsche Heer bis 1918 entzogen blieb. Die Parlamentarier wollten es nicht noch einmal auf einen Machtkampf mit der Krone ankommen lassen, schon gar nicht, als am Ende des Jahrhunderts eine neue soziale Gruppe Mitspracherechte verlangte, deren Zahl unaufhörlich wuchs: die Arbeiter (s. S. 133).

12. Die Bildung des Nationalstaats in Deutschland: Großpreußen oder Deutsches Reich?

Vorgänge in Deutschland waren nicht erst seit 1815 ein Thema der europäischen Politik. Und so war der preußische Sieg in Böhmen mehr als eine Niederlage Österreichs, die das Kaiserreich seine Vormachtstellung in Deutschland kostete, er bereitete überall schwere Sorgen. Nicht nur der Papst, der mit der österreichischen Niederlage die Welt hatte zusammenstürzen sehen, fühlte sich unter den Verlierern, auch Frankreich schwor „Rache für Sadowa". So lag seit dem Juli 1866 die Gefahr eines Krieges mit Frankreich drohend in der Luft.

1870 erklärte der französische Kaiser dem preußischen König diesen Krieg, 1871 schloß die Republik Frankreich Frieden mit dem „Deutschen Reich", dem der preußische König als Kaiser vorsteht. Die nationale Einheit ist die Frucht eines Krieges.

M 1 Ein Krieg bringt die Einheit

Die Schutz- und Trutzbündnisse mit den süddeutschen Staaten: Geheimer Bündnisvertrag zwischen Preußen und Bayern (22.8.1866) [Gleichlautende Verträge zwischen: Preußen und Baden (17.8.66), Preußen und Hessen (11.4.67), Preußen und Württemberg (13.8.66)]
Art. 1. Zwischen Seiner Majestät dem König von Preußen und Seiner Majestät dem König von Bayern wird hiermit ein Schutz- und Trutzbündnis geschlossen. Es garantieren sich die hohen Contrahenten gegenseitig die Integrität des Gebietes 5 ihrer bezüglichen Länder, und verpflichten sich im Falle eines Krieges ihre volle Kriegsmacht zu diesem Zwecke einander zur Verfügung zu stellen.
Art. 2. Seine Majestät der König von Bayern über- 10 trägt in diesem Fall den Oberbefehl über seine Truppen Seiner Majestät dem König von Preußen. ...

(Zitiert nach: Ernst Rudolf Huber, Dokumente zur Deutschen Verfassungsgeschichte, Bd. 2. Stuttgart (Kohlhammer) 1964, S. 214/15)

M 2 Der Zollverein – mehr als ein Wirtschaftsbündnis?

„– Seht doch nur, jetzt kommt Er, jetzt kommt Er!
–, fällt mir gar nicht ein! Es ist nur für den Fall, daß doch das Wetter im Westen heraufzieht, damit ihr bequemer herüber kommen könnt! (Karikatur im Kladderadatsch, 1868)

M 3 Wann ist Deutschland reif für die Einheit?

Note Bismarcks an den preußischen Gesandten in München (Februar 1869):
Daß die deutsche Einheit durch gewaltsame Ereignisse gefördert werden würde, halte auch ich für wahrscheinlich. Aber eine ganz andere Frage ist der Beruf, eine gewaltsame Katastrophe herbeizuführen, und die Verantwortlichkeit 5 für die Wahl des Zeitpunktes. Ein willkürliches ... Eingreifen in die Entwicklung der Geschichte hat immer nur das Abschlagen unreifer Früchte zur Folge gehabt; und daß die deutsche Einheit im Augenblick keine reife Frucht ist, fällt meines 10 Erachtens in die Augen. ...

(Zitiert nach: Otto von Bismarck, Die gesammelten Werke, Bd. VIb, S. 1)

Propaganda oder Realität: Wer hat das Reich gegründet?

Die Kaiserproklamation in Versailles am 18.1.1871: Das Gemälde (270/270cm) wurde von Anton von Werner im Auftrag des Kaisers zum 70. Geburtstag Bismarcks angefertigt. Es ist die dritte Fassung des Vorgangs, den der Künstler selbst miterlebte. Die erste Fassung zum 80. Geburtstag des Kaisers 1877 war wegen ihrer nüchternen Darstellung kritisiert worden; außerdem hatte sie die Position Bismarcks nicht genug betont. Die zweite Fassung von 1882 zeigt Bismarck in einer weißen Uniform, obwohl er eine dunkle getragen hatte. Der preußische Kriegsminister (Albrecht von Roon), der wegen einer Erkrankung an der Feier nicht teilgenommen hatte, erscheint jetzt auf dem Bild (Wunsch des Kaisers). Auch die dritte Fassung von 1885 stellt Bismarck (wieder in der weißen Uniform und an der Seite des Generalstabschefs Helmuth von Moltke) in den Bildmittelpunkt.

Arbeitsaufgaben

① Überprüfe die Behauptung, daß die Reichseinigung von 1871 nur das verwirklicht hat, was im Jahre 1866 schon angelegt gewesen sei (M 1, M 2).

② Bismarck führte erfolgreich drei Kriege für die Herstellung der deutschen Einheit. Überlege, ob ein Krieg ein geeignetes Mittel der Politik sein kann? Beziehe in deine Überlegung auch M 3 ein. Prüfe, welche Rolle Kriege in der Politik Ludwigs XIV., während der Amerikanischen und Französischen Revolution und für Napoleon gespielt haben.

③ Welche Folgen für das deutsch-französische Verhältnis mußte es haben, daß der preußische König im Spiegelsaal des Schlosses von Versailles zum „Deutschen Kaiser" ausgerufen wurde?

④ Welchen Eindruck will das Gemälde der Kaiserproklamation (M 4) dem Betrachter vermitteln (Realität oder Propaganda)?

Die Gründung des Deutschen Reiches in Versailles

Unmittelbare Folge des Krieges von 1866 war die Gründung des Norddeutschen Bundes, der aus Preußen und fünfzehn norddeutschen Staaten bestand, von dessen 30 Millionen Einwohnern nach den Annexionen 25 Millionen preußische Staatsbürger waren. Die neue Bundesverfassung wurde unter Mitwirkung eines ▷ Parlamentes festgelegt. Diese als Reichstag in die Verfassung übernommene Volksvertretung wurde nach allgemeinem, gleichem und geheimem Wahlrecht gewählt. Doch nicht der Reichstag hatte die Macht, sondern die zu einem Bund zusammengeschlossenen Monarchen und Regierungen. Die Konstruktion des Bundes aber sicherte die dauerhafte Hegemonie Preußens. „Die Form, in welcher der König die Herrschaft in Deutschland übt", sei ihm niemals wichtig gewesen, bekannte Bismarck wenig später, aber „an die Tatsache, daß er sie übt, habe ich alle Kraft des Strebens gesetzt".

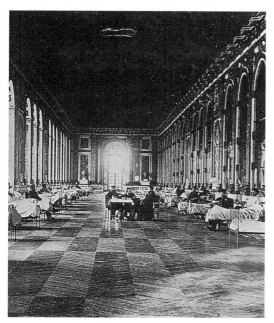

Das Foto zeigt den Spiegelsaal von Versailles am 19.1.1871. Am Vortage hatte hier die Feierlichkeit zur Gründung des Deutschen Reiches stattgefunden.

Andererseits entwickelte dieses neue Staatswesen nicht nur die modernste Wirtschafts- und Sozialverfassung, Rechtsordnung und Verwaltungsstruktur in ganz Europa, sondern es bemühte sich auch bewußt darum, sich durch den Schwung der nationalen Bewegung weiter vorantragen zu lassen. Die Verfassung stand prinzipiell offen für den Beitritt der süddeutschen Staaten, die zunächst durch militärische Verträge an den Norden gebunden wurden. Der Zollverein erhielt eine neue Ordnung; fortschreitende ▷ Industrialisierung und anhaltende Hochkonjunktur erzwangen den wirtschaftlichen Anschluß des Südens an den Norden. Der Norddeutsche Reichstag wurde durch süddeutsche Abgeordnete zu einem Zollvereinsparlament ergänzt, so daß die kleindeutsche Einigung wirtschaftlich bereits vollzogen war. Die deutliche Niederlage kleindeutscher Kandidaten bei diesen Wahlen in Süddeutschland machte aber allen schlagartig klar, daß die Einheit unter der Vorherrschaft Preußens im Süden Schrecken erregte. Mit der Parole: „Steuernzahlen, Soldatsein, Maulhalten", machten die demokratischen Gegner eines Anschlusses erfolgreich Front gegen Preußen. Auch die außenpolitische Situation erlaubte keinen Durchmarsch zur Einheit. Napoleon III. hatte die Neuordnung in Deutschland hinnehmen müssen, ohne die erwarteten „Trinkgelder" erlangt zu haben; außenpolitische Niederlagen aber vertrug das System seiner Herrschaft nicht. Ein weiterer Machtzuwachs Preußens mußte nach Überzeugung der französischen Öffentlichkeit den Krieg bedeuten. Auch wenn man in Deutschland von der Notwendigkeit eines Krieges gegen Frankreich überzeugt war, um die Einheit zu erzwingen – Bismarck wollte die Entwicklung nicht überstürzen und vor allem den übrigen Großmächten keinen Anlaß zum Eingreifen liefern.

Erst die nervöse Überreaktion Frankreichs im Jahre 1870 auf die Thronkandidatur eines hohenzollernschen Prinzen in Spanien führte zur französischen Kriegserklärung, die den deutschen Bündnismechanismus in Kraft setzte und den Krieg für die Einheit ermöglichte.

Die Niederlage Napoleons in der Schlacht bei Sedan am 2.9.1870, bei der er selbst in preußische Gefangenschaft geriet, bedeutete nicht nur das Ende seiner Herrschaft, sondern auch das Ende seines Systems. Die Deutschen selbst sorgten für eine Verlängerung des Krieges. Ihre Forderung nach der Abtretung des Elsaß und eines Teils von Lothringen entflammte den französischen Widerstandswillen. In der Tradition der Großen Revolution wurde erneut die levée en masse organisiert. Aber auch als das nun republikanische Frankreich den Krieg fortsetzte, behielten die Deutschen militärisch die Oberhand.

Noch während der kriegerischen Aktionen bereitete Bismarck durch eine Serie von Verträgen mit den süddeutschen Fürsten deren Anschluß an den Norddeutschen Bund vor. Der Spiegelsaal des Schlosses von Versailles, das Herz des besiegten Frankreich, hatte dann am 18. Januar 1871 den Schauplatz für die feierliche Gründung des Reiches abzugeben; der Hofprediger versäumte es nicht, ausdrücklich an Ludwig XIV. zu erinnern, in dessen Prachtbau nun der König von Preußen in Anwesenheit der höchsten Militärs, der Höflinge und Diplomaten zum „Deutschen Kaiser" ausgerufen wurde. Staatsrechtlich war dieser Vorgang ohne Bedeutung, das neue Reich bestand bereits vertragsgemäß seit dem 1. Januar. Auf den Symbolgehalt der Szene kam es an: der Heerkaiser wurde auf den Schild gehoben, für den Gedanken an die Souveränität des deutschen Volkes ließ das Bild keinen Platz.

Schon am nächsten Tag wurde der Spiegelsaal wieder als deutsches Lazarett genutzt, ein halbes Jahrhundert später wurde hier das Ende des Kaiser-Reiches völkerrechtlich besiegelt – Deutschland hatte den Ersten Weltkrieg verloren.

Industrialisierung und Soziale Frage

Fabrikarbeiter um 1890 (vor der Werkshalle der Maschinenbau-Aktiengesellschaft in Nürnberg)

Die 1000. Lokomotive verläßt festlich geschmückt das Werk. Ansicht der Lokomotivfabrik Krauss & Comp., München (Gemälde von Friedrich Perlberg 1882)

Reise in die Zukunft – Ein neues Zeitalter beginnt

Wer zu Beginn des 19. Jahrhunderts wissen wollte, wie die Zukunft aussehen würde, der mußte nach England reisen. Hier stand die Wiege eines neuen Zeitalters. Hier wurde die erste Dampfmaschine konstruiert, hier wurde die erste Lokomotive gebaut, hier wurden die ersten Fabriken errichtet. Von England ging der Impuls aus, der die ganze Welt verändert hat und der bis in unsere Gegenwart reicht: die ▷ Industrialisierung.

Diese neue Welt der Industrie wollte auch der junge Kupferschmied Johann Conrad Fischer (1773 – 1854) kennenlernen. Er lebte im schweizerischen Grenzstädtchen Schaffhausen. Nach Schulbesuch, Lehre und Wanderjahren übernahm er die Werkstatt seines Vaters, in der Feuerspritzen, Glocken und Kanonen hergestellt wurden. Fischer war bald ein geachteter Bürger seiner Heimatstadt. Doch wollte sich der wißbegierige junge Mann mit dem ruhig-beschaulichen Handwerkerleben und der kleinstädtischen Enge nicht zufriedengeben.

Mehrmals reiste er nach England. Immer wieder nahm er die damals beschwerlichen Reisen auf sich, um sich über die neueste Entwicklung zu informieren. Er hatte das Glück, die Bekanntschaft

der Familie Watt zu machen. James Watt (1736 – 1819) hatte 1769 die Dampfmaschine erfunden und war inzwischen Teilhaber der Dampfmaschinenfabrik „Boulton und Watt". Die Watts, ihrerseits angenehm überrascht von Fischers Fertig-

Denkmal
J.C. Fischers in
Schaffhausen

James Watt

Fabrik „Boulton und Watt" im Jahre 1798

keiten und Kenntnissen, gestatteten ihrem Gast die Besichtigung ihrer Fabrik in Soho. Sie ermöglichten ihm auch den Besuch anderer Fabriken, was Ausländern in England ansonsten strikt verboten war.

Fischer hat seine Erlebnisse in Tagebüchern festgehalten. Über den Rundgang in einem großen Eisenwerk im Fabrikviertel von Birmingham, das bereits 5.000 Arbeiter beschäftigte, berichtet er:

„Diese Manufaktur liegt an dem Kanal von Birmingham, der mit den vier Haupthäfen Englands in Verbindung steht. Sie ist mit einer hohen Mauer umgeben, und besteht in mehreren, jedes einige hundert Fuß langen Gebäuden. ... Vier Öfen verschaffen flüssiges Eisen genug, um Güsse bis auf die Schwere von zweihundert Zentnern in einem Stück auszuführen. ... In den anderen Gebäuden und besonders in dem eisernen Haus ... sind die arbeitenden Dampfmaschinen von sechs bis fünfzig Pferdestärken (Horsepowers), die still und gleichförmig nach den Gesetzen, die der Genius in sie hineingebannt hat, die auferlegte Arbeit vollziehen; Geld schlagen, Blech walzen; plattierte Geräte stanzen, Hämmer bewegen, ungeheure Kolbenstangen und Wendelbäume abdrehen und Zylinder ausbohren, deren ein einziger oft mehrere Monate zu seiner Vollendung erfordert, somit ihresgleichen wieder hervorbringen, nebst Anderem mehr."

Nach dem Besuch einer Textilfabrik in Manchester, in der eine von Watt konstruierte Dampfmaschine eingesetzt wurde, notierte er:

„Wenn man vor einigen Jahren in den Zeitungen von dem Aufstande der Weber um Nottingham und an einigen anderen Orten, und ihrer Zerstörung der Maschinen und der dieselben enthaltenden Gebäude gelesen hat, so wird man sich über die Erbitterung arbeitsloser Menschen nicht mehr wundern, sobald man diese Maschinen-Webstühle sieht. Fünfzig solcher Webstühle, die durch eine und dieselbe Dampfmaschine getrieben, welche die Spinnerei treibt, standen in einem mittelmäßig großen Zimmer, ja jeder höchstens vier Fuß ungefähr an Länge, Breite und Höhe einnahm, – und wurden von fünfzehn Personen und einem Aufseher besorgt. Da die Bewegung des Schiffchens, welches durch Federkraft hin- und hergeschossen wurde, so wie das Zusammenschlagen des Eintrags, etwas schneller als von Menschenhänden geschah, so war das Produkt in gleicher Zeit nicht nur größer, sondern auch, wie mir der Aufseher richtig bemerkte, da die Maschinen nicht wie der Mensch müde wird, gleichförmiger und folglich besser."

Ein weiterer abenteuerlicher Höhepunkt seiner Englandreisen war Fischers erste Begegnung mit einem Dampfwagen, der auf einem Schienenweg zwischen einem Steinkohlebergwerk und der Stadt Leeds verkehrte:

Puffing Billy, die erste nutzbare Lokomotive des Engländers Hedley, 1813 (Nachbildung des Deutschen Museums, München)

„Der Wagen, auf dem die Dampfmaschine ist, und der in Größe und Form einem kleinen Weinwagen mit einem einzelnen Fuhrfaß gleichkommt, hat auch vier niedere ganz eiserne Räder, wie die hinten angehängten Kohlewagen; ... der Mann, der es leitete,[hieß mich,] auf den Wagen der Maschine, der an den Seiten mit Bänken versehen ist, aufzusteigen, und schlug mir zu Gefallen einen Trott an, indem er durch stärkere Dampfproduktion die Geschwindigkeit der Kolben bis auf achtzig Hube in der Minute vermehrte. Ich war aber froh, als er wieder nachließ, wegen der augenscheinlichen Gefahr einer Explosion; denn der Dampf pfiff, als wenn ein halbes Dutzend asthmatische Rosse außer Atem getrieben vorgespannt gewesen wären. Übrigens machte es mir Freude, auf diesem Triumphwagen des menschlichen Geistes (so möchte ich das Fuhrwerk nennen) meinen Einzug in Leeds zu halten; denn zu einem solchen Behuf sind Elemente wohl noch nicht oft und mit so konzentrierter Kraft in einen so kleinen Raum gebannt worden, da dieselbe in einem Augenblick dreiundzwanzig Wagen, jeder mit sechzig Zentner Steinkohle beladen, dann die ganz eisernen Wagen selbst, deren jeder zehn Zentner schwer ist, auf zuweilen etwas ansteigender Bahn, und zwar mit gleicher Geschwindigkeit fortschafft."

Was erlebt der Handwerksmeister Fischer im Mutterland der Industrie? Wie verarbeitet er seine Eindrücke? Schon an der Sprache und an seinen Umschreibungen ist abzulesen, wie er versucht, das Fremde und das Neue zu benennen. Waren in seiner kleinen Werkstätte in Schaffhausen etwa ein Dutzend Gesellen beschäftigt, so sah er in England riesige Fabrikanlagen mit zum Teil mehr als tausend Arbeitern. Während er in kleinen Schmelzanlagen mit Blasebälgen Eisen in Tiegeln goß, erzeugten hier Hochöfen flüssiges Eisen in großen Mengen. Fertigte er überwiegend Einzelstücke an, so wurden sie in den englischen Fabriken in großer Zahl gleichzeitig hergestellt. Diese Massenproduktion wurde möglich, da die Dampfmaschinen die Mengen an Energie lieferten, die zum Antrieb der vielen Arbeitsmaschinen in den Fabriksälen benötigt wurden. Fischer mußte sich mit der Wasserkraft aus dem Mühlbach behelfen. Bei Fischer war die Arbeit noch traditionell-handwerklich organisiert, während der Arbeitstakt in den Fabriken bereits auf den Rhythmus der Maschinen abgestimmt war.

Der Vergleich verdeutlicht die Unterschiede zwischen der vorindustriellen alten und der industriell-modernen Arbeitswelt. Fischer erlebt hautnah die Anfänge der Industrialisierung mit. Durch ihn erfahren wir, daß ein neues Zeitalter beginnt, mit einem unglaublichen Wachstums- und Modernisierungsprozeß, der alle Lebensverhältnisse erfaßt und revolutioniert. Innerhalb weniger Jahrzehnte vollziehen sich so einschneidende, radikale Veränderungen, wie sie sich seit der Seßhaftwerdung der Menschen vor ca. 10.000 Jahren (Neolithische Revolution) nicht mehr ereignet haben. Dieser historische Wandlungsprozeß, der Umbruch von der jahrhundertelang ständisch und agrarisch geprägten Weltordnung hin zu einer modernen Industriegesellschaft wird als Industrielle Revolution bezeichnet.

(Zitate nach: H. M. Enzensberger u.a. (Hrsg.), Klassenbuch 1. Darmstadt und Neuwied (Wissenschaftliche Buchgesellschaft) 1972, S. 100 ff.)

Wir fragen nach den Ursachen und Auswirkungen dieser Entwicklung, die bis heute anhält und deren Ende noch nicht abzusehen ist. Fischers Beobachtungen in England geben Anlaß zu weiteren Fragen: Warum werden plötzlich so riesige Fabrikanlagen und Maschinenparks gebaut? Wer finanziert sie? Warum werden auf einmal so viele Waren und Güter produziert? Wozu werden sie benötigt? Wie erfahren die Menschen die neuen Arbeitsbedingungen? Wie verändert die neue Produktionsweise ihr Leben? Wie reagieren sie darauf? Was ist konkret unter Industrialisierung zu verstehen? Welche Chancen und Risiken eröffnet sie? Welche sozialen und kulturellen Folgen zieht sie nach sich? Welche Probleme wirft sie auf? Können die Probleme gelöst werden? Was zerstört die Industrialisierung? Was baut sie neu auf?

Die Industrialisierung revolutioniert nicht nur die Produktion, sondern die ganze bisherige Lebenswelt des Menschen. Es gibt kein Zurück mehr. Das hätte sich J. C. Fischer aus dem idyllischen Schaffhausen nicht träumen lassen: Er wurde Zeuge des Anfangs unserer heutigen Welt.

1. Industrialisierung – eine englische Erfindung?

Der Schweizer J. C. Fischer mußte nach England, einem Inselreich am Rande Europas, reisen, um die Anfänge der Industrialisierung kennenzulernen. Die Industrie war eine neue Wirtschaftsform, die massenhaft Güter erzeugte. Sie unterschied sich deutlich von der vorindustriellen

Produktion. Sie brachte eine Umwälzung der materiellen Lebensbedingungen der Menschheit hervor, die bis heute andauert. Warum konnten gerade in England auf einmal so viele Güter und Waren hergestellt, gekauft und verbraucht werden? Wir fragen nach der Herkunft und Geburt der Industrialisierung. Doch das Kind hat viele Väter.

M 1   **Industrialisierung in England um 1800**

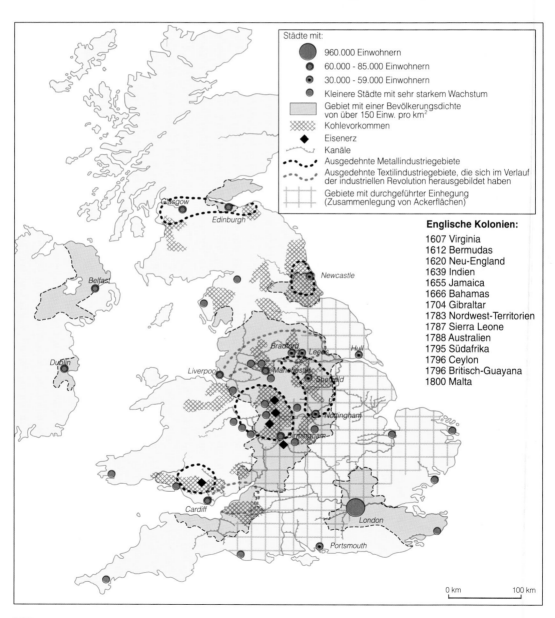

Städte mit:

- 960.000 Einwohnern
- 60.000 – 85.000 Einwohnern
- 30.000 – 59.000 Einwohnern
- Kleinere Städte mit sehr starkem Wachstum
- Gebiet mit einer Bevölkerungsdichte von über 150 Einw. pro km²
- Kohlevorkommen
- ◆ Eisenerz
- Kanäle
- Ausgedehnte Metallindustriegebiete
- Ausgedehnte Textilindustriegebiete, die sich im Verlauf der industriellen Revolution herausgebildet haben
- Gebiete mit durchgeführter Einhegung (Zusammenlegung von Ackerflächen)

Englische Kolonien:

1607 Virginia
1612 Bermudas
1620 Neu-England
1639 Indien
1655 Jamaica
1666 Bahamas
1704 Gibraltar
1783 Nordwest-Territorien
1787 Sierra Leone
1788 Australien
1795 Südafrika
1796 Ceylon
1796 Britisch-Guayana
1800 Malta

0 km   100 km

M 2   Bevölkerungsentwicklung in Großbritannien im 18. Jahrhundert

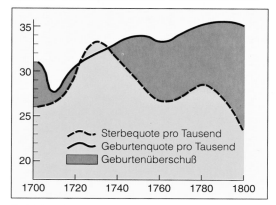

- **- - -** Sterbequote pro Tausend
- **—** Geburtenquote pro Tausend
- ▓ Geburtenüberschuß

(Nach: Informationen zur politischen Bildung, Nr. 164, 1988, S. 8)

M 3   Ein Pionier britischer Industrialisierung: Sir Robert Peel (1750–1830)

Vor 1750 sind Peels Vorfahren mittelständische Freibauern in Lancashire, die Landwirtschaft und häusliche Textilherstellung betreiben.
Um 1750 zieht Peels Vater, ein Textilwarenhänd-
5 ler mit landwirtschaftlichem Besitz (Wert ca. 3 000 Pfund), in die Stadt Blackburn. Robert wird geboren.
Um 1762 nimmt Peels Vater eine Hypothek auf und gründet mit zwei Teilhabern eine Baumwoll-
10 druckerei. Das Geschäft blüht.
Um 1765 beginnt die Firma, selbst Baumwollstoffe herzustellen. Auch dieser Geschäftszweig ist erfolgreich.
1772 weitet Peels Vater seinen Betrieb auf ande-
15 re Städte aus. Robert Peel wird mit finanzieller Unterstützung seines Vaters Teilhaber der Firma. Ausgestattet mit einer rastlosen Energie erweist sich der junge Peel als talentierter Geschäftsmann. Zunächst beschafft er sich zusätz-
20 liches Kapital, indem er ortsansässige Geldgeber zu Teilhabern macht. Dadurch ist er in der Lage, eigenständig neue Filialen in anderen Städten und in anderen Zweigen des Baumwollgewerbes zu gründen. Er ist ein sehr erfolgreicher Unter-
25 nehmer mit regelmäßigen Gewinnen von ca. 70.000 Pfund pro Jahr.
Seit 1785 ist Robert Peel so vermögend, daß er nützliche und arbeitsparende Geräte, wie z.B. Dampfmaschinen, anschaffen kann. Dabei be-
30 gnügt er sich keineswegs mit dem Erreichten, sondern arbeitet unermüdlich weiter. Er nutzt alle Möglichkeiten aus, um seinen Reichtum zu vermehren.

1790 ist Sir Robert Peel einer der größten Baumwollfabrikanten Englands. Er wird geadelt und 35 Mitglied im Parlament.
1830 hinterläßt er bei seinem Tod ein Vermögen von 1,5 Millionen Pfund und einen Sohn, der kurz darauf britischer Premierminister wird.

(Daten nach: E. Hobsbawm, Industrie und Empire 1. Frankfurt a.M. 1977, S. 61 ff.)

M 4   Das Textilgewerbe als Schrittmacher

Baumwollverarbeitung in England (in 1.000,– £ jährlich)		Import von Rohbaum-wolle (in t)	
1750–59	2 820	1780:	8 000
1770–79	4 797	1815:	50 000
1790–99	28 645	1849:	349 000
1810–19	96 339		
1830–39	302 000		

(Daten nach: P. Mathias, The first industrial Nation. London 1969, S. 486)

Arbeitsaufgaben

① Warum konnte sich die Industrialisierung in England durchsetzen? Beschreibe und erkläre anhand der Karte die günstigen Voraussetzungen.
② Erläutere: Das Bevölkerungswachstum war Chance, Motor, Herausforderung für die Industrialisierung.
Für Aufgaben 3, 4, 5 erst den folgenden Darstellungsteil lesen.
③ Woher kommt das Kapital für die Industrialisierung? Welche Erwartungen hegten die Kapitalgeber gegenüber den Fabrikanten, gegenüber der englischen Regierung?
④ Untersuche, warum sich die Industrialisierung in England zuerst in der Textilbranche durchgesetzt hat.
⑤ Welche Vorteile, welche Nachteile brachte der Einsatz von Maschinen für den Menschen?

Englands Trümpfe stechen – Voraussetzungen und Rahmenbedingungen der Industrialisierung

Kurz nachdem die Konstruktion der Dampfmaschine 1769 bekannt wurde, schrieb der Fabrikbesitzer Matthew Boulton an den Erfinder James

Die Abbildung zeigt Watts Dampfmaschine, wie sie nach Gründung der Maschinenfabrik „Boulton und Watt" serienmäßig hergestellt wurde. 1775 schrieb Boulton an den englischen König: „Mit der Kraft des Dampfes wird für die Kultur mehr getan werden, als alle Zeiten bisher haben tun können, und die Dampfmaschine wird mehr als alles andere die kommenden zweihundert Jahre bestimmen." Hat er übertrieben?

Watt: „Zwei Motive begeistern mich, Ihnen meine Hilfe anzubieten, und zwar meine Zuneigung zu Ihnen und zu einem lukrativen, sinnvollen Projekt. Um den größtmöglichen Gewinn zu erzielen, dachte ich, eine Fabrik in der Nähe der meinen zu errichten, an einem Kanal, wo ich alle für die Herstellung von Maschinen notwendigen Einrichtungen erstellen würde und von wo aus wir die ganze Welt mit Maschinen aller Größe versorgen könnten. Ich finde es nicht lohnend, nur für drei Grafschaften zu produzieren, wohl aber, die ganze Welt zu beliefern." Dieser Brief war der Beginn einer äußerst erfolgreichen Zusammenarbeit und der Startschuß zur Gründung der Maschinenfabrik „Boulton und Watt". Er veranschaulicht, warum vermögende Unternehmer bereit sind, auf neue Technologien zu setzen. Jede sich bietende, erfolgversprechende Chance wurde genutzt, um Geld zu verdienen und Gewinne zu erzielen. Doch woher kam das Kapital, um die Fabriken und Maschinen zu bauen?

England zählte im 18. Jahrhundert zu den führenden Nationen der Welt. Es hatte sich zu einer nahezu konkurrenzlosen See-, Handels- und Kolonialmacht entwickelt. Seine Handels- und Kriegsflotte beherrschte die Weltmeere. Sie eroberte Kolonien und schuf neue Märkte. Englische Händler und Kaufleute machten im Außenhandel gute Geschäfte. Denn alle Kolonialwaren mußten zunächst von englischen Schiffen ins Mutterland transportiert werden, auch wenn sie für andere Länder bestimmt waren. Die hierbei erzielten Gewinne, und aus der Landwirtschaft gewonnenes erspartes Kapital machten England zum reichsten Land der Erde. Es stand genügend Geld zur Verfügung, um industrielle Unternehmungen zu finanzieren.

Zudem war die Lage der Britischen Inseln mit ihren geschützten, eisfreien Seehäfen und dem ausgebauten, weit verzweigten Kanalnetz vorteilhaft. Kein Ort Englands war mehr als 120 km von der Küste entfernt. Rohstoffe konnten kostengünstig angeliefert, hergestellte Güter und Waren billig zu den Märkten und zu den Häfen transportiert werden. England verfügte über reiche Eisenerzlager und Steinkohlevorkommen. Nicht vorhandene Rohstoffe, wie z.B. Baumwolle, wurden importiert. Dabei scheute sich die britische Regierung nicht, drohende Konkurrenz auszuschalten. Dem Kolonialreich Indien wurde verboten, Textilien herzustellen und auszuführen. Das florierende indische Textilhandwerk wurde ruiniert, nur um eigene Märkte zu erschließen.

Diese neuen Märkte erhöhten ebenso wie die Verdoppelung der Bevölkerung Englands im 18. Jahrhundert die Nachfrage nach englischen Gütern.

Daß die wachsende Bevölkerung ausreichend mit Nahrungsmitteln versorgt werden konnte, ist einer Verdreifachung der landwirtschaftlichen Produktion im gleichen Zeitraum zu verdanken. Denn bereits vor der Industrialisierung hatte sich in England eine umfassende Modernisierung der Landwirtschaft, die sogenannte „Agrarrevolution", vollzogen.

Durch Einhegungen, d.h. durch Überführung von Gemeindebesitz in Privateigentum, wurden die Anbauflächen vergrößert. Dabei wurden auch riesige Weideflächen in Ackerland umgewandelt. Durch Zusammenlegungen entstanden größere landwirtschaftliche Betriebe, weil kleinere Höfe nicht mehr rentabel wirtschafteten und aufgeben mußten. Die Großbetriebe waren in der Lage, neue und effektivere Anbaumethoden anzuwenden, um die Erträge zu steigern und mit Gewinn zu veräußern. Durch die Veränderungen wurden viele Kleinbauern und Pächter arbeitslos. Sie wanderten in die entstehenden Industriezentren ab, um in den Fabriken Arbeit zu finden. Hauptgewinner der Agrarrevolution waren die Großbauern und der Landadel. Zusammen mit den städtischen Kaufleuten und Händlern beteiligten sie sich als Kapitalgeber bei der Gründung neuer Unternehmen im Bergbau und im verarbeitenden Gewerbe.

Sehr viel früher als auf dem Kontinent bildete sich in England eine ▷ bürgerliche Gesellschaft heraus, in der wirtschaftliches Denken und Handeln bestimmend wurde. Fleiß und Arbeit hießen die neuen Tugenden. Luxus, Konsum und Nichtstun waren verpönt. Die neuen Leitbilder waren Geschäftstüchtigkeit, Erwerbsdenken, Leistungsorientierung, Streben nach Eigentum und Reichtum. Diese Ideale, ursprünglich nur von einer religiösen und sozialen Minderheit befolgt, fanden immer mehr Anhänger in allen Teilen der Bevölkerung. Aus ihren Kreisen gingen auch die Pioniere der Industrialisierung hervor.

Mit Ausnahme der Nahrungsmittel konnte der Bedarf der wachsenden Bevölkerung z.B. an Kleidung mit den herkömmlichen Fertigungsverfahren nicht mehr gedeckt werden. Zur Steigerung der Produktion mußten neue rationellere Methoden gesucht und gefunden werden. So ist es nicht überraschend, daß in England im 18. Jahrhundert zahlreiche <u>Ideen</u> und <u>Erfindungen</u> wirtschaftlich genutzt und verwertet wurden. Der entscheidende Schritt zur industriellen Massenproduktion wurde durch die Kombination von Dampf- und Arbeitsmaschinen erzielt. Wegbereiter der Industrialisierung war das <u>Textil- und Bekleidungsgewerbe</u>.

Im 18. Jahrhundert setzte in England auf dem Textilsektor eine atemberaubende Entwicklung ein, die die bisherige jahrhundertealte Technik des Spinnrads und des Webstuhls ablöste: Die Erfindung des Schnellschützen („fliegendes Weberschiffchen") 1733 beschleunigte den Webvorgang und ermöglichte das Anfertigen breiterer Tuche. In der Folge stieg der Bedarf an Garn, so

daß fünf Spinner benötigt wurden, um einen Handweber mit Garn zu versorgen. 1764 wurde erstmals eine Maschine mit 8 Spindeln (sog. „Spinning Jenny") konstruiert. Gleichzeitig wurde die Maschine mit Wasserantrieb entwickelt. Beide Modelle wurden 1778 mit einer Zahl von 20–25 Spindeln (sog. „Mule-Maschine") kombiniert. Damit wurde in der Folge mehr Garn gesponnen, als die Weber verarbeiten konnten.

Dieses Ungleichgewicht wurde 1784 durch den Bau eines mechanischen Webstuhls beseitigt. Durch die Nutzung der von Watt entwickelten Dampfmaschinen wurde es möglich, mehrere Maschinen gleichzeitig anzutreiben und mit Energie zu versorgen.

Jetzt gingen findige Textilunternehmer dazu über, große Werkshallen zu bauen, in denen Spinn- und Webmaschinen aufgestellt wurden. Massenproduktion wurde möglich. Dies war der Beginn der Industrialisierung und des Fabrikzeitalters im Textilgewerbe.

Der immer größer werdende Bedarf an Dampf- und Arbeitsmaschinen erforderte zwangsläufige Produktionssteigerungen <u>im Bergbau</u> und <u>im eisenverarbeitenden Gewerbe</u>. Auch hier setzten sich industrielle Arbeitsmethoden durch. Bergbau, Eisen- und Metallindustrie expandierten. So griff eins ins andere. Immer mehr Wirtschaftszweige wurden von der Industrialisierung erfaßt. Die Industrialisierung entfaltete eine ungeheure Dynamik und leitete einen unglaublichen Wachstumsprozeß ein. Englands Vorsprung vor den anderen Nationen wurde nahezu uneinholbar.

Englische Baumwollweberei um 1835

2. Eine Firmengeschichte: Der Unternehmer und seine Fabrik

Englands industrieller Vorsprung brachte die anderen europäischen Länder in Zugzwang, wollten sie den Anschluß an die neue Entwicklung nicht verpassen. So wie Fischer reisten viele Interessenten und Nachahmer, teilweise sogar mit staatlichem Auftrag, in die britischen Industriezentren. Auch Fischer spionierte Werks- und Industrieanlagen, Herstellungsverfahren und neue Technologien aus. In Schaffhausen nutzte er seine Beobachtungen bedenkenlos zur Modernisierung seiner eigenen Werkstatt. Das Beispiel der Fischer-Werke verdeutlicht uns, wie aus einem Handwerksbetrieb eine Fabrik wurde, was ein Unternehmer, was ein Industrieunternehmen ist.

 Von der Werkstatt zur Fabrik

Im Stadtmuseum Schaffhausen ist dem berühmten Sohn der Stadt, J. C. Fischer, ein Ausstellungsraum gewidmet; über ihn und die Fischer-Werke erfahren wir:

Der Handwerksmeister Johann Conrad Fischer gründete 1802 in einer alten Kräutermühle im Mühlental bei Schaffhausen eine Gießerei-Werkstätte. Dort begann er neben handwerklicher Tä-
5 tigkeit Gußstahl in Tiegeln herzustellen. Der Tüftler Fischer wollte die bisher gebräuchlichen metallischen Werkstoffe verbessern und hochwertigen Stahl produzieren, der mit dem englischen Qualitätsstahl konkurrieren konnte. Es gelang
10 ihm tatsächlich nach langen Jahren des Experimentierens, das spröde und brüchige Gußeisen

Stahlwerk Fischer 1820

Fischers Tiegelschmelze um 1810

zu härten und formbaren und belastbaren Stahl, den „Werkstoff der Zukunft", zu entwickeln.
Fischer war aber nicht nur Erfinder und Techniker, sondern auch Geschäftsmann und Firmen- 15
gründer. Er versuchte, neue Produkte, wie z.B. Stahlfedern für die schweizerische und französische Uhrenfabrikation, Spindeln für die ostschweizerische Textilindustrie, Feilen und andere Werkzeuge für die aufkommende Metallindu- 20
strie, Prägestempel für britische Münzanstalten zu entwickeln und überregional Marktanteile zu erobern. Die Kontinentalsperre 1806 (s. S. 69 f.) begünstigte den Verkauf seiner Produkte in Frankreich; er setzte seine Waren mit Erfolg auch 25
in Deutschland und in Österreich ab. Seine Gewinne investierte er „vor Ort", indem er eine Reihe von kleineren Stahlfabriken errichtete. Die Leitung dieser Produktionsstätten übertrug er seinen Söhnen, nachdem er mit familienfremden 30
Partnern und Teilhabern zweimal Konkurs gemacht hatte und zahlungsunfähig geworden war.
Während die Tochterfirmen sich stetig entwickelten, blieben die bescheidenen Stammwerke in Schaffhausen Labor und „Versuchsanstalt" des 35
Gründers mit 15–20 Arbeitern. Fischer vereinigte noch alle Funktionen eines Unternehmens in seiner Person: Er gründete und leitete das Unternehmen, sorgte für die Finanzierung, bestimmte die Produkte, entwarf, zeichnete und entwickelte 40
neue Verfahren und Anlagen. Er überwachte die Arbeit, legte oft selbst Hand an, erledigte die Korrespondenz und sämtliche Büroarbeiten, warb Kunden, verhandelte und verkaufte. Von der Nachwelt als „Hüttenpionier" und „schweizeri- 45
scher Industriegründer" gepriesen, hatte Fischer technisch und organisatorisch den Übergang von einem Handwerks- und Manufakturbetrieb zu einer Fabrik eingeleitet.

(N. Baha, nach Angaben aus dem Museum Allerheiligen in Schaffhausen)

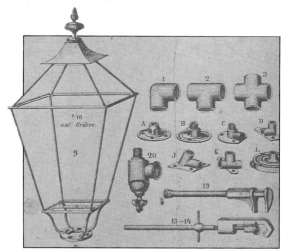

Werbung für Fittings um 1890, Ausschnitt aus einem Werbeprospekt

M 2 Industrielle Massenproduktion

Der Enkel Georg Fischer (1834–1887) kehrte im Jahre 1862 mit umfassender theoretischer und praktischer Ausbildung nach Schaffhausen zurück. Er hatte Naturwissenschaften am Polytech-
5 nikum in Wien studiert und seine Aus- und Weiterbildung als Ingenieur in verschiedenen Betrieben fortgesetzt. Georg Fischer führte die nach dem Tode seines Großvaters stillgelegten Werkstätten entschlossen weiter. Doch die bisherigen
10 Produkte und Herstellungsverfahren waren nicht mehr rentabel. Er mußte etwas Neues wagen. Daher spezialisierte er sich auf die Produktion von Fittings, Rohrverbindungsstücken aus Weichguß. Er rechnete mit einer doppelten
15 Nachfrage: Die Maschinenbau- und Werkstoffindustrie benötigte, ausgelöst durch den Boom beim Eisenbahnbau, hochwertige Teile aus Weicheisen, die aufkommende Gas- und Wasserinstallation in den Städten Fittings.
20 Fischer hatte die Marktlage richtig eingeschätzt. Doch brauchte er zehn Jahre, ehe sich seine Investitionen auszahlten: Schrittweise erweiterte er die Fabrikanlagen und stattete sie mit neuen Maschinen aus, um die Fittings maschinell zu bear-
25 beiten und serienmäßig herzustellen. Während dieser Zeit veränderte er auch die Betriebsstruktur. Er schuf einen Leitungs- und Verwaltungsapparat mit kaufmännischen und technischen Angestellten, führte das Meister-System ein (Werk-
30 führer, Vorarbeiter, Arbeiter, Gehilfe) und erließ zur Disziplinierung der Arbeiter eine strenge Fabrikordnung. Die früher persönlichen Beziehungen zwischen Unternehmer und Arbeiter wurden versachlicht. Die Leitung der Firma war aber im-
35 mer noch auf die Person des Unternehmers Fischer ausgerichtet.
Anfang der 1870er Jahre waren die Fischer-Werke eine moderne Fabrik geworden. Die Fittings wurden ein Marktrenner. Die Produktionszahlen erreichten Rekordhöhen. Die Beschäftigtenzahl
40 stieg auf 200 an. Das Gesamtvermögen des Betriebs verzehnfachte sich. Das Risiko, das Georg Fischer eingegangen war, hatte sich gelohnt. Er war ein typischer Vertreter des gewinn- und erfolgsorientierten Industriellen seiner Zeit.
45

(N. Baha, nach Angaben von: H. Siegrist, Vom Familienbetrieb zum Managerunternehmen. Göttingen 1981, S. 27 ff.)

M 3 Expansion: Die Fischer-Werke 1896

Gestützt auf eine günstige Wirtschaftskonjunktur setzte sich der Aufschwung der Fischer-Werke in den folgenden Jahren fort. 1895 wurde ein Zweigwerk in Singen/Hohentwiel gegründet. Der Familienbesitz reichte nicht aus, um den steigen-
5 den Kapitalbedarf für den hochindustriellen Ausbau des Unternehmens zu decken. Folgerichtig wurde der Betrieb 1896 in eine Aktiengesellschaft mit einem Stammkapital von drei Millionen Franken überführt. Damit waren die Weichen für
10 ein modernes internationales Großunternehmen gestellt.

(N. Baha, nach Angaben von: H. Siegrist, a.a.O., S. 34 ff.)

Arbeitsaufgaben

① J. C. Fischer leitete sein Unternehmen während des Übergangs vom Handwerks- zum Industriebetrieb. Erläutere seine Rolle und sein Aufgabenfeld als Handwerksmeister und als Fabrikant.

② Vergleiche die unternehmerischen Aktivitäten J. C. Fischers mit denen seines Enkels Georg. Welche Neuerungen setzt der Enkel durch? Welche Marktchancen nützt er aus? Worin ist er moderner?

③ Spiele die Gründung einer Fabrik am Beginn des Industriezeitalters nach. Was mußt du alles bedenken?

④ Erkundige dich, was eine Aktiengesellschaft ist. Überlege, warum viele Fabrikanten die Aktiengesellschaft als Unternehmensform gewählt haben (s. auch Darstellungsteil).

Fabrik als Ort und Fabrikherr als Initiator der Industrialisierung

Die ▷ Fabrik ist eine neue Unternehmensform. Sie ist der Ort, an dem die Industrialisierung hauptsächlich stattfindet.

Wie am Beispiel Englands verdeutlicht, entstehen Fabriken zunächst vereinzelt, verbreiten sich dann aber mit immer schneller werdender Dynamik, bis ganze Regionen „industrialisiert" sind.

Eine technische Idee, eine patentierte Erfindung allein reichen zur Gründung einer Fabrik noch nicht aus. Sie müssen erst in die Praxis umgesetzt werden. Das Beispiel Georg Fischers zeigt, worauf es ankommt. Der Entscheidung, ein Unternehmen zu gründen, gehen eine Marktanalyse und eine Kostenberechnung voraus: Wie groß sind die Chancen, mit einem neuen Produkt erfolgreich zu sein? Kann das neue Produkt so kostengünstig hergestellt werden, daß es auf dem Markt konkurrenzfähig ist? Wo soll das Unternehmen angesiedelt werden? Ausschlaggebend für die Standortwahl können z.B. sein: Verfügbarkeit von Arbeitskräften, Verkehrsanbindung, Nähe zu Absatzmärkten, Rohstoff- und Energieversorgung, gesetzliche Bestimmungen (Handelserleichterungen, Gewerbeförderung, Steuern, Zölle, Aktienrechte).

Ohne ausreichendes Kapital für Investitionen ist kein Start möglich. Fabrikanlagen müssen gebaut, Maschinen gekauft und Rohstoffe angeschafft, Arbeitslöhne bezahlt werden, noch ehe der erste Umsatzerlös aus den verkauften Produkten zurückfließt.

In der Fabrik werden im Unterschied zum Handwerks- und Manufakturbetrieb planmäßig Maschinen eingesetzt. Die Produktion läuft nicht mehr einheitlich ab. Die Arbeitsgänge werden zerlegt und zerstückelt. Die Antriebs- und Arbeitsmaschinen werden koordiniert. Es muß genau festgelegt werden, was wann wo im Betrieb geschieht. Dies erfordert Disziplin und Kontrollen. Der arbeitsteiligen Organisation entspricht ein strenger betrieblicher Aufbau: Die Fabrik gliedert sich in verschiedene Zuständigkeitsbereiche wie Direktion, Geschäftsführung, Verwaltung, Produktionsstätten, Lagerräume.

In der Anfangsphase der Industrialisierung wurde die Fabrik als Privatunternehmen geführt. Sie gehörte dem Fabrikherrn bzw. dem Kapitalgeber.

Der Fabrikant war der Herr im Hause. Er fällte alle Entscheidungen. Er bestimmte über die Arbeiter als Teil des Betriebes. Wer hohe Summen investierte und das Risiko auf Gewinn und Verlust einging, der wollte auch das alleinige Sagen haben. Er trug die ganze Verantwortung. Er war vor allem daran interessiert, daß sein in die Fabrik investiertes Kapitalvermögen einen möglichst großen Gewinn erzielte.

Fabrikgründer konnten Handwerker, Erfinder, Techniker, Ingenieure sein. Oftmals ging die Initiative auch von vermögenden Händlern und Kaufleute (später: Banken) aus. Denn sie verfügten über Kapital, das in den Industriebetrieb investiert werden konnte. In der Frühphase der Industrialisierung scheiterten viele Unternehmen oft am Geldmangel. Im Laufe des 19. Jahrhunderts übernahmen private oder öffentliche Kreditgeber die Rolle des Investors.

Der Bedarf an Kapital überstieg oftmals das Vermögen eines Einzelnen, so daß sich mehrere Teilhaber zu einem Unternehmen zusammenschlossen. Aus diesen Überlegungen heraus entstanden Aktiengesellschaften. Sie sind eine neue Unternehmensform, die während der Industrialisierung geboren wurde. Mittels Anteilscheinen (Aktien) stellen Aktionäre im Vertrauen auf eine gute Rendite einem Unternehmen Gelder zur Verfügung. Auf diese Weise kamen enorme Summen zusammen, die von der Unternehmensleitung in erster Linie in moderne Fabrikanlagen, verbesserte Technologien und Produktionsverfahren investiert wurden, um neue, konkurrenzfähige Produkte herzustellen. Für diese in großer Zahl gefertigten Güter und Waren mußte eine Nachfrage bestehen oder durch Werbung geweckt werden, mußten Absatzmärkte gesucht und geschaffen werden.

Die Fabriken müssen sich ständig den Veränderungen in der Produktion und im Verbrauch anpassen. Das wirtschaftliche Wachstum verläuft nicht linear, sondern in Auf- und Abschwüngen, in sogenannten Konjunktur- und Krisenzyklen. Die Produktionstechnik und die Arbeitsorganisation in der Fabrik müssen fortlaufend modernisiert werden, damit die Produktivität erhöht wird. Nur so ist eine wachstumsorientierte Industrieproduktion möglich. Diese Dynamik war den selbstgenügsamen Handwerks- und Manufakturbetrieben fremd.

3. Die Fabrikarbeiter: Im Teufelskreis der Verelendung?

Wegbereiter und Träger der Industrialisierung waren die Unternehmer und zugleich auch die Arbeiter. Anfänglich hatten die Fabrikanten große Mühe, zuverlässige Arbeitskräfte zu finden. Die Belegschaft wechselte sehr häufig. Viele Arbeiter liefen wenige Wochen nach der Einstellung wieder davon. Sie machten leidvolle und bittere Erfahrungen. Die Fabrikarbeit war verhaßt, die Arbeitsbedingungen waren katastrophal, die Umstellung und Anpassung an die neuen Arbeitsformen waren schwierig und mühsam. Die Fabrikarbeit veränderte das Berufsleben und das Leben in Familie und Gesellschaft tiefgreifend.

M 1 Ein Handwerksgeselle als Fabrikarbeiter

Über seine Erfahrungen, die er 1837 in der Fabrik eines Herrn Pollak in Prag sammelte, berichtete ein wandernder Handwerksgeselle:
In der Fabrik, die nun meine Werkstatt war, traf ich zu meiner Freude einen Landsmann. War mir aber doch neu und bisher nit unterlaufen, daß ich nit beim Meister logieren sollte. Wäre aber wohl
5 ein schwieriges Stück, wenn die vielen Gesellen der Pollakischen Fabrik ein gemeinsames Losament (= Unterkunft) finden sollten, zumal nit wenig verheiratet waren und Kinder hatten. Ist überhaupt in einer Fabrik, wie der hiesigen, anders als
10 in einem meisterischen Hause und kein Zusammenhalt nit unter den Gesellen. Läuft jeder seinen Weg und dreht sich nit viel nach dem anderen. Eine zunftmäßige Aufführung ist überall unter den Kollegen nit zu finden und kein Um-
15 gang, wie unter ordentlichen Gesellen. Zudem gefällt mir das Arbeiten nit, dieweil jeder den langen Tag die gleiche Arbeit verrichten muß und dabei das Ganze aus den Augen verliert. Muß wohl in einer Fabrik solcherweis geschehen,
20 kann mich aber nit darein schicken und mein immer, ich triebe mein Gewerb nur halb. ... Wegen meiner Arbeit, die ich mit allem Fleiß tat, verlachten mich meine Mitgesellen und redeten einher, als wär es gerad recht, soviel wie möglich zu fau-
25 lenzen. Der Pollak sei ein Reicher und zahle schlecht genug.

(W. Fischer, Quellen zur Geschichte des deutschen Handwerks. Göttingen 1957, S. 132)

M 2 Als Arbeiter in einer Eisenfabrik

Der Berliner Theologiestudent Paul Göhre arbeitete 1891 drei Monate als Handwerksbursche verkleidet, in einer Eisenfabrik in Chemnitz. Er schreibt:
Gewaltige Töne durchbrausen die Halle, das Gehämmer und Gefeile der Schlosser, das Quietschen und Schlagen der Räder. ... Platz war gleichwohl nicht viel in dem großen hohen Raume. An den Fenstern der beiden Langseiten stan- 5
den die Schraubstöcke der Schlosser; an den Säulen, die die Empore trugen, und wo sonst immer ein geeigneter Platz und halbwegs genügendes Licht fand, waren die großen und kleinen Arbeitsmaschinen aufgestellt; die größte, eine ge- 10
waltige Bohrmaschine, legte sich quer durch den ganzen Raum und war bei der Passage und vor allen bei Transporten oft sehr unbequem und hinderlich. Um die einzelnen Arbeitsplätze herum, auf ziegelsteingepflasterten und häufig sehr holp- 15
rigen und beschwerlichen Boden lagen Eisenteile, die in Arbeit kommen sollten oder eben bearbeitet waren, in der Nähe der Schlosser halb oder ganz fertige Maschinen großen und kleinen Kalibers. ... Unter den durch die Empore gebildeten 20
Decken liefen die langen Wellen hin, die durch die Dampfmaschine in rasender Drehung gehalten wurden und durch Riemenscheiben und die verbindenden Treibriemen die allerhand kleinen und großen Arbeitsmaschinen mit der Kraft nie 25
ruhender Bewegung speisten.

(Zitiert nach: H. Glaser, Maschinenwelt und Alltagsleben. Frankfurt 1981, S. 49)

M 3 Die Fabrikordnung als Mittel zur Disziplinierung

Der Auszug aus den 1844 erlassenen Vorschriften der Nürnberger Eisengießerei und Maschinenfabrik Klett & Comp. ist ein typisches Beispiel für damalige Fabrikordnungen. In insgesamt 19 Paragraphen werden die Pflichten der Arbeiter festgeschrieben:
§ 2 Die festgesetzten Arbeitsstunden sind von 6 bis 12 Uhr vormittags und von 1 bis 6 1/2 Uhr nachmittags. Von 8 bis 8 1/2 Uhr früh wird eine halbe Stunde Frühstück freigegeben, zu welchem Endzweck sämtliche Ar- 5
beiter die Werkstätte zu verlassen haben. Wer außer dieser Zeit Bier oder geistige Getränke sich verschafft, verfällt in eine Strafe von 1/2 Tag Abzug. ...

§ 4 Sämtliche Arbeiter müssen sich pünktlich zur bestimmten Arbeitszeit in der Fabrik einfinden; 10 Minuten nach Glockenschlag 6 Uhr morgens wird die Tür geschlossen und kein Arbeiter mehr eingelassen. ...

§ 5 Wer 1/4, 1/2 oder 1 Tag fehlt, verliert nicht nur den verhältnismäßigen Lohn, sondern wird auch noch um ebensoviel gestraft. ...

§ 6 Wer blauen Montag hält, wird der Polizei angezeigt. ...

§ 7 Zum Ein- und Ausgang ist das bekannte große Thor bestimmt; wer über die Mauer, durchs Fenster oder über den Zaun des Nachbarn steigt, wird sogleich entlassen.

§ 13 Alle jene Arbeiter, welche während der Arbeitszeit herumlaufen, mit einander plaudern oder schwätzen, und Nichts thuend bei einander stehen und somit ihre Arbeit versäumen, verfallen in eine Strafe von 1/4 Tag Abzug; Streitigkeiten, Raufereien und unanständiges Betragen ist mit 1/2 Tag Abzug belegt. ...

§ 15 Das Tabakrauchen innerhalb der Fabrik ist bei 1 Tag Abzug verboten.

(Zitiert nach: W. Ruppert, Die Fabrik. München 1883, S. 54 ff.)

M 4 Frauen- und Kinderarbeit in der Fabrik

Ein zeitgenössischer Jurist und Politiker beschreibt die Auswirkung der Frauen- und Kinderarbeit in England (1853):
Die schlimmste Seite des Faktoreiwesens (= Fabrikwesen) ist die Zerstörung des Familienlebens, die Verhinderung des Jugendunterrichts, die Gewöhnung an Trunk und Völlerei. Neben den Männern arbeiten besonders Frauen und Kinder in den Fabriken.
Die Maschinen haben den Menschen die Arbeit so leicht gemacht, daß zu ihrer Bedienung die Kräfte von Frauen und Kindern fast überall hinreichen. Immer mehr hat man die Kinder in die Faktoreien (= Fabriken) gesteckt, wo sie an jedem Tage in der Zeit ihrer jugendlichen Entwicklung zehn Stunden lang zwischen lärmenden Maschinen sitzen, selbst Maschinenarbeit ohne Nachdenken verrichtend. Die Luft in den Räumen ist so oft zum Ersticken, die Gerüche, der Baumwollstaub, die Ausdünstungen so vieler Menschen verdumpfen die Atmosphäre. Während der Körper hier entnervt und geschwächt wird, erhält der

Geist keine Bildung. Von elterlicher Erziehung ist nicht die Rede, nur die eiserne, auf die Minute berechnete Disziplin, nur das strenge Wort des Faktors (= Fabrikanten) regiert hier.

(H.J.F v. Schulze-Gaevernitz, Nationalöconomische Bilder aus Englands Volksleben. Jena 1853, S. 358)

Arbeitsaufgaben

① Welche schmerzlichen Erfahrungen machte der Handwerksbursche in der Fabrik? Warum fiel ihm die Umstellung schwer?

② Beschreibe die Arbeitsvorgänge auf den Abbildungen. Wie sind die Betriebe organisiert?

③ Wie erlebt der Theologiestudent 1891 die Arbeit in der Eisenfabrik? Wie hat sich die Fabrikarbeit gegenüber der handwerklichen Arbeit verändert?

④ Charakterisiere die Fabrikordnung. Wozu wurden diese Vorschriften erlassen? Welche Rechte hatten die Arbeiter?

⑤ Warum mußten Frauen und Kinder in der Fabrik arbeiten? Warum wurde die Fabrikarbeit für sie zur Qual? Welche Auswirkungen hatte die Frauen- und Kinderarbeit auf das Familienleben?

⑥ Die Qual der Fabrikarbeit: notwendig oder vermeidbar? Erörtere diese Frage.

Fabrikarbeit und ihre Auswirkungen

Im Unterschied zum vorindustriellen Handwerk konnten die Fabrikarbeiter ihre Arbeit nicht mehr selbst bestimmen, einteilen und ausführen. Sie wurden in ein maschinelles System gezwängt: Die Herstellung eines Produkts wurde in einzelne Schritte zerlegt. Die Arbeitsgänge wurden vom Rhythmus der Maschinen bestimmt. Das Arbeitstempo wurde vom Fabrikanten, seinen Vorarbeitern und dem Maschinentakt vorgegeben. Die Arbeit verkümmerte zu wenigen, eintönigen und abstumpfenden Handgriffen. Die Arbeitsbedingungen (Tempo, Dauer, Lärm, schlechte Luft, Unfallgefahr) waren miserabel und gesundheitsschädigend. Das frühere familiäre Meister-Gesellen-Verhältnis wurde durch ein sachliches Vertragsverhältnis zwischen Unternehmer und Lohnarbeitern abgelöst. Es gab keine Interessenvertretung und Mitbestimmung der Arbeiter. Sie hatten keine einklagbaren Rechte und waren dem Fabrikherrn gegenüber schutzlos.

Frühindustrielle Maschinenfabrik um 1850

Um die Arbeiter zu disziplinieren, wurden <u>Fabrik-ordnungen</u> erlassen. Sie verlangten in erster Linie Pünktlichkeit und Regelmäßigkeit, saubere Arbeit, sorgfältigen Umgang mit Werkzeugen und Respektierung des Fabrikeigentums. Verstöße wurden mit Lohnabzug bis hin zur fristlosen Entlassung empfindlich bestraft.

Für viele Menschen war die Fabrikarbeit trotz der schlimmen Bedingungen die einzige Möglichkeit, ihren Lebensunterhalt zu verdienen. Denn die zünftigen Handwerksbetriebe und die ländlichen Gewerbe konnten mit den Fabriken nicht konkurrieren. Die Industrie entzog ihnen ihre Existenzgrundlage, sie zerstörte die vorindustriellen Arbeits- und Lebensbedingungen. Große Teile der Bevölkerung wurden arbeitslos und verarmten. Auch die Landwirtschaft konnte keine Abhilfe schaffen. Ungeordnete Aufstände und verzweifelte Protestaktionen konnten den Vormarsch der Industrialisierung nicht aufhalten. Die soziale Not wurde immer drückender. Als Ausweg blieb nur die Auswanderung.

Lokomotivbau in der Maschinenfabrik Borsig in Berlin, 1848

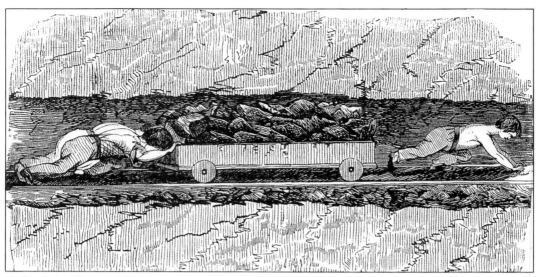

Kinderarbeit im Bergwerk (Zeichnung um 1840)

Notgedrungen waren immer mehr Menschen auf die Fabrikarbeit angewiesen. Die Unternehmer nutzten den Konkurrenzdruck, der durch das Überangebot an Arbeitskräften entstand. Sie zahlten nur „Hungerlöhne" und dehnten die Arbeitszeiten bis zu 16 Stunden am Tag aus. Die Entlohnung der Arbeiter war je nach Tätigkeit, Absatz, Region und Arbeitgeber unterschiedlich, reichte aber in der Regel nicht aus, um eine Familie zu ernähren. Gegen Erwerbslosigkeit, Krankheit, Unfall, Invalidität und Kündigung waren die Arbeiter nicht abgesichert. Frauen und Kinder waren so gezwungen, zum Familieneinkommen beizutragen.

Die Arbeit an den Maschinen und in der Fabrik konnte in vielen Fällen von Frauen und Kindern geleistet werden. Sie erhielten bei gleicher Arbeit weniger Lohn als die Männer. Dadurch wurden nicht nur viele Männer arbeitslos, es wurde auch das Lohnniveau gedrückt. So entstand ein Teufelskreis der sozialen Verelendung.

Diese Entwicklung setzte zuerst in England mit erschütternden, heute nicht mehr vorstellbaren Folgen ein. Bereits vierjährige Kinder mußten in engen, feuchten Bergwerksstollen bis zu 12 Stunden arbeiten. Ältere Jungen und Mädchen transportierten unter schwierigsten Bedingungen abgebautes Kohle- und Erzgestein ab. Frauen mußten zum Teil die gleiche körperliche Arbeit wie die Männer verrichten. In englischen Textilfabriken waren oft mehr Frauen und Kinder als Männer beschäftigt. Aber die soziale Verelendung war auch damit nicht aufzuhalten. Sie zog immer weitere Kreise. Zeitgenössische Kritiker bezeichneten diese verarmten Arbeitermassen als Proletariat.

Die Industrialisierung brachte somit eine völlig neue soziale Gruppe hervor: die Arbeiterschaft, das Industrieproletariat.

Die Verelendung und das Ausmaß an Frauen- und Kinderarbeit hatten erschreckende Auswirkungen auf die Familie und die Gesellschaft. Die Kinder verwahrlosten und erlitten schwere gesundheitliche Schäden. Wäre dieser Teufelskreis nicht durchbrochen worden, wären Staat und Gesellschaft ruiniert worden. Verantwortliche Regierungsvertreter versuchten, das Schlimmste zu verhüten. Als die Armee nicht mehr genügend wehrtaugliche Soldaten einziehen konnte, ordnete z.B. der preußische Staat 1839 eine Einschränkung der Kinderarbeit auf 10 Stunden täglich an. Kinder unter neun Jahren durften nicht mehr beschäftigt werden. Jedes Kind sollte mindestens drei Jahre lang eine Schule besuchen. 1853 wurde das Einstellungsalter für Kinder in den Fabriken per Gesetz auf 12 Jahre angehoben. Ganz verboten wurde die Kinderarbeit in Fabriken Deutschland erst im Jahre 1904.

4. Industrialisierung in Deutschland – nach englischem Vorbild?

Ende des 18. Jahrhunderts gab es auch in Deutschland vereinzelt mit Dampfmaschinen betriebene Fabriken. Aber die industrielle Produktion konnte sich im rückständigen Deutschland noch nicht durchsetzen. Gegenüber England war Deutschland mehr als 50 Jahre verspätet. Schrittmacher der Industrialisierung wurde in Deutschland nicht die Textilindustrie, sondern der Eisenbahnbau.

M 1   Reiseerfahrungen in Deutschland

1821 reiste ein Professor aus Thüringen in der Postkutsche nach Bremen. Auf der Rückreise lud seine Frau heimlich einen Sack Kaffee (Kolonialware!) auf. Der Rückweg sollte über Göttingen
5 führen. An der hannoverschen Grenze hielt ein Zollwächter die Reisenden an: „Haben Sie Zollwaren?" Man verneinte. In Lippe-Detmold wurde der Sack entdeckt, beschlagnahmt und abgewogen. Für jedes Pfund mußte der Professor Strafe
10 zahlen und außerdem den Sack verzollen. An der preußischen Grenze wies er die Quittung vor. ... Als der Wagen die kurhessische und wieder die hannoversche Grenze passierte, zahlte man ordnungsgemäß Zoll. In Göttingen hatte der Profes-
15 sor genug. Heimlich ließ er den verwünschten Sack zurück.

(Nach: W. Trog, Die nationale und industrielle Revolution (Diesterweg). München o.J., S. 50 (gekürzt); Bilder aus der Weltgeschichte, Heft 11)

M 2   Die Eisenbahn – eine umwälzende Neuerung?

Der deutsche Dichter Heinrich Heine erlebte die „Revolution des Verkehrswesens" 1843 in Paris:
Die Eröffnung der beiden neuen Eisenbahnen, wovon die eine nach Orléans, die andere nach Rouen führt, verursacht hier eine Erschütterung, die jeder mitempfindet, wenn er nicht auf einem
5 sozialen Isolierschemel steht. ... Während aber die große Menge verdutzt und betäubt die äußere Erscheinung der großen Bewegungsmächte anstarrt, erfaßt den Denker ein heimliches Grauen, wie wir es immer empfinden, wenn etwas Uner-

hörtes geschieht, dessen Folgen unübersehbar 10 und unberechenbar sind. ... Die Eisenbahnen sind wieder ein solches bestimmendes Ereignis, das der Menschheit einen neuen Umschwung gibt, das die Farbe und die Gestalt des Lebens verändert; es beginnt ein neuer Abschnitt in der 15 Weltgeschichte, und unsere Generation darf sich rühmen, daß sie dabei gewesen. Welche Veränderungen müssen jetzt eintreten in unserer Anschauungsweise, in unseren Vorstellungen! Sogar die Elementarbegriffe von Zeit und Raum 20 sind schwankend geworden. Durch die Eisenbahnen wird der Raum getötet und es bleibt uns nur noch die Zeit übrig.

(Heinrich Heine, Brief vom 5. Mai 1843; zitiert nach: Geschichte lernen, 1/1987, S. 45)

Die Lokomotive als Sinnbild politisch-sozialen Fortschritts. Karikatur aus dem „Wahren Jacob", Mai 1892

M 3   Die Eisenbahn als Schrittmacher in Deutschland

a) Arbeitskräftebedarf für den Eisenbahnbau

1835/40:	37 000
1841/50:	220 000
1851/60:	220 000
1861/70:	320 000
1871/80:	570 000

b) Eisenbahnstrecken

1840:	469 km
1850:	5 856 km
1860:	11 089 km
1870:	18 876 km
1880:	33 838 km

c) Förderung (in Mio t)

	Steinkohle	Roheisen
1840	4	143
1855	8	325
1877	33	1 391

d) Produktion der Maschinenbaufirma Borsig in Berlin

1832 die	1. Lokomotive
1854 die	500. Lokomotive
1858 die	1 000. Lokomotive

(Daten nach: Geschichte-lernen, 1/1987, S. 46 f.)

M 4 „Hart wie Kruppstahl": eine industrielle Erfolgsstory?

Die Zeitumstände begünstigten die beispiellose Entwicklung der Firma Krupp, mit der Essen zur Großstadt heranwuchs: die Gründung des Deutschen Zollvereins, der 1834 einen einheitlichen
5 deutschen Markt geschaffen hatte, die Freihandelsära, in der die Grenzen zum Ausland nahezu bedeutungslos wurden, sowie schließlich der ungeheure Bedarf, der mit dem Bau der Eisenbahnen entstand. Alfred Krupp, der 1846 nur 122
10 Mann beschäftigte, gelang die Herstellung nahtloser Radreifen. Er lieferte das stählerne Material für Lokomotiven und Waggons, Achsen, Federn, Kolbenstangen aus Tiegelstahl, später Eisenbahnschienen und Schiffswellen. ...
15 Auf der Londoner Weltausstellung von 1851 zeigte die Firma Krupp, die damals erst 700 Arbeiter beschäftigte, ein Gußstahlgeschützrohr von bisher unerreichter Größe und einen schweren Gußstahlblock, gegossen aus 98 Tiegeln, von einer
20 Dimension, die in England Staunen erregte. Von da an waren die sorgenreichen Jahre und letzten Krisen der Firma überwunden. 1857 waren bereits 1200 Mann bei Krupp beschäftigt. Nachdem Kanonen seit 1856 zuerst ins Ausland geliefert
25 worden waren, kam 1859 die erste große Bestellung der preußischen Regierung über 300 Feldgeschütze. In den nunmehr folgenden Jahren hat der Kruppstahl Weltruf errungen. Als Krupp 1887 starb, waren allein in der Gußstahlfabrik 21.000
30 Arbeiter beschäftigt. Die Pionierleistung dieses großen Unternehmers war die rechtzeitige Erkenntnis der Bedeutung des Qualitätsstahls für die künftige industrielle Entwicklung. Die Stahlveredelungstechnik, Grundlage der Sicherheit
35 aller Verkehrsmittel und der Präzision aller Maschinen, verdankt Alfred Krupp entscheidende

Förderung; ... vor dem Ausbruch des Ersten Weltkriegs beschäftigte die Firma über 100 000 Arbeitnehmer.

(Nach: H. Glaser, Maschinenwelt und Alltagsleben. Frankfurt, 1981, S. 46)

Arbeitsaufgaben

① Vergleiche die Handels- und Verkehrsprobleme in Deutschland um 1821 mit der Verkehrssituation in England. Wie werden sie sich auf die einsetzende Industrialisierung ausgewirkt haben?

② Was mußte ein Planungsbüro beim Bau einer Eisenbahnstrecke in Deutschland alles berücksichtigen?

③ „Eisenbahn – eine teuflische, eine demokratische, eine revolutionäre Erfindung". Erläutere diesen Ausspruch eines Zeitgenossen von 1837.

④ Beschreibe anhand des statistischen Materials die Entwicklung der Eisenbahn in Deutschland. Erkläre, inwieweit diese Daten ein Gradmesser für die Industrialisierung sind.

⑤ Welche wirtschaftlichen und politischen Bedingungen haben den Aufstieg der Stahlwerke Krupp begünstigt?

⑥ Zeige anhand der Karten die regional unterschiedliche Industrialisierung in Deutschland auf.

Vorwärts mit Dampf: Vom Zollverein zur Industrienation

Im Jahre 1835 wurde die erste deutsche Eisenbahn von Nürnberg nach Fürth eröffnet. Es war der Beginn eines neuen Zeitalters! Die hohen Erwartungen, die an den „Triumphwagen des Gewerbefleißes" gestellt wurden, sind in Wirklichkeit weit übertroffen worden. Die Eisenbahn bedeutete Fortschritt schlechthin: Sie stellte eine gewaltige wirtschaftliche und technische Leistung dar. Sie war ein schnelles und billiges Verkehrsmittel für Personen und Massengüter. Sie trug dazu bei, innerdeutsche Grenzen und Zollschranken zu überwinden und die deutschen Länder und Einzelstaaten einander anzunähern. Sie war der Wegbereiter und Motor der Industrialisierung in Deutschland.

Der Eisenbahnboom löste ein ungeheures industrielles Wachstum aus. Fahrzeuge, Schienen und Bahnstationen wurden in bisher nicht bekannter Größenordnung gebaut. Großaufträge im Brücken-, Tunnel- und Streckenbau sorgten jahrelang für Beschäftigung. Der Staat war der Geldgeber. Er nahm Kredite auf, um investieren zu können; weiteres Kapital wurde mit großem Erfolg durch Eisenbahnaktien beschafft. Die Gewinne belebten die Konjunktur. Alle Bereiche der Wirtschaft profitierten vom Eisenbahnbau, besonders stark die Eisen- und Stahlindustrie, der Bergbau und die Maschinenindustrie. Am Beispiel der Stahlwerke Krupp wird der gewaltige Aufschwung verdeutlicht. Dem Industriellen Alfred Krupp gelang aus kleinen Anfängen der

Aufstieg zu einem Großkonzern. Dieser repräsentiert geradezu die industrielle Entwicklung des Ruhrgebiets, des größten Industriereviers Deutschlands im 19. Jahrhundert. Die wachsenden Industrien entwickelten eine eigene Dynamik und erzeugten ihrerseits eine große Nachfrage. Sie setzten neue Antriebskräfte in anderen Branchen frei. Der Industrialisierungsgrad nahm auch in diesen Gewerben zu, die industrielle Produktion weitete sich aus.

Der Beginn der Industrialisierung in Deutschland läßt sich zeitlich nicht genau fixieren. Die Produktionsziffern verdeutlichen aber einen beschleu-

Industrialisierung in Deutschland um 1850

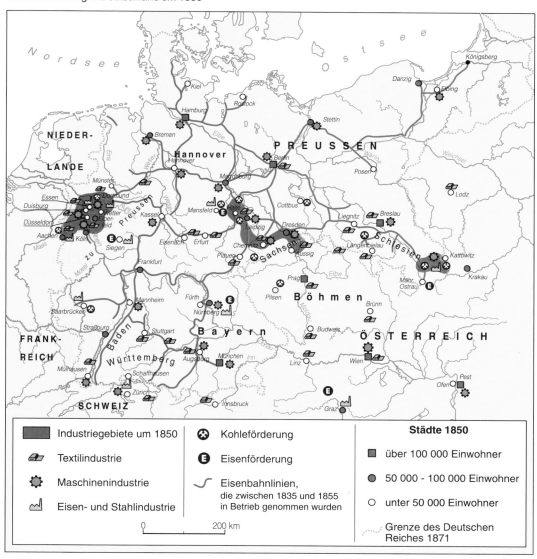

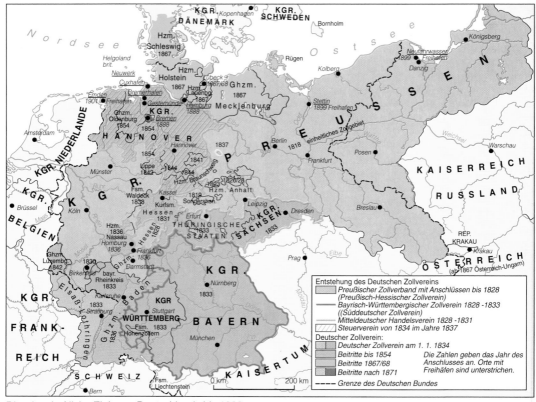

Die wirtschaftliche Einigung Deutschlands bis 1888

nigten Wachstumsprozeß, der um 1840 begann und sich in großen Schüben fortsetzte. Eine wichtige Voraussetzung hierfür war die Schaffung eines einheitlichen Wirtschaftsgebietes und Binnenmarktes. Unter der Führung Preußens schlossen sich 1834 zunächst 18 Mitgliedstaaten des Deutschen Bundes zum „Deutschen Zollverein" zusammen. Deutschland war in zahlreiche Kleinstaaten zersplittert. Eine Reise von Berlin in die Schweiz z.B. führte durch zehn verschiedene deutsche Staaten mit jeweils eigenen Münz-, Maß-, Gewichtssystemen und Zöllen, die an jeder Grenze erhoben wurden. Die Aufhebung der Binnenzölle und die Vereinheitlichung der unterschiedlichen Systeme erleichterten den innerdeutschen Handel und Verkehr erheblich. Jetzt konnte sich ein zusammenhängender und konkurrenzfähiger Markt herausbilden. Die wirtschaftliche Vereinigung bildete einen wichtigen Zwischenschritt auf dem Wege zu einem deutschen ▷ Nationalstaat. Die politische Vereinigung erfolgte 1871 mit der Gründung des Deutschen Reiches (s. S. 102 f.). Staatliche Wirtschaftspoli-

tik hat anders als in England den industriellen Durchbruch in Deutschland gezielt gefördert. Vor allem in Preußen griff die Regierung ein. Sie ordnete Infrastrukturmaßnahmen an, gründete Schulen und Hochschulen, erließ Wirtschafts- und Handelsgesetze. In einigen Fällen trat der Staat selbst als Unternehmer auf, häufiger war er als Auftraggeber beteiligt.

Der industrielle Wachstumsprozeß verlief nicht gleichzeitig und regional einheitlich. Ausgeprägten Industrierevieren wie dem Ruhrgebiet, Oberschlesien, Sachsen oder Berlin standen weiterhin reine Agrarzonen wie Ostpreußen, große Teile Norddeutschlands oder Bayerns, gegenüber. In Württemberg setzte z.B. der industrielle Aufschwung erst gegen Ende des 19. Jahrhunderts ein. Dennoch: Die wirtschaftliche Modernisierung war so weit fortgeschritten, daß der Weg Deutschlands zu einer Industrienation nicht mehr aufzuhalten war. Innerhalb weniger Jahrzehnte verringerte sich der Vorsprung der Industriemacht England zu dem Schwellenland Deutschland.

5. Deutschland auf dem Weg zum Industriestaat: verspätet, schnell, gründlich

Der Sieg über Frankreich und die Reichsgründung von 1871 lösten in Deutschland nationale Begeisterungsstürme und eine wirtschaftliche Aufbruchstimmung aus. Es verbreitete sich ein günstiges Investitionsklima: Die Reichsgründung schuf einen einheitlichen nationalen Markt, die Kriegsgewinne, die französischen Entschädigungen (s. S. 148) und Gebietsabtretungen, vor allem die der Erzgebiete in Lothringen, sorgten für zusätzliche konjunkturelle Anreize. Die Wirtschaftspolitik der Reichsregierung war sehr unternehmerfreundlich. Der industrielle Aufschwung konnte sich verstärkt fortsetzen.

M 1 Die Friedrich Alfred Hütte in Rheinhausen (um 1905)

Die bis dahin unberührte Landschaft am Rheinufer wurde umgepflügt, als dieses großindustrielle Hüttenwerk seit 1896 erbaut wurde. Es war konsequent geplant und ermöglichte einen ge-
5 schlossenen Produktionsablauf, der die Verarbeitung von Erz zum Endprodukt so organisierte, daß keine neue Erwärmung des Materials zwischen den einzelnen Arbeitsgängen erforderlich war. Die Rohstoffe wurden aus kruppeigenen
10 Gruben angeliefert. Das Hüttenwerk war bewußt in einem Gelände mit direktem Anschluß an die Hauptverkehrsadern angelegt worden: die Schiffahrt auf dem Rhein und die Eisenbahnlinien ermöglichten schnellen und billigen Transport. Die-
15 ser Bau auf der bis dahin „grünen Wiese" erforderte aber auch eine Reihe von zusätzlichen Einrichtungen: einen eigenen Bahnhof, Wohnsied-

lungen für das Heer von Arbeitern und Beamten, Gemeinschaftswohnhäuser für ledige Arbeiter,
20 für den Feierabend eine Bücherhalle und eine Bierhalle, für die medizinische Versorgung ein Krankenhaus. Um den Kreislauf von Arbeit und Versorgung im Kruppschen Werk zu schließen, errichtete die Essener Konsumanstalt eine Zweigstelle. Eine kleine, eigene Stadt entstand.
25 Die weit über das Land ziehenden Dampf-, Rauch- und Abgaswolken aus Schwefeldioxyd veränderten auch außerhalb des Betriebsgeländes die Natur.

(Nach: W. Ruppert, Die Fabrik. München 1983, S. 16)

M 2 Entwicklung der elektrotechnischen Industrie

a) Erfindungen und ihre Anwendungen:
1867   Dynamomaschine (W. Siemens)
1873   Weiterentwicklung des Elektromotors (S. Schuckert)
1876   Telefon (A. G. Bell)
1878   Glühbirne (T. A. Edison)
1878   erste Bogenlampe als Straßenbeleuchtung in Berlin
1879   erste elektrische Lokomotive
1881   erste elektrische Straßenbahn
1890   Produktion von Elektromotoren in hoher Stückzahl
1897   drahtlose Telegraphie (G. Marconi)
1900   erste elektrische Haushaltsgeräte (Bügeleisen, Ventilator, Kaffeemaschine, Staubsauger ...)
1901   erster Motorflug (G. Weißkopf)

b) Beschäftigte in der deutschen Elektroindustrie:		*c) Produktion von „Stromzählern":*	
1882	1 690	1897:	1.000
1895	26 000	1902:	100 000
1907	142 000	1911:	1 000 000
		1913:	2 000 000

d) Entwicklungsstufen in der elektrotechnischen Industrie:

Bis ca. 1870:   handwerkliche Einzelanfertigung
Seit ca. 1870:   Serienproduktion
Seit ca. 1890:   großindustrielle Massenfertigung
Seit ca. 1920:   Fließbandproduktion
Seit ca. 1960:   vollautomatische Produktionsstraßen

(Daten nach: W. Ruppert, Die Fabrik. München 1983, S. 237 ff.)

Beschäftigte nach Wirtschaftssektoren in Deutschland

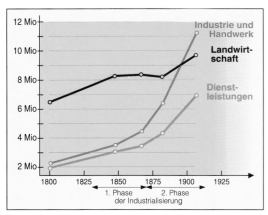

(Daten nach: W. Köllmann, Die Industrielle Revolution. Stuttgart 1987, S. 55)

M 4 Die industrielle Produktion 1780-1888 (in Mio. engl. Pfund)

Jahr	1780	1800	1820	1840	1860	1888
England	177	230	290	387	577	820
Frankreich	147	190	220	264	380	485
Deutschland	50	60	85	150	310	583
USA	15	25	55	96	392	1 443
Rußland	10	15	20	40	155	363
Welt	480	650	855	1 314	2 404	4 618

(Nach: W. Mickel u.a., Politik und Gesellschaft. Frankfurt 1973, S. 101)

Arbeitsaufgaben

① Charakterisiere die neue Betriebsform des Hüttenwerkes Rheinhausen! Vergleiche sie mit der Georg Fischer AG, S. 113.
② In welchen Anwendungsbereichen setzt sich die Elektroindustrie durch? In welchem Maß verändert sie Lebenswelt und Alltag der Menschen? Vergleiche ihren Vormarsch mit früheren und späteren Schrittmacherindustrien.
③ Vergleiche die industrielle Produktion der führenden Industrieländer zwischen 1780 und 1888. Welche Trumpfkarten kann Deutschland ausspielen? Woran läßt sich der Stärkegrad der Industrialisierung messen?
④ Du kannst zwischen wirtschaftlichen, sozialen, politischen und ökologischen Auswirkungen der Industrialisierung unterscheiden. Zeige solche Auswirkungen für die Phase der Hochindustrialisierung.

Merkmale und Auswirkungen der Hochindustrialisierung

In den Jahren nach der Reichsgründung zeichnet sich in Deutschland eine neue Phase industrieller Entwicklung, die sog. Hochindustrialisierung, ab. Sie ist an folgenden Merkmalen zu erkennen:
– Die Wachstumsziffern (Umsatz, Beschäftigtenzahl, Energieverbrauch, Kapitaleinsatz, Berufsgliederung usw.) steigen deutlich an.
– Die Industrieunternehmen werden größer und komplexer (Konzernbildung, Unternehmenskonzentration).
– Völlig neue Industriezweige und Anwendungsbereiche entstehen (Modernisierung und Wandel).
– Die Aktiengesellschaft und ihre Finanzierung durch Banken wird zur bestimmenden Unternehmensform.

Die bisherigen Industriezweige setzten ihren Aufschwung fort. Leistungsfähigere Maschinen wurden entwickelt. Die Produktion wurde rationalisiert nach der Devise: noch mehr, noch besser, noch kostengünstiger, noch wirkungsvoller, noch schneller. In dieser Phase der Hochindustrialisierung konnte Alfred Krupp seinen kleinen Betrieb zu einem Großkonzern ausweiten. 1887 zählte allein seine Gußstahlfabrik in Essen über 21.000 Beschäftigte. Wie das Beispiel Rheinhausen zeigt, vergrößerte Krupp sein Unternehmen durch Neubau, Zukauf und Übernahme anderer Firmen so, daß er von der Rohstoffgewinnung (Kohle, Erze) über die Verarbeitung bis hin zur Herstellung der Endprodukte (Maschinen, Fahrzeuge, Waffen) alle Produktionsstufen in einer Hand hielt. Konzerne beherrschten die Märkte. Längst waren aus den Familienunternehmen Aktiengesellschaften geworden. Der riesige Kapitalbedarf konnte nur noch durch Großbanken gedeckt werden, die nach der Reichsgründung in Deutschland entstanden waren.

Die Schwerindustrie blieb zwar ein gewichtiges Standbein der deutschen Wirtschaft, hinzu kamen jedoch neue, zukunftsweisende Industriebranchen:
– die chemische Industrie (z.B. BASF, Hoechst, Bayer) stellte u.a. Farben, Kunststoffe, Pflanzenschutzmittel, pharmazeutische Waren her;
– die Elektroindustrie (z.B. Siemens, Schuckert, AEG) produzierte Stromtechnik (Elektromotor, Beleuchtung, Straßenbahn) und Nachrichtentechnik (Telefon, Funkübertragung);
– die Automobilindustrie (z.B. Daimler, Benz, Bosch) bauten Motoren und feinmechanische Geräte.

Anläßlich der Internationalen Elektrotechnischen Ausstellung Frankfurt am Main gelang die erste Fernübertragung von hochgespanntem Drehstrom – ein einschneidendes Ereignis, das die Grundlage unserer heutigen Stromversorgung mit Elektrizitätserzeugung in zentralen Großkraftwerken und Stromverbrauch an fast jedem beliebigen Ort bildet. Nach 1891 gab sie vor allem kleinen Handwerkern Gelegenheit, ihre Werkstätten mit kleinen Elektromotoren auszustatten und damit eine Mechanisierung voranzutreiben, die bis dahin in größerem Umfang nur den Fabriken mit riesigen Dampfmaschinen gelungen war.

Die damaligen Hoffnungen auf positive Veränderungen durch technischen Fortschritt spiegelt das Plakat zur Ausstellung von 1891: „Das gleichsam über die Welt scheinende Licht steht für die wirkliche Entfesselung [des Prometheus]".

Unzählige neue Erfindungen wurden patentiert, gesetzlich geschützt und vermarktet. Die Hochindustrialisierung verlief stürmisch und in Wachstumskrisen. Zwei Beispiele aus der Elektroindustrie veranschaulichen diesen Wandel: Die Anwendung des Elektromotors und der Siegeszug des elektrischen Lichts in den Städten, in den Fabriken und Industrieanlagen und in den privaten Haushalten.

Dieser Fortschritt ist auch eine Folge der verbesserten Bildungs- und Ausbildungsmöglichkeiten im 19. Jahrhundert. In den Realschulen wurden verstärkt naturwissenschaftliche Fächer unterrichtet. Die naturwissenschaftlichen Fakultäten der Universitäten und die Technischen Hochschulen wurden staatlich gefördert und ausgebaut. Der deutsche Staat unterstützte den industriellen Aufschwung z.B. durch den Ausbau des Verkehrsnetzes, durch die Finanzierung von Forschungsprojekten und durch öffentliche Aufträge für Rüstungsgüter, vor allem für Kriegsschiffe und Kanonen.

Die wirtschaftliche Modernisierung machte vor Staat und Gesellschaft halt. Beide blieben auffallend rückständig. Verfassungs- und Regierungssystem waren konservativ und traditionell. Dringend anstehende politische und soziale Reformen wurden verhindert, verdrängt und vertagt, so daß sich Konfliktstoffe im deutschen Kaiserreich anhäuften (S. 140 ff., Kap. 5).

Am Ende des 19. Jahrhunderts war Deutschland eine industrielle Großmacht. Es hatte teilweise nicht nur den britischen Vorsprung eingeholt, sondern führte in einigen Branchen sogar die Weltspitze an. Die Hauptstadt Berlin war die größte und modernste Metropole Europas geworden. Die ursprünglich diskriminierende Aufschrift „Made in Germany" – noch Mitte des 19. Jahrhunderts von der ausländischen Konkurrenz erzwungen – hatte sich zu einem werbewirksamen Qualitäts- und Markenzeichen gewandelt.

Die hochindustrialisierten Länder Großbritannien, Frankreich, USA, Deutsches Reich standen in erbittertem Konkurrenzkampf um Marktanteile, ihre Überlegenheit gegenüber den nichtindustrialisierten Staaten hatten sie jedoch noch vergrößert. Daraus erwuchs neuer außenpolitischer Konfliktstoff (S. 167 ff., Kap. 6).

Bei den unübersehbaren Vorteilen der Modernisierung darf aber die Frage nach dem Preis, der dafür gezahlt werden muß, nicht vergessen werden. Mit der Industrialisierung verbunden ist ein Raubbau an Bodenschätzen, der heutzutage zu einer Verknappung der Rohstoffe führt und die Grenzen des ungehemmten Wachstums aufzeigt. Die riesigen Flächen für Industriestandorte und Siedlungen wurden mit tiefschneidenden Eingriffen in den Naturhaushalt erkauft. Der Industriemüll und andere Folgeschäden belasten immer stärker unsere Umwelt.

6. Folge der Industrialisierung: Die soziale Frage

Innerhalb weniger Jahre verwandelten sich nach 1860 Dörfer in große Städte. Die Industrialisierung erfaßte ganze Regionen. Die Industriebetriebe wurden wegen der Arbeitskräfte meistens in der Nähe von Städten errichtet. Die Zusammenballung von Menschen machte die Industriestädte zu Zentren sozialer Not und beschleunigte den sozialen Wandel.

M 1 Ein Ostpreuße als Bergarbeiter im Ruhrgebiet

Gustav Kowalke lag auf dem Strohsack seines Bettes im Bergarbeiterwohnheim der Zeche „Deutscher Kaiser" in Duisburg-Hamborn. Es war der 24. März 1893. Er hatte einen Brief von
5 zuhause erhalten, mit wichtigen Nachrichten, über die er nachdenken mußte.
Seine Eltern – arme Kleinbauern aus einem Dorf in Ostpreußen – dankten ihm für das Geld, das er ihnen geschickt hatte. Es reichte, um dafür ein
10 Ferkel und etwas Holz zu kaufen. Sein Bruder Hans sei auf dem Weg nach Amerika zu seinem Onkel Jakob. Nach einem Streit mit dem Droschkenkutscher habe er seine Stelle als Landarbeiter und Tagelöhner auf dem Gutshof verloren.
15 Seine jüngeren Geschwister seien noch daheim und müßten fleißig mithelfen, aber der karge Boden gebe nicht mehr viel her. Der Vater wisse nicht, wie er die große Familie durchbringen soll, wenn Gustav nicht ab und zu Geld schicke. Doch
20 am liebsten wäre ihm, daß Gustav wieder nach Hause zurückkehre. Was sollte nun geschehen? Gustav überlegte.
Seit anderthalb Jahren war er als Ungelernter „auf Zeche". Werbeagenten hatten ihn und ande-
25 re Jungen aus dem Dorf mit Alkohol und großen Versprechungen nach Hamborn gelockt. Die Arbeit unter Tage war hart und nicht ungefährlich. An die Schichtarbeit hatte er sich inzwischen gewöhnt, ebenso an den rauhen Ton, der zwischen
30 den Bergleuten, die aus aller Herren Länder kamen, herrschte. Doch die Mannschaft, mit der er in die Grube einfuhr, war in Ordnung und hielt zusammen, trotz der Reibereien, die es immer wieder zwischen Polen und Deutschen gab. Sein Ko-
35 lonnenführer bescheinigte ihm gute Arbeit. Im

nächsten Jahr, wenn er 20 Jahre alt wird, könne er Hauer werden. Dann würde er genug Geld verdienen, um ein eigenes Zimmer in der nahegelegenen Zechenkolonie zu mieten. Hier hatte er die Chance, sich eine eigene Existenz aufzubauen. 40 In Ostpreußen würde er keine vergleichbare Arbeit finden. Sein Entschluß stand fest: Nach Ostpreußen wird er nicht mehr zurückkehren.

(N. Baha)

M 2 Ein Dortmunder erinnert sich

Als das älteste von sieben Kindern ... wurde ich am 17. Januar 1826 in Dortmund geboren. Wer heutigen Tages meine Vaterstadt sieht, an einem der belebtesten Knotenpunkte des bergisch-märkischen Eisenbahnnetzes, inmitten des westfäli- 5 schen Kohlendistriktes und eines hochgesteigerten industriellen Treibens, umstarrt von einem Walde dampfender Schornsteine, in einer dicken Atmosphäre von Staub, Rauch, Ruß und qualmenden Dämpfen aller Art, der wird sich keine 10 Vorstellung machen können von dem idyllischen Frieden, der vor wenigen Decennien [= Jahrzehnten] die Stadt und ihren weiteren Umkreis umfing. Die jetzt auf etwa 85000 Einwohner angewachsene Fabrikstadt war damals ein stilles 15 Landstädtchen von etwa 6000 Einwohnern, die sich hauptsächlich dem Ackerbau und der Viehzucht widmeten.

(Lübke, Lebenserinnerungen; zitiert nach: W. Pöls (Hrsg.), Deutsche Sozialgeschichte, Bd. 1: 1815-1870. München ²1976, S. 134 f.)

M 3 Die Verstädterung Deutschlands

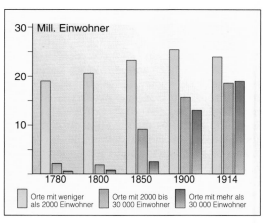

(Nach: H. Prokasky, Das Zeitalter der Industrialisierung. Paderborn 1988, S. 70)

Barackenstadt vor Berlin um 1875

<table>
<tr><td>M 4</td><td>**Wohnungsnot in einer Großstadt**</td></tr>
</table>

Zwei Drittel der Berliner, etwa 600.000 Personen, lebten schon 1871 in Wohnungen mit höchstens zwei heizbaren Räumen, davon über 160.000 in Kleinwohnungen, die aus einer heizbaren Wohn-
5 küche nebst ungeheizter Schlafkammer bestanden und im Durchschnitt mit sieben Personen belegt waren. Rund 90.000 Einwohner Berlins waren bereits 1871 als „Schlafbursche" oder „Schlafmädchen", d.h.: Untermieter einer Schlaf-
10 stelle in einer ohnehin überfüllten Kleinwohnung, gemeldet. Obdachlosenasyle primitiver Art, die man eilig errichtet hatte, reichten bei weitem nicht aus, diejenigen unterzubringen, die weder Wohnung noch Schlafplatz fanden. So entstanden vor
15 den Toren Berlins riesige Kolonien von elenden Bretterbuden, vergleichbar den heutigen Elendsquartieren am Rande der Großstädte Lateinamerikas. Die dort hausenden Menschen, die aus den noch schlechteren Lebens- und Arbeitsverhält-
20 nissen des Landproletariats nach Berlin geflüchtet waren, empfanden ihr neues Zuhause als

deutliche Verbesserung, was Rückschlüsse auf das Los der Zurückgebliebenen und die Zustände auf den junkerlichen Rittergütern zuläßt, wo die Tagelöhner häufig weit schlechter lebten als 25 das Vieh.

(Nach: B. Engelmann, Preussen. München 1981, S. 348)

<table>
<tr><td>M 5</td><td>**Einkünfte der Arbeiter**</td></tr>
</table>

a) Durchschnittlicher Wochenverdienst im Jahre 1910

Metallarbeiter bei Zeiss, Jena:	39	Mark
Metallarbeiter bei Krupp, Essen:	33	Mark
Chemiearbeiter bei BASF, Ludwigshafen:	31,26	Mark
Bergarbeiter im Ruhrgebiet:	24	Mark
Textilhilfsarbeiter im Erzgebirge:	12,58	Mark

(Daten nach: H. Grebnig, Arbeiterbewegung. München 1985, S. 89)

127

b) Löhne im Deutschen Reich 1871–1913 (Indexzahlen)

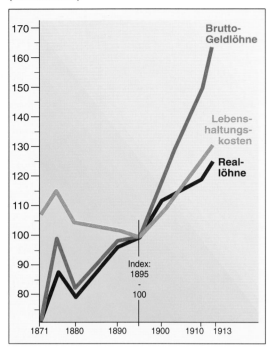

Gesellschaft im Wandel

Ein Blick in Adreßbücher westdeutscher Industriestädte zeigt noch heute auffallend viele Namen ostdeutscher, slawischer bzw. osteuropäischer Herkunft. Die Industrie zog wie ein Magnet Arbeitskräfte aus allen Regionen an. Sie hat in räumlicher und in sozialer Hinsicht eine ganze Gesellschaft „in Bewegung gesetzt". Die Eisenbahn ermöglichte <u>Binnenwanderungen</u> in großem Stil: Junge Menschen sahen auf dem Lande keine Perspektive mehr und wanderten ab, vor allem aus den Agrargebieten des Osten in die Industriezonen wie dem Ruhrgebiet. Die Bevölkerung verdreifachte sich von 21 Mio. (1780) auf 65 Mio. (1910). Die städtische Bevölkerung wuchs dabei noch schneller als die Landbevölkerung (<u>Bevölkerungsexplosion</u>). Die gewaltigen Wanderungsströme verursachten ein unkontrolliertes Wachstum der Städte (<u>Verstädterung</u>). Das Aussehen der Städte veränderte sich grundlegend: Das bisher mittelalterlich geprägte Stadtbild wurde von Fabrikgebäuden, Arbeiterwohnvierteln, neuen Verkehrswegen, Warenhäusern, mehrstöckigen Hochhäusern überlagert. Moderne großstädtische Silhouetten zeichneten sich ab.

Die Industrialisierung stellte die Städte vor eine Reihe schwerwiegender Probleme. Der Massenzuzug führte zu einer katastrophalen <u>Wohnungsnot</u>. Die Menschen lebten unhygienisch und gesundheitsgefährdet auf engstem Raum zusammengepfercht. Viele Zugezogene fanden zunächst überhaupt keinen Unterschlupf und wurden in die Elendsviertel am Stadtrand abgedrängt. Das Wohnungselend erzeugte sozialen Sprengstoff: Gewaltbereitschaft und Aggressivität, Kriminalität, Entwurzelung und Orientierungslosigkeit, Verrohung und Verfall der Sitten, Alkoholismus, Seuchen- und Geschlechtskrankheiten waren Begleiterscheinungen der Verstädterung. Diese Kette von Problemen wird unter dem Begriff „▷ Soziale Frage" zusammengefaßt. In der vorindustriellen Gesellschaft lebte bereits eine breite Unterschicht in dauerhafter Armut, aber im 19. Jahrhundert verschärfte sich die soziale Not zu einer Massenerscheinung.

Die Städte wurden von dieser bedrohlichen Entwicklung überrollt. Der angehäufte soziale Sprengstoff konnte langfristig nur durch eine umfassende Sanierung und <u>Modernisierung</u> der Städte entschärft werden. Wohnblöcke und Mietskasernen, Krankenhäuser und Schulen wurden gebaut, die Wohnungen an Gas-, Wasser- und Lichtleitungen angeschlossen, Kanalisationen verlegt und Straßen gepflastert.

Arbeitsaufgaben

① Vergleiche die soziale Situation des Grubenarbeiters Kowalke mit der eines zeitgenössischen ostpreußischen Landarbeiters. Zurückgehen oder bleiben? – wofür hättest du dich an Gustav Kowalkes Stelle entschieden?

② Erkläre, was unter Verstädterung zu verstehen ist.

③ Im Stadtplanungsamt einer aufstrebenden Industriestadt wird um das Jahr 1890 die Ansiedlung weiterer Industriebetriebe diskutiert: Welche Argumente könnten die Befürworter, welche die Gegner dieser Ansiedlung vorgetragen haben? Welche sozialen Gruppen sind dafür, welche dagegen?

④ Versuche eine kurze Chronik einer Arbeiterfamilie in der Zeit von 1840–1890 zu schreiben. Was hat sich verändert?

⑤ Wie sind die Lohnunterschiede in M 5a zu erklären? Wie werden sie sich innerhalb der Arbeiterschaft ausgewirkt haben?

Viele Menschen in den Großstädten lebten in engen und dunklen Massenquartieren. Das Foto zeigt einen Hinterhof in einem Hamburger Arbeiterviertel um 1900.

Das massenhafte Zusammenleben der Stadtbewohner veränderte ihre <u>Lebensverhältnisse</u> und ihr Verhalten, ihre Ernährungs- und Verbrauchsgewohnheiten. Wohn- und Arbeitsplatz waren jetzt räumlich getrennt. Seit etwa 1870 war die Gefahr unmittelbarer Hungersnöte gebannt, denn die Landwirtschaft steigerte ihre Erträge. Das Geld setzte sich als allgemeines Zahlungsmittel durch: Löhne wurden bar ausgezahlt, Waren konnten gekauft und Mieten gezahlt werden. Die Arbeitszeit sank auf durchschnittlich 10 Stunden pro Tag. Alte ständisch familiäre, nachbarschaftliche und religiöse Bindungen lösten sich auf und machten die Menschen wurzellos. Aus der Großfamilie wurde die „Kleinfamilie in den eigenen vier Wänden".

Gegen Ende des 19. Jahrhunderts gehörte die Mehrheit der arbeitenden Bevölkerung zur Gruppe der <u>unselbständigen Arbeitnehmer</u>. Durch die wachstumsintensiven neuen Industriezweige verdoppelte sich die Zahl der industriellen Lohnarbeiter von 4 Mio. (1882) auf 8,6 Mio. (1907). Es entstanden neue anspruchsvollere Berufsfelder. Die technischen Berufe verlangten immer besser ausgebildete und geschulte Facharbeiter. Der Ausbau der Unternehmensverwaltung und die Ausweitung des Dienstleistungssektors schufen neue Stellen für Angestellte, kaufmännische und Büroberufe. Diese neue qualifizierte „Arbeiterschaft" hatte mit dem Industrieproletariat der Frühphase nur noch wenig gemein. Die Arbeiter wurden nach ihrem Status (Ungelernte, Angelernte, Facharbeiter), nach ihrer Berufssparte und sogar nach der Region, in der sie lebten, deutlich unterschieden.

<u>Sozialer Aufstieg</u> wurde auch für Arbeiter möglich. Gustav Kowalke schaffte beispielsweise den Sprung vom ungelernten Arbeiter zum Bergmann. Während der Vater noch Kleinbauer und Tagelöhner war, konnte der Sohn bei entsprechender Ausbildung Meister, Techniker oder Ingenieur werden.

Im 19. Jahrhundert wandelte sich die jahrhundertealte, ständisch und agrarisch geprägte Gesellschaft in eine mobile und dynamische <u>Industriegesellschaft</u>. In dieser neuen Gesellschaft suchten die Arbeiter nach ihrem Standort und nach ihren Rechten.

7. Organisierte Selbsthilfe: Die Arbeiterbewegung als Lernprozeß

Die Arbeiter konnten und wollten mit ihrer gesellschaftlichen Stellung und ihrer wirtschaftlichen Situation nicht zufrieden sein: In den Fabriken waren sie von den Unternehmern abhängig. Es herrschten unzumutbare Arbeitsbedingungen. Ihre Lebensverhältnisse waren von sozialer Not geprägt. Solange die Fabriken ihre Arbeitskraft ausnutzten, solange der Staat nicht helfend eingriff, solange keine andere Unterstützung zu erwarten war, mußten die Arbeiter versuchen, sich selbst zu helfen. Allerdings mußten sie erst mühsam lernen, selbständig zu werden. Und doch wurde die organisierte Selbsthilfe der Arbeiter verwirklicht: zum einen durch Gewerkschaften, die in Auseinandersetzung mit den Unternehmern bessere Arbeits- und Lebensbedingungen erkämpften, zum anderen durch politische Parteien, die auf parlamentarischem Wege soziale Reformen zugunsten der arbeitenden Bevölkerung durchsetzten.

M 1 Hausrecht oder Arbeitsrecht?

Der Sozialdemokrat und langjährige Oberbürgermeister der Stadt Bremen, Wilhelm Kaisen (1887–1979), erzählt in seinen Lebenserinnerungen von einem Schlüsselerlebnis aus dem Jahr 1902:
Ebenfalls mußten nach dem Gesetz ausreichende, nach Geschlechtern getrennte Ankleide- und Waschräume vorhanden sein. Unser Fabrikant war allerdings der Meinung, daß solche Bestim-
5 mungen nicht für seinen Betrieb galten. ...
Nun lag es eigentlich bei den Arbeiterinnen, sich zu wehren. Es ging doch um ihren Schutz gegen die gesundheitlichen Gefahren dieser äußerst schmutzigen Arbeit, es ging doch bei Umkleide-
10 räumen um die einfachsten Grundsätze der Menschenwürde. Nun war aber für die Arbeiterinnen durchweg diese Arbeit der letzte Strohhalm, an den sie sich klammerten. Sie waren alle vom Leben schwer mitgenommen und so entnervt, daß
15 sie sich alles gefallen ließen.

Ich suchte den Fabrikarbeiterverband auf, dessen Vertreter auch bald auf der Bildfläche erschien. Nun begann es bei unserem Fabrikanten zu kochen. Er bekam einen Tobsuchtsanfall und
20 drohte von seinem Hausrecht Gebrauch zu machen, wenn der Gewerkschaftsvertreter nicht sofort die Fabrik verließe. Auf mein jugendliches Haupt ergoß sich jetzt eine Strafpredigt, die erst recht meinen Widerstand wachrief. Besonders
25 schmerzlich war es für mich, daß keiner auf meine Seite trat. ...
Der Fabrikant mußte in anderer Form zum Einlenken bewegt werden, und ganz von selbst kam ich zu der Erkenntnis, daß die Arbeiterinnen sich
30 organisieren und lernen müßten, für ihre elementaren Menschenrechte gemeinsam einzutreten. Es kam dann, wie es kommen mußte. Der Fabrikant schrie mich an, er sei der Herr im Hause, und ich entgegnete ebenfalls lauthals, ich sei Herr
35 über mich selbst und lehne es ab, weiterhin seine Stiefelcreme zu kochen.

(W. Kaisen, Meine Arbeit – mein Leben. München 1967, S. 27 f.)

M 2 Gewerkschaften: Organisationen der Selbsthilfe

a) Grundsätze und Ziele

Hirsch-Dunckersche Gewerkvereine:
Wurden 1868 als gewerkschaftlicher Dachverband gegründet; setzten sich für sozial-liberale Reformen und für einen Interessenausgleich zwischen Kapital und Arbeit ein, anerkannten die be- 5 stehende Staats- und Gesellschaftsordnung; standen den liberalen Parteien nahe.

Christliche Gewerkschaften:
1894 wurde die erste Christliche Gewerkschaft gegründet; 1900 entstand der Gesamtverband 10 Christlicher Gewerkschaften; sie gingen aus katholischen Arbeitervereinen hervor; waren interkonfessionell und berufsständisch; handelten im Geist einer christlichen Sozialethik; arbeiteten mit der Zentrumspartei und der Christlich-Sozia- 15 len Arbeiterpartei zusammen.

Freie Gewerkschaften:
Seit 1865 wurden verschiedene Berufsverbände gegründet; 1890 entstanden die Freien Gewerkschaften als Dachorganisation verschiedener 20 Berufs- und Industrieverbände; sie waren sozialistisch und reformistisch, strebten eine radikale Änderung der Wirtschafts- und Gesellschaftsordnung an und waren eng mit der Sozialdemokratischen Partei Deutschlands verknüpft. 25

b) Entwicklung der Mitgliederzahlen

	Freie Gewerkschaften	Christliche Gewerkschaften	Hirsch-Dunckersche Gewerkvereine
1869	47 192	–	30 000
1985	85 687	–	51 000
1895	255 521	5 500	66 759
1903	887 698	91 440	110 215
1913	2 548 763	341 735	106 618

(Daten nach H. Grebing, Arbeiterbewegung, München 1985, S. 196 f.)

M 3 Ziele der Sozialdemokratie

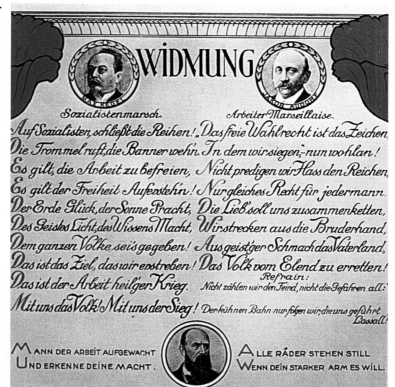

Der Ausschnitt aus dem Schmuckblatt zum fünfzigjährigen Jubiläum der Sozialdemokratischen Partei Deutschlands vom 23.05.1913 zeigt drei bekannte und viel gesungene Arbeiterlieder aus dem 19. Jahrhundert: den Sozialisten-Marsch, die Arbeiter-Marseillaise und das Bundeslied von 1863.

Arbeitsaufgaben

① In dem von Kaisen beschriebenen Konflikt steht Recht gegen Recht. Erläutere die gegensätzlichen Standpunkte. Was müssen die Arbeiterinnen lernen? Welche Schlußfolgerungen zieht der junge Kaisen? Erkundige dich über die Rechtsstellung von Arbeitern in Betrieben von heute.

② Beschreibe die Abbildung „Der Streik". Versetze dich in die Lage der Arbeiter, des Fabrikanten auf der Treppe, und der Frau mit dem Kind: Welche Gedanken und Gefühle könn-ten sie in der dargestellten Entscheidungssituation bewegen?

③ Erkläre die Bedeutung der Parteilieder. Was sollen die Arbeiter erkennen und anstreben?

④ Vergleiche die Gewerkschaften und die Sozialdemokratische Arbeiterpartei nach folgenden Gesichtspunkten: Organisationsform, Ziele, Aktionsformen, Erfolgsaussichten.

⑤ Erläutere den Unterschied von Verein, Verband, Partei.

Arbeiterbewegung als eine Antwort auf die soziale Frage

In der Frühphase der Industrialisierung stürmten verzweifelte Arbeiter und Handwerker Maschinen und Fabriken. Solche und andere spontanen Aktionen blieben in der Regel erfolglos. Sie wurden von Polizei und Militär gewaltsam unterdrückt. Solange Arbeiter einzeln oder in kleinen Gruppen den Fabrikherren gegenüberstanden, waren sie unterlegen. Erst als sich Arbeiter zu größeren Organisationen zusammenschlossen, konnten sie ihre Interessen wirksamer vertreten.

Die ▷ Arbeiterbewegung erwuchs aus kleinen, örtlichen Fach- und Arbeitervereinen. Hier fühlten sie sich zusammengehörig. Hier wurden sie sich der Lage bewußt, erkannten den Wert ihrer Arbeit, diskutierten Möglichkeiten der Verbesserung und lernten solidarisches Handeln. Das neue Selbstbewußtsein der Arbeiter spiegelte sich in ihren Arbeiterliedern wider.

Aus den örtlichen Fachvereinen entstanden Gewerkschaften. Sie knüpften an die Alltagserfahrungen der Arbeiter an. Die ersten überregionalen Gewerkschaften waren der „Allgemeine Deutsche Zigarrenarbeiterverband" (1865) und der „Deutsche Buchdruckerverband" (1866). Es folgten Berufsverbände der Schneider, der Berg- und Hüttenarbeiter, der Holzarbeiter sowie weitere Zusammenschlüsse der Bau-, Textil- und Metallarbeiter.

Die Gewerkschaftsbewegung ging von Beginn an getrennte Wege. Es bildeten sich drei unterschiedliche Gewerkschaften mit sozialistischen, liberalen und christlichen Zielsetzungen heraus. Gemeinsam verstanden sie sich als eine Organisation von Lohnabhängigen und freiwillige Solidargemeinschaft, als berufliche Interessensvertretungen der Arbeiterschaft wollten sie gleichberechtigte Verhandlungspartner der Arbeitgeber sein. Sie kämpften für die Verbesserung der Arbeits- und Lebensbedingungen ihrer Mitglieder durch Abschlüsse von Tarifverträgen.

Ihr stärkstes Kampfmittel war der organisierte Streik. Das gewaltlose Niederlegen der Arbeit traf den Lebensnerv der Unternehmen. Eine ungewöhnlich starke Streikwelle erfaßte bereits Anfang der siebziger Jahre das Deutsche Reich.

Seitdem entwickelten sich die Gewerkschaften zu einer machtvollen Massenbewegung, vor allem die sozialistisch orientierten Freien Gewerk-

Der Streik. Gemälde von Robert Köhler, 1886

Ein klassisches Bild sozialistischer Propaganda: Ein koloßmäßiger Proletarier stoppt die Maschinen durch Streik.

schaften, die in verschiedene Industrieverbände gegliedert waren.

Parallel zur Gewerkschaftsbewegung entstanden politische Arbeitervereine. Nach der gescheiterten Revolution von 1848/49 wurden diese Vereinigungen unterdrückt und verboten, aber ihre Ideen lebten z.T. in Bildungs- und Geselligkeitsvereinen weiter. Unterstützt wurden sie von sozial engagierten bürgerlich-Liberalen. Die Arbeiter konnten und wollten aber keine Kleinbürger werden. Die politisch Denkenden unter ihnen lehnten den bürgerlich-liberalen Weg ab. Sie forderten eine von den Liberalen unabhängige, eigenständige Partei der Arbeiter.

Seit etwa 1860 durften in Deutschland wieder Arbeitervereine gegründet werden. Im Jahr 1863 schlossen sich mehrere örtliche Arbeitervereine in Leipzig zum „Allgemeinen Deutschen Arbeiter-verein" zusammen. Ihr Vorsitzender, der Schriftsteller Ferdinand Lassalle, formulierte die Hauptziele: die Durchsetzung des allgemeinen und gleichen Wahlrechts für die Arbeiter und die Einrichtung von „Arbeiter-Produktiv-Genossenschaften" mit Hilfe von Staatskrediten. Andere Arbeitervereine waren mit Lassalles Organisation und Vorgehen nicht einverstanden. Noch im gleichen Jahr gründeten sie den „Verband der deutschen Arbeitervereine". Ihre Hoffnungen verflogen aber spätestens 1866, als sich herausstellte, daß das liberale Bürgertum im Verfassungskonflikt eine schwere Niederlage einstecken mußte. Mitglieder dieses Verbandes schlossen sich 1869 in Eisenach zur „Sozialdemokratischen Arbeiterpartei" zusammen unter dem Vorsitz von August Bebel und Wilhelm Liebknecht. Von den Lassalleanern unterschieden sie sich weniger in den politischen Zielen als in den Auffassungen vom richtigen Weg. Auch sie forderten einen freiheitlichen nationalen Volksstaat.

Die Durchsetzung einer „proletarischen Demokratie" erforderte aber den Sturz des bestehenden politischen Systems. Daher lehnten sie kleinschrittige Reformen und Bündnisse mit den bürgerlichen Liberalen ab.

Im neuen deutschen Staat wurden sie nach 1871 als Reichsfeinde verfolgt und unterdrückt. In dieser bedrohlichen Lage verständigten sich die beiden konkurrierenden Arbeiterparteien auf ein gemeinsames Programm und vereinigten sich 1875 in Gotha zur „Sozialistischen Arbeiterpartei Deutschlands". Diese Partei wurde 1890 in „Sozialdemokratische Partei Deutschlands (SPD)" umbenannt. Die SPD wurde für viele Arbeiter zum Hoffnungsträger. Innerhalb weniger Jahre wuchs die SPD von einer kleinen Partei zu einer mächtigen Bewegung heran. Sie arbeitete eng mit den Freien Gewerkschaften zusammen. 1914 hatte sie mehr als eine Million Mitglieder. Sie stellte mit 110 Abgeordneten die stärkste Fraktion im Deutschen Reichstag. Großstädte wie Hamburg oder Leipzig hatten für sich mehr SPD-Mitglieder als ganz Frankreich Sozialisten. Die SPD war europaweit die führende Arbeiterpartei geworden.

8. Karl Marx und die soziale Frage: Sozialismus statt Kapitalismus?

Am 14. März 1883 verstarb Karl Marx 65jährig im Londoner Exil. Hier lebte er über 30 Jahre zurückgezogen und in ärmlichen Verhältnissen, unterstützt von seinem langjährigen vermögenden Freund Friedrich Engels. In seiner Grabrede charakterisierte Engels den Verstorbenen als größten Denker seiner Zeit, als genialen Wissenschaftler, als Entdecker des wissenschaftlichen Sozialismus, vor allem als unermüdlichen Revolutionär. Wer war dieser Mann? Welchen Beitrag leistete er für die Arbeiterbewegung? Welche Antworten gab er auf die soziale Frage?

Friedrich Engels
(1820–95)

Karl Marx (1818–83)

M 1 — Karl Marx (1818–1883): Lebensdaten

Er war der Sohn eines protestantisch gewordenen jüdischen Rechtsanwalt aus Trier; seit 1836 studierte er Rechtswissenschaften und Philosophie, 1841 Doktor der Philosophie, danach Re-
5 dakteur der liberal-demokratischen „Rheinischen Zeitung" in Köln; nach dem Verbot der Zeitung 1843 wird er nach Paris ausgewiesen, von dort 1845 Ausweisung nach Brüssel, erstes Zusammentreffen mit dem Fabrikantensohn Friedrich Engels (1820–1895), mit dem ihn eine le-
10 benslange Freundschaft verbindet; 1848 verfaßten beide in London das Manifest der Kommunistischen Partei, Rückkehr nach Deutschland, Redakteur der „Neuen Rheinischen Zeitung", 1849

erneute Flucht über Frankreich nach London, wo 15 er bis zu seinem Lebensende bleibt; er arbeitet als Privatgelehrter, Publizist und als politischer Berater, führt einen regen Briefwechsel mit Führern der Arbeiterbewegung, wird Mitbegründer und Führer der „Internationalen Arbeiterassozia- 20 tion", hält sich aber von der praktischen Politik fern; seine langjährigen volkswirtschaftlichen und wirtschaftsgeschichtlichen, politisch-ökonomischen Studien sind in seinem dreibändigen Werk „Das Kapital" veröffentlicht worden. 25

M 2 — Auszug aus dem Kommunistischen Manifest

Am Vorabend der Revolution von 1848 veröffentlichte eine im Londoner Exil lebende Oppositionsgruppe, der „Bund der Kommunisten", ein „Manifest der Kommunistischen Partei". Es wurde in allen Weltsprachen gedruckt. Kein Buch wurde mehr beachtet, gelesen und besprochen als diese Flugschrift. Sie war weiter verbreitet als die Bibel. Verfaßt wurde sie von Karl Marx und Friedrich Engels. Die Autoren erklärten darin ihre politischen Ziele. Im folgenden werden einige wichtige Kernsätze aus diesem Programm zitiert:
Ein Gespenst geht um in Europa – das Gespenst des Kommunismus. Es ist hohe Zeit, daß die Kommunisten ihre Anschauungsweise, ihre Zwecke, ihre Tendenzen vor der ganzen Welt darlegen. 5
Die Geschichte aller bisherigen Gesellschaft ist die Geschichte von Klassenkämpfen.
Freier und Sklave, Patrizier und Plebejer, Baron und Leibeigener, Zunftbürger und Gesell, kurz, Unterdrücker und Unterdrückte standen im ste- 10 tem Gegensatz zueinander, führten einen ununterbrochenen, bald versteckten, bald offenen Kampf, einen Kampf, der jedesmal mit einer revolutionären Umgestaltung der ganzen Gesellschaft endete oder mit dem gemeinsamen Unter- 15 gang der kämpfenden Klassen. ... Die aus dem Untergang der feudalen Gesellschaft hervorgegangene moderne bürgerliche Gesellschaft hat die Klassengegensätze nicht aufgehoben. Sie hat nur neue Klassen, neue Bedingungen der Un- 20 terdrückung, neue Gestaltung des Kampfes an die Stelle der alten gesetzt. Unsere Epoche, die Epoche der Bourgeoisie, zeichnet sich jedoch dadurch aus, daß sie die Klassengegensätze vereinfacht hat. Die ganze Gesellschaft spaltet sich 25 mehr und mehr in zwei große feindliche Lager, in zwei große, einander direkt gegenüberstehende Klassen: Bourgeoisie und Proletariat.

Die Bourgeoisie kann nicht existieren, ohne die
30 Produktionsinstrumente, also die Produktions-
verhältnisse, also sämtliche gesellschaftlichen
Verhältnisse zu revolutionieren.

Diese Arbeiter, die sich stückweise verkaufen
müssen, sind eine Ware wie jeder andere Han-
35 delsartikel und daher gleichmäßig allen Wechselfällen der Konkurrenz, allen Schwankungen des
Marktes ausgesetzt.

[Der Arbeiter] wird ein bloßes Zubehör der Maschine.

40 Die Organisation der Proletarier zur Klasse ... er-
steht immer wieder, stärker, fester, mächtiger.

Zweck der Kommunisten ist ...: Bildung des Proletariats zur Klasse, Sturz der Bourgeoisieherr-
schaft, Eroberung der politischen Macht durch
45 das Proletariat.

Der erste Schritt in der Arbeiterrevolution [ist] die
Erhebung des Proletariats zur herrschenden
Klasse, die Erkämpfung der Demokratie.

An die Stelle der alten bürgerlichen Gesellschaft
50 mit ihren Klassen und Klassengegensätzen tritt
eine Assoziation, worin die freie Entwicklung
eines jeden die Bedingung für die freie Entwicklung aller ist.

Die Proletarier haben nichts in ihr [der Revoluti-
55 on] zu verlieren als ihre Ketten. Sie haben eine
Welt zu gewinnen.

Proletarier aller Länder vereinigt Euch!

(Karl Marx, Die Frühschriften. Stuttgart 1971, S. 525 ff.)

M 3 **Sozialistisches Bewußtsein innerhalb der Arbeiterbewegung**

*Sozialdemokratische Industrie-Arbeiter wurden
um 1910 nach ihren Wünschen, Hoffnungen und
ihrer politischen Einstellung gefragt. Es antworte-
ten:*

Metallarbeiter, 29 Jahre: „Wer vom Sozialismus
so durchdrungen ist ..., der glaubt an eine Befreiung wie an ein neues Evangelium."

Metallarbeiter, 39 Jahre: „Die politische und ge-
5 werkschaftliche Bewegung hat erst meinem We-
sen Ziel gegeben, meinem Leben Inhalt".

Bergarbeiter, 33 Jahre: „Ich glaube an die soziale
Revolution auf evolutionistischem Wege. ... Die
moderne Arbeiterbewegung beglückt mich und
10 alle meine Freunde durch den wachsenden
Strahl der Erkenntnis. Wir begreifen, daß wir nicht
mehr Amboß, sondern Hammer sind, die unserer
Kinder Zukunft schmieden, und dieses Gefühl
wiegt Gold nicht auf."

(Nach: A. Levenstein, Die Arbeiterfrage. München 1912, S. 232, 292 ff.)

Arbeitsaufgaben

① Schlüsselbegriffe im Gedankengebäude von
Karl Marx sind: Arbeit, Kapital, Produktions-
verhältnisse, Klasse, Proletariat, Demokratie,
Revolution. Versuche sie mit Hilfe der Kernsätze aus dem Kommunistischen Manifest zu
erläutern.

② Erkläre, worin sich die neue, sogenannte sozialistische und kommunistische Gesellschaft
von der bürgerlich-kapitalistischen Gesellschaft unterscheidet.

③ Marx wollte den Arbeitern ihre Lage bewußt-
machen. Wie analysiert er die zeitgenössischen Arbeits- und Lebensverhältnisse? Welche Hoffnung weckt er? Welche politischen
und organisatorischen Handlungsanweisun-
gen gibt er?

④ Überprüfe, inwieweit die Antworten der Arbeiter Vorstellungen von Karl Marx enthalten.

⑤ Wie werden in dem Titelbild Kapitalismus und
Sozialismus illustriert? Erläutere die Darstel-
lungsabsicht.

Der Marxismus und seine Auswirkung auf die Arbeiterbewegung

Karl Marx erlebte wie andere zeitgenössische Intellektuelle die Entstehung und die Auswirkungen
der Industrialisierung: den sprunghaften Anstieg
der Fabriken, die gewaltig anwachsende Industrieproduktion, das Heer der Fabrikarbeiter, die
krassen sozialen Gegensätze. Die wirtschaftliche und soziale Lage der Arbeiter interessierte
ihn besonders. Die Lebensverhältnisse des Industrieproletariats widersprachen seiner Vorstellung von Menschenwürde, Freiheit und sozialer
Gerechtigkeit. Marx wurde zum schärfsten und
radikalsten Kritiker der bürgerlich-kapitalistischen Gesellschaft. Lebenslang forschte er nach
den Ursachen und Bewegungskräften dieser gesellschaftlichen Entwicklung.

Marx verstand sich als Begründer des wissenschaftlichen ▷ Sozialismus. Er glaubte, objektive
Bewegungsgesetze der menschlichen Gesellschaft erkannt zu haben. Daher beanspruchte er,
nicht nur das Industriezeitalter erklären, sondern
auch die proletarische Revolution vorhersagen
zu können. Er prognostizierte den zwangsläufi-
gen Untergang der kapitalistischen Produktionsweise.

„Der Sozialismus vertreibt den Vampir des Kapitalismus". Titelallegorie einer Zeitung zum 1. Mai 1899

Er ging davon aus, daß die wirtschaftlichen und sozialen Verhältnisse das materielle und geistige Leben der Menschen und die gesellschaftliche und staatliche Ordnung bestimmen. Den in der Geschichte durchgängigen Gegensatz zwischen Reichen und Armen und zwischen Unterdrückern und Unterdrückten führte er auf das Privateigentum an Produktionsmitteln zurück. Produktionsmittel sind Boden und Kapital. Wer über die Produktionsmittel verfügt, übt Macht über andere aus. Beim Kampf um die Macht gelingt es den Unterdrückten immer wieder, die Herrschenden zu besiegen und auf einer höheren Entwicklungsstufe selber die Macht zu übernehmen. Im Industriezeitalter, im ▷ Kapitalismus, stehen sich nach Marx zwei Klassen, die Bourgeoisie (die Kapitalisten, die Produktionsmittelbesitzer) und das Proletariat (die Arbeiter), unversöhnlich gegenüber. Sobald die Proletarier ein Klassenbewußtsein erlangt haben, werden sie sich zu einer machtvollen Bewegung zusammenschließen, mit dem Ziel, in einer sozialen Revolution die Klasse der Kapitalisten zu stürzen und kurzfristig eine „Diktatur des Proletariats" zu errichten. In dieser Phase werden sie das Grundübel der bisherigen menschlichen Geschichte, das Privateigentum an Produktionsmittel, aufheben. Alle Produktionsmittel werden sozialisiert, d.h. in Gemeineigentum überführt. Damit werde die Unterdrückung von Menschen durch Menschen beendet. Marx nannte diese Übergangsphase Sozialismus. Dieser werde zuletzt in eine neue Entwicklungsstufe, den Kommunismus, übergehen. Der Kommunismus wird eine klassenlose Zukunftsgesellschaft sein, ein Leben in Unabhängigkeit, Freiheit und im materiellen Überfluß, ohne Herrschaft von Menschen über Menschen, ein allgemeiner Glückszustand, in dem sich der einzelne Mensch, von allen fremden sozialen Zwängen befreit, sich selbst verwirklicht: „Jeder nach seinen Fähigkeiten, jedem nach seinen Bedürfnissen". Damit sei das Endziel der Geschichte erreicht.

Die Lehre von Marx hatte weitreichende Folgen für die ▷ Arbeiterbewegung im 19. Jahrhundert. Seine Analyse der kapitalistischen Industriegesellschaft trug dazu bei, die Probleme der Zeit schärfer zu sehen und besser zu verstehen. Seine Kritik öffnete den politisch denkenden Arbeitern die Augen. Sie machte den Arbeitern ihre Lage bewußt.

Die Gesellschaft des 19. Jahrhunderts suchte nach Lösungen der ▷ sozialen Frage. Marx formulierte Antworten. Er gab Handlungsanleitungen, wie aus der Krise herauszukommen sei. Er weckte Hoffnungen für eine bessere Gesellschaft. Er zeigte einen revolutionären Weg zum Sozialismus auf.

Was haben die Arbeiter von Marx gelernt? Der Weg „zur Sonne, zur Freiheit" erschien vielen arbeitenden Menschen als rettender Ausweg aus dem Bannkreis der Verelendung. Er gab den Armen und den Unterdrückten einen neuen Lebenssinn. Den politisch denkenden und handelnden Arbeitern bot er eine ernstzunehmende Alternative. Marx schrieb der Arbeiterbewegung eine aktive Rolle bei der proletarischen Revolution und bei der Umgestaltung der Gesellschaft zu. Die Perspektive einer zukünftigen staaten- und klassenlosen Gesellschaft setzte Kräfte frei, für eine bessere, sozialistische Gesellschaftsordnung zu kämpfen. Die Arbeiter sollten sich nicht mehr als Objekte, sondern als Subjekte der Geschichte erfahren. „Wir Arbeiter sind die Bahnbrecher der neuen Zeit!"

Obwohl Marx viele Anhänger fand, war seine Lehre nicht unumstritten. Vor allem, nachdem der angekündigte bevorstehende Zusammenbruch des Kapitalismus ausblieb, wurde innerhalb der Arbeiterbewegung über den richtigen Weg zum Sozialismus heftig gestritten.

9. Soziale Frage und sozial-politische Verantwortung: Erste Maschen eines sozialstaatlichen Netzes?

Auch außerhalb der Arbeiterbewegung gab es Bestrebungen, die soziale Frage zu lösen. Zwar war die Einsicht vorhanden, daß die Arbeiter nicht sich selbst überlassen und von der Gesellschaft ausgeschlossen werden durften. Jedoch taten sich Politiker, Unternehmer und Kirchen schwer, überzeugende Antworten zu finden und den Worten wirksame Taten folgen zu lassen. Da sich aber die sozialen Probleme zunehmend verschärften, wurde der öffentliche Ruf, etwas gegen die „proletarische Gefahr" zu unternehmen, immer lauter: Von der Regierung wurde tatkräftige Abhilfe gefordert.

M 1 Betriebliche Sozialpolitik

Ernst Abbe (1849–1905) war Mitbegründer und Leiter der Zeiss-Werke in Jena. 1891 übertrug er sein erwirtschaftetes Vermögen einer privaten, von Staat und Unternehmen unabhängigen Stif-
5 tung, der Carl-Zeiss-Stiftung. Abbe war überzeugt, daß er als Unternehmer große Verantwortung für das Gemeinwohl habe. Mit der Stiftung wollte er eine dauerhafte, soziale und rechtliche Sicherstellung der arbeitenden und pensionier-
10 ten Betriebsangehörigen garantieren. Neben den Sozialleistungen gewährte er den Arbeitern eine Gewinnbeteiligung und eine Mitsprache in Fragen der Betriebsleitung. In dem Stiftungsvertrag wurde u.a. festgeschrieben:
15 Verbot der Diskriminierung aus rassischen, religiösen oder politischen Gründen; schriftliche Arbeitsverträge; Gewährleistung der persönlichen Freiheit; Möglichkeit der Anstellung auf Lebenszeit; Festlegung der Arbeitszeit auf 12, später 10
20 Stunden; Anspruch auf bezahlten Urlaub; Errichtung einer Betriebskrankenkasse; Einführung von Arbeitervertretungen; Entlohnung; Kündigungsschutz; Abgangsentschädigung.

(Angaben nach: Landeszentrale für politische Bildung Baden-Württemberg (Hg.), Die deutsche Frage im Unterricht, Stuttgart 8/1986, S. 7/8)

M 2 Christliche Sozialpolitik

a) Aus dem Rundschreiben „Rerum Novarum" Papst Leos XIII.
Das päpstliche Rundschreiben wendet Grundsätze der katholischen Soziallehre auf die Lage der Industriearbeiter an und schärft ihnen und den Arbeitgebern ihre sozialen Rechte und Pflichten ein. Die Arbeitgeber werden ermahnt:
Man soll den Arbeiter nicht wie einen Hörigen ansehen; man soll in ihm jene persönliche Würde achten, die ihm als Christen eignet. ... [Es ist] eine Ehre für den Menschen, einen Erwerbsberuf zu
5 haben, da er ja die Möglichkeit verschafft, in Ehren den Lebensunterhalt zu sichern. Dies allerdings ist schändlich und spricht jedem Menschentum Hohn, wenn man anstatt des toten Kapitals den Menschen im Erwerbsbetrieb ver-
10 braucht und ihn nicht höher wertet, als seine Nerven und Muskeln hergeben können.

(Gustav Gundlach (Hg.), Die sozialen Rundschreiben Leos XIII. und Pius XI. Paderborn 1931, S. 19 f.)

b) Aus einer Rede des Pastors Johann Hinrich Wichern auf dem evangelischen Kirchentag 1848:
Suchen die Proletarier nicht eher die Kirche, so muß die Kirche anfangen, die Proletarier zu suchen, und nicht rasten, bis sie sie mit dem heilbringenden Worte gefunden hat. Wir müssen
15 Straßenprediger haben. Die Kirche muß Männer aus sich hervorgehen lassen, für die sich jede Stelle im Volksgetriebe in eine Kanzel verwandelt ...

(Peter Meinhold (Hg.), Johann Hinrich Wichern – Sämtliche Werke, Bd. I. Berlin/Hamburg 1962, S. 142 f.)

M 3 Staatliche Sozialgesetzgebung

Bismarck begründete 1884 die Einführung der gesetzlichen Unfallversicherung vor dem Deutschen Reichstag:
Der dritte Zweig der Reformen, die wir erstreben, liegt in der direkten Fürsorge für die Arbeiter. Die Frage von Arbeitszeit und Lohnhöhe ist durch staatliche Einwirkung, überhaupt durch Gesetze außerordentlich schwierig zu lösen, ... Denn
5 wenn man die milchgebende Kuh oder die eierlegende Henne mit einem Male schlachtet, so geht damit die Industrie ein, um die es sich handelt,

weil sie die ihr aufzuerlegende Last der kurzen Arbeit für hohe Löhne nicht tragen kann. Dann leidet darunter der Arbeiter wie der Unternehmer ... Der eigentliche Beschwerdepunkt des Arbeiters ist die Unsicherheit seiner Existenz. Er ist nicht sicher, daß er immer Arbeit haben wird, er ist nicht sicher, daß er immer gesund ist, und er sieht voraus, daß er einmal alt und arbeitsunfähig sein wird. Verfällt er aber der Armut auch nur durch eine längere Krankheit, so ist er darin nach seinen eigenen Kräften vollständig hilflos, und die Gesellschaft erkennt ihm gegenüber bisher eine ... Verpflichtung außer der ordinären Armenpflege nicht an, auch wenn er noch so treu und fleißig die Zeit vorher gearbeitet hat. ... Für den Arbeiter ist da immer eine Tatsache, daß der Armut und der Armenpflege in einer großen Stadt zu verfallen gleichbedeutend ist mit Elend, und diese Unsicherheit macht ihn feindlich und mißtrauisch gegen die Gesellschaft. Das ist menschlich nicht unnatürlich, und solange der Staat ihm da nicht entgegenkommt, oder solange er zu dem Entgegenkommen des Staats kein Vertrauen hat, da wird er ... immer wieder zu dem sozialistischen Wunderdoktor laufen und ohne großes Nachdenken sich von ihm Dinge versprechen lassen, die nicht gehalten werden. Deshalb glaube ich, daß die Unfallversicherung, sobald sie namentlich ihre volle Ausdehnung bekommt auf die gesamte Landwirtschaft, auf die Baugewerke vor allem, auf alle Gewerke, doch mildernd auf die Besorgnis und auf die Verstimmung der arbeitenden Klassen wirken wird. Ganz heilbar ist die Krankheit nicht, aber durch die Unterdrückung äußerer Symptome derselben, durch Zwangsgesetze halten wir sie nur auf und treiben sie nach innen.

(O. v. Bismarck, Gesammelte Werke. Friedrichsruher Ausgabe, Bd. Reden, S. 319 f.)

M 4 Sozialversicherung im deutschen Kaiserreich

Versicherungsart	Beiträge	Leistungen
Krankenversicherung 1883 für gewerbliche Arbeiter und (freiwillig ab 1892) Angehörige	2–3% des Lohns; 2/3 vom Versicherten, 1/3 vom Arbeitgeber	ärztliche Behandlung und Medizin, Krankenhauskosten; nach zweitägiger Wartezeit Krankengeld (50% des Durchschnittlohns, max. 2 Mark/Tag)
Unfallversicherung 1884 für gewerbliche Arbeiter	als Haftpflicht vom Arbeitgeber zu zahlen	Heilungskosten; bei Erwerbsunfähigkeit 2/3 des Einkommens, 1/5 für Witwen
Invaliden- und Altersversicherung 1889 für gewerbliche und Landarbeiter (ab 1911 auch für Familienangehörige)	1% (ab 1900 1,5–3%) des Lohns, je zur Hälfte von Arbeitnehmer und -geber	Invalidenrente bei Erwerbsunfähigkeit (1911): 1,1 Mill. Renten von durchschnittlich 187 Mark/Jahr [!]); Altersrente ab 70. Lebensjahr und 30 (ab 1900: 24) Beitragsjahren

(Nach: V. Hentschel, Geschichte der deutschen Sozialpolitik 1880–1980. Frankfurt/M. (Suhrkamp) 1983, S. 13–24)

Arbeitsaufgaben

① Welche sozialpolitischen Leistungen garantierte Abbe? Welche Absichten verfolgte er damit? Inwiefern war Abbes innerbetriebliche Sozialpolitik zukunftsweisend?

② Untersuche die Sozialgesetze des Deutschen Reiches. Wer konnte wann welche Leistungen in Anspruch nehmen? Erkundige dich, wie die Arbeiter heute sozialversichert sind.

③ Welche politischen Absichten knüpft Bismarck an die Einführung einer staatlichen Sozialversicherung?

④ Zeige, welche unterschiedlichen Antworten der Unternehmer Abbe, der Reichskanzler Bismarck, der Papst Leo XIII. und der Pastor Wichern auf die soziale Frage geben. Zeige, welche ganz andere Antwort Marx auf die soziale Frage gibt.

Versuche, die soziale Frage zu beantworten

An Warnungen, die Arbeiter mit ihrem Schicksal allein zu lassen, hat es nicht gefehlt. Die konservativen Reformvorschläge beschränkten sich meist auf eine materielle Besserstellung der Unterschichten, um damit die bestehende Gesellschaftsordnung zu erhalten.

Vereinzelt wurden auch soziale Reformen gefordert. Bürgerliche Liberale wie Friedrich Harkort, Hermann Schulze-Delitzsch und Friedrich Wilhelm Raiffeisen regten an, die Bildungs- und Ausbildungschancen für die Unterschichten zu verbessern. Wirtschaftliche Selbsthilfeorganisationen wie Konsumvereine oder Genossenschaften wurden gegründet, um den Arbeitern zu helfen.

Einzelne Initiativen gingen auch von kirchlichen Vertretern aus. Der evangelische Pfarrer von Wichern eröffnete in Hamburg das „Rauhe Haus", in dem obdachlose und verwahrloste Kinder aufgenommen und in Lehrwerkstätten ausgebildet wurden. Der katholische Geistliche Kolping gründete Gesellenvereine, um jungen Arbeitnehmern ein Zuhause und eine christliche Orientierung zu geben. Die Amtskirchen standen den Problemen des Industrieproletariats zunächst abwartend und ratlos gegenüber. Ausgehend von einer Sozialpolitik aus christlicher Verantwortung wurden dann jedoch kirchliche Hilfswerke (Innere Mission, Caritas) und christliche Gewerkschaften gegründet.

Im Laufe der Zeit setzte sich bei einzelnen Unternehmern die Einsicht durch, daß es von großem Vorteil für ihren Betrieb sein kann, wenn sie auf die sozialen Belange der Arbeiterschaft Rücksicht nehmen. Die Fabrikbesitzer hatten großes Interesse, gerade die qualifizierten Arbeiter langfristig an das Unternehmen zu binden. Daher verbesserten sie nicht nur die Arbeitsbedingungen im Betrieb selbst, sondern schufen auch firmeneigene Sozialeinrichtungen. Es wurden Betriebskranken-, Renten- und Pensionskassen finanziert, Werkskantinen, Freizeit- und Erholungsstätten errichtet und der Bau von Werkswohnungen gefördert. Oftmals waren diese Wohlfahrtseinrichtungen vom konservativ-patriarchalischen Herr-im-Hause-Verständnis der Unternehmensleitung geprägt. Das Beispiel der Zeiss-Werke in Jena dagegen veranschaulicht eine vorbildliche betriebliche Sozialpolitik. Doch war solche unternehmerische Verantwortung im 19. Jahrhundert die Ausnahme von der Regel.

Die einzelnen sozialpolitischen Reformansätze waren zwar anerkennenswert, aber sie reichten nicht aus. Hier war der Staat gefordert, gesetzgeberisch tätig zu werden.

Der „Fabrikausschuß" und die Fabrikherren, 1891. Die Arbeiter sitzen im Sonntagsanzug, keineswegs gleichberechtigt, den Fabrikherren gegenüber und „dürfen" ihre Meinungen und Vorstellungen „vorbringen".

Der Reichskanzler Bismarck erkannte die Gefahr, die Staat und Gesellschaft von einer immer stärker werdenden, oppositionellen, an den Rand gedrängten Arbeiterschaft drohte. Von 1883–1889 setzte er ein umfassendes staatliches Versicherungswesen im Reichstag durch, das die Grundlage für eine fortschrittliche Sozialgesetzgebung bildete. Erstmals wurde eine moderne Kranken-, Unfall-, Alters- und Invalidenversicherung geschaffen. Die Arbeiter waren pflichtversichert. Die Beiträge mußten von den Arbeitgebern und den Arbeitnehmern gemeinsam bezahlt werden. Zwar waren die Leistungen im Vergleich zu heute noch gering und erfaßten zunächst nur einen Teil der Arbeiterschaft, aber diese „verordnete staatliche Sozialpolitik" bildete doch den Grundstock für eine soziale Absicherung und den Beginn des modernen ▷ Sozialstaats. Bis 1914 wurde das soziale Netz weiter ausgebaut, die Höhe der Leistungen angehoben. Obwohl die tägliche Arbeitszeit auf 10–12 Stunden reduziert wurde, stieg das Realeinkommen der Industriearbeiter von Jahr zu Jahr an. Der Lebensstandard der „Proletarier" erhöhte sich und verringerte zugleich die Gefahr sozialer Konflikte.

Im Vergleich zu den anderen Industrieländern hatte das Deutsche Reich in der Sozialgesetzgebung die Nase vorn. Es hatte sich gezeigt, daß der Staat eingreifen muß, um durch Umverteilung des Volkseinkommens die soziale Chancengleichheit zu erhöhen. Letztlich ebnete der wirtschaftliche Fortschritt auch im sozialen Bereich den Weg in ein modernes Zeitalter.

Das Deutsche Kaiserreich

Patriotisches Militärehrenblatt, um 1890. Das Blatt zeigt oben die drei deutschen Kaiser Wilhelm I., Friedrich III., Wilhelm II.; darunter Reichskanzler von Bismarck und Generalstabschef von Moltke. Um den Reichsadler – einige der Bundesfürsten. Auf den Kanonenrohren – Krieg und Frieden. Unten: die Kaiserproklamation in Versailles und das Niederwalddenkmal mit der 12 m hohen Germania

Der Hauptmann von Köpenick – ein deutsches Märchen

Am 17. Oktober 1906 berichtet die Berliner Presse in großer Aufmachung über den „Streich eines Gauners in Uniform", der als Garde-Offizier verkleidet mit einem Trupp herbeikommandierter Soldaten das Köpenicker Rathaus besetzt und die Stadtkasse entwendet hatte. Den Verlauf der Tat schildert ein Lokalblatt wie folgt:

„Seit 4 Uhr nachmittags befindet sich unsere Bürgerschaft in größter Aufregung. Mit dem Vorortzuge traf von Berlin eine Abteilung Soldaten unter Führung eines Hauptmanns auf dem Cöpenicker Bahnhof ein, marschierte nach der Stadt und besetzte das Rathaus ... Jeder Verkehr nach innen und außen wurde sofort unterbrochen, die Beamten erhielten Anweisung, sich in ihren Bureaus aufzuhalten. Selbst den Mitgliedern der städtischen Behörden verweigerten die Soldaten den Zutritt zum Rathause mit der Erklärung: Auf Befehl Sr. Majestät ist das Rathaus besetzt.

Inzwischen hatte sich, da die Sensationsnachricht sich mit Windeseile in der Stadt verbreitete, vor dem Rathause eine nach Hunderten zählende Menschenmenge angesammelt. Das Publikum erging sich natürlich in den mannigfachsten Vermutungen über die Ursache dieses, ungeheures Aufsehen erregenden militärischen Einschreitens ... Die Aufregung stieg aufs Höchste, als plötzlich die Herren Bürgermeister Dr. Langerhans und Hauptkassenrendant v. Wiltberg als Arrestanten abgeführt und in Droschken nach Berlin geschafft wurden. ...

Soweit wir uns über den Verlauf der Sache informieren konnten, hat der Hauptmann erklärt, daß er in höherem Auftrage das Rathaus und die Kasse zu besetzten habe. Er ließ sich dann die Kasse aufzählen – rund 4000 Mark – und verließ mit dem Auftrage, nach einer halben Stunde die Wachen einzuziehen und nach Berlin zurückzukehren, mit dem Gelde des Rathaus." (aus: Cöpenikker Dampfboot, 17.10.1906).

Wilhelm Voigt nach Polizeiaufnahmen am Tage seiner Verhaftung

Bürgermeister Dr. Langerhans mit dem Köpenicker Rathaus

Der Streich des „Hauptmanns von Köpenick" – so wurde der Täter sehr schnell genannt – erregte im damaligen kaiserlichen Deutschland ungeheueres Aufsehen. Die anfängliche Empörung wich bald allgemeinem Spott und Gelächter, und schließlich amüsierte sich die halbe Welt über den falschen Hauptmann, der mit einer Uniform eine ganze Stadtverwaltung (Köpenick war damals noch selbständige Stadt) zum Narren gehalten hatte.

Wer war dieser „Hauptmann"? Carl Zuckmayer, der 1931 im Kampf gegen den anwachsenden Nationalsozialismus (s. Band 4) die Geschichte zu einem Bühnenstück verarbeitete, erzählt in einem Vorwort den Lebensweg des Täters:

„Wilhelm Voigt, ein Schustergeselle in der großen Stadt Berlin, in die er mit siebzehn Jahren geraten war, bekam von seiner Mutter drei Taler geschickt. Er brauchte aber mehr als drei Taler, denn er war sehr jung, und bei seinem Meister hatte er nur schmale Kost und Schlafstatt. Damals wurden die Postanweisungen nur in Ziffern ausgeschrieben. Eine Drei war mit Tinte aufs Formular gemalt, dann kam ein weißer Zwischenraum, dann das vorgedruckte Wort ‚Thaler'. Da nahm er Feder und Tinte und malte hinter die Drei eine Null."

Voigt wiederholte das Spiel – immer mit geringen Beträgen freilich – und erhielt dafür 15 Jahre Zuchthaus. Nach dieser Haft konnte er – unter Polizeiaufsicht stehend – sich nicht frei niederlassen. Nirgends vermochte er fußzufassen. Neuen Diebstählen folgten neue Verurteilungen. 1906 schließlich hatte er von 56 Lebensjahren 30 hinter Gittern verbracht.

Die Geschichte des armen Schusters nimmt jedoch fast ein happy end. Bekannt wie Voigt jetzt war, kam er nach einer diesmal nur kurzen Haft zu Geld. Eine bereits entwickelte Presse vermarktete seine Story. Er selbst veröffentlichte Memoiren, vertrieb europaweit handsignierte Portraitpostkarten, trat in Varietés auf. Der Cirkus Sarrasani setzte dem „Hauptmann", als er 1922 in Luxemburg starb, eine Gedenktafel.

Zuckmayer nennt sein Schauspiel „ein deutsches Märchen" – und unwahrscheinlich erscheint in der Tat der Aufstieg des Schusters Voigt zum Hauptmann. Zugleich enthüllt dieses wahre Märchen aber ein Stück deutscher Wirklichkeit um 1900: Da ist einmal die armselige Existenz eines Menschen im Teufelskreis sozialer Not, die Realität der Klassengesellschaft. Da treten zum andern – wenn auch in komödienhafter Weise – Allmacht des Militärs und Untertanengeist als machtvolle Faktoren zu Tage. „Das macht uns keiner nach!", so kommentierte hochbefriedigt Kaiser Wilhelm II. den Vorfall.

Das moderne Gesicht des Reiches: Kaufhaus Hermann Tietz (heute Hertie) um 1900 in Berlin

Heute fragt man sich: Wieso konnte sich ein ganzes Rathaus einem Uniformierten ergeben? Warum hat niemand den militärischen Gehorsam ernstlich in Frage gestellt, so daß per Handstreich gesetzliche und demokratische Einrichtungen außer Kraft gesetzt wurden? Welches Verständnis von öffentlicher Ordnung herrschte hier? Entscheidende Probleme des Kaiserreichs und der weiteren deutschen Geschichte sind damit angesprochen. Wirtschaftlich, technisch und wissenschaftlich mit an der Spitze der modernen Entwicklung, war das Reich in Politik, gesellschaftlichem Umgang und allgemeinen Verhaltenseinstellungen vielfach von konservativ-militärischem Geist geprägt. Nicht die Bevölkerungsgruppen, die die moderne Zeit repräsentierten, d.h. Bürger, Intellektuelle, Arbeiter, gaben im Reich den Ton an, sondern monarchisch-adlige Kreise.

Wie aber sollte ein Staat mit diesem Widerspruch in die moderne Welt eintreten? Welche Politik schlug er ein und wie behandelte er seine Bürger – besonders dann, wenn sie die moderne Zeit auch in ihren politischen und sozialen Errungenschaften einforderten und nicht mehr bereit waren, einer bloßen Uniform zu folgen?

Das moderne Gesicht des Reiches: Carl und Clara Benz im Benz-Victoriawagen 1893

1. Das Deutsche Kaiserreich – ein Staat über den Parteien?

Die Gründung des Reiches ist den Fürsten und dem Heer zu verdanken, diese Botschaft hatte die Kaiserproklamation in Versailles dem deutschen Volk vor Augen führen sollen. (Vgl. S. 103) Daß die Geburt des deutschen ▷ Nationalstaats durch militärische Siege und nicht durch eine erfolgreiche ▷ Revolution der Bürger wie in Frankreich 1789 erreicht worden war, blieb nicht ohne Folgen für die Machtverteilung und die ▷ Verfassung des neuen Staats.

M 1 Vom Deutschen Bund zum Deutschen Reich

Aus einem Verfassungsentwurf während der Verhandlungen Preußens mit den süddeutschen Staaten über die Reichsgründung. Im Herbst 1870 sollte das Deutsche Reich noch Deutscher Bund heißen. Im übrigen wurde die Präambel in die endgültige Verfassung übernommen.

M 2 Verfassungsschema des Deutschen Reiches von 1871

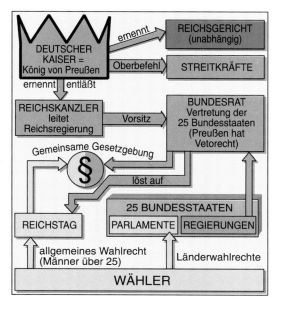

M 3 Der Liberale Sybel

Vor einem englischen Publikum über das deutsche politische System (1871):

Auch wenn eine Volksvertretung, wie in Deutschland und Nordamerika, nicht die Kraft besitzt, Minister ein- und abzusetzen, so ist schon ihr Dasein und ihre Debatte, ihre Kritik des Budgets und ihre Befugnis, mißlungene Gesetzesentwürfe zu vernichten, eine höchst bedeutende Schranke gegen jeden willkürlichen Absolutismus der Regierung. Diese Regierung aber in fester Hand und den Wogen der populären Agitation entzogen zu wissen, erscheint uns ... als unschätzbarer Segen. Deutschland wird auch nach seinen letzten großen Siegen eine höchst gefährdete Stellung in Europa haben zwischen dem rachedurstigen Frankreich, dem ehrgeizigen Rußland, dem schwankenden Österreich. Was wir in dieser Lage vor allem bedürfen, ist Stetigkeit und Sicherheit der Regierung ...

(H. von Sybel, Das neue deutsche Reich; in: ders., Vorträge und Aufsätze. Berlin ²1875, S. 322 f.)

Bismarck

Über Parteien und den politischen Interessenkampf im Reichstag (26.11.1884):
... Ich bin im Interesse der Erhaltung der deutschen Einheit geneigt, mehr vom Reichstag und dessen wilden Parteikämpfen zu fürchten ... als eine Störung durch die verbündeten [deutschen]
5 Regierungen zu besorgen ... Die Parteikämpfe sind stärker als das nationale Bewußtsein, die Neigung für die Parteiinteressen stärker als die Neigung, für nationale Interessen einzutreten und ihnen ... Parteiinteressen zu opfern.

(Bismarck, Die gesammelten Werke, Bd. 12, S. 506)

Das deutsche Heer ist eine Einrichtung, die von wechselnden Majoritäten des Reichstages nicht abhängig sein kann ... Ohne unser deutsches Heer wäre der ganze Bund, auf dem das Deutsche Reich beruht, gar nicht zu Stande gekom- 5 men. Vergegenwärtigen Sie sich das immer, wenn Sie diese Hauptbedingung seiner Existenz ihm unter den Füßen wegziehen und es gefährden; denn geschützt sein wollen wir alle, auch ihre Wähler – rechnen Sie darauf! Der Versuch, 10 ... aus dem Kaiserlichen Heer, das wir bisher in Deutschland haben, ein Parlamentsheer zu machen, ... wird nicht gelingen.

(Aus: M. Stürmer (Hrsg.), Bismarck und die preußisch-deutsche Politik. München 1970, S. 225)

M 5 **Bismarck im Reichstag, 1888**

Der Reichskanzler erschien nur in Uniform vor den Abgeordneten (zeitgen. Gemälde von E. Heuseler).

M 6 **Kaiserliches Heer oder Parlamentsheer?**

Den Oberbefehl über die Streitkräfte des Reiches hatte der Kaiser direkt (s. M 2). Die militärische Führung war somit nicht der politischen des Reichskanzlers unterstellt. Umstritten war überdies, in welcher Weise der Reichstag Militärausgaben bewilligen und damit einen gewissen Einfluß auf das Militär ausüben konnte. Bismarck äußerte sich am 11.1.1887 im Reichstag zur Stellung des Heeres im Staat:

Arbeitsaufgaben

① Wer hat die Macht im Deutschen Kaiserreich? Welche Befugnisse haben insbesondere Kaiser und Reichskanzler auf der einen und die Volksvertretung auf der anderen Seite? Untersuche hierzu M 1 und M 2: vgl. hierzu auch das Bild S. 145 Warum wurde der neue Staat nicht Deutscher Bund, sondern Deutsches Reich genannt?

② Wie wird das deutsche Regierungssystem in M 3 und M 4 gerechtfertigt? Findest du die angeführten Gründe jeweils einleuchtend?

③ Was läßt sich aus M 6 über die Rolle des Militärs im Deutschen Reich erkennen? Interpretiere hierzu das Titelbild auf S. 140 und M 5.

④ „Die Parteien sind mir gleichgültig" (Bismarck). Überlege, ob eine über den politischen Parteien und Interessen stehende Regierung möglich ist. Wer hat den Vorteil, wer kommt zu kurz, wenn Parteien im Staat nichts zu sagen haben?

Die staatliche Konstruktion des Deutschen Reiches

Als der amerikanische Präsident Grant 1871 dem Fürsten Bismarck seine Glückwünsche zur Gründung des Deutschen Reiches aussprach, äußerte er zugleich seine Befriedigung darüber, daß Deutschland seinen zukünftigen Weg als ▷ Bundesstaat nach amerikanischem Vorbild beschreite: überdies werde darin der Wunsch nach weiteren demokratischen Fortschritten deutlich.
Wahrscheinlich amüsierte sich der Empfänger des Schreibens über diese Gedanken, denn nichts schien abwegiger als diese Einschätzung

des amerikanischen Präsidenten. Zwar war das Deutsche Reich rechtlich ein Bundesstaat, gebildet von 25 Einzelstaaten, jedoch spielte in diesem Bund Preußen die maßgebende Rolle. Es umfaßte nicht allein zwei Drittel sowohl der Gesamtfläche wie der Bevölkerungszahl: wichtiger war, daß das neue deutsche Kaisertum erblich an das preußische Herrscherhaus der Hohenzollern gebunden war, daß die preußische Militärorganisation und Gesetzgebung für das ganze Reich verbindlich wurde und daß der preußische König als Kaiser den Oberbefehl über alle deutschen Truppen erhielt.

Wesentlicher noch zeigte sich der Unterschied zwischen der amerikanischen und deutschen Verfassung in einem anderen Punkt: Während jene vom Prinzip der Volkssouveränität und den Ideen der politischen ▷ Aufklärung (vgl. S. 10) ausging, sollte die Reichsverfassung diese Grundsätze weitgehend aus dem politischen Leben Deutschlands verbannen. Der Souverän dieses Staates war nicht das Volk, sondern die den Bund schließenden deutschen Fürsten. Zwar schloß strenge ▷ Rechtsstaatlichkeit monarchische und staatliche Willkür aus. Das geltende Recht war aber nicht an einen Grundrechtskatalog, über dessen Inhalte die Paulskirche 1848 monatelang debattiert hatte (s. S. 86), gebunden. Wohl gab es einen neuen gesamtdeutschen Reichstag, der den Reichsgesetzen und dem Haushalt zustimmen mußte, sollten diese Gesetzeskraft erlangen. Auch wurde dieses ▷ Parlament nach dem fortschrittlichen allgemeinen und gleichen Wahlrecht gewählt. Dieses Wahlrecht war jedoch nicht zuletzt in taktischer Absicht eingeführt worden: Bismarck glaubte, daß die Masse der einfachen Bevölkerung konservativ wählen würde.

Dem Parlament war ein direkter Einfluß auf die Regierung vorenthalten: es war der Kaiser, der den Reichskanzler ernannte und entließ. Die Verwaltung und besonders das Militär waren ohnehin der parlamentarischen Kontrolle entzogen. Selbst das Mittel, über den Haushalt hier Einfluß zu nehmen, war eingeschränkt, da der Reichstag den Militärhaushalt immer gleich für mehrere Jahre im voraus zu bestätigen hatte. Ein Kanzler, der das Vertrauen des Kaisers besaß, verfügte damit über eine Machtstellung, die schon die Zeitgenossen als Kanzlerdiktatur einschätzten.

Wohl hätten die Abgeordneten durch eine konsequente Opposition dem Kanzler des Kaisers das Regieren äußerst erschweren können, doch sie hatten die Lehren des preußischen Verfassungskonflikts (vgl. S. 96) nicht vergessen. Darüber hinaus teilten auch besorgte Bürger die Ansicht Bismarcks, daß es gefährlich sei, den Staat dem demokratischen Widerstreit der ▷ Parteien zu überlassen. Von innen und außen schien ihnen das neue Reich von Feinden ständig bedroht. Um die Handlungsfähigkeit des Staates und dessen Verpflichtung auf das Allgemeininteresse zu garantieren, bedurfte es nach dieser Überzeugung einer eigenen, über den Parteien und gesellschaftlichen Interessen stehenden Kraft, eben des ▷ monarchischen Staates, dessen Träger und Regierungen selbst keine egoistischen Ziele verfolgten.

Tatsächlich aber behielten bei der Verfassungskonstruktion des deutschen Reiches diejenigen politischen Kräfte entscheidenden Einfluß auf die Politik, die auch in Preußen die Entwicklung kontrollierten, d.h. die alte, vorwiegend adlige Führungsschicht, die eher den Bestand dieses neuen Reiches aufs Spiel setzen sollte, als daß sie auf die Durchsetzung ihrer Interessen verzichtet hätte (s. S. 190).

Eröffnung des Reichstags durch Kaiser Wilhelm II. am 25.6.1888. Gemälde des Hofmalers von Werner (vgl. auch S. 102)

2. Deutschlands Eintritt ins industrielle Zeitalter: Bürgertum zwischen Adel und Arbeiterschaft

Ungeachtet der zweifellos ▷ konservativen Grundzüge der Reichsverfassung schien das neue Reich doch noch ein bürgerliches Gepräge zu erhalten: Ein rasanter wirtschaftlicher Aufschwung ab 1871 verstärkte das soziale Gewicht der städtischen Schichten und glich ihre Lebensverhältnisse denen der fortgeschritteneren Länder in Westeuropa an. Die erfolgreiche Reichsgründung im Heerlager garantierte jedoch, daß Adel, Militär und ▷ Monarchie ihr führendes gesellschaftliches Prestige bewahrten. Zudem durchzogen schwere Konflikte und Spannungen diese Gesellschaft, die sich im Laufe der ▷ Industrialisierung noch verschärften.

M 1   **Zweierlei Wohnen um 1900**

Idylle im bürgerlichen Wohn-
zimmer, Junior mit Spielzeug-
dampfmaschine

Arbeiterwohnung in Berlin

M 2 Unterwerfung oder Bündnis? Die Allianz von Adel und Großindustrie

Rechts oben: Gotisches Stammhaus des hessischen Adelsgeschlechts von Keudel bei Eschwege. Bildmitte: Das neue Schloß – Ergebnis der Verschwägerung von Adel und Industrie. Die Tochter des bürgerlichen Lokomotivfabrikanten Henschel aus Kassel brachte die Bausumme als Mitgift und wurde Frau von Keudel. Walther Rathenau, Gründer der AEG, Jude und einer der wenigen linksliberalen Großindustriellen in Deutschland, verurteilte das Verhalten seiner Standesgenossen, da sie ihren „Vorteil im Ankriechen an die herrschende Schicht und in der Lobpreisung des Bestehenden" suchten.

M 3 Szene aus „Ostelbien"

„Es ist *eine* liberale Stimme abgegeben worden. Der Schulmeister kriegt von heute ab keine Kartoffeln mehr" (Karikatur aus der satirischen Zeitschrift „Simplicissimus", 1912). In den preußischen Provinzen nahmen auf dem Land die Junker eine beherrschende Stellung ein.

M 4 Standesdünkel – eine alltägliche Geschichte

Ein junger Beamter lernt die Tochter einer wenig bemittelten Witwe kennen und heiratet das Mädchen trotz ihrer Armut. Nach fünfjähriger glücklicher Ehe begeht der Kriegerverein in Berlin ... sein Stiftungsfest, und der Beamte führte seine 5 junge, reizende Frau in den Familienkreis seiner einstigen Kameraden ein. Im Verlauf des Abends fängt er eine Bemerkung auf, die ein Gast ... macht, und die dessen Verwunderung ausdrückt, daß in einer so „anständigen" Gesellschaft 10 „auch Kellnerinnen" Zutritt fänden. Zur grenzenlosen Bestürzung des jungen Mannes weist jener dabei mit dem Finger auf seine ... eigene junge Gattin. Totenbleich fordert der Beamte den Gast zu einer Erklärung auf, der nun ... nicht anders 15 kann, als dabei zu bleiben, daß die von ihm bezeichnete Dame ihn früher ... bedient habe. Die gänzliche Fassungslosigkeit seiner ... Frau beweist dem Beamten, daß die Behauptung begründet ist – entrüstet, vernichtet, verläßt er das 20 Fest.

Später gelang es wohl den Bitten der jungen Frau, ihren Mann zu beruhigen, aber der Wurm fraß weiter. Da sie damals trotz aller Anstrengungen keine passende Beschäftigung finden konn- 25 te und ihre alte Mutter nicht darben lassen wollte, so hatte sie einige Zeit in ehrbarster Weise als Kellnerin gearbeitet. Und nun wurde ihrem Man-

ne zu allem noch nahegelegt, aus dem Verein
30 auszuscheiden. Das nahm sie sich so zu Herzen,
daß sie Mann und Kind verließ. Aus einer Heilan-
stalt erhielt er dann die Nachricht, daß seine Frau
ihrer Auflösung entgegensehe. Als er mit seinem
Knaben zu ihr hinausging, war es zu spät. Die
35 „Kellnerin" konnte keinen preußischen Krieger-
oder Beamtenverein mehr verunehren.

(Jeannot Emil Freiherr von Grotthuß, Aus deutscher Dämmerung – Schatten-
bilder einer Übergangskultur, Stuttgart (Greiner und Pfeiffer) ³1909, S. 257 f.)

M 5 Beschäftigte nach Wirtschafts-
bereichen

	1867		1913	
	in Mio.	in %	in Mio.	in %
Landwirtschaft, Forsten, Fischerei	8.,3	51.5%	10,7	34,5%
Industrie, Hand-werk, Bergbau	4,4	27,1%	11,7	37,8%
Handel, Banken, sonstige Dienste	3,4	21,4%	8,5	27,6%
gesamte Volks-wirtschaft	16,1		30,9	

(Nach: W. Hoffmann, Wachstum. Berlin (Springer) 1965, S. 205)

Arbeitsaufgaben

① Beschreibe die unterschiedlichen Wohnver-
hältnisse, wie sie in M 1 sichtbar werden, und
überlege, welche Auswirkungen sie auf die jeweiligen Bewohner hatten.

② Was sagt die Tabelle M 5 über die Veränderung der deutschen Gesellschaft 1867 bis
1913 aus?

③ Was veranlaßten Großbürgertum und Adel
dazu, den gesellschaftlichen Kontakt zu suchen? Was bedeutet dies für die Stärke des
bürgerlich-liberalen Lagers (vgl. M 2)?

④ Erläutere die Kritik am preußischen Junkertum, wie sie in der Karikatur M 3 zum Ausdruck kommt.

⑤ Welche gesellschaftlichen Einstellungen werden in der in M 4 dargestellten Begebenheit
deutlich? Vergleiche diese mit der „Köpeni-
kiade".

Gesellschaft und Parteien im Kaiserreich

Die Jahre nach der Reichsgründung waren auf
bürgerlicher Seite von nationaler Begeisterung
und optimistischen Zukunftserwartungen erfüllt.
Mit den Nationalliberalen und den Linksliberalen,
die sich 1867 getrennt hatten (vgl. S. 100), mußte
Bismarck bei der Ausgestaltung des neuen Reiches zunächst zusammenarbeiten. Zahlreiche
Gesetzeswerke zur Vereinheitlichung der Maße
und Gewichte, zur Neuordnung des Rechtswe-
sens und zum Ausbau des ▷ Rechtsstaates, zur
Stärkung der Zentralgewalt sowie zur Durchsetzung des Freihandels wurden auf diese Weise
verabschiedet.
Diese politische Hochstimmung innerhalb des
Bürgertums sah sich auch durch die wirtschaftliche Entwicklung gestützt. Die Dynamik des großen und jetzt völlig einheitlichen nationalen
Marktes kurbelte die Produktion an, wobei die
französische Kriegsentschädigung von 4,5 Mil-
liarden Goldmark zusätzlich wie eine gewaltige
Konjunkturspritze wirkte. In kürzester Zeit wurden mehr Industrieanlagen errichtet und Eisenbahnen gebaut als je zuvor in Deutschland. Viele
neue Vermögen entstanden, vor allem durch das
explodierende Aktienwesen. Bekannte deutsche
Unternehmen, wie Krupp, Stinnes, Siemens oder
Borsig, nahmen in dieser Zeit ihren Aufstieg.
„Gründerzeit" war die schon damals gebräuchli-
che Bezeichnung für jene Jahre, in denen sich
das bürgerliche Leben und Wirtschaften in
Deutschland entfaltete und den Anschluß an das
westeuropäische Niveau fand.
Indes nur bei oberflächlicher Betrachtung konnte
das Deutsche Reich um 1873 als ein wesentlich
bürgerlich geprägtes Land erscheinen. Über und
neben dem bürgerlichen Unternehmertum stand
der Adel, vor allem das preußische Junkertum.
Auf den riesigen landwirtschaftlichen Gütern östlich der Elbe war der Adlige gegenüber der Landbevölkerung nicht bloß der entscheidende Arbeitgeber, sondern immer zugleich auch der Bürgermeister, d.h. die unterste politische Instanz. Die
Junker betrachteten das neue Reich fürs erste
mit kritischer Distanz, denn durch den Übergang
Deutschlands vom Agrar- zum Industriestaat
mußten sie an wirtschaftlicher Bedeutung verlieren. Um so wichtiger waren indes die politischen
und sozialen Vorrechte, die der Adel nach wie vor
genoß: Neben dem preußischen Herrenhaus
hielt er die wichtigsten hohen Stellungen in Militär, Diplomatie und Verwaltung fest in der Hand.
Von anderen Bevölkerungskreisen schloß er sich
dünkelhaft ab; nur ein großes industrielles Ver-

mögen konnte den Makel unadliger Geburt aufwiegen. Die ▷ konservative Partei, die zunächst in der Opposition stand, war das politische Sprachrohr adlig-agrarischer Interessen.

Trotz seiner schwindenden wirtschaftlichen Bedeutung war das Ansehen des Adels auch in bürgerlichen Kreisen sehr hoch. Man orientierte sich an seinem Lebensstil. Adelstitel waren heiß begehrt, oft buhlte man am kaiserlichen Hofe darum. Stolz führten die erfolgreichsten Unternehmer, wie Krupp oder Siemens, das adelige „von" vor ihrem Namen, so daß geradezu von einer Feudalisierung, d.h. einer Übernahme adliger Traditionen und Verhaltensweisen, von weiten Kreisen des besitzenden Bürgertums gesprochen werden kann. Besonders das vom Adel bestimmte Militär genoß im Kaiserreich höchstes soziales Prestige. Wer im gesellschaftlichen Leben etwas gelten wollte, mußte zumindest Reserveoffizier sein. Auch Bismarck trat im Reichstag nie anders als in Uniform auf.

Neben dem Adel stand ein weiterer, zahlenmäßig größerer Bevölkerungsteil dem neuen Reich zunächst mit Skepsis gegenüber: die Katholiken. Durch Tradition und Religion vielfach mit Österreich verbunden, das nun aus Deutschland ausgeschieden war, fühlten sie sich im neuen protestantisch-preußisch bestimmten Reich nicht zu Hause. Diese Katholiken hatten sich in einer eigenen Partei, dem Zentrum, politisch organisiert. Von Bismarck und vom national bewegten Bürgertum wurde diese Partei schnell als unzuverlässig, ja reichsfeindlich bekämpft, zumal sich ihr auch Polen aus den preußischen Ostprovinzen und oppositionelle Elsässer anschlossen.

Schließlich meldete sich bereits im ersten Reichstag eine neue gesellschaftliche und politische Kraft, die das Reich noch grundsätzlicher in Frage stellte, die zunächst überwiegend in bedrückenden Verhältnissen lebende Arbeiterschaft. Die revolutionäre Sozialdemokratie (s. S. 132 ff.) war mit August Bebel und Wilhelm Liebknecht zunächst nur mit zwei Abgeordneten vertreten: allgemeines Wahlrecht und die sozialen Folgen der ▷ Industrialisierung sorgten aber dafür, daß sie bis 1912 zur stärksten Partei im Parlament aufstieg.

Zwischen den einzelnen Schichten dieser Gesellschaft bestand meist nur ein geringer Kontakt. Kraß wichen die jeweiligen Lebensbedingungen voneinander ab. Man betonte standesbewußt die gesellschaftlichen Unterschiede – vor allem gegenüber den sozial tieferstehenden Bevölkerungskreisen. Dies war jedoch keine deutsche Besonderheit; überall in Europa kann man in jener Zeit von einer Klassengesellschaft sprechen.

Grubenbesitzer. Karikatur aus dem „Simplicissimus" von Th. Heine, 1909

Ich kann euer Elend nicht länger mitansehn, ich kündige euch.

Schilder an einer Haustür. Bürgerhäuser hatten meist zwei getrennte Hauseingänge.

3. Die Regierungspraxis des Obrigkeitsstaates

Die parlamentarische Abhängigkeit der Regierung von den ▷ Liberalen mußte Bismarck mit zunehmendem Unbehagen erfüllen. Hatte der Kanzler das deutsche Reich nicht zuletzt darum gegründet, um die preußische ▷ Monarchie gerade vor dem Ansturm der modernen Welt zu schützen? Als hauptsächliches Problem stellte sich die Existenz des Reichstags und das allgemeine Wahlrecht dar, das keineswegs die gewünschten konservativen Ergebnisse zeigte. Es lag nahe, daß Bismarck wieder wie in den sechziger Jahren (vgl. S. 100) Konflikte benützen würde, um die gegnerischen Kräfte zu zersplittern und gegeneinander auszuspielen: Zunächst war dies der sogenannte Kulturkampf gegen die katholische Kirche und das Zentrum 1871 bis 1878, später der Kampf gegen die Sozialdemokratie.

M 1 Der Kulturkampf

Das preußische Staatsministerium unter der Leitung Bismarcks zum notwendigen Kampf gegen den politischen Katholizismus (30.6.1878):
Die ultramontane Partei (die katholische Zentrumspartei) hat in der jetzt beendeten Session des ersten Deutschen Reichtags zu einer Zeit des höchsten patriotischen Aufschwungs der Na-
5 tion deutlich gezeigt, daß die Herrschaft des unfehlbaren Papstes und des blind gehorchenden Klerus ihr entschiedenes Ziel ist, ... daß sie das Deutsche Reich unter einem evangelischen Kaiser als eine Institution ansieht, zu deren Bekämp-
10 fung das Bündnis mit den revolutionären Elementen nicht zu verschmähen ist. Alle Wohltaten ... hindern jene Partei nicht, sich mit Feinden der Regierung aus den verschiedensten Lagern zu verbinden.

(Aus: A. Constabel (Hrsg.), Die Vorgeschichte des Kulturkampfes. Berlin ²1957, S. 105)

1872 erließ der Kanzler mit Unterstützung der Liberalen ein Gesetz, das Geistlichen verbot, „von der Kanzel aus" den Staat zu kritisieren. Im weiteren Verlauf der Auseinandersetzung, die zur Verhaftung von Pfarrern und sogar Bischöfen führte, wurde der Kirche die Schulaufsicht entzo-

gen, die Zivilehe eingeführt, der Jesuitenorden in Deutschland verboten und von katholischen Geistlichen ein sog. Kulturexamen verlangt, mit dem sie eine deutsche Gesinnung nachweisen sollten.

M 2 „Einer Meinung (wenigstens diesmal!)"

Karikatur aus der satirischen Londoner Zeitschrift Punch, 1879: Bismarck und Papst Leo XIII. stemmen sich vereint gegen „Sozialismus", „Demokratie" und „Nihilismus". Im selben Jahr war der Kulturkampf durch den Papst und Bismarck abgebrochen worden. Das Zentrum begann, den Kanzler gegen die Liberalen zu unterstützen.

M 3 Das Sozialistengesetz

„Gesetz gegen die gemeingefährlichen Bestrebungen der Sozialdemokratie" vom Oktober 1878. Bismarck erklärte zuvor im Kronrat, gegen die Sozialdemokratie sei ein „Vernichtungskrieg" zu führen. Das die Rechtsgleichheit verletzende Gesetz wurde im Reichstag mit den Stimmen der Konservativen und der Nationalliberalen verabschiedet, wobei sich diese allerdings u.a. über diese Frage später spalteten.

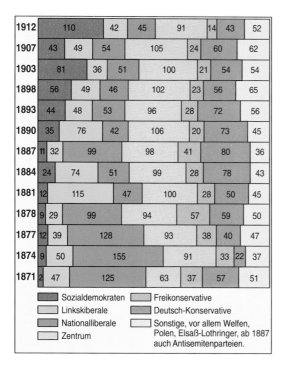

§ 1 Vereine, welche durch sozialdemokratische, sozialistische oder kommunistische Bestrebungen den Umsturz der bestehenden Staats- und Gesellschaftsordnung bezwecken, sind zu verbieten. Dasselbe gilt von Vereinen, in welchen sozialdemokratische, sozialistische oder kommunistische auf den Umsturz der bestehenden Staats- und Gesellschaftsordnung gerichtete Bestrebung in einer den öffentlichen Frieden, insbesondere die Eintracht der Bevölkerungsklassen gefährdenden Weise zu Tage treten. Den Vereinen stehen gleich Verbindungen jeder Art.

M 4 — Ergebnisse der Reichstagswahlen 1871–1912 (Sitzverteilung)

Jahr							
1912	110	42	45	91	14	43	52
1907	43	49	54	105	24	60	62
1903	81	36	51	100	21	54	54
1898	56	49	46	102	23	56	65
1893	44	48	53	96	28	72	56
1890	35	76	42	106	20	73	45
1887	11	32	99	98	41	80	36
1884	24	74	51	99	28	78	43
1881	12	115	47	100	28	50	45
1878	9	29	99	94	57	59	50
1877	12	39	128	93	38	40	47
1874	9	50	155	91	33	22	37
1871	2	47	125	63	37	57	51

Legende:
- Sozialdemokraten
- Linksliberale
- Nationalliberale
- Zentrum
- Freikonservative
- Deutsch-Konservative
- Sonstige, vor allem Welfen, Polen, Elsaß-Lothringer, ab 1887 auch Antisemitenparteien.

Arbeitsaufgaben

① Mit welchen Gründen rechtfertigt der Text M 1 den Kampf gegen den politischen Katholizismus? Wen meint das Staatsministerium, wenn es von „Feinden der Regierung" spricht? (Vgl. die politischen Gruppierungen in M 4) Überprüfe das Gewicht der erwähnten Konfliktsgründe, indem du die Informationen aus M 2 heranziehst.

② Welche Auswirkung hatte der Kulturkampf auf die parlamentarische Stärke des Zentrums? (M 4) Suche eine Erklärung.

③ Welche Möglichkeiten der Verfolgung Andersdenkender eröffneten sich dem Staat durch das Sozialistengesetz? (M 3)

④ Untersuche das politische Gewicht des bürgerlichen Lagers im Reichstag nach den Wahlen 1878, d.h. nach der Beendigung des Kulturkampfs und der Verabschiedung des Sozialistengesetzes. (M 4) Beziehe in deine Überlegungen auch M 2 auf S. 147 und die Aussage der Karikatur S. 152 ein.

Kulturkampf und Sozialistengesetz

Bereits während der Zusammenarbeit mit den Nationalliberalen versuchte Bismarck, die ▷ Liberalen von dem Bestreben abzubringen, an der Regierungsmacht beteiligt zu werden, indem er ihre Aufmerksamkeit auf andere Gegner lenkte. Dies ist ein wesentlicher Aspekt des sogenannten Kulturkampfes.

Das Zentrum war auf die Sicherung katholischer Einrichtungen bedacht. Es wünschte deshalb die Einführung von ▷ Grundrechten in die Reichsverfassung und war damit ein potentieller Verbündeter der Liberalen in ihrem Wunsch nach Ausbau des Reiches zum ▷ Verfassungsstaat. Im Kulturkampf entfesselte Bismarck eine Kampagne gegen die Katholiken und die katholische Kirche, die übers Politische hinaus ins Grundsätzliche ging. Ein 1870/71 stattfindendes Konzil hatte in bewußter Frontstellung gegen die moderne Zeit neue, dem aufklärerisch-bürgerlichen Denken befremdlich erscheinende Lehrsätze aufgestellt, wie die Unfehlbarkeit des Papstes in Glaubensfragen. Bismarck, dem konfessionelle Fragen an sich gleichgültig waren, stellte den Katholizismus nun gleicherweise als Hort mittelalterlicher Rückständigkeit und heimtückischer Reichsfeindschaft dar; Canossa wurde beschworen. Die Liberalen machten sich diese Polemik völlig zu eigen, dabei die Tatsache überspielend, daß auch sie mit wahrlich vormodernen Kräften wie der preußischen Krone paktierten. Der weltanschauliche Gegensatz zwischen dem bürgerlich-liberalen und dem bürgerlich-katholischen Lager vertiefte sich damit und entwickelte sich zur politischen Gegnerschaft.

Wichtiger für Bismarck wurde der „Gründerkrach" – eine bereits 1873 einsetzende, vielfach von Spekulationen hervorgerufene Wirtschaftskrise. Kleine Mittelständler, Bauern, aber auch Teile der Industrie erlebten einen wirtschaftlichen Einbruch: zahlreiche Existenzen wurden vernichtet. Das von den Liberalen gepriesene System der freien Entfaltung der Kräfte war damit unglaubwürdig geworden. Die betroffenen Bevölkerungskreise, voran die Schwerindustrie und die adligen Gutsbesitzer, riefen nach staatlicher Hilfe, besonders nach <u>Schutzzöllen</u>. Um ihre landwirtschaftlichen Interessen besser wahrnehmen zu können, stellten sich die preußischen Junker und mit ihnen die konservative Partei Bismarck als Bundesgenossen wieder zur Verfügung. Dieser ging bereitwillig auf das Angebot und damit auch auf die schutzzöllnerischen Forderungen ein, aber eine liberale Parlamentsmehrheit stand dem entgegen. In dieser Situation feuerten im Jahre 1878 zweimal offenkundig geistig verwirrte Attentäter Pistolenschüsse auf den Kaiser ab und verletzten ihn dabei. Auch die staatliche Ordnung schien nun in den Augen vieler gefährdet. Jetzt entfaltete der Kanzler sein taktisches Geschick in vollem Maße. Die Attentate wurden mit Hilfe einer gehorsamen Presse der Sozialdemokratie in die Schuhe geschoben. Ein die Rechtsgleichheit verletzendes <u>Sondergesetz gegen die ▷ Sozialisten</u>, das ihre Vereine und ihre Presse verbot, wurde vorgelegt. Als die Liberalen aus prinzipiellen Gründen zunächst ablehnten, wurde der Reichstag aufgelöst und Neuwahlen angesetzt. Die unter dem Eindruck der Entwicklung durchgeführten Wahlen brachten das gewünschte Ergebnis: Die Liberalen verloren eine beträchtliche Zahl von Sitzen, die im Gegenzug die ▷ <u>Konservativen</u> gewannen. Überdies spaltete sich das liberale Lager in eine schutzzöllnerische Richtung, angeführt von der Schwerindustrie, die ohnehin mit den Konservativen sympathisierte, und eine eher freihändlerische linke Fraktion. Damit war der <u>Liberalismus</u> als führende politische Kraft des Bürgertums <u>ausgeschaltet</u>.

Das Attentat auf Kaiser Wilhelm I. am 11. Mai 1878

Bismarck und der Reichstag (Ungarische Karikatur, 1879)

Die Konstellation schien Bismarck günstig, um jetzt auch mit der katholischen Kirche Frieden zu schließen. Papst und Kaiser verliehen sich – der letztlich gemeinsamen konservativen Interessen eingedenk – in der Folgezeit hohe Orden. Im Reichstag wurde eine <u>neue Mehrheit</u> möglich, die aus Konservativen, aus dem Zentrum und aus rechten Liberalen bestand und mit deren Hilfe Schutzzölle auf Getreide und Eisen sowie das Sozialistengesetz (in diesem Falle allerdings gegen die Stimmen des Zentrums) verabschiedet wurden. Dieser Vorgang gewann große Bedeutung für die politischen Verhältnisse im Deutschen Reich. Eine liberale Mehrheit mit gemeinsamen verfassungspolitischen Zielsetzungen bestand nicht mehr. Statt dessen bildeten sich verschiedene bürgerliche <u>Interessenparteien</u> (▷ Partei), die – wie übrigens auch die Konservativen und das Zentrum – vor allem die Wirtschafts- oder Verbandsinteressen ihrer Mitglieder im Auge hatten. Jeder erwartete vom Staat die Erfüllung seiner eigenen Interessen, so daß die Regierung sich ihre Mehrheiten nach Lage der Dinge zusammenstellen konnte.
Konsensbildung und Kompromiß im Parlament wurden damit unterbunden, dem ▷ <u>Parlamentarismus</u> der Boden entzogen. Durchsetzen konnten sich in diesem <u>Obrigkeitsstaat</u> am ehesten diejenigen, die den Zugang zur Macht hatten, nämlich die Koalition von „Roggen und Stahl".

4. Das Kaiserreich – Kinderstube der Gegenwart

Während die politischen Verhältnisse und die Regierungspraxis in Deutschland seit Ende der 70er Jahre eher vom modernen ▷ Parlamentarismus wegführten, zeichnen sich in Wirtschaft, Bildung und ▷ Sozialpolitik deutlich die Grundzüge unserer heutigen Verhältnisse ab. Deutschland vollzog in diesen Bereichen den „endgültigen Eintritt in den Kreis der gebildeten und zivilisierten Völker des Westens", wie es ein französischer Beobachter um die Jahrhundertwende etwas selbstgefällig formulierte.

M 1 **Höhere Mädchenschule in Freiburg (1891)**

Die öffentlichen Ausgaben für das höhere Schulwesen vervielfachten sich zwischen 1864 und 1911 um das 4,2fache, für die Volksschulen sogar um das 13,8fache – hier war der Rückstand freilich besonders groß. 1871 waren 74,7% der Volksschulen in Preußen einklassig, 1911 noch 52,2%. 1864 besuchten von allen schulpflichtigen Kindern Preußens 3,6% eine höhere Schule, 1891 waren es 5%. Heute sind es über 35%.

M 2 **Verkehr vor dem Brandenburger Tor in Berlin 1913**

Im städtischen Verkehr spielen Pferdewagen und Kutschen noch eine wichtige Rolle. Daneben zeigen sich elektrische Straßenbahnen, die ersten Autobusse und Privatautomobile. Diese waren zunächst reine Prestigeobjekte der „Herrenfahrer".

Die Erfindung und schnelle Durchsetzung des Telefons seit 1877 wie das etwa gleichzeitige Aufkommen der Schreibmaschine erschlossen der Frau neue Berufsmöglichkeiten. Insgesamt zeigt sich in der Zeit des Kaiserreichs ein enormer Zuwachs an privater und geschäftlicher Kommunikation. Die Postsendungen nahmen von 1872 bis 1910 von 972 auf 5939 Millionen, also um mehr als das Sechsfache, zu. Für die Reichspost bedeutete die Einführung des Telefons seit 1877 einen Personalanstieg von 45 784 Bediensteten (1870) auf 167 904 im Jahre 1897; gleichzeitig verfünffachten sich ihre Einnahmen.

M 4 Röntgen

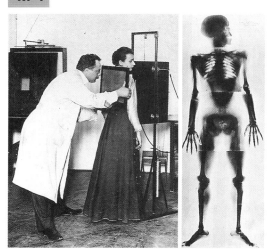

Durchleuchtung 1904. Rechts: Eine der ersten Röntgenaufnahmen, 1896. Der deutsche Physiker Wilhelm Röntgen entdeckte 1895 die nach ihm benannten Strahlen; 1901 erhielt er dafür den Nobelpreis für Physik. Sehr schnell fand seine Entdeckung Anwendung in der Medizin. Auf die Zeitgenossen übten Röntgenbilder eine eigentümliche Faszination aus. In Thomas Manns Roman „Der Zauberberg" z.B. schockiert ein Arzt einen jungen Mann mit der Bemerkung: „Lichtanatomie, verstehen Sie, Triumph der Neuzeit. Das ist ein Frauenarm, Sie ersehen es aus seiner Niedlichkeit. Damit umfangen sie einen beim Schäferstündchen ..."

M 5 Zeitungen im Kaiserreich

Im Kaiserreich entwickelte sich rasant ein modernes und vielfältiges Zeitungswesen. Nur so ist die Publizität des „Hauptmanns von Köpenick" zu erklären. Die Vossische Zeitung gehörte zu den großen liberalen Tagesblättern, die berühmteste satirische Zeitschrift war der „Simplicissimus", während die „Gartenlaube" als das meistgelesene Familienblatt galt.

Geschätzte Auflage aller Blätter

	in Mio	pro 1.000 Einw.
1885	7,1	152
1897	12,2	228
1908	15,8	251

M 6 Gartenstadt Hellerau bei Dresden

Das Gartenstadtkonzept führte in Deutschland zum Leitbild der aufgelockerten Stadt und hatte die Anlage von Vororten und Siedlungen mit vorstädtischem Charakter zur Folge, in denen die Architektur der ländlichen Umgebung angeglichen wurde. Nach englischem Vorbild entstand ab 1909 bei Dresden die Gartenstadt Hellerau, mit der sich der Unternehmer Karl Schmidt die Verbesserung der Wohn- und Lebensbedingungen der bei ihm Beschäftigten zum Ziel gesetzt hatte.

(Aus: J. Petsch, Eigenheim und gute Stube – Zur Geschichte des bürgerlichen Wohnens. Köln (Dumont) 1989, S. 104 f.)

Arbeitsaufgaben

① M 1 zeigt ein 1891 errichtetes Schulgebäude. Welchem Gebäudetyp aus früherer Zeit ähnelt es? Was sagt dies über den Stellenwert von Bildung und Schule in der Kaiserzeit aus? Vgl. dazu auch die Darstellung S. 156

② Das Bildmaterial spiegelt Ausschnitte aus dem Alltagsleben im Kaiserreich. Inwiefern sind dies Einblicke in die Kinderstube unserer Gegenwart?

Die Entstehung moderner Lebensverhältnisse in Deutschland

Nach der Krise der späten 70er Jahre setzte zunächst langsam, seit den 90er Jahren indes machtvoll ein wirtschaftlicher Aufschwung in Deutschland ein. Er bildete die Voraussetzung dafür, daß auch hier moderne Lebensverhältnisse, wie sie uns heute vertraut sind, entstanden.

Das früher arme und unterentwickelte Deutschland wurde reich; man gab sich in Adels- und Bürgerkreisen sogar ausgesprochen protzig. Bei aller sozialen Ungleichheit und z.T. schlimmen Wohnverhältnissen schlug sich dieser Wohlstand aber auch auf den Lebensstandard der Arbeiter positiv nieder. Bei Arbeiterdemonstrationen erschienen nicht mehr zerlumpte Gestalten, sondern Herren in Mantel und Hut. Die Auswanderung nach Amerika – 1880 bis 1884 fast 900.000 Menschen – ging bis 1914 drastisch zurück. Leben und Arbeiten in Deutschland wurden – gemessen an früheren Maßstäben – besser und perspektivenreicher.

Ein Blick auf die Entwicklung in den Städten macht dies unmittelbar deutlich. Im März 1889 z.B. unterbreitete die Stadtverwaltung in Freiburg unter einem tüchtigen Oberbürgermeister dem gewählten Stadtparlament folgende Vorlage zur Beschlußfassung: Eine seit 1873 bestehende und in einem alten Klostergebäude untergebrachte „Höhere Mädchenschule" platzte aus allen Nähten. Presse und Frauenvereine hatten diesen Zustand bereits verschiedentlich beklagt. Vorgeschlagen wurde nun, den berechtigten Wünschen nach einem ausreichenden Schulangebot für die weibliche Jugend zu entsprechen. Die alte Schule sollte in einen höheren und in einen einfacheren, realschulähnlichen Zweig geteilt, somit erweitert und differenziert werden. Beide Schulen sollten großzügige und repräsentative Neubauten erhalten.

Dieser Vorlage stimmte das Stadtparlament zu, und bereits 1891 konnte die erste der neuen Mädchenschulen eingeweiht werden. Stolz verkündete der Oberbürgermeister beim Festakt, die Stadt leiste mit dem vorbildlich ausgestatteten Gebäude einen Beitrag „zur Lösung der Frauenfrage"; andächtig sang die Festgemeinde „Großer Gott wir loben Dich". Wohl war die Höhere Mädchenschule wie überall zu der Zeit nur zehnklassig, während die Frauenbewegung den Ausbau bis zum Abitur wünschte. Letzteres war indessen nur eine Frage der Zeit, und 1900 schrieben sich die ersten Frauen in Deutschland an den Universitäten Freiburg und Heidelberg ein. In jener selben Freiburger Stadtratssitzung vom März 1889 beschlossen übrigens die Bürgervertreter auch, wegen des kräftigen Zuzugs aus Norddeutschland Bebauungspläne für eine Stadterweiterung zu erstellen. Auch diese Vorlage wurde verabschiedet und in der Folgezeit entstanden neue Stadtquartiere, die wegen ihres hohen Wohnwertes bis heute geschätzt sind.

Diese, einem modernen Verständnis weitgehend vertraut erscheinenden Vorgänge machen zweierlei deutlich: 1. Auf kommunaler Ebene entwickelt und bewährt sich das liberale Repräsentativsystem. Bedürfnissen aus der Gesellschaft wird durch gewählte Organe Rechnung getragen. 2. Der Umfang der öffentlichen Aufgaben weitet sich sprunghaft aus und gewinnt eine neue Qualität.

Beeindruckend sind im ganzen deutschen Reich die gewaltigen Investitionen im Volksschulbereich. Wohl bestand die Schulpflicht in den deutschen Ländern seit über 100 Jahren; doch erst jetzt durch ein flächendeckendes Angebot an Schulen erreichte sie ihren Zweck. Gegen Ende des Jahrhunderts – und dies war einmalig auf der Welt – konnte fast jeder in Deutschland lesen und schreiben. Darüberhinaus aber wurde durch ein differenziertes Schulsystem auch den ärmeren Schichten Aufstiegsmöglichkeiten eröffnet, die – wie bescheiden sie auch immer in der Realität zunächst waren – in der Konsequenz der Sache zum Prinzip der staatlich geförderten Chancengleichheit führten. Die repräsentative Architektur dieser Schulgebäude, die sie deutlich von Schulen früherer Zeiten abhebt, unterstreicht beides: die Wichtigkeit von Bildung und die öffentliche Trägerschaft dieser Einrichtung.

Auch in andern Bereichen wird der langsame Wandel zum modernen Vorsorge- und Verwaltungsstaat (s. ▷ Sozialstaat) deutlich. Auf Reichsebene stellt die Einführung der Sozialversicherungen ein markantes Beispiel dar. (Vgl. S. 158) Bei der Entfaltung der Wissenschaften und ihrer technischen Anwendung stand der Staat ebenfalls Pate. Acht technische Hochschulen wurden bis 1914 neu gegründet, die Kaiser-Wilhelm-Gesellschaft (heute Max-Planck-Gesellschaft) förderte gezielt die Grundlagenforschung. Zahlreiche Nobelpreise, vor allem in den Bereichen Medizin und Chemie, wurden nach 1900 deutschen Forschern verliehen.

Schließlich veränderte auch die Arbeitswelt ihr Gesicht. Chemische Präparate, Präzisionsinstrumente, hochwertige Maschinen ließen sich nicht von einem Heer von Lumpenproletariaren herstellen. Gefragt wurden zunehmend qualifizierte Fachkräfte mit entsprechender Ausbildung. Ganz neue Arbeitnehmergruppen entstanden, z.B. Ingenieure in Entwicklungsbüros oder Laboranten; die wachsenden staatlichen wie betrieblichen Verwaltungen, Handel und Banken schufen zudem die neue Schicht der Angestellten, die – obwohl lohnabhängig – dennoch sich dem Bürgertum zugehörig fühlten. Darüber hinaus schufen repräsentationsbewußte Unternehmen und modern denkende Architekten zukunftsweisende Beispiele moderner Industriearchitektur, die den Bedürfnissen der dort arbeitenden Menschen mehr Rechnung trugen.

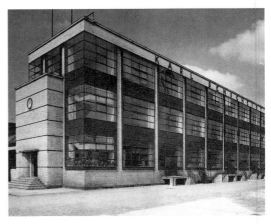

Faguswerke Alfeld an der Leine, Architekt Walter Gropius (unter Mitarbeit von Adolf Meyer) 1910/11

Alle diese neuen Entwicklungen – steigende Produktivität und Wohlstand, ausgedehnte Staatsverantwortung, Wandel der Arbeitswelt – wurden von der damaligen Öffentlichkeit durchaus bewußt wahrgenommen und diskutiert. Dies belegen Auseinandersetzungen in der sich auf ▷ rechtsstaatlicher Grundlage breit entfaltenden Presse, dies spiegeln aber auch zahlreiche Kunstwerke des Jugendstil und Expressionismus. Um so schärfer stellte sich jedoch auch den Zeitgenossen die Frage: Wie kann die von den konservativ-preußischen Kreisen beherrschte Regierung des Reiches mit diesen modernen Entwicklungen in Einklang gebracht werden?

5. Soldaten und Arbeiter: Bismarck und Bebel

Das Sozialistengesetz (vgl. S. 152) beraubte einen Großteil der deutschen Bevölkerung, nämlich die organisierte ▷ Arbeiterbewegung, we- *sentlicher Rechte und grenzte sie aus der Gesellschaft als „vaterlandslose Reichsfeinde" aus. Die Dynamik der industriellen Entwicklung aber stärkte das Gewicht der Arbeiterschaft. Mit einer Taktik, die zwischen Peitsche und Zuckerbrot wechselte, suchte der konservative Obrigkeitsstaat die Ansprüche der Arbeiterschaft auch weiterhin abzuwehren.*

M 1 **Nächtliche Streikkrawalle in Berlin-Moabit, 1910**

M 2 **Aus einem Bericht des Berliner Polizeipräsidenten vom 22. November 1889**

Bei einem Vergleich der heutigen Lage der sozialdemokratischen und revolutionären Bewegung mit der zuletzt vor zwei Jahren geschilderten ergibt sich wiederum eine erhebliche Erweiterung
5 der zwischen der Arbeiterschaft und der übrigen Gesellschaft entstandenen Kluft. Die Unzufriedenheit mit ihren politischen und wirtschaftlichen Verhältnissen, die Anschauung, daß ... in den übrigen Klassen Feinde zu erblicken seien, die
10 bekämpft werden müssen, greift auch unter den noch nicht der sozialdemokratischen Partei angehörigen Arbeitern immer mehr um sich. Die Arbeiter fühlen auch, daß sie, wenn einig, die Macht besitzen würden, in diesem Kampfe zu siegen,
15 daher die Neigung zur Gründung von politischen und gewerkschaftlichen Vereinen und der Drang nach Anknüpfung und Pflege internationaler Beziehungen. Daher die bald hier, bald dort, in neuerer Zeit immer häufiger wiederkehrenden Kraftproben ... in Form von Streiks. 20

(Aus: W. Lautermann / M. Schlenke (Hrsg.), Geschichte in Quellen, Das bürgerliche Zeitalter 1815 – 1914. München (bsv) 1980, S. 443)

M 3 **Bebel auf dem Erfurter Parteitag der SPD am 16. Oktober 1891**

Ich glaube, wir haben die größte Ursache, mit dem Gang der Dinge zufrieden zu sein ... Die bürgerliche Gesellschaft arbeitet so kräftig auf ihren eigenen Untergang los, daß wir nur den Moment abzuwarten brauchen, in dem wir die ihren Händen entfallende Gewalt aufzunehmen haben ... 5 Ich bin überzeugt, die Verwirklichung unserer letzten Ziele ist so nah, daß wenige in diesem Saal sind, die diese Tage nicht erleben werden. (Bewegung im Saal) 10

(Aus: Protokolle der Verhandlungen des Parteitags der SPD, S. 172)

M 4 Plakat der SPD zur Feier des 1. Mai 1901

Proletarier aller Länder Vereinigt Euch!

Arbeitsaufgaben

① Erkläre, was die in M 1 (S. 157) und in M 1 (S. 146) wiedergegebenen Sachverhalte miteinander zu tun haben. Denke dabei auch nochmals an die Lebensgeschichte des Schusters Voigt, besonders vor seinem Streich. Vgl. auch S. 128 (▷ Soziale Frage)

② Worin sieht der Polizeibericht M 2 Stärke und Gefährlichkeit der Arbeiterbewegung begründet?

③ Erkläre die Zuversicht, die in den Worten des SPD-Vorsitzenden Bebel zum Ausdruck kommt (M 3). Beachte nochmals die Wahlergebnisse (M 4, S. 151)

④ Welches Selbstverständnis der SPD wird in dem Plakat M 4 deutlich? Welche Traditionen und Symbole werden hier aufgenommen? (Vgl. auch S. 45 ff., Franz. Rev.)

Die Sozialdemokratie im Kaiserreich

Eine <u>Opposition</u> war im Denken der führenden politischen Vertreter des Kaiserreichs nicht vorgesehen. Wer nicht zu Kaiser und Kanzler hielt, war ein „Reichsfeind". Dies bekamen zuerst die Katholiken im Kulturkampf zu spüren. Systematisch benachteiligt wurden aber auch die Elsässer und Lothringer; den Dänen im Norden Schleswigs gegenüber hielt man sich nicht an Versprechen, die ihre Nationalität schützen sollten, und die Polen in den Ostprovinzen Preußens sahen sich einer rücksichtslosen Germanisierungspolitik ausgesetzt.

Gegen Mitglieder und Anhänger der ▷ <u>sozialistischen Partei</u> freilich glaubte Bismarck noch unnachsichtiger vorgehen zu müssen, lehnten sie doch das bestehende politische und gesellschaftliche System rundweg ab. Der Kanzler charakterisierte sie als „bedrohliche Räuberbande, mit denen wir gemeinsam unsre Städte bewohnen". Diesen „Banditen" galt der Schlag des <u>Sozialistengesetzes 1878</u>: es sollte die Organisationsbasis der Arbeiterschaft zerstören – sowohl der Partei wie der Gewerkschaften. Eines allerdings blieb den Abgeordneten der Arbeiterpartei: Sie behielten ihren Sitz im Reichstag und konnten sich erneut zur Wahl stellen.

Viele Arbeiter, die bisher auf einen Ausgleich mit dem Staat gehofft hatten, gewannen nun die Überzeugung, daß sich eine Verbesserung ihrer Situation erst recht nur durch einen engen Zusammenschluß würde erreichen lassen. Vor allem die bittere Erfahrung, daß sich der Staat bei Arbeitskämpfen auf die Seite der Fabrikanten stellte und <u>gegen streikende Arbeiter Soldaten</u> einsetzte, ließ die Anhängerschaft der Sozialdemokraten anschwellen; die Wahlergebnisse bewiesen es.

In dieser Situation suchte Bismarck, durch ein <u>1883 bis 1889</u> im Reichstag erlassenes <u>Sozialgesetzgebungswerk</u> die Arbeiterschaft zu gewinnen. Als ▷ Konservativer war ihm der Gedanke der staatlichen Fürsorge – ebenso wie übrigens dem katholischen Zentrum – nicht fremd. Jetzt wurde eine moderne <u>Kranken-, Unfall-, Invaliden- und Altersversicherung</u> geschaffen; in ihr war der Arbeiter – wie heute immer noch – pflichtversichert. Die Beiträge mußten Arbeitgeber und Arbeitnehmer größtenteils gemeinsam aufbringen.

Wohl waren die Leistungen dieser Versicherung ungleich niedriger als heute, indes ein Grundstock sozialer Sicherheit war damit aufgebaut, der ▷ Sozialstaat im Kern angelegt.

Die erwartete politische Wirkung trat indes nicht ein. Die Arbeiterschaft forderte Rechte, z.B. das gleiche Wahlrecht in Preußen oder das uneingeschränkte Streikrecht, nicht aber Almosen. 1889 beteiligten sich von den 1.040.000 Bergarbeitern des Ruhrgebiets mehr als 90% an einem Streik. Die Nutzlosigkeit des Sozialistengesetzes war somit erwiesen; es wurde 1890 nicht mehr verlängert. Im selben Jahr waren die Sozialisten mit 1,5 Millionen Wählern erstmals die nach Stimmen stärkste Partei im Reich. Wohl erwog Bismarck, das allgemeine Wahlrecht zu kassieren und notfalls einen Bürgerkrieg zu beginnen. Auf diesem riskanten Weg jedoch wollte ihm niemand folgen. 1890 nahm er – auch in vielen anderen Fragen isoliert (s. S. 173) und in ständigem Konflikt mit dem seit 1888 regierenden jungen Kaiser Wilhelm II. – seinen Abschied.

Die aus der Verfolgung des Sozialistengesetzes innerlich erstarkt hervorgegangene Partei beschloß 1891 auf dem Erfurter Parteitag unter ihrem bedeutenden Vorsitzenden August Bebel ein neues Programm. Es war in der Theorie marxistisch und verkündete mit Pathos die Befreiung „des gesamten Menschengeschlechts" durch die Arbeiterklasse. Das Gefühl der eigenen Unbesiegbarkeit und eine revolutionäre Zuversicht verlieh der Arbeiterpartei ein Gefühl der Überlegenheit gegenüber der sie umgebenden Gesellschaft, die ihr die Anerkennung verweigerte.

In der Praxis war das politische Handeln der Partei freilich keineswegs revolutionär. Man stellte die Forderungen, von denen sich die Bürger aus Angst vor der sozialen ▷ Revolution hatten abbringen lassen: Verwirklichung des ▷ parlamentarischen Regierungssystems und Durchsetzung des allgemeinen und gleichen Wahlrechts in allen Bundesstaaten. Die neue Zeit mußte aus dieser Sicht zwangsläufig dann anbrechen, wenn die Sozialdemokratie in den Parlamenten die Mehrheit hatte und die Ziele des Proletariats auf dem Wege der Gesetzgebung verwirklicht werden konnten. Kaum jemand in der Partei bezweifelte, daß dies notwendig so kommen würde; man müsse nur abwarten. Das war freilich etwas ganz anderes, als Marx wollte; es war der Weg, den Lassalle gewiesen hatte. Vorerst galt es nun, sich ganz unrevolutionär für die konkrete Verbesserung der Lebensverhältnisse der Arbeiter einzusetzen, z.B. für die Verkürzung der täglichen Ar-

August Bebel (1840–1913): Der langjährige Vorsitzende der Sozialdemokratischen Partei war bis zu seinem Tode Mitglied des Reichstags. Mit seinem Werk „Die Frau und der Sozialismus", zu seinen Lebzeiten 53mal verlegt und in 15 Sprachen übersetzt, trug Bebel entscheidend dazu bei, daß das Frauenwahlrecht 1891 in das Parteiprogramm aufgenommen wurde.

beitszeit, die vielfach noch 11 Stunden dauerte. Dabei waren die Erfolge der Arbeiterorganisationen gegen Ende des Kaiserreichs so unübersehbar, daß sich auch die Arbeiter – wenngleich in kritischer Distanz und mit einem in sich abgeschlossenen Vereinswesen – als Teil dieser Gesellschaft fühlten und mit Stolz für die Werte eintraten, die ihnen ihre Gegner absprachen: Disziplin und Vaterlandsliebe.

So war die deutsche Arbeiterbewegung ein Faktor der deutschen Innenpolitik geworden, der durch bloße Gewalt nicht mehr beseitigt werden konnte. Selbst wenn Wilhelm II. seinen Soldaten erklärte, daß er „bei den gegenwärtigen sozialistischen Umtrieben" möglicherweise befehlen müsse, „die eigenen Verwandten, Brüder, ja Eltern niederzuschießen", so blieb dies nur eine verantwortungslose Drohgebärde. Sie entsprang freilich nicht nur dem großsprecherischen Charakter des jungen Monarchen; sie war vielmehr auch eine Frucht dessen, daß man das allgemeine Wahlrecht zwar gewährt hatte, dessen Konsequenz aber, die Demokratisierung des Staates, beharrlich verweigerte.

6. Nationalismus statt Demokratie

Die Unterdrückung der „Reichsfeinde" wie Sozialdemokraten, Polen, vorher auch Katholiken war insofern ein Mißerfolg, als diese Politik die Gegner nicht beseitigte, sondern eher stärkte; ohnehin vorhandene politische, soziale und ethnische Gegensätze verschärften sich damit und Kompromisse wurden schwieriger. Jedoch mit Zwangsmitteln allein läßt und ließ sich eine Gesellschaft nicht zusammenhalten. Welche anderen Maßnahmen waren geeignet, die demokratischen Kräfte ins Abseits zu stellen? Unter welchen politischen Zielen konnten die Deutschen zusammengeführt werden, wenn Demokratie nicht in die Praxis umgesetzt werden durfte?

M 1 Erinnerungsblatt zum 100. Geburtstag Kaiser Wilhelms I. (1897)

Die Frauengestalt stellt eine gewappnete Germania dar, das Denkmal links das Kyffhäuser Monument mit der Reiterstatue Wilhelms I. Im Kyffhäuser, einem kleinen Gebirgszug in Thüringen, sitzt einer alten Sage nach Kaiser Barbarossa und wartet auf die Wiederaufrichtung des Deutschen Reiches. Im Hintergrund der Rhein mit dem Niederwalddenkmal (s. S. 140) bei Rüdesheim. Die Namen auf den Girlanden bezeichnen Schlachtorte in den Einigungskriegen. (Aus den volkstümlichen Neuruppiner Bilderbögen)

M 2 Aus einem Aufruf des Alldeutschen Verbandes (1891)

In die Mitte von Europa gestellt und an seinen Grenzen bedroht von fremden und feindlichen Nationalitäten, bedarf das deutsche Volk mehr als alle anderen Völker der vollen und einheitli-
5 chen Zusammenfassung seiner Kräfte, um seine Unabhängigkeit nach außen und die Entfaltung seiner Eigenart im Innern zu sichern. ... Das Deutschtum, so lange in sich zerrissen und niedergetreten, soll von neuem, über alle Zonen hin, sich daran gewöhnen, in all seinen Angehörigen 10 sich als Volk zu fühlen, welches bestimmt ist, beherrschend in den Gang der Weltgeschichte mit einzugreifen und erhobenen Hauptes den Fremden gegenüberzutreten.

(Aus: W. Mommsen, Deutsche Parteiprogramme, S. 89 ff.)

Das monumentalste Zeugnis deutschen Patriotismus vor dem 1. Weltkrieg. Gesamtansicht auf einer Jubiläumspostkarte und Detail. Die Figur soll einen Krieger darstellen, der sich auf ein Schwert stützt.

Arbeitsaufgaben

① Welche nationalen Symbole sind in M 1 zu sehen? Welche Normen und Einstellungen werden damit vermittelt? Betrachte unter den gleichen Fragestellungen nochmals das SPD-Plakat S. 158 und vergleiche.

② Wie erscheint das Verhältnis zwischen Deutschen und Fremden in dem Text M 2?

③ Betrachte die Bilder M 3. Versuche, den Stil und die Aussage des Abgebildeten zu erläutern. (Vgl. das Bismarck-Denkmal S. 61)

④ Bismarck – typischer Konservativer, Säbelrassler, Opportunist, genialer Politiker? Versuche, dir ein Urteil über seine Innenpolitik zu bilden, indem du die folgende Darstellung liest und die Kapitel S. 94 ff., 98 ff., 101 ff., 143 ff. und 157 ff. wiederholst.

Die Rolle des Nationalismus in der Innenpolitik

Das Bismarcksche Modell einer Regierung über den Parteien führte je länger desto mehr in eine Sackgasse. Auf der einen Seite behauptete der konservative preußische Adel zäh seine Bastionen in der Exekutive: Er besetzte die Spitzenstellungen in Militär, Diplomatie und Ministerialbürokratie. Wirtschaftlich suchte er durch hohe Zölle gegen ausländisches Getreide und damit durch überhöhte Lebensmittelpreise auf Kosten des einfachen Mannes seine Stellung zu halten. Schneidend verurteilte der Schriftsteller Fontane die Vaterlandsliebe dieses Adels als „schändliche Phrase", denn er kenne „nur sich und seinen Vorteil". Auf der anderen Seite aber stand ein in sich zerstrittener und damit vielfach handlungsunfähiger Reichstag.

Dies sollte Bismarcks Absicht entsprechend so

sein, machte aber seinen Nachfolgern ab 1890 das Regieren zunehmend schwerer. Eine klare und kontinuierliche, von einer Mehrheit verantwortete Politik gab es nicht, dafür aber ein ständiges Lavieren. Notwendige Reformen, z.B. eine Finanzreform angesichts der zunehmenden Staatstätigkeit (s. S. 156) oder eine Modernisierung des Wahlrechts im größten Bundesstaat Preußen, waren undenkbar. Darüberhinaus fehlten klare Verantwortlichkeiten und Informationswege. Der Reichstag z.B. war von der Außenpolitik ausgeschlossen und entsprechend schlecht informiert; andererseits wußte der Kanzler vielfach nicht, was die Militärs in direktem Umgang mit dem Kaiser, ihrem Oberbefehlshaber, planten (s. S. 190). Der junge Kaiser Wilhelm II. schließlich, seit 1888 im Amt, unternahm in „persönlichem Regiment" zu aller Verblüffung oft wenig durchdachte Initiativen, von denen keiner etwas wußte und die ihn selbst nicht selten blamierten – wie 1908, als er in einem Interview der englischen Zeitung Daily Telegraph Großbritannien unerbetene und plumpe Ratschläge gab.

In dieser Situation innenpolitischer Erstarrung, in der – weniger die Staatsverwaltung und die Kommunen – um so mehr aber die Staatsspitze modernen Anforderungen immer weniger gewachsen schien, wurden zunehmend problematische Mittel eingesetzt, um die Anhänglichkeit der Bevölkerung gegenüber Staat und Kaiser zu sichern.

An erster Stelle ist hier die Pflege eines starken ▷ Nationalismus zu nennen. Nach 1890 wurden in Deutschland Tausende von Denkmälern gebaut: für „Wilhelm den Großen", so hatte Wilhelm II. seinen Großvater tituliert, für Bismarck, Barbarossa, Hermann den Cherusker – sie alle boten Schauplätze für nationale Weihestunden. Regelmäßig gedachten Schulen und Öffentlichkeit des Tages der Reichsgründung in Versailles und der Daten der Siege über Frankreich, oder man schwelgte in romantischem Germanenstolz. Der sagenhafte blonde Siegfried, von dem Komponisten Richard Wagner in der Oper verklärt, wurde zum Lieblingshelden der Deutschen.

Der Blick richtete sich dabei von den Fragen der inneren Machtverteilung im Reich weg nach außen, wobei die andern Völker allzu oft nur als Feinde und Konkurrenten aufgefaßt wurden, die den tüchtigen Deutschen den „Platz an der Sonne" streitig machten. Nicht nur in der Natur, auch im Leben der Völker schien lediglich ein Prinzip, der Kampf ums Dasein, zu gelten. Billige Feindbilder – Engländer galten als „perfide", d.h. hinterhältig – kursierten allenthalben. Geradezu als

Szene aus der Uraufführung von R. Wagners „Ring der Nibelungen" 1876

Hochverrat erschien eine „internationalistische" Einstellung, wie sie besonders die SPD zeigte. Wilhelm II. sagte dazu in der ihm eigenen forschen Art: „Erst die Sozialisten abschießen, köpfen, unschädlich machen, wenn nötig per Blutbad, und dann Krieg nach außen." Milder formulierte es ein Reichskanzler 1897: „Nur eine erfolgreiche Außenpolitik kann helfen, versöhnen, beruhigen, sammeln, einigen." Ein Krieg erschien unter diesem Aspekt geradezu als eine nationale Wohltat. Ein vielfach vom Bürgertum getragener „Alldeutscher Verband" forderte Erwerbungen für Deutschland rings um den Erdball. Indes weit über diesen Verband hinaus sahen die Menschen in aggressiver „Weltpolitik", im ▷ Imperialismus, ein Mittel, um der inneren Krisensituation zu entrinnen. (Vgl. S. 190)

Wohl gab es auch in Westeuropa und Nordamerika in der zweiten Jahrhunderthälfte einen ausgeprägten Nationalismus, man feierte auch dort begeistert die nationalen Weihetage. Die Masse der stimmberechtigten Bevölkerung, die durch Industrialisierung und Wanderungsbewegung aus ihrer vertrauten Umgebung herausgelöst worden war, sollte sich wie überall als Teil des nationalen Staates verstehen. Freilich verbanden sich dort die nationalen Feiern immer auch mit einem liberalen oder demokratischen Inhalt. Die Franzosen gedachten am 14. Juli des Sturms auf die Bastille, die Amerikaner am 4. Juli des Tages ihrer Unabhängigkeit. Man war stolz auf die Revolution des Volkes oder auf die selbst erkämpften freiheitlichen Einrichtungen. In Deutschland dagegen beschwor man einzig vergangene militärische Siege über andere Staaten. Eine bestimmte freiheitliche politische Lebensform, wie sie im amerikanischen, englischen und französischen Patriotismus immer auch enthalten ist, war mit der Vorstellung „deutsch" nicht verbunden und sollte damit auch nicht verbunden sein.

7. Ein System von Aushilfen: Die Vergangenheit als Zukunft?

Neben einem starken, nach außen gerichteten ▷ Nationalismus wirkten noch andere Faktoren, um die Bevölkerung von einem ▷ demokratischen Weg in die moderne Zeit abzulenken und in das konservative System des Kaiserreichs einzubinden: Kaiser Wilhelm II., der das alte Gottes-Gnadentum wiederzubeleben suchte, wird zur Symbolfigur für diese Art von Politik und für diese „wilhelminische" Zeit.

M 1 Kaiser Wilhelm II.

Gemälde von 1890: Der kaiserliche Auftraggeber hatte ausdrücklich gewünscht, daß sich der Künstler die Herrscherdarstellungen des Sonnenkönigs Ludwigs XIV. zum Vorbild nehmen solle. In einer zeitgenössischen Beschreibung des Bildes heißt es: „Der Blick des jugendlichen Antlitzes mit dem Ausdruck ruhiger Zuversicht ist aufwärts gerichtet und über die edlen Züge gleitet das Licht, als würde die Sendung des Herrschers von oben bekräftigt. Das Siegel der Macht von Gottes Gnaden ist dieser hellen Stirn aufgedrückt."

M 2 Der Tageslauf Wilhelms II.

... Das Schlimmste ist, daß der Kaiser sich immer mehr entwöhnt, wirklich etwas zu arbeiten. Er steht spät auf, frühstückt um 9 Uhr, ist nur sehr schwer und sehr ungern etwa zwei Stunden am Vormittag für die Vorträge zu haben. Häufig be- [5] nutzt er die Vorträge, um seinen Räten selber Vortrag zu halten. Dann kommt das Frühstück um 1 Uhr. Es folgt die Ausfahrt um 2 oder halb 3 Uhr, dann Tee, dann Schlafen, und vor der Abendtafel um 8 Uhr noch Erledigung einiger Un- [10] terschriften. Infolge des öfters sich bis drei Stunden hinziehenden Nachmittagsschlafes bleibt der Kaiser regelmäßig bis 12 Uhr oder 1 Uhr auf und steht dabei am liebsten im Kreis von Menschen, die ihm andächtig zuhören und denen er [15] unentwegt erzählt. So spielt sich das Leben tatsächlich ab ...

(Aufzeichnungen des Hofmarschalls Graf von Zedlitz und Trützschler vom 15. Februar 1909; aus: W. Lautemann/M. Schlenke (Hrsg.), Geschichte in Quellen, Das bürgerliche Zeitalter 1815-1914. München (bsv) 1980, S. 622)

M 3 Eine neue Bartmode

Wilhelm II. schuf eine auf dem Gemälde M 1 sichtbare neue Bartmode. Der Schriftsteller Heinrich Mann nimmt in seinem satirischen Roman „Der Untertan" auf diese Mode Bezug, indem die Hauptgestalt Dietrich Heßling sie übernimmt:
... der Waffendienst und die Luft des Imperialismus hatten ihn erzogen und tauglich gemacht. Er versprach sich,... ein Bahnbrecher zu sein für den Geist der Zeit. Um diesen Vorsatz auch äußerlich an seiner Person kenntlich zu machen, begab er [5] sich am Morgen darauf in die Mittelstraße zum Hoffriseur Haby und nahm eine Veränderung mit sich vor, die er an Offizieren und Herren von Rang jetzt immer häufiger beobachtete. Sie war ihm bislang nur zu vornehm erschienen, um [10] nachgeahmt zu werden. Er ließ vermittels einer Bartbinde seinen Schnurrbart in zwei rechten Winkeln hinaufführen. Als es geschehen war, kannte er sich im Spiegel kaum wieder. Der von Haaren entblößte Mund hatte, besonders wenn [15] man die Lippen herabzog, etwas katerhaft Drohendes, und die Spitzen des Bartes starrten bis in die Augen, die Dietrich selbst Furcht erregten, als blitzten sie aus dem Gesicht der Macht.

(H. Mann, Der Untertan. München 1964, S. 76)

M 4   Ab wann beginnt der Mensch?

Karikatur aus dem „Simplicissimus". Der Offizier zu den neu eingezogenen Rekruten: „... und dann müßt ihr bedenken, als Zivilisten seid ihr hergekommen, und als Menschen geht ihr fort!"

M 5   Das wilhelminische Reich als Theater-Kulisse

Karikatur von 1902

M 6   Antisemitische Sehnsüchte

Kaiser Friedrich III. (er regierte nur wenige Monate 1888) weist die Juden aus Deutschland aus. Zugleich verkündet das Programm einer ▷ Antisemitischen Deutschsozialen Partei, 1889: „Auch in einem deutschsozialistisch eingerichteten Staate würde das Judentum, dessen Jahrtausende alte Geschichte die Unmöglichkeit seines Aufgehens in den Völkern beweist, der Pfahl in unserem Fleische sein und durch seine bösen Triebe und Einflüsse unser Volk zerfressen und verschlechtern ... Als ihr Ziel faßt die deutsch-soziale Partei die Aufhebung der Gleichberechtigung und die Stellung der Juden unter Fremdenrecht in Deutschland ins Auge."

(Aus: W. Mommsen, Deutsche Parteiprogramme, S. 74 f.)

Arbeitsaufgaben

① Welches Verständnis von Kaisertum und Monarchie zeigt sich in dem Gemälde und der dazugehörigen Beschreibung M 1?

② Vergleiche Anspruch und Wirklichkeit (M 1 und M 2). Erinnere dich dabei nochmals an die verfassungsmäßigen Rechte und Pflichten des Monarchen (vgl. S. 143). Kann ein moderner Staat so regiert werden? Wie laufen hier die wesentlichen politischen Entscheidungsprozesse?

③ M 3 spiegelt eine zeitgenössische Kritik am Stil Wilhelms II. wider, M 4 karikiert den Geist der Armee, M 5 den politischen Stil des Kaiserreichs insgesamt. Kannst du dies jeweils erläutern?

④ Von welchen Vorurteilen und Abneigungen gegen die Juden ist das Bild in M 6 geprägt? Welchen Konsequenzen hätte die Verwirklichung der politischen Ziele der Antisemiten-Partei für die Juden in Deutschland gehabt?

Politik im wilhelminischen Deutschland

Der Nationalismus, wie er im Kaiserreich gepflegt wurde, hatte auch gesellschaftliche Auswirkungen. Je mehr nämlich das Völkerleben vom Gedanken des Kampfes, ja Krieges bestimmt schien, desto mehr durchdrang <u>militärisches Denken</u> alle Bereiche des Lebens, desto mehr Ansehen konnte auch das Militär allenthalben erwarten. Es genoß einen gigantischen Vorschuß an Respekt gegenüber zivilen und deshalb nur „schlaffen" Autoritäten. Militärische Verhaltensweisen prägten den Umgangsstil selbst in Schulen und Ämtern. Auch Bismarck war nie anders als in Uniform vor den Reichstag getreten; zu Recht spricht man von ▷ <u>Militarismus</u> oder Militarisierung dieser Gesellschaft, und der Vorfall von Köpenick belegt dies in entlarvender Weise. Stabilisierend wirkte auch der überall geforderte <u>Untertanengeist</u>. Er sorgte dafür, daß der „einfache Mann" den „besseren Leuten" meist fraglos eine höhere Einsicht zusprach, daß selbst ein liberaler Bürgermeister staatliche Autoritäten – und traten sie auch nur in Gestalt von kleinen Offizieren auf – als gottgegebene Gewalten hinnahm, daß alle Arten von Vorgesetzten als solche zunächst einmal Respekt verlangen konnten, daß vor allem Diskussionen als höchst unnütze Form der Entscheidungsfindung betrachtet wurden. In Parolen vom Reichstag als Schwatzbude, vom überflüssigen Parteiengezänk, vom notwendigen starken Mann findet sich der <u>antidemokratische Niederschlag</u> dieses politischen Denkens. Ein nicht minder fragwürdiges Mittel, um Volk und autoritären Staat zu verbinden, war der im Kaiserreich von konservativer Seite oft geförderte ▷ <u>Antisemitismus</u>. Seit ein kaiserlicher Hofprediger in Berlin antisemitische Äußerungen verbreitete, galt diese Haltung als gesellschaftsfähig. Selbst Bismarck – persönlich völlig frei von antisemitischen Vorstellungen – setzte in politischen Auseinandersetzungen bedenkenlos antijüdische Parolen ein, um damit die Liberalen zu treffen, die – hier noch in der Tradition der Aufklärung – die Gleichberechtigung der Juden verteidigten. Da auch in der SPD viele jüdische Intellektuelle vertreten waren, ergab sich so ein weiterer Grund, diese Partei als vaterlandslos abzuleh-

Kleinstädtische Honoratioren am Bahnhof in Erwartung eines hohen Gastes

nen. 1889 wurde sogar eine kleine antisemitische Partei gegründet, die 1899 bereits Vorschläge präsentierte, die auf die <u>Entfernung der Juden aus der Gesellschaft</u> zielten. Bedrohlich an diesem Antisemitismus war, daß er sich ▷ „rassisch" verstand, so daß der vorgebliche Makel des Jude-Seins durch einen Religionsübertritt nicht mehr aufgehoben werden konnte.

Alle diese Versuche, mit dem Obrigkeitsstaat eine Identifikation und innerhalb der verschiedenen Schichten der Bevölkerung ein Gefühl der Zusammengehörigkeit zu erzielen, hatten einen entscheidenden Mangel: Mit der Verherrlichung des Militärs und des Untertanengeistes, mit dem Haß auf das Ausland und auf die Juden ließen sich keine modernen Städte gestalten oder Schulen aufbauen, kurz, die konkreten Probleme der anbrechenden Industriegesellschaft waren so nicht zu lösen.

So wurde die politische Inhalts- und <u>Perspektivenlosigkeit</u> der Begriffe „kaiserlich" oder „deutsch" meist durch Säbelrasseln übertönt. Das protzige Blenden, die schwülstige, aber <u>täuschende Fassade</u> ist ein Kennzeichen nicht nur vieler Bauten des Kaiserreichs, sondern auch seines politischen Stils. Symbolfigur hierfür war der junge Kaiser selbst. Mit 29 Jahren auf den Thron gelangt, prägte er zwar nicht die Jahrzehnte vor dem Ersten Weltkrieg, er gab ihnen aber seinen Namen: <u>wilhelminisches Zeitalter</u>. Begabt und aufgeschlossen für moderne Entwicklungen vor allem in Technik und Wissenschaft, war er auf der anderen Seite sehr von sich eingenommen. „Kein Augenmaß", so lautete das kritische Urteil Bismarcks über seinen jungen Herrn. Freilich überforderte ihn die Rolle vollkommen, die das staatliche System des Reiches ihm vorschrieb,

nämlich alles zu überblicken und zu koordinieren. Er brüstete sich damit, die Reichsverfassung nicht einmal gelesen zu haben. Hohle <u>Großsprecherei</u> wurde – von ihm ausgehend – vielfach das Markenzeichen deutscher Führungskräfte. Über alles liebte dieser Kaiser die Schau, vor allem die militärische. Das Milieu der Uniformen war sein Zuhause, und er freute sich insgeheim über jenen Streich von Köpenick, d.h. über die Wirksamkeit selbst eines abgewetzten Offiziersmantels. Der Monarch selbst verfügte über Hunderte von Uniformen, neue natürlich, die er oft mehrmals täglich wechselte. „Jeden Tag ist Maskenball", bemerkte eine der wenigen kritischen Stimmen am Hofe. Freilich, der Kaiser war nur so, wie ihn ein Großteil seiner Untertanen auch haben wollte.

Der Versuch, in Deutschland einen <u>nicht-demokratischen Weg</u> in die moderne Zeit zu finden, entpuppte sich somit als ein System hochproblematischer <u>Aushilfen und Ablenkungen</u>: Hinter einer Kulisse von auftrumpfendem Nationalismus herrschten Interessenegoismus, Stagnation und engstirniges Mißtrauen gegenüber „Reichsfeinden" innen und außen, fand sich eine zerklüftete Gesellschaft, die ihre Konflikte nicht durch Mehrheitsentscheidungen lösen konnte. Wenn der späteren Weimarer Republik (vgl. Bd. 4) nachgesagt wird, daß in ihr eine Übereinstimmung der Bürger über die Grundzüge der Staatsordnung gefehlt habe, so gilt dies somit in gewisser Weise bereits für das Kaiserreich. Zeitgenössische Kritiker, wie der Philosoph Nietzsche, bemerkten dies frühzeitig und prophezeiten in diesem geistigen Vakuum die Möglichkeit einer barbarischen Unkultur; sie wurde nicht zufällig wenige Jahrzehnte später Wirklichkeit.

Kaiser Wilhelm II. mit seinen Söhnen auf dem Weg zur Neujahrsparade 1901

Das Zeitalter des Imperialismus

Die Wohltaten der Kolonisation. Titelseite einer französischen Zeitschrift von 1911. Kleines Bild: Honoré Daumier, ‚Großbritannien „besetzt" Jamaika'. Karikatur aus ‚Le Charivari', 17.1.1866

Die Vernichtung der Hereros

Gouverneur Leutwein war kein Unmensch. Wenn die weißen Händler einen Herero erschossen – vielleicht wenn er handgreiflich geworden war, als sie die Wucherzinsen für ihre Kredite eintrieben –, so hörte er sich die Beschwerden der Stammesführer an. Er sorgte sogar dafür, daß ein paar Rinder als Entschädigung geliefert wurden. Natürlich, die Reibereien zwischen Eingeborenen und Weißen nahmen zu, seitdem nach 1900 immer mehr deutsche Siedler nach Deutsch-Südwest-Afrika (heute Namibia) gekommen waren und den Eingeborenen für einen Spottpreis – wenn überhaupt – das Land abgehandelt hatten. Immer wieder ließen sich die Afrikaner aber wie Kinder besänftigen.

Im Dezember 1903 mußte der Gouverneur tief in den Süden des Schutzgebietes, um nach dem Rechten zu sehen; einen Großteil der Schutztruppe nahm er mit. Da geschah das Unfaßbare. Die Hereros, der große Stamm in der Mitte des Landes, erhoben sich im folgenden Januar und schlugen mit unerwarteter Härte los; nach und nach schlossen sich auch andere Stämme dem Aufstand an. Keine einsam gelegene Farm war sicher. Die Besatzungen der Schutztruppenstationen – meist kleinere Einheiten – wurden niedergemacht. 123 Deutsche, Siedler und Soldaten, verloren ihr Leben. Mit den schwerfälligen deutschen Schutztruppen spielten die Hereros – kampfentschlossen und landeskundig, wie sie waren – Katz und Maus.

Der deutsche Generalstab kochte vor Wut: Leutwein sei ein gutmütiger Schwachkopf, ungeeignet für die nun geplante endgültige Lösung. „Der entbrannte Rassenkampf ist nur durch die Vernichtung einer Partei abzuschließen", das jedenfalls war die Meinung des Chefs des preußischen Generalstabes Alfred Graf von Schlieffen. Im Juni 1904 landete General von Trotha mit 14 000 Mann in Deutsch-Südwest.

Die Hereros führten den Krieg teilweise mit einigen erbeuteten Gewehren, aber sonst in ihrer traditionellen Weise. Nomaden, die sie waren, nahmen sie ihre Frauen und Kinder, ihr Hab und Gut, besonders ihre gesamten Viehherden mit sich. Sie brauchten große Wasserstellen. Diese waren rar. Östlich ihres Stammesgebietes erhob sich der Waterberg, jenseits davon erstreckte sich die Wüste Omaheke über 350 km weit bis zur Grenze zu Britisch-Betschuanaland. Von Wasserstelle zu Wasserstelle trieben nun die mit modernen Maschinengewehren ausgerüsteten Soldaten des Generals von Trotha die Hereros von Norden, Westen und Süden in das Gebiet des Waterbergs zusammen. Dort wurden die sich verzweifelt Wehrenden in einer Kesselschlacht im August vernichtend geschlagen. Den Rest des Volkes trieb man in die wasserlose Wüste, wo Mensch und Tier verendeten. Nur wenige retteten sich über die Grenze in die britische Nachbarkolonie. Als zu Beginn der Regenzeit deutsche Patrouillen bis zur Grenze vorstießen, bot sich ihnen ein Bild des Grauens. Der Bericht des Generalstabs formuliert in einer eigenartigen Ergriffenheit: „Da enthüllte sich ihrem Auge das grauenhafte Bild verdursteter Heereszüge. Das Röcheln der Sterbenden und das Wutgeschrei des Wahnsinns ... sie verhallten in der erhabenen Stille der Unendlichkeit!"

Sechs Jahre zuvor hatten die Briten in Südafrika im Unterwerfungskrieg gegen die Buren vorgemacht, wie man in großen „concentration camps" Massen von Aufständischen einsperrt und damit außer Gefecht setzt.

Überlebende Hereros 1906

In vergleichbaren Lagern in Deutsch-Südwest starben aufgrund der unmenschlichen Behandlung nochmals Tausende von Eingeborenen. Als Bilanz des grausamen Krieges ergibt sich, daß von ca. 70.000 Hereros nur 15.000 überlebten, rund ein Fünftel der ursprünglichen Bevölkerung. In der Folge erhoben sich auch andere Stämme, doch auch sie wurden blutig niedergeschlagen. Auf deutscher Seite fielen 1.500 Mann; 585 Millionen Goldmark kostete die Aktion den deutschen Steuerzahler.

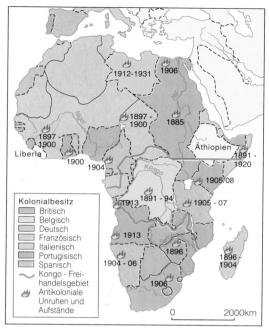

Deutsch-Südwest ist kein Einzelfall: Aufstände in Afrika vor 1914

Kolonialbesitz
- Britisch
- Belgisch
- Deutsch
- Französisch
- Italienisch
- Portugisisch
- Spanisch
- Kongo - Frei-handelsgebiet
- Antikoloniale Unruhen und Aufstände

0   2000km

Das Land der Schwarzen beschlagnahmte die Kolonialverwaltung. Den Eingeborenen war nur noch der Besitz kleiner Hofstellen und von etwas Kleinvieh gestattet. Sie mußten Arbeitsverträge mit den weißen Siedlern eingehen; die Stammes-verbände, die einen gewissen Schutz boten, wa-ren zerschlagen; eine einzige „farbige Arbeiter-klasse", wie ein Kolonialbeamter sagte, sollte der weißen Herrenschicht dienen.

Ein derartiges Vorgehen war keine Eigenart deut-scher Kolonialpolitik, auch die anderen europä-ischen Großmächte setzten rücksichtslos ihre überlegenen militärischen Mittel ein: „Whatever happens, we have got/the Maxim-gun, and they have not."

Die negativen Folgen dieser Phase europä-ischer Geschichte belasten die internationale Politik und das Leben der ehemaligen Koloni-alvölker bis in die Gegenwart. Sie stehen uns heute deutlich vor Augen, doch auch einzelne Zeitgenossen ahnten sie schon. Im deut-schen Reichstag gab es heftige Kritik, als die Gelder für die geschilderte Aktion gegen die Hereros bewilligt werden mußten; und in Eng-land erkannten kritische Journalisten, daß die Politik des ▷ „Imperialismus", das war ihre Bezeichnung für diese neue Form des

Kolonialismus, nicht nur die Kosten der Allge-meinheit auferlegte, sondern auch die politi-schen Wertvorstellungen in Großbritannien selbst zerstörte. Als das Bürgertum im 18. Jahrhundert mit Optimismus ein neues auf-geklärtes Zeitalter begrüßte, in dem Freiheit, Menschlichkeit und Toleranz herrschen soll-ten, durfte man erwarten, daß auch das Zu-sammenleben der Völker unter der Herr-schaft des Rechtes Kriege überflüssig ma-chen würde. Voltaire hatte die Eroberungslust beschränkter Potentaten verspottet, die glaubten, das Glück eines Staates hinge an einem „Haufen Erde". Doch 150 Jahre später hatte dieser Gedanke auch breite Massen der Bevölkerung der europäischen Staaten wie ein Fieber befallen. Sie waren von der Idee durchdrungen, der Besitz weiter Teile der Er-de stehe den Europäern zu, da sie den Völ-kern der Welt die Segnungen abendländi-scher Kultur zu vermitteln hätten. Und die Re-gierungen der Kolonialmächte waren sogar bereit, ganze Rassen und Völker auszurot-ten, die ihrem Anspruch entgegentraten.

Welche Kräfte in der Geschichte Europas muß man dafür verantwortlich machen, daß sich die besten Werte des Humanismus und der Aufklärung, die Ideen von Freiheit und Gleichheit, Menschenwürde und Völkerrecht, in der Praxis imperialistischer Politik in ihr Ge-genteil verkehrten?

Konzentrationslager – eine Erfindung imperialistischer Politik. Deutsche Karikatur (1901) über englische Lager in Südafrika

1. Das Deutsche Reich – eine neue Großmacht in der Mitte Europas

Die deutschen Bürger waren in ihrer Revolution 1848 damit gescheitert, einen ▷ Nationalstaat zu begründen, der zugleich ihren Anspruch verwirklicht hätte, als europäische Großmacht in Wirtschaft und Politik ein Wort in der Welt mitzureden. Großbritannien und Rußland widersetzten sich einer solchen Kräfteverschiebung. Sie hätte das Ende des europäischen ▷ Gleichgewichts bedeutet, auf dem der Friede Europas seit Jahrzehnten beruhte.

1871 war nun durch eine Reihe von Kriegen ein deutscher Nationalstaat erkämpft worden, den seine Bürger gefordert und den die wirtschaftliche Entwicklung in den deutschen Staaten vorbereitet hatte. Wer konnte ausschließen, daß der neue Staat seine militärische Kraft und wirtschaftliche Leistungsfähigkeit als Hebel seiner politischen Machtsteigerung nutzen würde? War eine weitere Kette von Kriegen vorprogrammiert?

M 1 Die französische Sicht der deutschen Reichsgründung: Das Blutbad (Farbdruck von 1870)

M 2 Ein englisches Urteil: Das ist die deutsche Revolution!

Der konservative Politiker Benjamin Disraeli in einer Unterhausrede (1871):
Dieser Krieg bedeutet die deutsche Revolution, ein Ereignis von größerer Bedeutung als die Französische Revolution des vergangenen Jahrhunderts. In gesellschaftlicher Hinsicht natürlich nicht tiefgreifender, nicht einmal gleichbedeu- ⁵tend. Wie die gesellschaftlichen Folgen einmal aussehen, wird die Zukunft lehren. Aber keines der Leitprinzipien unserer auswärtigen Politik, das bis vor sechs Monaten für jeden Staatsmann galt, hat noch Geltung ... Wir stehen vor einer ¹⁰neuen Welt; neue Einflüsse sind am Werk; neuen unbekannten Gegenständen und Gefahren gehen wir entgegen, die noch verhüllt sind in der Dunkelheit der neuen Lage. ... Was aber hat sich ereignet? Das Gleichgewicht der Kräfte ist völlig ¹⁵zerstört, und das Land, das davon am stärksten betroffen ist und sich betroffen fühlt, ist England.

(Ziegler/Stürmer; Das deutsche Kaiserreich. München (Oldenbourg) 1977, S. 19)

M 3 Die Voraussage eines Sozialdemokraten: Das Deutsche Reich endet in Krieg oder Revolution

Wilhelm Liebknecht vor dem Leipziger Reichsgericht in seinem Hochverratsprozeß (1872):
Seit 1866 steht die Existenz Preußens auf der Spitze des Schwerts. Die Schlacht von Königgrätz verloren, und Preußen hatte als Großmacht aufgehört. Eine entscheidende Niederlage in Frankreich, und Preußen war von der Landkarte ⁵gestrichen. Ein Staat wie Preußen kann aber des Kriegs nicht entbehren, vom Krieg sich nicht emanzipieren, und für jeden Erobererstaat, von dem die Geschichte uns Kunde gibt, ist noch der Moment gekommen, wo der Krieg keine Siege ¹⁰brachte. Und *nicht siegen* ist für den Erobererstaat gleichbedeutend mit Untergang. ...
Auf dem Schlachtfeld geboren, das Kind eines Staatsstreichs, des Krieges und der Revolution von oben, muß es ruhelos von Staatsstreich zu ¹⁵Staatsstreich, von Krieg zu Krieg eilen und entweder auf dem Schlachtfeld zerbröckeln oder der Revolution von unten erliegen. Das ist Naturgesetz.

(Zitiert nach Imanuel Geiss, Der lange Weg in die Katastrophe. München (Piper) 1990, S. 143)

M 4 — Das europäische Bündnissystem zur Zeit Bismarcks – Sicherheit vor Koalitionen?

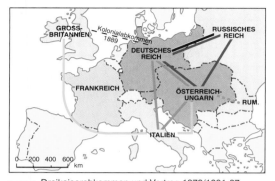

Dreikaiserabkommen und Vertrag 1873/1881-87
Zweibund 1879 — Rückversicherungsvertrag 1887
Dreibund 1882/87 — Mittelmeerabkommen 1887
Anschluß 1883/88

M 5 — Die Alpträume des Reichsgründers: Koalitionen gegen Deutschland

Während eines Kuraufenthaltes in Bad Kissingen skizzierte Bismarck sein außenpolitisches Gegenmittel (1877):

Ich wünsche, daß wir, ohne es zu auffällig zu machen, doch die Engländer ermutigen, wenn sie Absichten auf Ägypten haben: ich halte es in unserem Interesse und für die Zukunft [für] eine
5 nützliche Gestaltung, einen Ausgleich zwischen England und Rußland zu fördern. ... Wenn England und Rußland ... einig würden, so wären beide in der Lage, auf lange Zeit mit der Erhaltung des Status quo zufrieden zu sein ...
10 Ein französisches Blatt sagte neulich von mir, ich hätte „le cauchemar des coalitions"; diese Art Alp wird für einen deutschen Minister noch lange, und vielleicht auf immer, ein sehr berechtigter bleiben. Koalitionen gegen uns können auf west-
15 mächtlicher Basis mit Zutritt Österreichs sich bilden, gefährlicher vielleicht noch auf russisch-österreichisch-französischer. ... In der Sorge vor diesen Eventualitäten, nicht sofort, aber im Laufe der Jahre, würde ich als wünschenswerte Ergeb-
20 nisse der orientalischen Krise für uns ansehen: 1. Gravitierung der russischen und österreichischen Interessen und gegenseitige Rivalitäten nach Osten hin, 2. der Anlaß für Rußland, eine starke Defensivstellung im Orient und an seinen
25 Küsten zu nehmen, und unseres Bündnisses zu bedürfen, 3. für England und Rußland ein befriedigender Status quo, der ihnen dasselbe Interesse an der Erhaltung des Bestehenden gibt, wel-

ches wir haben, 4. Loslösung Englands von dem
30 uns feindlich bleibenden Frankreich wegen Ägyptens und des Mittelmeeres, 5. Beziehungen zwischen Rußland und Österreich, welche es beiden schwierig machen, die antideutsche Konspiration gegen uns gemeinsam herzustellen ...
35 Wenn ich arbeitsfähig wäre, könnte ich das Bild vervollständigen und feiner ausarbeiten, welches mir vorschwebt: nicht das irgendeines Ländererwerbs, sondern das einer politischen Gesamtsituation, in welcher alle Mächte außer Frankreich
40 unserer bedürfen, und von Koalitionen gegen uns durch ihre Beziehungen zueinander nach Möglichkeit abgehalten werden ...

(Zitiert nach: Hans Fenske, Im Bismarckschen Reich: 1871-1890. Darmstadt (Wissenschaftliche Buchgesellschaft) 1978, S. 177/78)

M 6 — Deutsche Kolonien – eine Störung für das europäische Gleichgewicht?

Englische Karikatur von 1885: Der gefräßige Bursche. Auf den Kuchenstücken stehen die Namen „Newguinea" und „Angra Pequena". Angra Pequena wird Teil von Deutsch-Südwestafrika.

Arbeitsaufgaben

① Weshalb war das Deutsche Reich von Beginn an gefährdet? (Erinnere dich an die Vorgeschichte der Reichsgründung [s. S. 101])
② In welchen Punkten stimmen die so unterschiedlichen Urteile über das Deutsche Reich überein (M 1 – M 3)?
③ Welche der Argumente erscheinen dir stichhaltig, welche eher abwegig?
④ Mit welchen Mitteln will Bismarck der außenpolitischen Gefährdung des Reiches entgegenwirken (M 5)?
⑤ Wie beurteilst du die Erfolgsaussichten seines Konzeptes (vgl. auch M 6)?

Die Reichsgründung und das europäische Gleichgewicht

Der amerikanische Präsident hatte Bismarck 1871 zur Errichtung des Deutschen Reiches gratuliert. Wer buchstäblich so weit vom Schuß dieser neuen Militärmacht lag, die in vier Jahren zwei der europäischen Großmächte besiegt hatte, mochte ohne Vorbehalte freundliche Worte finden; die europäischen Nachbarn hatten da ganz andere Gefühle. Darüber war sich Bismarck klar. Schon nach der Niederlage Österreichs hatte er 1866 besorgt seiner Frau geschrieben, daß seine militärischen Mitstreiter – der König eingeschlossen – zu vergessen drohten, daß „wir nicht allein in Europa leben, sondern noch mit drei Mächten, die uns hassen und neiden".

Der Donner preußischer Kanonen vor Paris hatte 1870 das europäische Konzert nun endgültig aus dem Takt gebracht. Deutschland habe eine Revolution gemacht, das europäische Gleichgewicht zähle zu den Opfern, behauptete schon am 9. Februar 1871 der konservative Benjamin Disraeli im britischen Unterhaus. Seine Botschaft war deutlich: England hatte bisher stets eine europäische Koalition gegen die Macht geschmiedet, die den Kontinent allein beherrschen wollte. Das Reich vor diesen Folgen seiner Gründung zu bewahren, wurde der Leitgedanke der Außenpolitik Bismarcks. Das Reich habe keinerlei Absichten, weiter zu wachsen, gar großdeutsche Ziele zu verfolgen, es sei „saturiert", erklärte der Kanzler beruhigend den europäischen Nachbarn. Vor Vertrauten zeigte er sich überzeugt, daß ein europäischer Krieg das Reich vernichten würde.

Bismarcks Sorgen vor einer antideutschen Koalition verdichteten sich zu einem wahren „Alptraum", wie er selber bekannte. Seine Überlegung war, daß es Deutschland immer so einrichten müsse, daß Frankreich isoliert bleibe und alle anderen Mächte in jeder Krisensituation der deutschen Hilfe bedürften. Doch das Konzept ließ sich nicht verwirklichen, die Zeit der Kabinettspolitik war vorüber, auch wenn Bismarck an ihr festhalten wollte. Das Wachstum der Bevölkerung und der Industrie war die Antriebskraft, die das europäische Machtgleichgewicht verschob, das der Kanzler im Interesse der deutschen Sicherheit bewahren wollte. „Bleigewicht am Stehaufmännchen Europa" sollte das Reich sein. Dazu kamen Entwicklungen, die dem Einfluß des Kanzlers ohnehin entzogen waren, wie der allmähliche Zerfall des Osmanischen Reiches. England und Frankreich wollten seine Besitzungen in Afrika übernehmen, die Habsburger Dop-

Des Reichskanzlers Stellung seit 1870. Karikatur im „Kladderadatsch", 8.7.1888: „Die dreizehnte Arbeit des Herkules"

pelmonarchie und Rußland es auf dem Balkan beerben. Die Völker dieses Raumes verlangten den Nationalstaat, der nicht nur den Bestand des Osmanischen Reiches bedrohte, sondern auch die österreichisch-ungarische Doppelmonarchie gefährdete. Vor allem gerieten sich die ungebetenen Erben auch untereinander in die Haare. Mit diesen Problemen befaßte sich 1878 ein Kongreß, zu dem Bismarck auf Wunsch der Teilnehmer nach Berlin einlud. Auch wenn es gelang, den aktuellen Konflikt zu entschärfen, das Verhältnis der europäischen Mächte zueinander verschlechterte sich.

Der Kanzler eröffnete eine neue Phase der Bündnispolitik. Der 1879 zunächst nur für fünf Jahre abgeschlossene Zweibund mit Österreich sollte sich zum Rückgrat der deutschen Politik bis zum Ende der Monarchien herausbilden. Der Dreikaiservertrag (1881) zog erneut – wie schon das Dreikaiserabkommen von 1873 – Rußland an Deutschland und Österreich heran. Während sich in diesem Vertrag die Partner zu wohlwollender Neutralität verpflichteten, garantierte der Dreibund (1882), der Italien mit den Zweibundmächten verband, unter bestimmten Voraussetzungen auch militärischen Beistand. Als das Dreikaiserabkommen nicht verlängert werden konnte, sollte der Rückversicherungsvertrag

(1887) die Bindung zwischen Deutschland und Rußland aufrechterhalten. Bismarck zielte mit seinem System darauf ab, Frankreich zu isolieren und einen Krieg zu vermeiden. Wie er dem deutschen Kronprinz erklärte, sollte „das eine Schwert das andere in der Scheide halten".

Das deutsch-englische Verhältnis wurde zum Angelpunkt aller weiteren Entwicklung, denn wenn England auf die Seite der Gegner Deutschlands trat, war das Reich schon von vornherein bei den Verlierern. Grundsätzlich hatten beide Mächte keine Konflikte, doch durch die Behinderung englischer Interessen bei der kolonialen Aufteilung der Welt gefährdete Bismarck sein eigenes Konzept. Zwar schien ihm der Nutzen von Kolonien höchst fragwürdig, aber wenn es Wahlen zu gewinnen gab, dann konnte er auch das Thema des Erwerbs von Kolonien für Deutschland auf die Tagesordnung setzen. Damit konnte man zugleich Frankreich ablenken und England unter Druck setzen. 1884 wurde auch deswegen von Bismarck zusammen mit Frankreich in Berlin eine Kongo-Konferenz organisiert, um britischen Ansprüchen auf rohstoffreiche Territorien Afrikas entgegentreten zu können und die Briten den deutschen Wünschen zu öffnen. So legte Bismarck in den Jahren 1884/85 mit der Erwerbung von Südwestafrika, Ostafrika, Togo, Kamerun, Neuguinea und einigen Südseeinseln den Grundstock eines deutschen Kolonialreiches,

das die Nachfolger trotz sehr viel größerer Anstrengungen kaum erweitern konnten.

Der Widerspruch zwischen dem kunstvollen Geflecht der Bündnisse und einer Politik, die bewußt die Spannungen an den Rändern Europas verschärfte, führt viele Historiker zu der Wertung, das „System Bismarck" sei schon vor Abgang des Kanzlers gescheitert und nicht erst durch unfähige Nachfolger plump zerbrochen worden. Der in diesen Jahren erworbene Kolonialbesitz Deutschlands belastete die deutsche Außenpolitik so, wie es Bismarck selbst erwartet hatte. Einfach verkaufen aber ließ sich der Ballast nicht wieder. Die deutsche Öffentlichkeit heulte schon auf, als deutsche Besitzansprüche in Ostafrika und Sansibar den Engländern im Tausch für die Insel Helgoland übertragen wurden.

Das Reich war aus der Sicht der Bürger gegründet worden, damit nun endlich Dampf gemacht werden konnte, und ebensowenig wie sich das allgemeine gleiche Wahlrecht wieder einkassieren ließ, so wenig ließen sich die überseeischen Erwerbungen wieder abstoßen, wenn andere europäische Mächte ihren Anspruch auf Weltgeltung aus ihrem Kolonialbesitz ableiteten. Die Tür zur Kolonialpolitik war vom Kanzler selbst aufgestoßen worden, seine Nachfolger glaubten, sie müßten nun auch den Weg in die „Weltpolitik" beschreiten.

Bismarck als Präsident der Kongo-Konferenz (1884/85) im Reichskanzleramt in Berlin: „Weltpolitik" wider Willen?

2. Greater Britain – das größere Britannien: Ein Beispiel, das Schule macht

Seit dem 18. Jahrhundert hatte Großbritannien den Ländern des Kontinents ein Beispiel gegeben. Auf der Insel war das Parlament zur Herrschaft gelangt, und die industrielle Revolution hatte dort ihren Ursprung genommen. Englische Außenpolitiker hatten den Gedanken vom europäischen Konzert erfunden. Das Gleichgewicht der Mächte aber erlaubte es den Briten, die eigene Kraft für ihre überseeischen Besitzungen zu reservieren: Kolonien in allen Teilen der Erde. Dabei kam es ihnen weniger auf die Herrschaft über die Welt an, sondern auf den wirtschaftlichen Nutzen ihres Besitzes. Die Flotte war der Schlüssel zu Wohlstand und Weltmachtstellung. Vor allem die Reichtümer Indiens entzündeten die Phantasie der übrigen europäischen Völker. Aber auch aus englischer Sicht war Indien die Perle des Kolonialreiches.

Als sich die Machtverhältnisse in Europa verschoben – der Kontinent hatte von England gelernt –, waren wieder die Briten die ersten, die ihrem Kolonialbesitz einen völlig neuen Sinn abzugewinnen vermochten. Was lag näher, als daß die europäischen Konkurrenten wieder bei ihnen in die Schule gingen? Imperialismus hieß die Lektion, doch wo gab es für sie das „Indien", das die Engländer schon besaßen?

M 1   Gott und die englische Rasse

Der britische Kolonialpolitiker Cecil Rhodes (1877):
Ich behaupte, daß wir die erste Rasse in der Welt sind und daß es für die Menschheit um so besser ist, je größere Teile der Welt wir bewohnen. Ich behaupte, daß jedes Stück Land, das unserem
5 Gebiet hinzugefügt wird, die Geburt von mehr Angehörigen der englischen Rasse bedeutet, die sonst nicht ins Dasein gerufen worden wären. Darüberhinaus bedeutet es einfach das Ende aller Kriege, wenn der größte Teil der Welt in un-
10 serer Herrschaft aufgeht. ... die Förderung des britischen Empire mit dem Ziel, die ganze zivilisierte Welt unter britische Herrschaft zu bringen, die Wiedergewinnung der Vereinigten Staaten, um die angelsächsische Rasse zu einem einzigen Weltreich zu machen. Was für ein Traum! ... 15
Da [Gott] sich die englischsprechende Rasse offensichtlich zu seinem auserwählten Werkzeug geformt hat, durch welches er einen auf Gerechtigkeit, Freiheit und Frieden gegründeten Zustand der Gesellschaft hervorbringen will, muß es 20 auch seinem Wunsch entsprechen, daß ich alles in meiner Macht Stehende tun muß, um jener Macht so viel Spielraum und Macht wie möglich zu verschaffen.

(Zitiert nach: Wolfgang Mommsen, Der Imperialismus – Seine geistigen, politischen und wirtschaftlichen Grundlagen. Hamburg (Hoffmann u. Campe) 1977, S. 48/49)

M 2   Das Bewußtsein der Kraft

Englischer Schlager aus dem Jahr 1878, dessen Ausruf „by Jingo" Kennzeichen der Anhänger britischer Weltreichspolitik wurde:

We don't want to fight;
But by Jingo, if we do,
We've got the ships,
We've got the money too.

(Zitiert nach: The Oxford dictionary of English etymology. Oxford (Oxford University Press), S. 496)

M 3   Hotel Ägypten: Besetzt!

Amerikanische Karikatur von 1896

Die deutsche Konkurrenz

*Aus einem Artikel der „Saturday Review"
(11.9.1897):*
England mit seiner langen Geschichte des erfolgreichen Ausgreifens, mit seiner wundervollen
Überzeugung, es verbreite bei der Verfolgung
seiner eigenen Interessen Licht unter den Völ-
5 kern, die in der Dunkelheit sitzen, und Deutschland, Bein vom gleichen Bein, Blut vom gleichen
Blut, wetteifert mit ihm in jeder Ecke des Globus,
vielleicht mit weniger Willenskraft, aber vielleicht
mit schärferer Intelligenz. ... Wo immer der Bibel
10 die Flagge gefolgt ist und der Handel der Flagge
folgte, da kämpfte der deutsche Handlungsrei-
sende mit dem englischen Hausierer. Ist irgend-
wo ein Bergwerk auszubeuten, eine Eisenbahn
zu bauen, ein Eingeborener von der Brotfrucht zu
15 Fleischkonserven zu bekehren, von der Tempe-
renz zum Branntweinhandel, kämpfen Engländer
und Deutsche darum, der Erste zu sein. Eine Million kleiner Streitigkeiten häufen sich zu der größten Kriegsursache, die die Welt je gesehen hat.
20 Wenn Deutschland morgen ausgelöscht wäre, so
gäbe es übermorgen keinen Engländer auf der
Welt, der nicht um so reicher sein würde. Völker
haben jahrelang um eine Stadt oder um ein Erb-
folgerecht gerungen; müssen sie nicht um 250
25 Millionen Pfund jährlichen Handelswertes kämpfen? ... Ceterum censeo, Germaniam esse delen-
dam ...

(Zitiert nach W. Lautemann/M. Schlenke (Hrsg.), Geschichte in Quellen, Das
bürgerliche Zeitalter. München (bsv) 1980, S. 577, 578)

Das englische Empire

1876 vermehrte sich die Zahl der europäischen
Kaiser um einen weiteren: zu dem russischen Zaren Alexander und dem österreichischen Kaiser
Franz Joseph und neben den deutschen Kaiser
Wilhelm trat die englische Königin Victoria, der
von ihrem konservativen Premierminister Disraeli
der Titel einer „Kaiserin von Indien" förmlich auf-
gedrängt worden war. Wie konnte es zu einer solchen „Thronerhebung" für eine Monarchin kommen, die schon viele Jahrzehnte als englische
Königin regierte und einem funktionierenden
▷ parlamentarischen System vorstand?
Ein Grund lag in der britischen Innenpolitik: Nach
dem Wahlsieg der Liberalen 1868 nahmen die
Konservativen sich des Themas Kolonien an. Die
deutsche Reichseinigung gab einen weiteren
Anstoß. Disraeli wies als Führer der Opposition
England den Weg zur Weltpolitik, um den relati-
ven Machtverlust der Briten in Europa aufzufan-
gen. Disraeli wollte durch imperiale Politik auch
den englischen Arbeiter an seine Partei binden:
Gerade die arbeitenden Schichten seien stolz
darauf, Bürger eines „Imperial country" zu sein,
dessen Größe sie bewahren wollten. Schon 1870
hatte eine britische Arbeiterdelegation die Monarchin darum gebeten, die Regierung möge die
Auswanderung der Arbeitslosen in die überseei-

Proklamation des Kaiserreichs Indien am Neujahrstag
1877. Der Vizekönig vertritt die britische Königin Victoria, nunmehr Kaiserin von Indien.

Arbeitsaufgaben

① Worauf führen Engländer ihre Überlegenheit
über andere Völker zurück (M 1, 2, 4)? Können dich die Gründe überzeugen?
② Welche Ziele verfolgen die Briten mit ihren kolonialen Erwerbungen (M 1, 4)?
③ Welches Schicksal wird den farbigen Völkern
zugedacht (M 1, 4)?
④ Welche Schwierigkeiten werden in den Kolonien, welche in Europa auftreten (M 3, 4)?
⑤ Gibt es Gruppen, die in England selbst einen
Vorteil von den Kolonien haben werden (M
4)?

schen Besitzungen Britanniens finanziell fördern, um die Not in der Monarchie zu lindern. Angesichts der 1873 einsetzenden Wirtschaftskrise, die ganz Europa ergriff und die sozialen Spannungen verschärfte, mußten solche Überlegungen noch an Überzeugungskraft gewinnen. Aus der Sicht der Konservativen wurde es jetzt die Pflicht eines jeden englischen Politikers, soweit wie möglich „unser koloniales Weltreich wiederaufzubauen". Im Zentrum der Überlegungen stand nach wie vor Indien. 1858 hatte Großbritannien nach der Niederwerfung eines Aufstandes den Subkontinent direkt der Leitung der Krone unterstellt. Der Einfluß anderer europäischer Konkurrenten war abzuwehren: Das Zarenreich durfte keinen Zugang zum Mittelmeer gewinnen, Frankreich mußte aus Nordafrika ferngehalten werden. Die Briten sicherten sich durch den Kauf von Aktien die Kontrolle über den von Franzosen erbauten Suez-Kanal und unterstellten dann 1882 Ägypten, das völkerrechtlich den Türken gehörte, direkt ihrer Herrschaft. Dieses Datum gilt als der Beginn des Hochimperialismus. Die direkte Beherrschung eines Territoriums ersetzte das bis dahin geübte Verfahren informeller Herrschaft. Die Erkenntnis, daß die „freien" Räume auf der Welt bei der steigenden Zahl von Interessenten zwangsläufig immer schneller schrumpften, führte zu dem Streben, sich möglichst viele von diesen Räumen endgültig zu reservieren. Es galt, „Schürfrechte für die Zukunft" abzustecken. Viele Briten beteiligten sich an der Entwicklung politischer Theorien, mit denen sich das „Anstreichen der Welt in den eigenen Farben" schlüssig begründen ließ. Diese „Imperialismustheorien", zu denen auch die übrigen Europäer ihre Beiträge lieferten, stellten jeweils unterschiedliche Gesichtspunkte in den Vordergrund. Disraeli hatte 1872 ein Grundmuster der Argumentation vorgegeben. Ausdrücklich stellte er möglichen finanziellen Belastungen den moralischen und politischen Gewinn des Empire gegenüber, das die Nation groß mache und Menschen von Tieren unterscheide. Während Disraeli den englischen Vorrang politisch begründete, verschärfte der Kolonialpolitiker und spätere Ministerpräsident der Kapkolonie Cecil Rhodes den Gedanken der Ungleichheit mit dem Argument, die englische Rasse sei überlegen (▷ Rassismus).

Der englische Kolonialminister hatte 1877 der Herrschaft noch sehr humane Ziele vorgegeben. Es sei Aufgabe, den Völkern des Empire „ein politisches System" zu geben, in dem jeder „frei von Unterdrückung und Benachteiligung" leben kön-

Cecil Rhodes (1853–1902):„Geld ist das Blut der anderen" (Karikatur in „Le Rire", 1900)

ne. Der Gedanke der Treuhandschaft bildete den Kern der imperialistischen Idee bei den Briten und bestimmte der Absicht nach ihre Praxis. Der Grundsatz der Förderung der Selbstverwaltung und der Erziehung einer politischen Elite in den Kolonien wird der englischen Herrschaft bis heute gutgeschrieben. Wenn sich die Farbigen allerdings der britischen Führung verweigern wollten, dann mußten eben die Waffen für Ordnung sorgen. Die Engländer waren 1893 die ersten, die Maschinengewehre gegen die Eingeborenen rattern ließen, um Ostafrika auf der Linie vom Kap bis nach Kairo für Großbritannien zu gewinnen. Die englische Bevölkerung stand in ihrer Mehrheit hinter solchen Aktionen. Die Berichte der englischen Massenpresse badeten förmlich im Blut, das in den Kolonialkriegen floß. Vornehmere Geister hielten sich an den Dichter Kipling, der von der „Bürde des Weißen Manns" sprach, weil die Weißen den „neuen störrischen Völkern" ihr „bestes Blut" hingeben müßten.

Das veränderte das politische Klima. Die Regierenden hatten auf solche Stimmungen Rücksicht zu nehmen, auch wenn sie sich gegen europäische Mächte richteten. Und die deutsche Handelskonkurrenz erregte große Sorge. Deutschland baute eine Schlachtflotte, das war aus englischer Sicht ein Angriff auf das Empire. Es wurde Zeit, die Konflikte um Kolonien zu bereinigen und nach europäischen Verbündeten gegen das Reich zu suchen.

3. Frankreichs Beitrag: Revolution und Zivilisation

	Jahre	Exporte	Importe
Großbritannien	1894-1903	30,42	21,27
	1904-1913	34,75	25,71
Frankreich	1894-1903	11,20	9,86
	1904-1913	12,61	10,58
Deutschland	1894-1903	0,35	0,10
	1904	0,62	0,37
Italien	1894-1903	0,30	0,04
	1904-1913	1,55	0,21
Japan	1894-1903	2,72	1,66
	1904-1913	7,80	6,85

Frankreich hatte mit seiner Revolution 1789 den Gedanken der Menschen- und Bürgerrechte in die politische Praxis umgesetzt und das Prinzip der Volkssouveränität verwirklicht. Aus einer solchen Position heraus verbot es sich eigentlich, fremde Völker zu unterwerfen. Aber bereits Kaiser Napoleon, der sich als Vollender der Revolution verstand, hatte diesen Gedanken verworfen und im Interesse der Absicherung seiner Stellung nach innen die Völker in der Mitte Europas unterjocht. Die Bourbonen hatten diese Methode seiner Politik übernommen. Um innenpolitischen Druck abzufangen, hatte Frankreich 1830 Algier und sein Hinterland besetzt, und ein Neffe Napoleons hatte in den sechziger Jahren Indochina für Frankreich in Besitz genommen.

Wie sollte sich die Republik in der Frage des Erwerbs von Kolonien verhalten? Um die Prinzipien der Revolution zu verwirklichen, für die Freiheit der Völker der Welt eintreten, oder sie zivilisieren zur höheren Ehre Frankreichs?

M 1 Der Nutzen der Kolonie

Aus einer französischen Schrift, Paris 1874:
Die große Nützlichkeit der Kolonien liegt nicht allein darin, daß sie als Auffangbecken für den Bevölkerungsüberschuß der Metropole dienen, und auch nicht darin, daß sie für deren über-
5 schüssige Kapitalien ein Betätigungsfeld unter besonders rentablen Bedingungen eröffnen. ... Darüber hinaus wird durch sie der Handel des Mutterlandes zu dynamischer Entfaltung angeregt, wird die Industrie aktiviert und in Gang ge-
10 halten; die Bevölkerung des Vaterlandes, Industrielle, Arbeiter und Verbraucher erlangen durch sie wachsende Profite, Löhne und Annehmlichkeiten ...

(Zitiert nach: Peter Alter, Der Imperialismus. Stuttgart (Klett) 1979, S. 20)

M 2 Die Bedeutung des Kolonialhandels

Kolonialhandel wichtiger Kolonialmächte in %-Anteilen am gesamten Handel:

M 3 Was sollen die Afrikaner lernen?

Eine Schule in Algerien um 1860. (Text auf der Tafel: Meine Kinder, liebt Frankreich, euer neues Vaterland.)

M 4 Die Konkurrenz der Rassen und der Ruf Frankreichs

Aus einem Vortrag des ehemaligen französischen Außenministers Gabriel Hanotaux (1901):
In weniger als einem halben Jahrhundert wird die Welt aufgeteilt sein; die noch freien Länder werden okkupiert und die neuen Grenzen definitiv gezogen sein. Für neue Expansionen wird kein Platz mehr sein, es sei denn, um den Preis 5 schrecklicher Erschütterungen ... es geht darum, über die Meere hinweg in gestern noch unzivilisierten Ländern die Prinzipien der Zivilisation auszubreiten, deren sich eine der ältesten Nationen der Erde sehr zu Recht rühmen kann; es geht 10 darum, in unserem Umkreis und in weiter Ferne

so viele neue Frankreichs zu schaffen wie möglich; es geht darum, inmitten der stürmischen Konkurrenz der anderen Rassen, die sich alle auf
15 denselben Weg begeben haben, unsere Sprache, unsere Sitten, unser Ideal, den Ruf Frankreichs und des Romanentums zu bewahren.

(Zitiert nach: Peter Alter, Der Imperialismus. Stuttgart (Klett) 1979, S. 26)

Arbeitsaufgaben

① Vergleiche die kolonialpolitischen Argumente der Franzosen mit denen der Engländer. Beziehe das Bild S. 167 mit ein.
② Scheinen dir diese Argumente sachlich berechtigt (M 2)?
③ Mit welchen Materialien könnte man beweisen, daß die Franzosen ein eigenes Konzept der Kolonisierung verfolgt haben?
④ Gibt es Ziele, die auf die besondere Geschichte Frankreichs zurückgeführt werden können?

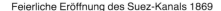

Das französische Kolonialreich seit Napoleon III.

Am 16. November 1869 wurde der Suez-Kanal eröffnet: ein neues Zeitalter hatte begonnen, das jedenfalls war das einhellige Urteil der mehr als 30 000 Teilnehmer der glanzvollen Eröffnungszeremonie. Der Kanalbau war zwar das private Projekt des Franzosen Ferdinand Lesseps, doch ohne die fördernde Unterstützung seines Kaisers Napoleon III. hätte es sich kaum verwirklichen lassen. Gekrönte Häupter, Staatsmänner und Diplomaten befuhren erstmals mit ihren Fürstenschiffen die neue Wasserstraße zwischen Abendland und Morgenland, die ein Werk des „Völkerfriedens" sein sollte. Die praktische Bedeutung war die, daß der Kanal den Seeweg von London nach Kalkutta um ein Drittel verkürzte.

Zweifellos hat die Eröffnung des Kanals eine neue Epoche der internationalen Politik eingeleitet. Moderne Verkehrswege, Eisenbahnen, Telegraphenverbindungen wurden das Rückgrat der europäischen Herrschaft über die Welt. „Kolonisieren heißt transportieren", nannte der belgische König Leopold diesen Zusammenhang.

Es war kein Zufall, daß gerade Franzosen in Ägypten einen Kanal gebaut haben; ihr Blick ruhte auf Afrika, seit Napoleon I. die Revolutionskriege bis nach Ägypten getragen hatte. Nach 1852 setzte Napoleon III. die imperiale Politik seines Onkels fort. Der Kanalbau war ein willkommener Anlaß, den Franzosen zu zeigen, daß Frankreich wieder den Platz an der Spitze der europäischen Nationen eingenommen hatte. Ihr Kaiser trat als der moderne Herrscher auf, der sich zum Sachwalter der europäischen Nationalbewegungen machte und den Geist der französischen Zivilisa-

Feierliche Eröffnung des Suez-Kanals 1869

Titelseite einer französischen Zeitschrift (1885)

tion bis nach Indochina in Asien trug. Den Ruhm Frankreichs zu mehren, das war Teil der Politik des Charles Louis Napoleon Bonaparte, mit der in Frankreich nach 1848 die Folgen der Revolution überwunden worden waren. Noch wichtiger war der innenpolitische Teil seiner Herrschaftsmethode: statt politischer Mitwirkungsrechte wurde den Franzosen materieller Wohlstand und Gloire in Aussicht gestellt: und tatsächlich, die 50er Jahre brachten den endgültigen Durchbruch der Industrialisierung, und Frankreich bewies im Krieg auf der Krim seine militärische Leistungsfähigkeit. Denn auch wenn Napoleon verkündet hatte, das Empire bedeute den Frieden, so gehörte der Krieg zum Wesen seiner Herrschaft. Seine Gefangennahme in Sedan 1870 war zugleich das Ende seines Regierungssystems in Frankreich, das die Zeitgenossen als „Imperialismus" kennzeichneten. Tief gedemütigt durch die Niederlage gegen Deutschland und den Verlust von Elsaß und Lothringen, richtete sich die Energie der französischen Politik darauf, durch eine Heeresreform auch militärisch wieder zu der Großmacht aufzusteigen, die Frankreich seine verlorenen Provinzen zurückbringen konnte.

1880 war der innenpolitische Kampf um die Staatsform Frankreichs mit der endgültigen Durchsetzung der republikanischen Regierungsform soweit abgeschlossen, daß die Republik neue Zeichen setzen konnte, mit der sie die Franzosen an sich binden wollte: die Marseillaise wurde zur französischen Nationalhymne erklärt und der 14. Juli zum Nationalfeiertag der Franzosen. Und die Republik bekannte sich auch zum Programm kolonialer Erwerbungen.

Auf diesem Feld war Großbritannien der Hauptkonkurrent, der sich durch die französischen Ansprüche in Afrika peinlich gestört sah. Bismarck suchte den sich anbahnenden Konflikt zu verschärfen, indem er die französischen Wünsche wohlwollend förderte. Vielleicht konnte man so Frankreich von seinen Revancheplänen abbringen. Vollends galten die englischen und französischen Interessen als unvereinbar, nachdem ein Zusammentreffen von Truppen beider Länder am Nil bis an den Rand eines Kriegs geführt hatte (s. S. 186).

Die Franzosen betrieben ihre Kolonialpolitik so, wie es ihnen Napoleon nach 1798 in Europa vorgemacht hatte: die eroberten Gebiete wurden als eine Art Verlängerung des Mutterlandes aufgefaßt. Die französischen Kolonialgebiete sollten nach dem Prinzip der Assimilation Frankreich politisch, rechtlich und ökonomisch völlig gleichgestellt werden. Für die Masse der Eingeborenen hatte dieses Prinzip allerdings praktisch keine Bedeutung, da ihnen der Rang des gleichberechtigten Staatsbürgers vorenthalten bleib, vor allem in den Gebieten, die als Protektorat gar nicht die Stellung einer französischen Kolonie erhielten.

Die Wirkung der Politik der Assimilierung ist allerdings bis heute nicht zu verkennen. Mit einer vergleichsweise kleinen Zahl französischer Beamter gelang es, im kolonisierten Raum die französische Sprache und Kultur, Elemente des Rechts-, Erziehungs- und Verwaltungssystems so tief zu verwurzeln, daß sie bis heute in den inzwischen selbständigen Staaten als wertvolles Erbe bewußt gepflegt werden und so wirksam geblieben sind.

4. Kolonien: „Bürde" für die Weißen oder für die Farbigen?

Europa drückte der Welt im 19. Jahrhundert seinen Stempel auf, es hatte das Geld, die Schiffe, die Menschen – und die Waffen, so brachte ein englischer Schlager 1878 die Tatsache der europäischen Überlegenheit auf den Punkt (s. S. 174).

Zu Beginn des Jahrhunderts war etwa die Hälfte der Erdoberfläche in der Hand von Staaten, die in Europa lagen oder selbst aus europäischen Kolonien hervorgegangen waren. 1878 war dieser Anteil auf zwei Drittel gestiegen; 1914 lag er dann bei 85%. In dieser letzten Phase hatten die Europäer vor allem Afrika in ihre Obhut genommen, gerade weil dieser Erdteil noch in den siebziger Jahren wie ein weißer Fleck auf der Landkarte erschien.

Was aber bedeutete die Herrschaft der Europäer für die Bewohner dieses Kontinents, aus dem viele in den Jahrhunderten zuvor als Sklaven verschleppt worden waren? Würde sich das Los der Afrikaner verbessern, wenn die Weißen zu ihnen kamen, zunächst als Forscher und Missionare, um ihnen den Glauben, dann aber als Händler und Siedler, um ihnen die „Segnungen der Zivilisation" zu bringen? Das Schicksal der Afrikaner steht hier stellvertretend auch für das der farbigen Bewohner anderer Erdteile, die von den imperialistischen Mächten beherrscht werden sollten.

M 1   **Welche Vorteile haben die Farbigen?**

a) Ein deutscher Missionar präsentiert seinen Posaunenchor.

b) Der Staatssekretär des Reichskolonialamts von Dernburg (1908):

Es gibt ... eine große Anzahl von Leuten, die da glauben, ... daß man durch Ausübung von Druck auf die Urbevölkerung oder durch Erlaß von allen möglichen Verordnungen nun die ganze Natur
5 dieser Leute binnen kurzem würde umändern können ... für sie handelt es sich darum, in verhältnismäßig kurzer Zeit Geld zu verdienen ... an den Lasten, die Kriege und Aufstände bringen, tragen sie zudem nicht mit. ...

Ich stelle den Satz an die Spitze, den die Petition 10 der Farmer in Ostafrika auch trägt, nämlich daß das wichtigste Aktivum in Afrika der Eingeborene ist. Nur mit ihm kann (der Weiße) seinen Boden bestellen lassen und nur mit ihm Handel betreiben. Ohne ihn wäre jede Kolonisation Ostafrikas 15 ausgeschlossen ...

Wir müssen eine kräftige, gerechte, vertrauenswerte Verwaltung dort einführen und halten, wir müssen vor allen Dingen den Leuten beibringen, daß sie von der deutschen Herrschaft einen Vor- 20

teil haben. Das ist ihnen schwer beizubringen, schon deshalb, weil die Vorteile, die sie bisher hatten, sehr gering waren gegenüber den Nachteilen, welche die deutsche Verwaltung für sie
25 nach ihrem Empfinden in bezug auf die Abänderung ihrer Gewohnheiten, auf Steuerzahlen, Kontrollen usw. gehabt hat. ...

(Zitiert nach: Historisches Lesebuch 2. Frankfurt (Fischer), S. 348-351)

c) Titelbild der Zeitschrift „Kolonie und Heimat": „Die Wirkung des elektrischen Stromes auf einen Neger" (1910)

M 2 Die andauernden Folgen der kolonialen Herrschaft

a) In der Wirtschaft

– Anteil der Hauptexportprodukte am Gesamtexport 1980

Länder	Hauptexport-produkt	Exportanteil in %
Uganda	Kaffee	97
Zambia	Kupfer	87
Burundi	Kaffee	87
Kuba	Zucker	83
Ghana	Kakao	74
Sudan	Baumwolle	65

– Ungleicher Tausch: ein Beispiel (1982)
Schweiz Tansania
1 Schweizer Uhr = 14,2 kg Kaffee
(3 Arbeitsstunden für (21 Arbeitsstunden
Entwicklung und Her- für Anbau, Pflege,
stellung) Ernte und Versand)

b) In der Kultur: Völker ohne Wurzeln (ein Zeitungsartikel aus Kenia vom 19.12.1976):
Es ist wieder einmal Weihnachten, und alle sind heiter gestimmt. Die meisten sind glücklich, weil sie, ob Christen oder nicht, Ferien haben, und wenn man Ferien hat, ist man normalerweise auch glücklich. Aber irgend etwas ist seltsam an 5 der Art, wie wir in Kenia Weihnachten feiern. An der ganzen Feier haftet etwas völlig Unafrikanisches. Einmal ist es einfach unangemessen, mitten in den Tropen Christbäume mit Baumwolle zu dekorieren. Was symbolisiert die Baumwolle? 10 Sie soll uns an Schnee erinnern. ... Sogar die Karten, die wir während dieser Festtage an unsere Freunde schicken, sind meistens mit Winteransichten geschmückt und stellen Schneelandschaften dar. ... Warum müssen wir so blind Din- 15 ge nachäffen, die uns fremd sind?
Ein Volk ohne Kultur ist wie ein Baum ohne Wurzeln.

(Zitiert nach: Al Imfeld (Hg.), Verlernen, was mich stumm macht – Lesebuch zur afrikanischen Kultur. (Unionsverlag) 1980, S. 26)

c) Im Stil der politischen Herrschaft

„Kaiser Bokassa" von Zentralafrika (1979 gestürzt)

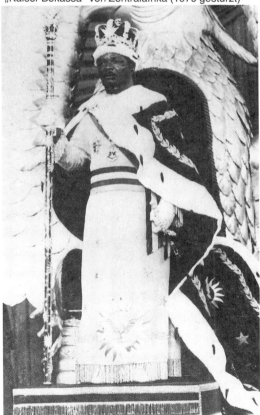

Arbeitsaufgaben

① Welche Methoden des Umgangs mit den Afrikanern kannst du aus den Bildern ablesen (M 1)?
② Auf welche „Erfolge" waren die Europäer augenscheinlich besonders stolz?
③ Welche wirtschaftlichen, psychischen und kulturellen Folgen hat die Herrschaft der Europäer offensichtlich bis heute, auch nach der Unabhängigkeit der ehemaligen Kolonien (M 2)?

Das Schicksal der Kolonialvölker

Als am 15. November 1884 in Berlin die Kongokonferenz (s. S. 173) eröffnet wurde, für die Afrikaner das wichtigste Ereignis der modernen Geschichte des Kontinents, saß keiner von ihnen am Konferenztisch im Berliner Reichskanzleramt, ebensowenig wie hundert Jahre zuvor Indianer oder Farbige am Tisch gesessen hatten, als die amerikanische Verfassung unterzeichnet worden war. (s. S. 26) Jetzt war eine amerikanische Delegation dabei, da es ja um den Kampf gegen die Sklaverei im Kongo gehen sollte, so jedenfalls hatte der belgische König Leopold behauptet. Es sollte ein Ergebnis der Konferenz sein, daß der König praktisch das ganze Kongo-Becken zu seinem Privatbesitz machen konnte. Und koloniale Erwerbungen waren auch das Motiv für die Teilnahme der übrigen Länder, auch wenn es ein offizielles Ziel der Konferenz war, „auf Mittel zur Hebung der sittlichen und materiellen Wohlfahrt der eingeborenen Völker bedacht" sein zu wollen.

Tatsächlich ging es um die Freizügigkeit des Handels und die Regelung der Inbesitznahme des afrikanischen Territoriums, die Entdeckung und Hebung der Schätze Afrikas. Die Konferenz lieferte den Startschuß für das anschließende „Wettrennen um Afrika" (Scramble for Africa), nach dem Urteil eines schwarzafrikanischen Historikers „das schlimmste Verbrechen des Imperialismus überhaupt". Afrika und seine Bewohner waren auf der Konferenz als bloßes Objekt behandelt worden, die Kolonialpolitik sollte diesen Grundsatz auch in die Praxis umsetzen. Die „Wilden" sollten zivilisiert werden, und das war kein bloßes „idealistisches" Gerede. Es hatte blutige Folgen, wenn Wirtschaft und Verwaltung so effektiv werden sollten, daß die neuen Territorien auch einen Gewinn für ihre Herren abwerfen konnten. „Das Endziel jeder Kolonisation ist", so

rechtfertigte der deutsche Gouverneur Leutwein seine militärische Aktion gegen die Eingeborenen in Südwestafrika, „von allem idealen und humanitären Beiwerk entkleidet, schließlich doch nur ein Geschäft." Und wenn es um das Geschäft ging, dann waren Verträge mit den Afrikanern nicht das Papier wert, auf denen sie standen. Fassungslos beklagten sich afrikanische Häuptlinge in deutscher Sprache beim deutschen Reichstag, daß sich nicht einmal die deutschen Kolonialbehörden an vertragliche Abmachungen hielten. Die brutale Gewaltanwendung beschränkte sich aber nicht auf die militärischen Aktionen. Sie war allgegenwärtig, damit die Eingeborenen überhaupt zur Arbeit getrieben werden konnten, die ihnen in der verlangten Form bisher unbekannt geblieben war. Teilweise wurde ihnen auferlegt, eine bestimmte Warenmenge abzuliefern. Nichtlieferung hatte schwere Mißhandlungen durch die Weißen zur Folge. Teilweise wurden sie aber auch mit einer ihnen bislang unbekannten Kopfsteuer belegt, die sie zwang, bezahlte Arbeit bei weißen Siedlern anzunehmen, damit sie überhaupt in den Besitz von Geld kamen, das sie für die Steuerzahlung benötigten.

Eine Ansichtskarte aus Deutsch-Ostafrika von 1906

Durch die von den Kolonialherren importierten Normen für Eigentum und Besitz litten besonders die Stämme, bei denen die Viehherden Lebensgrundlage und Besitz darstellten, die aber kein Eigentum an Grund und Boden kannten. Nachdem sich weiße Siedler dieses Land vertraglich gesichert hatten, mußten sie kämpfen oder untergehen.

Auch wenn die europäischen Kolonialmächte unterschiedliche Konzepte gegenüber den beherrschten Territorien verfolgten, so war der Alltag der Unterworfenen doch sehr ähnlich. Wenige Hundert Beamte sollten Räume von der Größe Europas kontrollieren; das Ergebnis konnte mit europäischen Normen von Rechtsprechung und Verwaltung nichts gemein haben. Einzelne weiße Siedler und Händler führten das Wort, sie vor allem wollten das schnelle Geld. Die vorgefundenen Wirtschaftsformen der eingeborenen Bevölkerung wurden gnadenlos zerstört. Der Anbau von „Kolonialwaren" wurde begünstigt, aus denen die Industrieländer hochwertige Produkte oder Nahrungsmittel gewannen. Die damals angelegten großen Plantagen für den Anbau einer einzigen Frucht (Monokultur) bestimmen die Wirtschaft einzelner Regionen bis in die Gegenwart. Ein eigentlicher Warenaustausch zwischen den Eingeborenen, von denen die Kolonialwaren produziert worden waren, und den Industriestaaten kam aber nicht zustande. Alkohol war das nach Afrika meist importierte Gut. Über 40% der

Weltalkoholproduktion ging im Jahre 1882 in diesen Kontinent. Dabei wurden die Austauschverhältnisse (terms of trade) im Laufe der Jahre für die Kolonialvölker immer ungünstiger. Diese Entwicklung hat auch angehalten, nachdem die Staaten politisch unabhängig geworden sind. Handelsstatistiken und Steuerlisten zeigen, wie ungleich die erarbeiteten Güter verteilt wurden.

Der ökonomische Nutzen der in den letzten Jahrzehnten erworbenen Kolonien wurde allerdings kritischen Bürgern in Europa immer fragwürdiger. Sie waren es auch, die den Begriff ▷ „Imperialismus" prägten. Sie wollten nachweisen, daß die Beherrschung überseeischer Territorien für die europäischen Massen selbst gar keinen Vorteil brachte, sondern eher das politische Denken der Europäer belastete. Ihr Einfluß auf die Politik des Imperialismus blieb allerdings gering, die Praxis kolonialer Herrschaft gar konnten sie erst recht nicht verändern. Der Politik des Imperialismus wurde in den Staaten Europas eine wichtige Rolle für die Stabilisierung ihrer eigenen inneren Verhältnisse zugeschrieben.

Die koloniale Aufteilung der Welt 1914

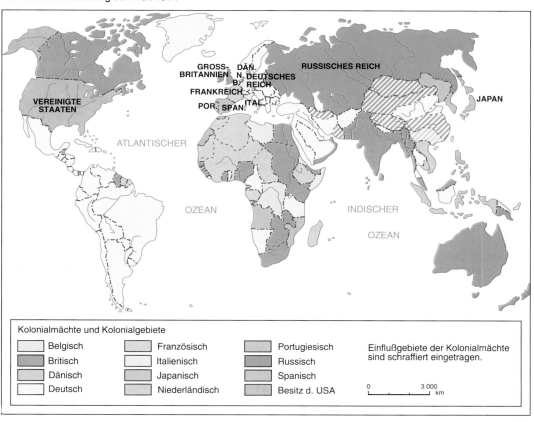

Kolonialmächte und Kolonialgebiete

Belgisch	Französisch	Portugiesisch	Einflußgebiete der Kolonialmächte sind schraffiert eingetragen.
Britisch	Italienisch	Russisch	
Dänisch	Japanisch	Spanisch	
Deutsch	Niederländisch	Besitz d. USA	0 3 000 km

5. Der weltweite Kampf ums Dasein: Die Zerstörung des europäischen Gleichgewichts

Die Aufteilung der Welt hatte nicht nur zerstörerische und langanhaltende Wirkungen auf die kolonisierten Länder, sie veränderte auch das Verhältnis zwischen den Kolonialmächten selbst: als Großmacht galt nach ihrer eigenen Einschätzung nur noch diejenige, die überseeische Besitzungen kontrollierte. Die Bürger verlangten von ihren Regierungen „sichtbare Erfolge", immer mehr Teile der Weltkarte sollten in den „eigenen Farben gestrichen" werden; dabei spielte der mögliche wirtschaftliche Ertrag eines Gebietes keine Rolle mehr. Deshalb verschärften sich nicht nur die internationalen Konflikte um die Kolonialgebiete, sondern sie veränderten auch das Denken der Europäer. Wie sollte aber der Friede bewahrt werden, wenn für die Mächte im „Kampf ums Dasein" nur noch der eigene Sieg zählte, Kompromisse und Verhandlungslösungen aber als Zeichen der Schwäche gewertet wurden?

M 1 Deutschland verlangt seinen Platz an der Sonne

Der Staatssekretär des Auswärtigen Amtes, Graf Bülow (Reichskanzler 1900–1909), im Reichstag 6.12.1897):
Wir empfinden ... nicht das Bedürfnis, unsere Finger in jeden Topf zu stecken. Aber allerdings sind wir der Ansicht, daß es sich nicht empfiehlt, Deutschland in zukunftsreichen Ländern von
5 vornherein auszuschließen vom Mitbewerb anderer Völker (Bravo!) Die Zeiten, wo der Deutsche dem einen seiner Nachbarn die Erde überließ, dem anderen das Meer und sich selbst den Himmel reservierte, wo die reine Doktrin thront
10 (Heiterkeit – Bravo!) – diese Zeiten sind vorbei. Wir betrachten es als eine unserer vornehmsten Aufgaben, gerade in Ostasien die Interessen unserer Schiffahrt, unseres Handels, unserer Industrie zu fördern und zu pflegen ...
15 Wir konnten aber nicht zugeben, daß sich in China die Ansicht festsetzte, uns gegenüber sei erlaubt, was man sich anderen gegenüber nicht herausnehmen würde. (Sehr richtig! und Bravo!) ... Wir müssen verlangen, daß der deutsche Mis-
20 sionar und der deutsche Unternehmer, die deutschen Waren, die deutsche Flagge und das deutsche Schiff in China genauso geachtet werden, wie diejenigen der anderen Mächte (Lebhaftes Bravo). Wir sind endlich gern bereit, in Ostasien
25 den Interessen anderer Großmächte Rechnung zu tragen, in der sicheren Voraussicht, daß unsere eigenen Interessen gleichfalls die ihnen gebührende Würdigung finden. (Bravo!) Mit einem Wort, wir wollen niemand in den Schatten stellen, aber wir verlangen auch unseren Platz an der
30 Sonne ...

(Zitiert nach: Hans Fenske, Unter Wilhelm II. Darmstadt (Wissenschaftliche Buchgesellschaft) 1982, S. 131-133)

M 2 Kein Frieden im wirtschaftlichen Kampf ums Dasein?

a) Der deutsche Soziologe Max Weber in seiner Freiburger Antrittsvorlesung (1895):
Es gibt keinen Frieden auch im wirtschaftlichen Kampf ums Dasein ... Nicht Frieden und Menschenglück haben wir unseren Nachfahren mit auf den Weg zu geben, sondern den ewigen Kampf um die Erhaltung und Emporzüchtung un-
5 serer nationalen Art. Und wir dürfen uns nicht der optimistischen Hoffnung hingeben, daß mit der höchstmöglichen Entfaltung wirtschaftlicher Kultur bei uns die Arbeit getan sei und die Auslese im freien und friedlichen ökonomischen Kampfe
10 dem höher entwickelten Typus alsdann von selbst zum Siege verhelfen werde ...

(Max Weber, Der Nationalstaat und die Volkswirtschaftspolitik, in: ders., Ges. pol. Schriften. Tübingen 1958, S. 23)

b) Der Industrielle Hugo Stinnes in einem Gespräch mit dem Führer des Alldeutschen Verbandes Heinrich Class im Herbst 1911:
... Lassen Sie noch drei bis vier Jahre ruhiger Entwicklung, und Deutschland ist der unbestrittene wirtschaftliche Herr in Europa. Die Franzosen
15 sind hinter uns zurückgeblieben, sie sind ein Volk der Kleinrentner. Und die Engländer sind zu wenig arbeitslustig und ohne den Mut zu neuen Unternehmungen. Sonst gibt es in Europa niemanden, der uns den Rang streitig machen könnte.
20 Also drei oder vier Jahre Frieden, und ich sichere die deutsche Vorherrschaft über Europa im stillen.

(Zitiert nach: W. Mommsen, Imperialismus. Ein Quellen- und Arbeitsbuch. Hamburg (Hoffmann u. Campe) 1977, S. 145)

M 3 Die deutsche Flotte: Das Thema des deutschen Kaisers

a) Rede Kaiser Wilhelms II. in Krefeld am 20. Juni 1902:

... Für Sie ist es eine Notwendigkeit, daß eine starke, mächtige Flotte die Handelsflagge beschirmt, damit Sie in Ruhe Ihre Erzeugnisse überall absetzen können. Damit glaube Ich in der

5 Tat für alle Städte, welche Industrie und Handel pflegen, das Sicherste und Beste geleistet zu haben, was Ich konnte, indem Ich meine ganze Kraft einsetzte, um unsere Macht auf dem Wasser zu entwickeln. Ich bin der festen Überzeu-

10 gung, daß mit jedem Kriegsschiff, welches den Stapel verläßt, die Sicherheit und Ungestörtheit des Friedens zunehmen wird und damit auch die Sicherheit für Ihre Arbeit. ...

(Zitiert nach: Wolfgang Mommsen, Imperialismus – Ein Quellen- und Arbeitsbuch. Hamburg (Hoffmann u. Campe) 1977, S. 134)

b) Kaiser Wilhelm II.: „Unsere Zukunft liegt auf dem Wasser"

Deutsche „Reichs-Colonial-Uhr" (um 1900). Text der Spruchbänder: Kein Sonnenuntergang in unserem Reich, Unsere Zukunft liegt auf dem Wasser

M 4 Weltpolitik: ein Thema der Innenpolitik

Von der Zentrumspartei herausgebrachte Postkarte zur Reichstagswahl 1912

Arbeitsaufgaben

① Welche Aufgaben werden in den öffentlichen Erklärungen der deutschen Politiker einer Flotte zugeschrieben (M 1, 3)? Welche Staaten wären danach auf eine Flotte angewiesen?

② Welche politischen Chancen erwartet die deutsche Öffentlichkeit vom Besitz einer Flotte (M 3, 4)?

③ Prüfe die Aussage (M 1), daß durch Flotte und koloniale Erwerbungen Deutschlands niemand in den Schatten gestellt werde (vgl. M 4, S. 175, M 4, S. 177)

④ Welche Rolle soll die deutsche Wirtschaft übernehmen (M 2)?

⑤ Nimm Stellung zu der Behauptung von Max Weber (M 2a), daß es nicht Aufgabe seiner Zeit gewesen sei, „Frieden und Menschenglück" den „Nachfahren mit auf den Weg zu geben" (du bist einer der Nachfahren).

In der englischen Karikatur aus dem Oktober 1898 fordert John Bull den Franzosen auf, seine Flagge wieder einzupacken und nach Hause zu gehen.

Weltpolitik

In dem sudanesischen Ort Faschoda am Nil stießen 1898 französische und englische Kolonialtruppen aufeinander. Die Kräfteverhältnisse machten einen Kampf überflüssig. Zwar hatte der französische Hauptmann Marchand als erster „Flagge gezeigt", doch was sollte er mit seinen 50 Soldaten gegen die englische Armee Sir Herbert Kitcheners ausrichten? Es war nicht das erste Mal, daß sich Briten und Franzosen in Nordafrika in die Quere kamen, und daß Frankreich nun wieder ausgebootet werden sollte, erbitterte die französische Öffentlichkeit zutiefst. Ein Krieg war zum Greifen nahe, da lenkte Frankreich ein: Der französische Außenminister wollte nicht, daß Deutschland aus dem französisch-britischen Konflikt Nutzen ziehe, für ihn blieb die Revanche für 1870 die Richtschnur französischer Außenpolitik. Und auch die Briten steckten zurück, für sie war der blutige Krieg in Südafrika von größerer Bedeutung, in dem sie 350 000 Soldaten gegen 60 000 Buren aufzubieten hatten. Der Faschoda-Konflikt dagegen ließ sich friedlich lösen: der Sudan blieb britisch, Frankreich aber sollte Kompensationen in Nordafrika erhalten.
Eine solche Umverteilung war für die Mächte möglich, die schon etwas hatten. Wenn allerdings neue Esser am Tisch auftauchten, dann sah die Lage anders aus, dann wurden die Kuchenstücke für alle kleiner. Und gleichzeitig mit den USA, Japan und Italien hatte sich mit dem Deutschen Reich ein neuer Gast vernehmlich angemeldet, der seinen Anspruch mit dem Hinweis auf seine wirtschaftliche Macht und seine wachsende Bevölkerung geltend machte. Wenn Deutschlands Regierung auch einen „Platz an der Sonne" verlangte, dann griff sie damit eine Forderung auf, die unterschiedliche Gruppen im Reich schon lange gestellt hatten.
„Wir müssen begreifen, daß die Einigung Deutschlands ein Jugendstreich war, den die Nation auf ihre alten Tage beging und seiner Kostspieligkeit halber besser unterlassen hätte, wenn sie der Abschluß und nicht der Ausgangspunkt einer deutschen Weltmachtpolitik sein sollte", erklärte ein Freiburger Professor 1895.
Der Kaiser fand eine noch eingängigere Formel: „Deutschlands Zukunft liegt auf dem Wasser!", donnerte er und traf die Flottenbegeisterung der Deutschen, Matrosenkleider waren der Renner der Kindermode. Selbst Gewerkschaftler fragten sich, ob der Kaiser hier nicht recht haben könnte. Schon 1848 hatten die Bürger eine Flotte als Symbol des geeinten Nationalstaates verlangt. Jetzt allerdings sollte mit den Schiffen „Weltpolitik" gemacht werden. Eine Flotte müsse den deutschen Handel schützen und ihm den Zugang zu den Märkten in Übersee freihalten. Solche Ar-

Bürgerliche Familie um 1910

gumente konnten auch die Bürger überzeugen, die sich aus vermeintlich wohlerwogenen finanziellen Interessen für Kolonien aussprachen. Der Blick auf die damaligen Waren- und Geldströme zeigt jedoch, daß der Handel mit den eigenen Kolonien kaum von Bedeutung war. Die guten Geschäfte machten die Industrienationen untereinander. Die angeblich so handelsneidischen Briten waren die besten Kunden der deutschen Industrie, während die eigenen Kolonien kaum ein halbes Prozent zum deutschen Außenhandel beitrugen.

Die Öffentlichkeit dagegen glaubte an einen mörderischen Handelskrieg, der nur die Vorstufe einer militärischen Auseinandersetzung im Kampf ums Dasein darstelle, in dem die Flotte das Überleben sichern sollte. Was Interkontinentalraketen in der zweiten Hälfte des 20. Jahrhunderts, das waren zu seinem Beginn die Schlachtschiffe. Sie bewiesen die Leistungsfähigkeit der Wirtschaft und Technik eines Landes, und Flottenrüstung war Anspruch auf Teilhabe an der Weltpolitik. Das jedenfalls war die Botschaft der deutschen Flotte, und die Engländer verstanden sie nur zu gut. Was wollten diese Deutschen mit Schlachtschiffen, mit denen sie nur die britische

Flotte bedrohen konnten? Die Engländer, für die ihre Seemacht und das Empire untrennbar zusammengehörten, verfolgten die nächsten Schritte der Deutschen mit Argwohn. Was aber nun das konkrete Ziel der deutschen Weltpolitik war, blieb unbestimmt, niemand wußte, welche Territorien die Deutschen nun für sich unbedingt reservieren wollten. In Jerusalem erklärte Kaiser Wilhelm II. in einer theatralischen Schau, das Heilige Land stehe unter deutschem Schutz. Als Frankreich begann, Marokko zu „durchdringen", d.h. faktisch von sich abhängig zu machen, fuhr zweimal ein deutsches Kriegsschiff vor der marokkanischen Küste auf, um den deutschen Mitspracheanspruch zu demonstrieren. Ein unklarer Zickzack-Kurs bestimmte das Erscheinungsbild deutscher Außenpolitik, jede europäische Macht fühlte sich letztlich als Opfer, und was lag da näher, als daß man sich zusammenschloß?

Die Sorge vor der deutschen Flotte führte die Briten dazu, sich mit den Franzosen zu einer „Entente" zu verbinden. Offensichtlich war das Empire in Europa zu verteidigen: Deutschland war mit seiner Flotte der Herausforderer, koloniale Ansprüche der Franzosen erschienen dagegen zweitrangig.

Mit einer Flotte aus Stahl wollte der Kaiser die Welt beeindrucken. Doch die Verwirklichung seines Wunschtraumes – der Aufbau der deutschen Flotte zur zweitstärksten der Welt – trieb einen politischen Keil zwischen Deutschland und England; militärisch blieb die Flotte im Weltkrieg ohne Nutzen.

Das erste Kaiserwort im neuen Jahrhundert.

„Wie Mein Grossvater für Sein Landheer, so werde auch Ich für Meine Marine unbeirrt in gleicher Weise das Werk der Reorganisation fort- u. durchführen."

6. Die Rückkehr der weltweiten Konflikte nach Europa

Nicht in der Nordsee fand die Seeschlacht statt, die das europäische Kräfteverhältnis neu ordnete, sondern fern im Chinesischen Meer, und nicht Deutschland und England standen sich gegenüber, sondern Rußland und Japan.
Wie konnte es passieren, daß dieser Zusammenstoß im fernsten Osten die Konflikte in Europa bis zur Siedehitze eines Krieges verschärfte? Warum scheiterte hier endgültig Bismarcks Konzept, durch die Ableitung der Konflikte an die Peripherie die europäischen Spannungen zu verringern?

M 1 **Rußlands Rolle in der Weltpolitik**

Aus einer Denkschrift des russischen Finanzministers Sergej Witte an den Zaren (1893):
Wenn Rußland im Besitz der Länder zwischen den Ufern des Pazifik und des Himalaja ist, wird es nicht nur die Geschichte Asiens, sondern auch die Europas bestimmen. Rußland steht am Ran-
5 de dieser beiden so verschiedenen Welten und verkörpert deshalb eine Welt für sich. Sein unabhängiger Platz in der Familie der Völker und seine besondere Rolle in der Weltgeschichte ergeben sich nicht nur aus seiner geographischen Lage,
10 sondern vor allem aus dem eigenständigen Charakter seiner politischen und kulturellen Entwicklung. ... Im asiatischen Osten hat Rußland seit langem die Mission kultureller Erleuchtung im Geiste jener Prinzipien auf sich genommen, die
15 seiner eigenen Entwicklung einen besonderen Charakter gegeben haben.

(Zitiert nach: P. Alter, Der Imperialismus. Stuttgart (Klett) 1979, S. 43/44)

M 2 **Der Rüstungswettlauf und seine Kosten**

b) Die außenpolitischen Folgen – August Bebel im Reichstag (9.11.1911):
So wird man eben von allen Seiten rüsten und wieder rüsten, ... bis zu dem Punkte, daß der eine oder andere Teil eines Tages sagt, lieber ein Ende mit Schrecken als ein Schrecken ohne Ende ...
5 Sie kann auch sagen, wenn wir länger warten, dann sind wir der Schwächere statt der Stärkere. Dann kommt die Katastrophe. Alsdann wird in Europa der große Generalmarsch geschlagen, auf den hin 16 bis 18 Millionen Männer, die Män-
10 nerblüte der verschiedenen Nationen, ausgerüstet mit den besten Mordwerkzeugen, gegeneinander als Feinde ins Feld rücken ... die Götterdämmerung der bürgerlichen Welt ist im Anzuge."

(Zitiert nach: W. Mommsen, Der autoritäre Nationalstaat. München (Fischer) 1990, S. 390)

c) Die innenpolitischen Folgen

„Der Militarismus als Schützer unseres Heims." Zeichnung von Rata Langa, 1903

a) die finanziellen Folgen:

		Deutschland	England	Frankreich	Rußland
Militärausgaben (Mio Mark):	1905	1064	1263	991	1069
	1910	1377	1367	1177	1435
	1914	2111	1491	1327	2050
Anteil der Militärausgaben an den Staatsausgaben (Durchschnitt 1900–1913):		36%	49%	37%	36%
Militärausgaben pro Kopf der Bevölkerung (1912/13):		63 Mark	54 Mark	67 Mark	20 Mark

M 3 Das europäische Bündnissystem vor dem Ersten Weltkrieg

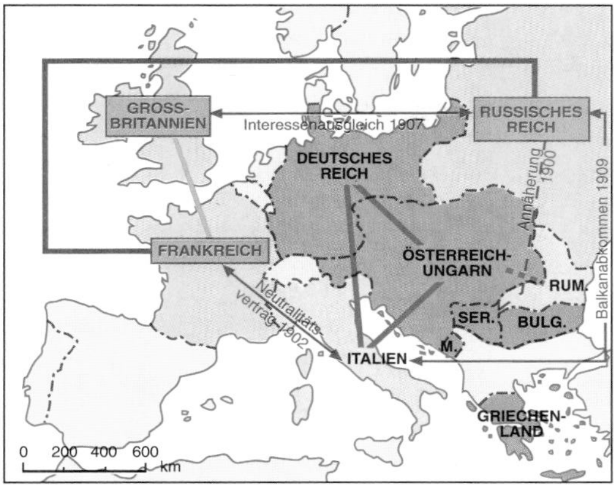

Deutsch-österr. Zweibund
Triple Entente
1. Balkanbund 1912
Dreibund (mit angeschlossenen Staaten)
Entente cordiale 1904
Franz.-russ. Zweibund 1892/94
Sonstige Abkommen u. Verträge
M. = Montenegro
Ser. = Serbien

Arbeitsaufgaben

① Warum veränderte eine russische Niederlage in Ostasien die Kräfteverhältnisse in Europa?
② Rüstung sollte die Sicherheit der Mächte gewährleisten (M 2). Weshalb trug sie eher zur Verschärfung der inneren und äußeren Gegensätze bei und machte deshalb einen Krieg wahrscheinlicher?
③ Seit der Jahrhundertwende bildeten sich feste Bündnissysteme in Europa heraus. Welche Nachteile ergaben sich aus dieser Entwicklung? Warum war sie für Deutschland besonders ungünstig (Erinnere dich an die außenpolitischen Zielvorstellungen Bismarcks! [s. S. 172])?

Rüstungswettlauf und Kriegsgefahr

Japanische Torpedoboote versenkten am 8. Februar 1904 einen Teil der russischen Flotte im Fernen Osten im Hafen von Port Arthur. Ursache dafür, daß sich nun die Russen am Pazifik befanden, war eine von Rußland gebaute und Frankreich finanzierte transsibirische Eisenbahn zur imperialen Erschließung des asiatischen Kontinents. Die Japaner aber suchten Siedlungsräume in Korea. Im Mai 1905 vernichteten japanische Schiffe in der Meerenge von Tsuschima die russische Ostseeflotte, die zur Befreiung der russischen Basis dorthin entsandt worden war.

Die russische Niederlage kann in ihren Folgen für die Weltpolitik kaum überschätzt werden. Rußland galt seit Jahrzehnten als die mächtigste Militärmacht des Kontinents, indes war es ein Koloß auf tönernen Füßen: die Wirtschaft unterentwickelt, die Verwaltung korrupt. Ruhmlos war es nun durch Japan geschlagen worden, dem Amerikaner und Europäer an sich auch das Schicksal einer Kolonie zugedacht hatten. Erst seit wenigen Jahrzehnten betrieb der Inselstaat eine Modernisierung und Industrialisierung nach westlichem Vorbild, wobei er sich besonders an Deutschland orientierte. Konnte nun Japan seinerseits das Vorbild der jungen Nationalbewegungen in Asien und Afrika werden?

In Rußland waren revolutionäre Unruhen in St. Petersburg die Folge der Niederlagen. Das autokratische Rußland war offensichtlich damit gescheitert, den Vorsprung der europäischen Industriestaaten aufzuholen. In dieser Situation griff die russische Regierung zu einem auch anderswo bewährten Rezept, ein verstärkter Nationalismus sollte die innenpolitische Situation absichern: Rußland sei die Mutter und Beschützerin aller slawischen Völker, vor allem jener, die noch unter fremdem Joch schmachteten. Diese Panslawismus genannte Politik richtete sich vor allem gegen Österreich-Ungarn, in dem sehr viele Slawen lebten. Der Balkan wurde das zentrale Interessenfeld russischer Politik. Die nationalistische Propaganda verstieg sich bis zur Behaup-

Seeschlacht bei Tsuschima

tung eines schicksalhaften Kampfes zwischen Slawen und Germanen – eine Parole, die auf deutscher und österreichischer Seite durchaus ihre Entsprechung fand. Ein auf ein Jahrzehnt angelegtes Rüstungsprogramm begleitete diese russische Wende zurück nach Europa, genauer nach Südosteuropa.

Die offenbare russische Schwäche veranlaßte die Engländer zu einer Neuorientierung: angesichts der Gefahr einer deutschen Hegemonie wollten sie Rußland stützen. Der für unversöhnbar gehaltene Gegensatz zwischen „Walfisch und Bär" verblaßte, und beide Mächte kamen 1907 zu einer Absprache über ihre territorialen Streitpunkte in der Welt. Sie bot zugleich die Grundlage für eine diplomatische Zusammenarbeit zwischen England, Frankreich und Rußland in Europa. Dieser Triple-Entente stand das Bündnis zwischen Deutschland und Österreich gegenüber. Das friedenssichernde Prinzip des europäischen Gleichgewichts war damit endgültig aufgegeben.

Deutschland empfand die neue Situation als „Einkreisung". Die aber war Folge seiner eigenen offensiv-bedrohlichen Außenpolitik, von der die Reichsführung schon aus innenpolitischen Gründen nicht lassen konnte und wollte (s. S. 162). Darüberhinaus hatte es sich an den schwächsten Partner gekettet und glaubte um seiner eigenen Sicherheit willen, dessen weitere Schwächung nicht zulassen zu dürfen. Eine ähnliche Sorge bestimmte Frankreich in seiner Haltung gegenüber seinem Partner Rußland.

Seit 1907 mußte sich das Reich endgültig auf einen Zweifrontenkrieg gleichzeitig mit Frankreich und Rußland gefaßt machen. Der Bismarcksche „Alptraum" drohte in Erfüllung zu gehen. Der deutsche Generalstab legte sich auf einen einzigen Plan fest, der in jeder denkbaren Kriegssituation in Europa angewendet werden mußte. Frankreich und Rußland waren in jedem Fall auszuschalten. Frankreich sollte mit einer einzigen Vernichtungsschlacht beseitigt werden, ehe dann Rußland niederzuringen war. Der Chef des deutschen Generalstabs von Schlieffen hatte diesen Plan vor vielen Jahren ausgearbeitet und ihn ständig verfeinert. Dieser Schlieffen-Plan war voller militärtechnischer Risiken, wer ihn anwenden wollte, setzte alles auf eine Karte. Darüber hinaus war es völlig unverantwortlich, daß seine außenpolitischen Folgen gar nicht bedacht wurden. Da der Plan notwendig die belgische Neutralität verletzte, mußte automatisch England auf die Seite der Gegner treten. Unter dieser Bedingung war aber der Krieg für Deutschland nicht

mehr zu gewinnen. Die politische Führung in Deutschland hatte offensichtlich abgedankt, sie befand sich über die militärischen Planungen weitgehend im Unklaren und hielt sich auch nicht für berechtigt, hier einzugreifen. In verhängnisvoller Weise rächte sich jetzt die völlig überholte monarchische Führungsstruktur des Reiches, die dem preußischen Militär seine exklusive Stellung bewahrt hatte (s. S. 145). Der Kaiser aber war nicht fähig, politische und militärische Pläne aufeinander abzustimmen, wie es seine Aufgabe gewesen wäre. Längst war es nicht mehr die Vermeidung eines Krieges, worüber sich die Politik den Kopf zerbrach, sondern die Frage, wie man einen auf die Dauer als unvermeidbar angesehenen Krieg dennoch gewinnen könnte. Die Antwort war: Rüsten. Ein Wettlauf setzte ein, der von den Deutschen nicht zu gewinnen war. Es gab allerdings Gewinner: Schwerindustrie, Werften, Rüstungsfabriken, und sie hatten einen Namen: in Deutschland Krupp, Schneider-Creuzot in Frankreich, Vickers Armstrong in England.

Kanonendrehbank bei Krupp

Da die Parlamente die notwendigen Gelder zu bewilligen hatten, kam das Thema Krieg überhaupt nicht mehr von der Tagesordnung. „Deutschland und der nächste Krieg", so hieß ein Bestseller von 1912, der den Waffengang forderte. Konservative Kreise glaubten sogar, nach einem siegreichen Krieg könne man auch mit den lästigen Demokraten und Sozialisten aufräumen. „Es kann alles nur besser werden", war ihre Parole. Der Reichskanzler teilte solche Träume allerdings nicht. Der Untergang Deutschlands schien ihm sicher.

7. „In Europa gehen die Lichter aus"

b) Karikatur aus dem Punch 1908

Über ein Jahrhundert lang, seit der Niederlage Napoleons I., waren die europäischen Großmächte nicht mehr in einen gemeinsamen Krieg geraten, selbst die deutsche Reichseinigung hatte nur Deutschland und Frankreich aufeinanderprallen lassen.

Die Politik des Imperialismus aber hatte das europäische Konzert endgültig zerstört. Die Schärfe der internationalen Krisen hatte von Mal zu Mal zugenommen; jahrelang hatte Europa am Rande eines „trockenen Krieges" gelebt, so nannten die Zeitgenossen den Zustand, der in der zweiten Hälfte des Jahrhunderts „kalter Krieg" heißen sollte. Darf man deshalb die Tatsache, daß die Ermordung des wenig beliebten österreichischen Thronfolgers zum Ausbruch eines Krieges führte, der zur „Urkatastrophe des 20. Jahrhunderts" werden sollte, einen unglücklichen Zufall nennen?

M 1 Der Balkan als Pulverfaß

a) Der Balkan 1908–1913

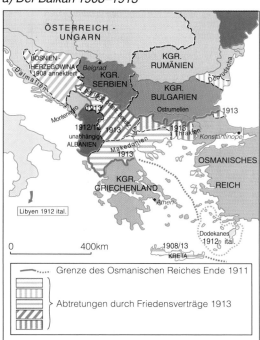

ÖSTERREICH - UNGARN

BOSNIEN-HERZEGOWINA 1908 annektiert
Belgrad
Dalmatien
KGR. SERBIEN
KGR. RUMÄNIEN
Dobrudscha
KGR. BULGARIEN
Ostrumelien
1913
Montenegro 1913
1912/13 1913
unabhängig ALBANIEN
1913 Thrakien
Konstantinopel
Makedonien 1913
OSMANISCHES
KGR. GRIECHENLAND
REICH
Athen
Libyen 1912 ital.
0   400km   1908/13
Dodekanes 1912 ital.
KRETA

Grenze des Osmanischen Reiches Ende 1911
Abtretungen durch Friedensverträge 1913

M 2 Ein Krieg gegen Serbien: Ausweg oder Untergang?

Der Reichskanzler Bethmann Hollweg in einem Gespräch mit seinem Mitarbeiter K. Riezler (6.7.1914):

Der Kanzler spricht von schwerer Entscheidung. ... Unser altes Dilemma bei jeder österreichischen Balkanaktion. Reden wir ihnen zu, so sagen sie, wir hätten sie hineingestoßen; reden wir ab, so heißt es, wir hätten sie im Stich gelassen. 5 Dann nähern sie sich den Westmächten, deren Arme offenstehen, und wir verlieren dann den letzten mäßigen Bundesgenossen. ... Eine Aktion gegen Serbien kann zum Weltkrieg führen. Der Kanzler erwartet von einem Krieg, wie er auch 10 ausgeht, eine Umwälzung alles Bestehenden. Das Bestehende sehr überlebt, ideenlos, „alles so sehr alt geworden". Heydebrand [konservativer Reichstagsabgeordneter] habe gesagt, der Krieg würde zu einer Stärkung der patriarchali- 15 schen Ordnung und Gesinnung führen. Der Kanzler empört über solchen Unsinn. ...

(Nach: Kurt Riezler, Tagebücher – Aufsätze – Dokumente, hrsg. von K. D. Erdmann. Göttingen (Vandenhoeck & Ruprecht) 1972, S. 182/83)

M 3 Antworten der Geschichts-wissenschaft auf die Frage nach den Kriegsursachen

a) Der englische Historiker Eric J. Hobsbawm (1987):

Kurz, in den letzten Jahren vor dem Ausbruch des Krieges überlagerten sich innenpolitische und internationale Krisen. Das abermals von einer sozialen Revolution bedrohte Rußland, das
5 von der Auflösung eines nicht mehr regierbaren Vielvölkerstaats bedrohte Österreich und auch das polarisierte und deshalb immobile Deutsche Reich – sie alle neigten ihrem Militär und dessen Lösungsvorschlägen zu. Selbst Frankreich, einig
10 in seiner Abneigung, mehr Steuern zu zahlen und auf diese Weise eine massive Aufrüstung zu finanzieren, wählte 1913 einen Präsidenten, der Revanche gegenüber Deutschland forderte und mit dem Säbel rasselte. ... Die Briten zogen
15 Schlachtschiffe einer Heeresverstärkung vor. Obgleich jedoch die britische Regierung bis zum letzten Augenblick friedlich blieb, ... so kam es für sie doch nicht in Betracht, sich aus dem Krieg herauszuhalten.

(In: Eric J. Hobsbawm, Das imperiale Zeitalter. Frankfurt (Campus) 1989, S. 405 f.)

b) Der deutsche Historiker Wolfgang J. Mommsen (1981):

Die verantwortlichen Staatsmänner ... wagten es gar nicht erst, den öffentlichen Erwartungen hinsichtlich der Aussichten einer Verwirklichung imperialistischer Ziele entgegenzuwirken, weil sie
5 fürchteten, daß sie dann des Defätismus [Miesmacherei] oder Pazifismus geziehen würden. Angesichts der Tatsache, daß sie keine ausreichende politische Basis im Reichstag besaßen und ihnen die Kontrolle über die traditionellen Machtträger innerhalb des Kaiserreiches, insbesondere
10 re das Offizierskorps. die Hofgesellschaft und die preußische Bürokratie, zunehmend entglitten war, verfügten sie auch gar nicht über die politischen Möglichkeiten, um der steigenden Flut nationalistischer Erwartungen wirksam entgegen-
15 zutreten. ... Unter diesen Voraussetzungen ist es nicht überraschend, daß sich die deutsche Regierung im Juli 1914. ... eigentlich gegen die eigene Überzeugung für einen politischen Kurs entschied, der nach Bethmann Hollwegs Einge-
20 ständnis „einem Sprung ins Dunkle" gleichkam und den Ausbruch des Ersten Weltkrieges unvermeidlich machte.

(In: Wolfgang J. Mommsen, Der autoritäre Nationalstaat. Frankfurt (Fischer) 1990, S. 211 f.)

Arbeitsaufgaben

① Prüfe die Behauptung, die schon vor 1914 aufgekommen ist, daß die Konflikte auf dem Balkan zwangsläufig zu einem Krieg führen mußten (Berücksichtige die Darstellung aus dem letzten Abschnitt, vgl. auch M 1, 2).

② Stelle fest, in welchen Punkten das Urteil des Zeitgenossen und das moderner Historiker über die Kriegsursachen übereinstimmen und in welchen sie voneinander abweichen (M 2, 3).

Der Ausbruch des Ersten Weltkrieges

Am 28. Juni 1914 ermordete ein serbischer Nationalist den österreichischen Thronfolger Franz Ferdinand in Sarajewo, der Hauptstadt Bosniens. Es war dies ein Gebiet, das Österreich erst 1908 annektiert hatte und auf das Serbien wegen der dortigen vielfach serbischen Bevölkerung Ansprüche erhob. Sofort wurde der Verdacht geäußert, der Attentäter sei ein Werkzeug des serbischen Geheimdienstes.

Das Attentat wurde von allen europäischen Regierungen verurteilt. Gerade deshalb glaubte die österreichische Regierung, sie müsse sich mit der Bestrafung des Täters keineswegs zufriedengeben. Sie wollte die günstige Gelegenheit

28. Juni 1914: Attentat von Sarajewo

nutzen, um mit dem feindlichen Serbien generell militärisch abzurechnen und den Panslawismus zu treffen. Der habsburgische Vielvölkerstaat sah sich durch das Drängen der Völker auf dem Balkan nach einem Nationalstaat zunehmend in Frage gestellt und in eine Defensivposition gedrängt. Ähnlich wie die russische Regierung glaubte auch die Regierung am Wiener Ballhausplatz, sich außenpolitische Mißerfolge oder Prestigeverluste keineswegs mehr leisten zu können; im Gegenteil, die Demütigung Serbiens bot eine Chance, die eigene Handlungsfähigkeit zu beweisen. Natürlich wußte der österreichische Generalstab, daß damit Rußland provoziert wurde. Es hatte 1908 nur zähneknirschend die Annexion Bosniens hingenommen, eine militärische Reaktion war jetzt durchaus zu erwarten, zumal die russische Regierung mehr noch als einen äußeren Krieg erneute innere Unruhen fürchtete. Zudem versicherte Frankreich in dieser Situation dem russischen Partner seine Bündnistreue und ermutigte ihn so zum Risiko eines Krieges, von dessen Realität freilich nicht einmal die Militärs sich eine genaue Vorstellung machten oder machen konnten. Die militärische Führung in Wien fragte nun ihrerseits bei ihrem Bündnispartner Deutschland an, ob von Berlin eine militärische Option gegen Serbien mit allen ihren möglichen Verwicklungen mitgetragen würde.

Die deutsche Reichsregierung sicherte am 6. Juli Wien die uneingeschränkte deutsche Unterstützung zu, welchen Verlauf die Krise auch immer nehme. Diese sogenannte „Blankovollmacht" des Deutschen Reiches erstaunt um so mehr, als Berlin das Gesetz des Handelns aus der Hand gab. Ein möglicher Krieg gegen Rußland bedeutete wegen der Bündnisverflechtungen und strategischen Planung auch einen Krieg gegen Frankreich, der wiederum einen Kriegseintritt Englands nach sich ziehen mußte. Man glaubte indes in Berlin, den letzten zuverlässigen Bundesgenossen nicht vor den Kopf stoßen zu können. Jetzt wirkten die Parolen von der Unvermeidbarkeit des Krieges und seiner reinigenden Kraft. Wenn aber Krieg, dann schien der Zeitpunkt nicht ungünstig: Rußland hatte seine Aufrüstung noch nicht abgeschlossen; durch die indirekte Verwicklung in das abscheuliche Attentat erschien es zudem auf der Seite des moralischen Unrechts. Hier ließ sich gewissermaßen ein Präventivkrieg führen, der von der Öffentlichkeit als Verteidigungskrieg wahrgenommen werden mußte. Die deutsche Führung hoffte zudem darauf, England werde in dieser Situation nicht eingreifen.

Bekanntgabe der Mobilmachung am 1.8.1914: Die Kriegsmaschine wird gestartet.

Als freilich am 28. Juli 1914 Österreich Serbien den Krieg erklärte und Rußland daraufhin seine Armee mobilisierte, signalisierte England der deutschen Führung, daß England die Verletzung der belgischen Neutralität nicht hinnehmen werde. Selbst Kaiser Wilhelm II. ergriffen angesichts des real vor der Tür stehenden großen europäischen Krieges Bedenken und Ängste. Er forderte seine Militärs auf, die Möglichkeit eines Krieges nur gegen Rußland zu prüfen. Generalstabschef von Moltke – angesichts des plötzlichen Schwankens seines kaiserlichen Herrn einem Nervenzusammenbruch nahe – erklärte kategorisch, das deutsche Reich könne nur nach dem Schlieffenplan Krieg führen, eine andere Möglichkeit sei nicht vorgesehen und nicht durchführbar. Die Politik hatte völlig abgedankt, der von den Militärs angestachelte Rüstungswettlauf hatte nicht nur die Konflikte in Europa verschärft, jetzt diktierten die Generäle der Politik sogar die Kriegserklärung, damit sie nicht das Opfer ihrer eigenen Planungen wurden. Die deutschen Politiker übernahmen pflichtschuldig die rechtliche Verantwortung und erklärten Rußland am 1. August 1914 den Krieg, am 3. August auch Frankreich. Am selben Tag marschierten deutsche Truppen im neutralen Belgien ein, was die Kriegserklärung Londons auslöste: Der Erste Weltkrieg nahm seinen Lauf.

Die Entwicklung war der Kontrolle der europäischen Politiker entglitten. Genau dieser Befund, den auch die moderne historische Forschung bestätigt hat, ergibt sich aus ihren eigenen Äußerungen: Sie sahen in Europa die Lichter ausgehen oder meinten, den „Sprung ins Dunkle" wagen zu müssen, wenn sie nicht einfach feststellten, man sei in den Krieg „hineingeschlittert".

8. Die „Urkatastrophe des 20. Jahrhunderts"

Der Krieg, der 1914 begann, weitete sich wirklich zu einem Weltkrieg aus, hier galt nicht mehr die Forderung, daß der Bürger Ruhe zu bewahren habe, während die Soldaten die Entscheidung herbeiführten; die neue Qualität des Krieges zeigt sich auch gerade darin, daß Millionen Europäer freiwillig und mit Begeisterung in den Kampf zogen, weil sie ihrer Sache und ihrer Nation zum Siege verhelfen wollten.

Doch als nach über vier Jahren die Kämpfe beendet wurden, waren Sieger und Besiegte durch eine Katastrophe gegangen. Die Zahl der Opfer auf allen Seiten überstieg das menschliche Vorstellungsvermögen: Millionen hatten ihr Leben verloren, und noch mehr waren sowohl um ihre Lebensgrundlagen als auch um ihre seelische und körperliche Gesundheit gebracht worden. Der Glaube, daß die Geschichte den Fortschritt bringe, war zerstört, und weitere Katastrophen sollten in den nächsten Jahrzehnten noch folgen.

M 1 Der Schuldspruch der Sieger

Die „Mantelnote", mit der die Deutschen ultimativ zur Annahme des Friedensvertrages von Versailles aufgefordert wurden (16.6.1919):
Während langer Jahre haben die Regierenden Deutschlands, getreu der preußischen Tradition, die Vorherrschaft in Europa angestrebt. Sie haben getrachtet ... ein unterjochtes Europa zu
5 beherrschen und zu tyrannisieren, so wie sie ein unterjochtes Deutschland beherrschten ... sie haben beschlossen, ihre Vorherrschaft mit Gewalt zu begründen. Sobald ihre Vorbereitungen vollendet waren, haben sie einen in Abhängigkeit
10 gehaltenen Bundesgenossen dazu ermuntert, Serbien innerhalb von 48 Stunden den Krieg zu erklären. Von diesem Krieg wußten sie recht wohl, er könne nicht lokalisiert werden und würde den allgemeinen Krieg entfesseln ... [sie haben]
15 sich jedem Versuch der Versöhnung und Beratung entzogen, bis es zu spät war; und der Weltkrieg ist unvermeidlich geworden ..., den sie angezettelt hatten und für den Deutschland allein unter den Nationen vollständig vorbereitet war.

(Zitiert nach: Rönnefarth, Konferenzen und Verträge. Bielefeld 1953, S. 286 f.)

M 2 Eine deutsche Schuldzuweisung

Wahlplakat von 1924

M 3 Ein Urteil der Geschichtswissenschaft

Der deutsche Historiker Thomas Nipperdey (1991):
Der Krieg, die deutsche Kriegsbereitschaft und die Krisenpolitik waren nicht eine Folge des deutschen Systems. ... Auch in den parlamentarischen Ländern waren Kriegsbereitschaft und Kriegsentscheidung einerseits Sache der Exeku-
5 tive, und überall spielten die Militärplanungen eine bedeutende und verhängnisvolle Rolle ... Zwei Dinge galten für alle (und diese Gemeinsamkeit bewirkt ein Stück weit den Eindruck vom blinden Verhängnis): Alle glaubten sich in der De-
10 fensive, und alle waren kriegsbereit. Alle überschätzten die eigene existentielle Bedrohung, alle unterschätzten den kommenden Krieg ... Der Krieg kam, weil alle oder einige am Frieden verzweifelten, nicht weil alle oder einige zum Krieg
15 unter allen Umständen entschlossen waren. Und

wenn man die Spielräume, die Entscheidungs-
freiheit der Handelnden bedenkt, so haben alle
Anteil an der Zuspitzung der Krise, wenn auch
20 unterschiedlich, an dem Scheitern der Krisenbe-
wältigung, an dem Ende des Friedens. Darum
sprechen wir vom Ausbruch, nicht von der Entfesselung des Ersten Weltkrieges.

(In: Thomas Nipperdey, Deutsche Geschichte 1866–1918, Bd. II. München
(Beck) 1992, S. 696/97)

Arbeitsaufgaben

① Nach 1918 versuchten alle Beteiligten, „Lehren" aus der Geschichte zu ziehen. Stelle die
Vorwürfe zusammen, die den Regierenden
Deutschlands von den Siegern gemacht wurden. War es zwingend, daß sich alle Deutschen von diesem Schuldspruch betroffen
fühlen mußten? (M 1, M 2, M 3)

② Prüfe, welchen Thesen sich die Darstellung in
den vorausgehenden Kapiteln am stärksten
angenähert hat.

Krieg und Frieden

Noch bevor die Waffen sprachen, begann bereits
der Krieg der Worte und Argumente über die Frage, wer denn die „Schuld" für den Kriegsaus-
bruch trage. Der deutsche Kaiser legte schon am
31. Juli 1914 die Position fest: „Neider überall
zwingen uns zu gerechter Verteidigung. Man
drückt uns das Schwert in die Hand." Das Argument vom Verteidigungskrieg war bestimmt für
die eigene Bevölkerung, die vielen Millionen
Wähler der Sozialdemokratie zumal, die noch
drei Tage zuvor gegen den Krieg demonstriert
hatten. Es war ein Zeichen der neuen Zeit, daß
die Verantwortlichen der Politik ihre Entscheidungen öffentlich rechtfertigen mußten, da sie auf die
Unterstützung auch der Teile der Bevölkerung
angewiesen waren, die sie bisher politisch bekämpft hatten. Der Kaiser ging also noch einen
Schritt weiter, „großmütig" verzieh er allen, die
ihn angegriffen hatten: „Ich kenne keine Parteien
und auch keine Konfessionen mehr, wir sind heute alle deutsche Brüder und nur noch deutsche
Brüder." Das war sein Angebot zum „Burgfrie-
den", der nach Auffassung aller Parteien während der Zeit des Krieges herrschen sollte. Jetzt
bekannte ein Abgeordneter der SPD im Namen
seiner Partei angesichts des erwarteten russischen Angriffs: „Wir lassen in der Stunde der Gefahr das eigene Vaterland nicht im Stich." Folgerichtig stimmte die Fraktion der Sozialdemokraten den Kriegskrediten zu.

Ein entschlossener Wille zum Kampf bestimmte
aber auch die Bevölkerung der Gegner Deutschlands, die sich diese Haltung bis zum Sieg be-
wahrte, der erst nach über vier Jahren erkämpft
werden sollte. Sie fand natürlich eine ganz andere Antwort auf die Frage nach der Schuld: Es war
ein Signal für die besiegten Deutschen, daß sie
den Friedensvertrag ausgerechnet im Spiegelsaal des Schlosses von Versailles zu unterzeich-
nen hatten, in dem sie am 18. Januar 1871 ihren
Kaiser ausgerufen hatten. Darüber hinaus mußte
Deutschland ausdrücklich seine Kriegsschuld
anerkennen; dieser Artikel 231 sollte zwar nur die
rechtliche Grundlage für die von den Deutschen
geforderten Wiedergutmachungsleistungen sein,
Freund und Feind werteten ihn aber vor allem als
eine politische Verurteilung der Deutschen. Denen erschien es in der Fortsetzung der Politik des
Burgfriedens nationale Verpflichtung, den
Spruch der „Alleinschuld" zurückzuweisen, weil
er das eigene Verständnis vom gerechten Verteidigungskrieg erschütterte. Der Streit um die
Schuld hatte aber kaum mit der Suche nach der
historischen Wahrheit zu tun, mit den Antworten
wurde auf allen Seiten Politik gemacht; wer den
Schuldigen dingfest machte, konnte sich von der
Last der eigenen Verantwortung befreien.

Heute scheint die Schuldfrage bedeutungslos
gegenüber der nach den Kriegsursachen, bei deren angemessener Beantwortung sich aus der
Geschichte lernen ließe. Unter diesem Blickwin-
kel aber rücken die Politik des Imperialismus, ihre
Ursachen und Folgen, wie sie in den vorange-
gangenen Abschnitten dargestellt wurden, wieder ganz in den Vordergrund.

Fotografie vom August 1914: Der Krieg – ein Schützen-
fest?

Holzschnitt von 1906: Der Krieg – ein Massengrab! (Titelseite des „Simplizissimus")

Einer zunehmenden Zahl einflußreicher Zeitgenossen war es in den Jahrzehnten vor 1914 immer selbstverständlicher geworden, daß Kampf und Gewalt das Leben der Völker bestimmen, daß die Niederlage des anderen die Voraussetzung des eigenen Überlebens darstelle. Das waren offensichtlich die Gedanken einer Generation, der die Erfahrung eines Krieges erspart geblieben war, die sogar annahm, daß erst ein Krieg ein neues und besseres Zeitalter heraufführen werde. War dies nun das Ergebnis des „bürgerlichen Zeitalters", das mit der Aufklärung so optimistisch begonnen hatte, indem es auf das Gute im Menschen und seine Lernfähigkeit vertraute – die politische Revolution hatte doch die Verheißung der Freiheit aufscheinen lassen und die industrielle Revolution die Aussicht auf ein Leben ohne materiellen Mangel?

Aber dieses bürgerliche Zeitalter enthüllte zunehmend ein Doppelgesicht, das einzelne Künstler erahnten: Revolutionen im Namen der Menschlichkeit brachten barbarische Schreckensherrschaften hervor, die gepriesene persönliche Freiheit erwies sich oft als Maske für einen eiskalten Egoismus, der industrielle Fortschritt hatte massenhaftes soziales Elend im Gefolge, das technisch-naturwissenschaftliche Denken verwies die Fragen nach Moral und Lebenssinn in den Bereich privater Beliebigkeit oder gar der Kindermärchen. Er habe schon Hunderte von Leichen seziert, aber noch nie eine Seele gefunden, sagte

der berühmte Mediziner Rudolf von Virchow, als er auf die Frage der Unsterblichkeit angesprochen wurde. Andererseits kämpfte Virchow als Mitglied des preußischen Abgeordnetenhauses für die Demokratisierung Deutschlands und sorgte als einflußreicher Wissenschaftler für die Verbesserung der hygienischen Zustände der Großstädte, sicherte also Unzähligen das Überleben. In der Tat, der alte bürgerliche Humanismus war um die Jahrhundertwende noch keineswegs völlig verschwunden. Er lebte fort in den politischen Überzeugungen und Traditionen gerade der deutschen Arbeiterbewegung (s. S. 159). Er zeigte sich aber auch in vielfältiger Weise in den Kreisen von Bürgertum und Adel. Und es war eine Frau, die zu einem seiner wirksamsten Verteidiger wurde: Gräfin Bertha von Suttner. Sie warnte vor dem Trugschluß, in Rüstung und Abschreckung dauerhafte Sicherheit finden zu können. 1905 erhielt sie den Friedensnobelpreis. Auch wenn sie oft von Männern – gerade auch in Deutschland – als „Friedensengel" verspottet wurde, die Regierungen mußten die Gefahren der Rüstung zur Kenntnis nehmen. Auf den beiden Haager Friedenskonferenzen von 1899 und 1907 berieten die Staaten – freilich erfolglos – Wege zur Abrüstung; immerhin eine Haager Landkriegsordnung zum Schutz der Zivilbevölkerung und der Kriegsgefangenen wurde unterzeichnet.

Bertha von Suttner

Es bedurfte jedoch der Erfahrungen der barbarischen Kriege und Abgründe der Politik des 20. Jahrhunderts, bis diese Ansätze im Denken der Menschen eine breitere Beachtung fanden, bis deutlich wurde, daß es zu den alten bürgerlichen Idealen von Freiheit, Gleichheit und Brüderlichkeit keine ernsthafte Alternative gibt.

Arnold Böcklin (1896): „Krieg" – die Ahnung eines Malers vom Ausgang des bürgerlichen Zeitalters

HISTORIA in Kalenderform

1688/89	Die Glorreiche Revolution führt in England zur parlamentarischen Monarchie.
1740	Mit dem Regierungsantritt Maria Theresias und Friedrichs II. beginnt eine Epoche von Kriegen.
1756-1763	Im Siebenjährigen Krieg wird England zur Weltmacht.
1772-1795	Polen wird dreimal von seinen mächtigeren Nachbarn geteilt.
1776	Die 13 englischen Kolonien in Nordamerika erklären ihre Unabhängigkeit.
1787	Nach dem Sieg über England verkünden die „Gründerväter" die Verfassung der USA.
1789	Beginn der Französischen Revolution:
17.6.	Der 3. Stand erklärt sich zur Nationalversammlung.
14.7.	Die Pariser Volksmassen stürmen die Bastille.
4.-26.8.	Die Nationalversammlung hebt die feudalen Privilegien auf und verkündet die Menschenrechte.
1791	Verkündigung der Verfassung: Frankreich wird konstitutionelle Monarchie.
1792	Beginn der Revolutionskriege. Die französische Monarchie wird gestürzt; republikanische Verfassung.
1793	König Ludwig XVI. wird hingerichtet (21.1.). Im Machtkampf setzt sich die Bergpartei gegen die Girondisten durch.
1794	Höhepunkt des revolutionären Terrors bis zum Sturz Robespierres (9. Thermidor).
1795	Direktoriumsverfassung.
1799	Staatsstreich Napoleons. Konsulatsverfassung.
1804	Napoleon begründet sein erbliches Kaisertum.
1803/06	Durch Säkularisierung und Mediatisierung wird die deutsche Staatenwelt modernisiert. Ende des Heiligen Römischen Reiches.
1813	Befreiungskriege gegen das napoleonische Frankreich.
1814/15	Der Wiener Kongreß schafft eine neue europäische Friedensordnung.
1817/1832	Auf dem Wartburgfest und dem Hambacher Fest verkündet die deutsche Opposition ihre Forderung nach Einheit und Freiheit.
1833	Der deutsche Zollverein schließt unter preußischer Führung die meisten deutschen Staaten ohne Österreich wirtschaftlich zusammen.
1848	Manifest der Kommunistischen Partei von Karl Marx und Friedrich Engels in London veröffentlicht.

1848/1849	Revolutionen und Erhebungen in Europa und Deutschland: sie führen in Frankreich zur 2. Republik. Die Deutschen scheitern in ihrem Bemühen um einen National-staat. Verfassungen (z. B. in Preußen) bleiben als ein Ergebnis der Revolution.
1850-1870	Nationale Einigung Italiens.
1851/1852	Staatsstreich Louis Napoleons, der zunächst Präsident und nach einer Volksab-stimmung als Napoleon III. Kaiser der Franzosen wird.
1862	Otto von Bismarck wird preußischer Ministerpräsident.
1862-1866	Der preußische Verfassungskonflikt (Heereskonflikt) bremst eine Liberalisierung und mögliche Parlamentarisierung ab. Die königliche Kommandogewalt bleibt erhalten.
1863	Der Allgemeine Deutsche Arbeiterverein wird von Ferdinand Lassalle gegründet.
1866	Sieg der Preußen bei Königgrätz gegen Österreich, das im Frieden von Prag das Ende des Deutschen Bundes anerkennen muß. Österreich wird aus „Deutschland hinausgedrängt".
1867	Gründung des Norddeutschen Bundes unter der Führung Preußens.
1869	Eröffnung des mit französischer Hilfe erbauten Suez-Kanals.
1869	August Bebel und Wilhelm Liebknecht gründen in Eisenach die Sozialdemokrati-sche Arbeiterpartei.
1870/1871	Frankreich muß nach seiner Niederlage im Krieg gegen Deutschland die Gründung eines deutschen Nationalstaates hinnehmen.
1871	Gründung des Deutschen Reiches. Der preußische König wird in Versailles zum Deutschen Kaiser ausgerufen. Der preußische Ministerpräsident Bismarck wird von ihm zum Reichskanzler ernannt.
1871-1876	Höhepunkt des „Kulturkampfes".
1877	Die britische Königin Viktoria wird Kaiserin von Indien.
1878	Auf dem Berliner Kongreß versucht Bismarck die Balkankonflikte zu schlichten.
1878	Das Sozialistengesetz verbietet Presse und Organisationen der Sozialdemokratie, kann aber sozialdemokratische Wahlerfolge nicht verhindern. Es wird 1890 nicht wieder verlängert.
Seit 1883	Sozialversicherungsgesetze.
1884/1885	Kongo-Konferenz in Berlin: Beginn der endgültigen kolonialen Aufteilung Afrikas.
1884	Beginn deutscher kolonialer Erwerbungen.
1888-1918	Kaiser Wilhelm II. wird zum Repräsentanten seiner Epoche („Wilhelminismus").
1890	Der Kaiser entläßt Bismarck.
1898	Admiral Tirpitz setzt das Programm für den Ausbau einer machtvollen deutschen Flotte durch. Die Flotte ist eine der Ursachen dafür, daß England sich Frankreich und Rußland annähert.
1898	Bei Faschoda (am Weißen Nil) treffen die britischen und die französischen Kolo-nialbestrebungen aufeinander. Bereinigung des Konfliktes durch französisches Zurückweichen.

1904	Britisch-französische Verständigung (Entente cordiale): Ausdruck der Spaltung Europas in zwei Machtblöcke.
1904/1905	Russisch-japanischer Krieg. Bei Tsuschima wird die russische Ostseeflotte vernichtet.
1907	Die Zweite Friedenskonferenz in Den Haag verabschiedet die Haager Landkriegsordnung.
1907	Interessenausgleich zwischen Großbritannien und Rußland; es besteht jetzt eine französisch-britisch-russische Verständigung (Triple-Entente) gegen den deutsch-österreichisch-italienischen Dreibund.
1914	Beginn des Ersten Weltkriegs.

Glossar der Schlüsselbegriffe

Absolutismus

Seit der frühen Neuzeit versuchen die Monarchen (▷ **Monarchie**), vor allem die Herrscher Westeuropas, die schon über ein geschlossenes Herrschaftsgebiet verfügen, selbst einen direkten Zugriff auf ihre **Untertanen** zu gewinnen, indem sie den Adel entmachten; dessen gesellschaftliche Privilegien tasten sie allerdings nicht an. An die Stelle der ständischen Gewalten des Mittelalters treten ein stehendes Heer und ein staatlicher Apparat (**Beamte**), der seinen Einfluß ständig auszuweiten sucht und auch in die Wirtschaft (**Merkantilismus**) eingreift. Erst seit dieser Zeit kann man von einem **Staat** im modernen Sinne sprechen, der das **Machtmonopol**, d. h. die Souveränität besitzt. Dieser Staat ist nicht nur die Voraussetzung absoluter Machtentfaltung des Monarchen, sondern er ist auch die Grundlage des modernen Rechts- und Verwaltungsstaates, der allen **Bürgern** gleiche Rechte und Pflichten zuweist.

Der Absolutismus als Regierungsform wurde in England bereits 1688 endgültig überwunden, während er in Rußland bis 1905 dauerte. Im 17. und frühen 18. Jahrhundert war er eine moderne politische Herrschaftsform; das galt erst recht für den „aufgeklärten Absolutismus", zu dem er sich in Preußen und Österreich wandelte. Hier unterwarf sich auch der König als „erster Diener seines Staates" den von ihm geschaffenen Gesetzen und der „Staatsräson". Trotz Ausdehnung der Staatstätigkeit wollte der Herrscher weiterhin möglichst alle Regierungsgeschäfte selbst in der Hand behalten. Er überforderte damit die Leistungsfähigkeit des Systems, dem in Frankreich durch die Revolution das Ende gesetzt wurde.

Ancien régime

Mit dem Begriff (frz. „alte Regierungsform") charakterisieren zuerst die Bürger des 19. Jahrhunderts das nach ihrer Auffassung reformunfähige und überholte Herrschafts- und Gesellschaftssystem des absolutistischen Frankreich vor 1789. Der Begriff wird dann erweitert und auf die europäische Staatsordnung des 17. und 18. Jahrhunderts insgesamt angewandt.

Antisemitismus

Judenfeindschaft gibt es seit der Antike, und zwar besonders im christlichen Bereich. Sie wurde bis ins 19. Jahrhundert hinein im wesentlichen religiös begründet (Juden = Christusmörder), wobei sich Juden dieser Feindschaft entziehen konnten, wenn sie zum christlichen Glauben übertraten. In der 2. Hälfte des 19. Jahrhunderts nimmt die Judenfeindschaft rassistische Züge an (▷ **Rassismus**) und wird zum pseudowissenschaftlich begründeten Antisemitismus: Juden werden als **minderwertige Rasse** bezeichnet – ganz gleich, welcher Religion sie angehörten; sie seien antinational und hinterhältig und bereicherten sich schmarotzerhaft an ihren „Wirtsvölkern". Besonders in Deutschland wurden von konservativer Seite seit etwa 1880 fast alle Fehlentwicklungen der ▷ **kapitalistischen** Wirtschaft und der modernen Zivilisation den Juden angelastet. Sie wurden zu **Sündenböcken** gestempelt, deren Verfolgung von den wahren Ursachen vieler Krisen ablenkte. Der rassenbiologische Antisemitismus wurde im nationalsozialistischen Deutschland 1933–1945 zur Weltanschauung erhoben und führte zur Ermordung von ca. 6 Millionen Juden.

Arbeiterbewegung

Die Arbeiterbewegung ist eine Antwort der Arbeiter selbst auf die soziale Frage, verursacht durch die Industrialisierung im 19. Jahrhundert. Die Arbeiter mußten sich zuerst ihrer elenden sozialen Situation bewußt werden; sie schlossen sich zu örtlichen und überregionalen **Selbsthilfeorganisationen**, zu **Arbeiterbildungsvereinen**, zu **Genossenschaften**, **Gewerkschaften** und schließlich zu eigenständigen **Arbeiterparteien** zusammen (▷ **Parteien**). Sie trennten sich in der 2. Hälfte des 19. Jahrhunderts organisatorisch, politisch und weltanschaulich von der ▷ **liberalen Bewegung** und entwickelten eine eigene Arbeiterkultur, die den Ideen des ▷ **Sozialismus** verpflichtet war. Sie forderten das allgemeine und gleiche Wahlrecht, soziale Gesetze, Arbeitsschutz, Koalitionsrecht (Vereinigungsrecht), betriebliche Interessenvertretung, Mitbestimmung bei Tarifverträgen, bei Arbeitskämpfen das Streikrecht und den 8-Stunden-Tag. Innerhalb der Arbeiterpartei kam es zu langandauernden Richtungskämpfen zwischen marxistisch klassenbewußt revolutionären und pragmatisch reformistischen Gruppierungen, zwischen Anhängern Bebels und Liebknechts auf der einen Seite und Lassalles auf der anderen; dieser Richtungsstreit beherrschte die Geschichte der SPD im Kaiserreich.

Aufklärung

Eine Landschaft klärt auf, wenn die Sonne Dunkelheit und Nebel vertreibt, mit diesem Bild deutet die **Reformbewegung** der „Aufklärung" ihre eigenen Absichten: Es soll heller werden in den Köpfen der Menschen, und sie selbst sind dafür verantwortlich, daß sie sich die Freiheits- und Gleichheitsrechte erkämpfen, die jedem Menschen als Menschen zustehen (▷ **Menschenrechte**). Mit Hilfe seiner Vernunft soll der Mensch sich aus den Zwängen befreien (▷ **Emanzipation**), in denen ihn fremde Autorität und eigene Feigheit festgehalten haben. **Wissenschaft** und **Erziehung** sollen den **Fortschritt** der Menschen vorantreiben und den Gedanken der **Toleranz** verbreiten. Vor allem gebildete und selbstbewußte **Bürger** entwickeln im 17. und 18. Jahrhundert diese Theorien und richten die öffentliche **Kritik** als Waffe gegen die geistige Herrschaft der Kirche (▷ **Säkularisation**) und die politische Herrschaft des Absolutismus. Diese Staats- und Gesellschaftstheorien liefern nicht nur den nordamerikanischen Siedlern die Argumente in ihrem Kampf um die Unabhängigkeit, sie begründen auch in

Europa die Normen der ▷ **bürgerlichen Gesellschaft**, die nur durch ▷ **Reform** oder ▷ **Revolution** zu verwirklichen sind.

Bundesstaat

Ein Bundesstaat ist ein Zusammenschluß von vorher selbständigen Staaten, wobei diese gewisse staatliche Aufgaben und damit Teile der staatlichen Souveränität auf den Gesamtstaat übertragen (z. B. Verteidigung, Währung). Die Einzelstaaten behalten wesentliche staatliche Merkmale wie Regierung und Parlament (Landtag) mit spezifischen Aufgaben (z. B. Bildung, Kulturhoheit). Neben Legislative, Exekutive und Judikative stellen somit die Einzelstaaten einen 4. Faktor in der Aufteilung der Staatsgewalt dar (▷ **Verfassungsstaat**). Der Kompromiß zwischen **Zentralismus** und Einzelstaatlichkeit wird auch **Föderalismus** genannt. Der erste moderne Bundesstaat waren die USA. Auch Deutschland ist seit der Gründung des Deutschen Kaiserreichs 1871 – mit Ausnahme der Zeit des Dritten Reiches – ein Bundesstaat. Im Gegensatz zum Bundesstaat steht der **Staatenbund**, in dem die Mitgliedstaaten alle wesentlichen Souveränitätsmerkmale behalten (z. B. der Deutsche Bund 1815–1866).

Bürgerliche Gesellschaft

Eine Gesellschaft von freien und vor dem Gesetz gleichen Menschen, die ihre Position in der Gesellschaft prinzipiell durch ihre Leistung (**Leistungsgesellschaft**) praktisch durch Besitz und Bildung erlangen und nicht etwa ihrer Geburt oder königlichen Privilegien verdanken, nennt man bürgerliche Gesellschaft. Sie entstand – mit dem Aufstieg des Bürgertums – ansatzweise zuerst in England des 17. und 18. Jahrhunderts und entfaltete sich voll in den frühen USA. Napoleon war der erste, der in Frankreich einer solchen Gesellschaft mit dem Code Civil die rechtliche Grundlage gab. Die bürgerliche Gesellschaft bedarf als Rahmen den bürgerlichen ▷ **Rechts-** und ▷ **Verfassungsstaat**. Aus der Sicht des 19. Jahrhunderts sollte er primär die Freiheit und Sicherheit seiner Bürger garantieren, sich aber aus den gesellschaftlichen Verhältnissen, speziell aus allen wirtschaftlichen Belangen möglichst heraushalten und deren Regelung den Steuerungsmechanismen des Marktes überlassen (Trennung von Staat und Gesellschaft). Dabei sollte das staatsbürgerliche Wahlrecht, d. h. das Recht der Mitwirkung bei den Staatsgeschäften, besonders im liberalen Verständnis nur der besitzen, der wirtschaftlich selbständig war oder durch seine berufliche Leistung auch zu dieser Aufgabe befähigt schien (Zensuswahlrecht).
Ende des 19. Jahrhunderts wird deutlich, daß das freie Spiel der gesellschaftlichen Kräfte keineswegs alle sozialen und wirtschaftlichen Probleme löst, sondern Entwicklungen herbeiführt, die den Bestand der bürgerlichen Gesellschaft selbst bedrohen (Soziale Frage, Wirtschaftskrisen). In dieser Situation greift zuerst der ▷ **konservative Staat**, im 20. Jahrhundert dann der ▷ **demokratische Staat** mit sozial- und wirtschaftspolitischen Maßnahmen in das Gefüge der bürgerlichen Gesellschaft steuernd ein (▷ **Sozialstaat**), ohne daß damit allerdings die Grundstruktur dieser Gesellschaft verändert wird.

Demokratie/Demokraten

Im Gegensatz zu den bürgerlichen Kräften forderten in der Französischen Revolution die radikalen Jakobiner nicht nur die individuelle Freiheit; sie wollten durch den Staat auch die politische und – in einem gewissen Rahmen – auch die soziale **Gleichheit** aller hergestellt sehen. Im deutschen Vormärz lebte diese politische Bewegung unter dem Namen „Demokratie" wieder auf, wobei radikal-bürgerliche und im späteren Sinne sozialdemokratische Forderungen noch ungeschieden waren. Von der **Volkssouveränität** ausgehend, forderten die Demokraten die **Republik** sowie das allgemeine, gleiche Wahlrecht, nicht zuletzt, um damit staatlichen **Sozialreformen** den Weg zu ebnen. Um eben dies zu verhindern, lehnen die bürgerlichen Liberalen dieses Wahlrecht entschieden ab.
Nach der Niederlage der Revolution 1848/49 und der Entfaltung der Industriellen Revolution in Deutschland trennte sich die **bürgerliche** von der **proletarischen Demokratie**. Letztere konstituierte sich als „Social-Demokratie" in radikalerer Form in den 60er Jahren (▷ **Parteien**). Die bürgerlichen Demokraten (Linksliberale/Freisinnige) beschränkten sich auf politische Ziele wie die Durchsetzung des **demokratisch-parlamentarischen** ▷ **Rechtsstaates**. Erst im 20. Jahrhundert bejahen auch die ▷ **Liberalen** nach und nach diese Staatsform. Der historische Gegensatz von Liberalen und Demokraten ist dadurch aufgehoben.

Emanzipation

Das Wort stammt aus dem römischen Recht (lat. „Freilassung") und bezeichnet dort die Freilassung eines Familienmitgliedes aus der väterlichen Gewalt. Als Forderung und politisches Schlagwort gewinnt es in der ersten Hälfte des 19. Jahrhunderts seinen bis heute gültigen Sinn. Der Begriff Emanzipation bezeichnet zugleich den Vorgang und das Ziel der **Befreiung der Menschen** aus allen Formen geistiger, rechtlicher, gesellschaftlicher und politischer Abhängigkeit. In der ▷ **Aufklärung** forderten zunächst die **Bürger** sowohl die **Gleichheit** aller vor dem Gesetz als auch **politische Mitsprache**; dann übernahmen andere Gruppen, welche die bürgerliche Gesellschaft selbst an den Rand gedrängt (**Katholiken** und **Juden**, auch die **Sklaven**) oder übersehen (**Frauen**) hatte, diese Forderungen.
Mit dem Übergang zur Industriegesellschaft verlangen verstärkt die **Arbeiter** politische und soziale Gleichstellung. Seit dem Zeitalter des ▷ **Imperialismus** steht der Begriff auch für die Freiheitsbewegungen der **Kolonialvölker**.

Fabrik

Die Fabrik ist die typische Unternehmensform in der ▷ **Industrialisierung**. Sie unterscheidet sich deutlich von den vorindustriellen Handwerks- und Manufakturbetrieben. Die Fabrik ist eine Produktionsstätte auf maschineller Grundlage, mit Antriebs- und Arbeitsmaschinen. Kennzeichnend für eine Fabrik sind: arbeitsteilige Organisation, Arbeitsdisziplin, zentraler Aufbau in Leitungs- und Ausführungsfunktionen, Trennung von Arbeitsplatz und Wohnung und Massenproduktion. Der einzelne Arbeiter ist dem Produktionsprozeß völlig untergeordnet. Die Fabrik wird von einem oder mehreren Unternehmern geleitet. Als Eigentümer tragen sie unternehmerische Verantwortung und Risiko. Sie beschäftigen Lohnarbeiter und Angestellte. Mit fortschreitender Industrialisierung im 19. Jahrhundert wurden viele Fabriken in Aktiengesellschaften überführt, um den steigenden Kapitalbedarf sicherzustellen.

Gleichgewicht der Mächte

Seit der zweiten Hälfte des 17. Jahrhunderts versuchen die in Europa sich ausbildenden **souveränen Staaten** zu verhindern, daß ein anderer Staat eine Vorherrschaft (**Hegemonie**) gewinnt; ihren eigenen Machtbereich wollen sie natürlich ausdehnen. Bei dieser Politik des Gleichgewichts drohen die Mächte einander **militärische Gewalt** an und wechseln die **Bündnisse** nach Bedarf. Wegen seiner Insellage kann Großbritannien zuerst die Macht Spaniens, dann die Frankreichs und Deutschlands ausgleichen. Es wird mit der Hilfe der **Politik der balance of power** die einflußreichste Seemacht der Welt und begründet im Zeitalter des ▷ **Imperialismus** damit zugleich die Hegemonie Europas im Weltmaßstab.

Für Europa selbst versucht der Wiener Kongreß 1815 letztmalig, das europäische Mächtesystem (**europäisches Konzert**) zu stabilisieren und zugleich revolutionäre und nationale Bestrebungen zurückzudrängen. Das Nationalitätenprinzip und der erbitterte Konkurrenzkampf der ▷ **Nationalstaaten** im Imperialismus lassen das europäische Konzert mit dem Ausbruch des Ersten Weltkriegs endgültig verstummen.

Grundrechte: siehe Menschenrechte

Imperialismus

Im engeren Sinne verwendet man den Begriff zur Kennzeichnung der **Epoche** seit den achtziger Jahren des 19. Jahrhunderts, in der das internationale Staatensystem (▷ **Gleichgewicht**) durch die weltweite **Expansionspolitik** der Großmächte zerstört wird. Nach außen begründeten die imperialistischen Mächte ihren Herrschaftsanspruch ziemlich gleichartig mit missionarischer Verpflichtung oder zivilisatorischer und rassistischer Überlegenheit (▷ **Rassismus**); die eigentlichen Gründe für das Streben, die Bevölkerung eines fremden Landes von sich abhängig zu machen und direkt oder indirekt zu beherrschen – so die weitere Bedeutung des Imperialismusbegriffes –, sind vielfältiger und bis heute umstritten. Zweifellos spielten **wirtschaftliche Gründe** eine wichtige Rolle. Die Industriestaaten begannen sich wegen zunehmender Konkurrenz voneinander abzukapseln und suchten sichere Märkte in Übersee. Um den Anspruch auf Teilhabe an der Herrschaft der Welt abzusichern, wurde das Tempo der Rüstung beschleunigt. Gerade konservative Gruppen hofften, daß durch eine aggressive (▷ **Militarismus**) und nationalistische Politik innen- und sozialpolitische Spannungen nach außen abgelenkt werden könnten.

Imperialistische Politik treibt die traditionell bestehende **Konkurrenzsituation** zwischen den europäischen ▷ **Nationalstaaten** auf die Spitze, die Afrika und Asien unter sich aufteilen, während die USA sich den amerikanischen Kontinent reservieren und im Pazifik mit Japan und Europa konkurrieren.

Obwohl nach dem Ende des Ersten Weltkrieges die meisten Kolonialgebiete ihre staatliche Selbständigkeit erreicht haben, ist aus der Sicht dieser Staaten das Zeitalter des Imperialismus wegen der andauernden wirtschaftlichen und politischen Abhängigkeiten immer noch nicht überwunden.

Industrialisierung

Industrialisierung benennt einen außerordentlichen Wachstums- und Modernisierungsprozeß, der Wirtschaft, Gesellschaft, Kultur und Politik innerhalb kurzer Zeit so umfassend veränderte, daß wir heute von einem Zeitalter der Industrialisierung oder der Industriellen Revolution sprechen. Die Industrialisierung setzte in England in der zweiten Hälfte des 18. Jahrhunderts ein, erreichte etwa 50 Jahre später Deutschland und griff auf andere Staaten über. Arbeitskräfte, Kapital, Markt und Unternehmerinitiative sind wichtige Voraussetzungen; diese entwickelten sich historisch mit dem Aufstieg des Bürgertums (▷ **bürgerliche Gesellschaft**), das die Industrialisierung im 18. und 19. Jahrhundert im wesentlichen trägt. Die Industrialisierung revolutionierte die Produktion, indem sie die menschliche Arbeitskraft durch Kraft- und Arbeitsmaschinen ersetzte, sie ermöglichte gewaltige Produktionssteigerungen, entfesselte eine ungeheure Dynamik und leitete einen ungeheuren Wachstumsprozeß ein. Man unterscheidet im Industrialisierungsprozeß verschiedene Schrittmacherindustrien wie z. B. Textilherstellung, Bergbau, Eisen- und Metallverarbeitung, Eisenbahnbau, Elektroindustrie und chemische Industrie. Anders als in England spielte in Deutschland der Staat eine wichtige Rolle.

Kapitalismus

Der Begriff Kapitalismus kennzeichnet eine Wirtschafts- und Gesellschaftsordnung, die sich vor allem infolge der Industrialisierung herausbildete. Bahnbrecher und Träger der neuen kapitalistischen Wirtschaft sind Kapitalisten in ihrer Rolle als Unternehmer oder als Geldgeber. Sie wollen in ihre privaten Betriebe Kapital investieren und es vermehren. Sie handeln nach dem Prinzip der Gewinnmaximierung und versuchen, ökonomisch, mit sparsamsten Mitteln, eine hohe Ertragssteigerung zu erzielen. Sie trennen **Arbeit** und **Kapital**, indem sie als Kapitalbesitzer Arbeiter gegen Entlohnung einstellen und für sich arbeiten lassen. Voraussetzungen für die kapitalistische **Wirtschaftsweise** sind Streben nach individuellem Eigentum sowie persönliche Freiheit, zumindest im wirtschaftlichen Bereich, Massenproduktion, **freier Markt** (Handels- und Gewerbefreiheit) und staatliche Eigentumsgarantie (▷ **Rechtsstaat**) wie auch die Anwendung wissenschaftlich-technischer Erfindungen. Der **Staat** greift nicht direkt in die Entscheidungen der am

Wirtschaftsprozeß Beteiligten ein. Der Gegensatz zwischen Kapital und Arbeit, zwischen Unternehmern und Industriearbeitern verschärfte sich und wurde bestimmend für die industrialisierten Länder. Radikale Kritik an diesem Widerspruch im Kapitalismus übte der ▷ **Sozialismus**. Der ungezügelte Kapitalismus der Frühphase ist heute durch ▷ **sozialstaatliche Gesetzgebung** in eine **soziale Marktwirtschaft** transformiert worden.

Konservatismus, Konservative

Seit dem frühen 19. Jahrhundert gibt es den Konservatismus als politische Bewegung. Er orientiert sich an den Zuständen, die im ▷ **Ancien Régime** in Europa herrschten und bekämpft ▷ **Liberalismus** und ▷ **Demokratie**, die mit der Französischen Revolution ihren Siegeszug angetreten haben. Festhalten an dem, was historisch oder organisch gewachsen ist, an der Ordnung, die angeblich von Gott selbst „gewollt" wurde (▷ **monarchischer Staat**, Familie, Grundbesitz, gesellschaftliche Ungleichheit), das ist die Absicht der Konservativen. „Autorität", nicht „Majorität", ist ihr Schlachtruf. Wenn sie sich so einerseits, nicht zuletzt im Interesse der Wahrung ihrer eigenen Position, dem rapiden Wandel in Staat, Gesellschaft und Wirtschaft entgegenstemmen, so besitzen sie andererseits als prinzipiale Kritiker der ▷ **bürgerlichen Gesellschaft** die Fähigkeit, scharfsichtig deren Schwächen zu erfassen. Sie halten dem rücksichtslosen Individualismus und der sozialen Kälte des Wirtschaftsliberalismus den Anspruch entgegen, daß – wie der (adlige) Herr für seine Untergebenen – so auch der Staat für die sozial Benachteiligten aus väterlicher Fürsorge sich einsetzen muß (**Patriarchalismus**) und daß er deren Schicksal nicht den Kräften des Marktes überlassen darf. Im Deutschen Kaiserreich wird die konservative Partei zur Interessenvertretung der adligen Großgrundbesitzer (in Preußen: **Junker**); die führenden Positionen in Regierung, Militär und Verwaltung sind in konservativer Hand.

Liberalismus, Liberale

Das Bekenntnis zu den Freiheitsideen der Französischen Revolution bildet den Kern liberaler politischer Überzeugungen. Die Liberalen verlangen die Befreiung (▷ **Emanzipation**) des Individuums von der Bevormundungen des absoluten Staates und fordern die Verwirklichung des **Menschenrechtes** der Freiheit in allen weltanschaulichen, gesellschaftlichen und politischen Fragen. Speziell der **Wirtschaftsliberalismus** will, daß der Staat auf alle Eingriffe in den wirtschaftlichen Ablauf verzichtet, damit die Gesetze des Marktes überhaupt funktionieren können.

Instrument der Befreiung ist die ▷ **Verfassung**, die den ▷ **Rechtsstaat** absichern und den Bürgern politische Mitwirkung garantieren soll. Politisches Ziel der Liberalen ist die **konstitutionelle** ▷ **Monarchie** und nicht etwa die Republik. Die Liberalen sehen das Volk am besten durch die besitzende und gebildete Führungsschicht repräsentiert. Die Forderung der Demokraten, das allgemeine und gleiche Wahlrecht zu verwirklichen, wird von den Liberalen nachdrücklich abgelehnt, da es der Herrschaft der Massen den Weg bahne.

Nach der Durchsetzung des **Verfassungsstaates** und der Einführung des allgemeinen, gleichen Wahlrechts geraten die Liberalen notwendig in die Krise. In dem Maße, in dem in der Politik vor allem materielle Ziele verwirklicht werden sollen, werden auch aus den Liberalen vornehmlich Interessenvertreter der Besitzbürger und Industriellen.

Menschenrechte

Die Überzeugung, daß jedem Menschen kraft seiner Natur als freigeborener Mensch unveräußerliche **Grundrechte** zustehen, gehört zum Kernbestand der Philosophie der ▷ **Aufklärung**. Einerseits ist es Aufgabe des Staates, diese Rechte zu schützen (**Leben, Eigentum, Freizügigkeit, Glaubens-, Meinungs-, Versammlungs-** und **Vereinigungsfreiheit**), andererseits eröffnen diese Rechte als **Bürgerrechte** dem einzelnen die Möglichkeit zur **politischen Mitwirkung**, erst sie begründen den bürgerlichen Staat.

In ihrer für die Neuzeit bestimmenden Form sind die Menschenrechte zuerst in der Bill of Rights des Staates Virginia (1776) und der Unabhängigkeitserklärung der Vereinigten Staaten (1776) ausdrücklich formuliert worden. Mit der Erklärung der Menschen- und Bürgerrechte (1789) durch die französische Nationalversammlung wurde in Europa das System der absolutistischen Herrschaft gesprengt.

Die Jakobiner erweiterten mit der Forderung nach der **politischen** (allgemeines, gleiches Wahlrecht) **und sozialen Gleichheit** der Menschen das Verständnis und den Geltungsbereich der Menschenrechte. Ihr Gleichheitsanspruch wurde im 19. Jahrhundert von der Arbeiterbewegung wieder aufgenommen. Die Arbeiter verlangten die Sicherung einer menschenwürdigen Existenz (**soziale Menschenrechte**) und setzten diese Forderung schrittweise durch.

Militarismus

Wenn in Staat und Gesellschaft das Militär sowie militärische Denk- und Verhaltensweisen einen bestimmenden Einfluß erhalten, spricht man von Militarismus. Krieg und **kämpferische Auseinandersetzungen** gelten ihm als normale, ja erstrebenswerte Äußerungen des Lebens. Disziplin sowie das **Verhaltensschema von Befehl und Gehorsam** durchziehen alle Lebensbereiche. Uniformen und äußere Ehrenzeichen prägen das Erscheinungsbild der Öffentlichkeit.

Unter Wilhelm II. gewinnt das Deutsche Kaiserreich zunehmend militaristische Züge, indem die militärische Führung und damit die alten adlig-preußischen Führungsschichten verstärkt Einfluß auf (außen-)politische Entscheidungen nehmen. Dies sowie die hohen Rüstungsausgaben werden in der Öffentlichkeit mit dem Hinweis auf die **permanente Bedrohung** des Reiches von innen und außen gerechtfertigt. Damit aber gewinnt der Krieg zunächst im Bewußtsein der Menschen und dann in der konkreten Politik immer mehr den Charakter der Unausweichlichkeit.

Monarchie, monarchischer Staat

Monarchie ist die fast ausschließliche Herrschaftsform des ▷ **Ancien Régime**, in der ein einzelner (griechisch:

monos), konkret das Oberhaupt eines Adelsge-schlechts, die Herrschaft über ein Land als König ausübt und in der Regel an seine Nachkommen weitervererbt. Hauptstütze der Monarchie ist der Adel, der gegenüber dem Monarchen in einem besonderen Treueverhältnis steht und dafür privilegiert wird. In der **absoluten Monarchie** herrscht der König – zumindest dem Anspruch nach – uneingeschränkt, in der **konstitutionellen Monarchie** wird die Königsmacht durch eine Verfassung (Konstitution) auf die Exekutive beschränkt, während in der **parlamentarischen Monarchie** dem Monarchen lediglich repräsentative Aufgaben zufallen. Die Monarchen rechtfertigen ihren Herrschaftsanspruch bis ins 19. Jahrhundert religiös (**Königtum von Gottes Gnaden**) oder historisch (Tradition). Dabei verteidigen die ▷ **Konservativen** den so begründeten monarchischen Staat und die traditionellen Vorrechte der Krone sowie des Adels gegen das Prinzip der Volkssouveränität, das zur Republik führt (▷ **Demokratie**).

Nationalstaat, Nationalismus

Die Entwicklung der Nationalstaaten beginnt in Westeuropa an der Schwelle zur frühen Neuzeit. Nach der Ausschaltung der Macht der Stände und des Adels entwickeln die Bewohner eines Territoriums gegenüber dem **absoluten Monarchen** ein **gemeinsames Untertanenbewußtsein**. Seit der ▷ **Aufklärung** und der **Französischen Revolution** beansprucht das Volk die **Souveränität**. Die Nation ist das Volk, das kraft ▷ **Verfassung** einen Staat bildet (**Staatsnation**). Die Nation und der Nationalstaat sind die zentralen Werte des Nationalismus. Das Nationalbewußtsein soll nun alle die Bewohner eines Staates zusammenführen, die aus höchst unterschiedlichen politischen Bindungen befreit worden waren und meist niemals über die Grenzen ihrer engsten Umgebung hinausgeblickt hatten.

Die **Deutschen**, die während des 18. Jahrhunderts noch nicht in einem einheitlichen Territorium durch eine gesamtstaatliche absolute Monarchie zusammengeführt worden sind, bestimmen die Nation anders als die Franzosen vom Zusammengehörigkeitsgefühl der Menschen aus, die durch dieselbe Herkunft (Volk), gemeinsame Sprache und kulturelle und politische Tradition verbunden werden (**Kulturnation**). Ihr Kampf um die nationale Einheit im Rahmen eines Verfassungsstaates verfolgte zugleich ▷ **liberale** und ▷ **demokratische** Ziele (**Deutsche Frage**). Der Nationalismus der Deutschen erstrebte nicht nur die Selbstbestimmung der Nation im Innern, sondern notwendig auch in gleicher Weise die Befreiung von der napoleonischen Fremdherrschaft. Er zeigte deshalb von Beginn an kämpferische Züge gegenüber allem Fremden, und dazu gehörten für viele Deutsche die Ideen der Französischen Revolution. In der zweiten Hälfte des 19. Jahrhunderts wurde in Europa überall der Gedanke der Würde und Gleichrangigkeit aller Nationen durch die Überzeugung von der Überlegenheit der eigenen Nation (▷ **Rassismus**) verdrängt, die eine beherrschende Rolle in der Welt spielen müsse und ihren Führungsanspruch im **Kampf ums Dasein** aggressiv durchzusetzen habe (▷ **Imperialismus**). Jetzt wurden nicht nur nationale Minderheiten unterdrückt, sondern im Innern diente der Nationalismus der konservativen Politik dazu, die politischen und sozialen Ansprüche der Arbeiter abzuweisen, denen die Regierenden die nationale Zuverlässigkeit absprachen.

Öffentlichkeit, Öffentliche Meinung

Das Recht der Bürger, ihre Meinung frei zu äußern, ist weit mehr als ein individuelles Recht; erst wenn sie ohne Angst vor der zensierenden und strafenden Obrigkeit Mißstände in Staat und Gesellschaft kritisieren können, wird **Politik** möglich. Ohne Öffentlichkeit können die Bürger weder den Staat **kontrollieren** noch ihre politische Mitwirkung **organisieren**. Gerade die ▷ **Liberalen** sind überzeugt davon, daß sich die beste Lösung für ein Problem am ehesten im Streit der Argumente herausbilden wird. Die wichtigste Rolle in diesem Prozeß der **Politisierung** spielt die freie **Presse**, die einen Austausch von Meinungen und Argumenten über Hunderte von Kilometern und Staatsgrenzen hinweg organisieren kann. So ist auch der ▷ **National-** und ▷ **Verfassungsstaat** ein Thema der deutschen Öffentlichkeit, ehe er selbst besteht. Öffentlichkeit und Verfassungsstaat sind nicht zu trennen.

Wie sich im 18. Jahrhundert in Konkurrenz zur höfischen Gesellschaft durch Gründung von **Theatern, Bibliotheken, Lesegesellschaften** und **Zeitungen** die **bürgerliche Öffentlichkeit** herausbildete, so entstand in der zweiten Hälfte des 19. Jahrhunderts mit entsprechenden Mitteln eine **proletarische Öffentlichkeit**, in der die Arbeiter sich über ihre Forderungen verständigten, damit sie sich an der politischen Auseinandersetzung beteiligen konnten.

Parlament, Parlamentarismus

In England wurde im 17. Jahrhundert zuerst der Grundsatz durchgesetzt, daß der Monarch nicht ohne die Mitwirkung der im Londoner Parlament vertretenen sozialen Kräfte (Adel und Städte) Herrschaft ausüben kann. Im Verständnis der ▷ **Aufklärung** und seit der Französischen Revolution repräsentiert das Parlament (Nationalversammlung) die Nation. Mit Hilfe des Parlaments verwirklichen die Repräsentanten der ▷ **bürgerlichen Gesellschaft** ihren Anspruch auf Mitwirkung bei den Staatsgeschäften (**Repräsentativsystem**). Parlamentarier, die gleichen politischen Ziele verfolgen, schließen sich im Parlament zu Fraktionen zusammen (▷ **Parteien**).

Im **konstitutionellen System** teilen sich Parlament und Monarch die staatliche Macht; das Zusammenwirken beider regelt die ▷ **Verfassung (Konstitution)**. Dem König bleibt dabei die Bestimmung der **Exekutive** (Regierung und Oberbefehl über die Armee) überlassen, während die Abgeordneten sich auf die Ausübung der **Legislative** (Gesetzgebung) beschränken und (mit Hilfe der ▷ **Öffentlichkeit**) nur eine Kontrolle der Regierung beanspruchen; eine unabhängige **Judikative** (richterliche Gewalt) wacht über die Einhaltung der Rechtsordnung (▷ **Rechtsstaat**). Diese Staatsform, die im 19. Jahrhundert in Europa überwiegt, ist das Ideal der gemäßigten bürgerlichen Kräfte (▷ **Liberale**). Die ▷ **Demokraten** – zunächst eine Minderheit – möchten im Sinne der **Volks-**

souveränität auch die Exekutive dem Parlament unterwerfen: sie wollen die Regierung wählen, d. h. den Parlamentarismus verwirklichen. In der schließlich Ende des 20. Jahrhunderts in Europa vorherrschenden **parlamentarischen Demokratie** tritt der König ab (**Republik**), oder er nimmt nur noch repräsentative Aufgaben wahr.

Partei

Unter Partei versteht man seit der Französischen Revolution eine politische Richtung (noch nicht eine Organisation), die von bestimmten Personen geteilt und vertreten wird. Im deutschen Vormärz und in der Revolution 1848 sind Parteien identisch mit den **Fraktionen**, d. h. lockeren Zusammenschlüssen von gleichgesinnten Abgeordneten. In den 60er Jahren treten diese Fraktionen vor Wahlen in Versammlungen und Presse an die Öffentlichkeit und zeigen hiermit Anfänge einer **Organisation**. Gegen Ende des Jahrhunderts entstehen in Deutschland **Mitgliederparteien** im modernen Sinne, wobei die Sozialdemokraten unter dem Druck staatlicher Repression bei dieser Entwicklung voranschreiten. Entsprechend den hauptsächlichen gesellschaftlichen Interessen unterscheidet man seit der Mitte des Jahrhunderts folgende Parteirichtungen: Die ▷ **konservativen Parteien**, welche die adlig-agrarischen Belange vertreten, erstreben die Erhaltung des monarchischen Staates und adliger Privilegien. Die **bürgerlichen** ▷ **Liberalen** möchten den Verfassungsstaat ausbauen, wobei die konservativeren Nationalliberalen zunehmend der Schwerindustrie nahestehen, während die ▷ demokratischeren Freisinnigen Teile des Handels und des Bildungsbürgertums vertreten. Das **Zentrum** versteht sich als Partei der Katholiken. Die ▷ **Sozialdemokraten** repräsentieren als **Klassenpartei** die Mehrheit der Arbeiterschaft. Im Kaiserreich entwickeln sich besonders die bürgerlichen und konservativen Parteien zu **Interessenparteien**, die nicht eine Änderung des politischen Systems erstreben, sondern in erster Linie begrenzte (materielle) Interessen durchsetzen wollen.

Rassismus

Die wissenschaftliche Biologie unterscheidet verschiedene Menschenrassen, und zwar nach angeborenen äußeren körperlichen Merkmalen (z. B. Hautfarbe). Völlig willkürlich behaupten dagegen seit der 2. Hälfte des 19. Jahrhunderts politisch rechtsstehende Gruppen in ganz Europa, daß sich Rassen, ja sogar die einzelnen Völker, durch erblich festgelegte Eigenarten und Verhaltensweisen voneinander unterschieden. Dabei betont man immer die eigene angeborene **Höherwertigkeit**, während Fremde und Andersartige – meist aggressiv – als **minderwertig** abgelehnt werden. Die Vorstellung der ▷ **Aufklärung** von der Gleichberechtigung aller Menschen wird dabei ebenso aufgegeben wie der Grundsatz der absoluten Würde des Individuums, denn der einzelne zähle nur insofern etwas, als er einer (möglichst hochwertigen) „Rasse" angehöre.

Diese als Rassismus bezeichnete Einstellung verbreitete sich besonders stark seit dem ▷ **Imperialismus**, als alle europäischen Mächte die Unterwerfung der Kolonialvölker mit rassistischen Argumenten rechtfertigten. Auch der Konkurrenzkampf der imperialistischen Mächte untereinander wurde von rassistischen **Feindbildern** begleitet. Rassistische Einstellungen und Verhaltensweisen entwickelten und entwickeln sich schließlich auch angesichts wirtschaftlicher Bedrohungen und Krisen. In unaufgeklärter Weise macht man bestimmte Bevölkerungsgruppen, z. B. Juden (▷ **Antisemitismus**), für Probleme verantwortlich, deren Ursache in allgemeinen gesellschaftlichen und wirtschaftlichen Entwicklungen liegt. Rassistische Vorurteile werden – in Deutschland zuerst im Kaiserreich – auch im innenpolitischen Kampf benutzt, um den Gegner herabzusetzen oder um von unbequemen Tatsachen abzulenken.

Rechtsstaat

Ein Staat, dessen Organe sich strikt an **Recht und Gesetz** binden und in dem daher Willkürhandlungen ausgeschlossen sind, nennt man Rechtsstaat. Voraussetzung hierfür ist eine ▷ **Verfassung** als Grundlage des Staates sowie die Überprüfbarkeit staatlicher Handlungen durch **unabhängige Gerichte**. Die Forderung nach einem Rechtsstaat entstand zusammen mit der nach einem Verfassungsstaat in der politischen ▷ **Aufklärung** des 18. Jahrhunderts: Sie sollte den Bürger **Rechtssicherheit** garantieren und damit einen **berechenbaren Rahmen** für den Gebrauch der **persönlichen Freiheit** – nicht zuletzt auch in wirtschaftlicher Hinsicht – ermöglichen. Nur in rechtsstaatlichen Verhältnissen konnte und kann sich somit die ▷ **bürgerliche Gesellschaft** entfalten. Als frühe historische Erscheinungsformen des modernen Rechtsstaates gelten die USA und das revolutionäre Frankreich mit der Verfassung von 1791. In beiden Fällen war die Rechtsordnung an **vorstaatliche** ▷ **Menschenrechte** gebunden und dadurch von vornherein inhaltlich festgelegt und abgesichert. Das deutsche Kaiserreich von 1871 war zwar auch ein Rechtsstaat, aber ohne Bindung an Grundrechte. Allein das vom Staat gesetzte Recht begründete hier die Rechtsordnung.

Reform

Reform stellt den Versuch dar, notwendige Veränderungen in Staat und Gesellschaft geordnet, ohne Gewalt und mit Hilfe der bestehenden staatlichen Einrichtungen durchzuführen. Reformer wollen die chaotischen Verhältnisse (z. B. Jakobinerterror) vermeiden, die sich vielfach im Verlauf revolutionärer Veränderungen gezeigt hatten. Zur Vermeidung von Revolutionen überhaupt setzt das Bürgertum im 19. Jahrhundert mehr und mehr auf diese geregelte Form gesellschaftlich-staatlichen Wandels.

Aus Revolutionsfurcht und zur Modernisierung des Landes benutzt auch der Staat – so die preußische Regierung 1808 bis 1814 – das Mittel der Reform und begründet damit eine spezifisch deutsche Form der Modernisierung, die sogenannte **Revolution von oben**.

Gegenüber verlustreichen revolutionären Umbrüchen propagieren innerhalb der deutschen Sozialdemokratie die „**Reformisten**" (auch **Revisionisten** genannt) schrittweise Veränderungen zugunsten der Arbeiter auf parlamentarisch-gesetzlichem Wege.

Revolution

Revolution ist ein grundsätzlicher Wandel aller Lebensverhältnisse. Der moderne Revolutionsbegriff entstand im Zusammenhang mit einschneidenden Veränderungen, die sich im England des 17. und im Frankreich des 18. Jahrhunderts durch den Aufstand nicht privilegierter Teile der Gesellschaft vollzogen. Seitdem versteht man unter Revolution die **gewaltsame Erhebung** eines Volkes gegen die Herrschenden, die zu neuen Formen des politischen und sozialen Lebens führt. Wesentlich dabei ist, daß die revolutionären Bevölkerungskreise über ein Programm (**Ideologie**) verfügen, an dem sie ihr Handeln ausrichten und das ihre Politik rechtfertigt.

Der Umsturz des ▷ **Ancien Régime** durch das vom Bürgertum geführte Volk sowie die Errichtung einer bürgerlichen Ordnung in Staat und Gesellschaft nennt man **bürgerliche Revolution**. Die von Marx geprägten ▷ **Sozialisten** erstrebten die Ablösung dieser bürgerlichen Ordnung durch eine **sozialistische** oder **proletarische Revolution**. In einem allgemeinen Sinn des prinzipiellen Wandels spricht man auch von der **Industriellen Revolution** (▷ **Industrialisierung**).

Säkularisierung

Seit der Renaissance, besonders aber seit der ▷ **Aufklärung** verstärkt sich das Interesse der Menschen am Diesseits und an der rationalen Erklärung der sie umgebenden Welt, während religiöse oder theologische Deutungen der Wirklichkeit zurücktreten. Dieser Prozeß der **Verweltlichung des Denkens** wird Säkularisierung genannt. In einem engeren Sinne versteht man unter dem Begriff auch die Überführung des kirchlichen Besitzes in weltliche Hände und die **Auflösung kirchlicher Herrschaftsgebiete**, wie sie in Deutschland besonders seit 1803 erfolgten.

Soziale Frage

Die ▷ **Industrialisierung** erzeugte von Beginn an große soziale Probleme. Elend und Armut sind Dauererscheinungen in der Geschichte, aber der Durchbruch zur Industrialisierung im 19. Jahrhundert führte besonders große Teile der Bevölkerung in bislang ungekanntes **Massenelend**. Die neue industrielle Produktion zerstörte die bisherigen traditionellen Arbeits- und Lebensbedingungen. Gerade die neuartige Arbeit in der ▷ **Fabrik** verstärkte anfangs die soziale Verelendung, da ein Überangebot an Arbeitskräften und die aus Not sich ausbreitende Frauen- und Kinderarbeit die Arbeitslöhne auf ein Niveau unterhalb des Existenzminimums drückten. Unterernährung, Krankheiten, Elendsquartiere, soziale Verwahrlosung und Passivität bestimmten die Lage der **Proletarier**, der nur für Lohn Arbeitenden. Sie waren zunächst schutzlos den Wechselfällen des Arbeitslebens preisgegeben: Konjunktureinbrüchen, Arbeitsunfällen, Invalidität, Krankheit, Arbeitslosigkeit. Als „Eigentumslose" existierten sie am Rande und unterhalb der ▷ **bürgerlichen Gesellschaft**. Die wachsenden Industriestädte waren übervölkert und dem Ansturm von Arbeits- und Wohnungssuchenden nicht gewachsen. Hier bildete sich der Nährboden für soziale Krisen und Dauerkonflikte aus. Diese Vielzahl von Problemen im Gefolge der Industrialisierung wird unter dem Begriff „Soziale Frage" zusammengefaßt.

Sozialismus, Sozialisten

Sozialismus bezeichnet eine **Weltanschauung** (Ideologie) und eine politische **Bewegung**, die sozialistische Ziele verfolgt, Staat, Gesellschaft und Wirtschaft radikal verändern will. Der Sozialismus formierte sich im 19. Jahrhundert als Gegenbewegung zum Liberalismus und Kapitalismus der ▷ **bürgerlichen Gesellschaft**. Die **Wirtschaft** sollte nicht mehr dazu dienen, einzelne (Kapitalisten) zu bereichern, sondern sie sollte zum Wohle aller von einer solidarischen Gesellschaft geplant und gelenkt werden. Privateigentum an Produktionsmitteln (z. B. ▷ **Fabriken**) sollte es daher nicht mehr geben. Obwohl es im 19. Jahrhundert verschiedene Richtungen und Ausprägungen des Sozialismus gab (z. B. utopischer, wissenschaftlicher, revolutionärer, demokratischer Sozialismus), so war doch allen ein humanistischer Antrieb eigen, das Ziel, alle Menschen von ungerechter Herrschaft und von Unterdrückung zu befreien und eine menschenwürdige Gesellschaft zu errichten, die allen Freiheit, Gleichheit, Gerechtigkeit und jedem einen angemessenen Anteil am Gemeineigentum gewährleiste. Als Begründer des sog. **wissenschaftlichen Sozialismus** gilt **Marx**. Er lehrte, daß nach objektiven, wissenschaftlich erkennbaren Gesetzen eine neue sozialistische Gesellschaft **revolutionär** durch die Enteignung der Bourgeoisie nach der Machtergreifung des Proletariats erkämpft werden kann. Nach der Übergangsphase des Sozialismus gelangt nach Marx die Menschheitsgeschichte in den Endzustand des **Kommunismus**, der staaten- und klassenlosen Zukunftsgesellschaft. Sozialistische Ideen haben vor allem die deutsche ▷ **Arbeiterbewegung** maßgeblich beeinflußt. Sie spaltete sich in revolutionäre Marxisten, Reformsozialisten, christliche Sozialisten und Sozialdemokraten. Die Richtungskämpfe lassen sich an der Geschichte der Sozialdemokratischen Partei Deutschlands, so ihr Name seit 1891, aufzeigen.

Sozialstaat, Sozialpolitik

Sozialpolitik des Staates ist seit dem späten 19. Jahrhundert vor allem in Deutschland eine Antwort auf die ▷ **soziale Frage**. Im Gefolge der ▷ **Industrialisierung** hatte die soziale Verelendung solche Ausmaße angenommen, daß sie das Fortbestehen der ▷ **bürgerlichen Gesellschaft** und des Staates gefährdete. Während sich der Staat im frühen 19. Jahrhundert weitgehend aus den wirtschaftlichen Belangen seiner Bürger heraushielt, greift er seit dem Ausgang des 19. Jahrhunderts zunehmend **regulierend** (Arbeitsschutzgesetze), **fördernd** (Bildungseinrichtungen), **absichernd** (Versicherungspflicht) in die Wirtschaft ein, um den Fortbestand der ▷ **bürgerlichen Gesellschaft** zu sichern. Der heutige Sozialstaat gewährleistet ein umfassendes System der **Sozialfürsorge** und der **Sozialversicherung** (ein „soziales Netz"), um den Schutzbedürftigen, Schwachen und Hilflosen ein Mindestmaß an materiellem Wohlstand zu sichern. Die ersten Schritte zum Sozialstaat in Deutschland machte der Reichskanzler Bismarck mit der **Sozial-**

gesetzgebung; sie erstreckte sich auf Kranken-, Unfall-, Alters- und Invalidenversicherung seit den Jahren 1883 bis 1889.

Verfassung, Verfassungsstaat

Seit der Glorious Revolution in England, der amerikanischen Unabhängigkeitserklärung und der Französischen Revolution wird die staatliche Gewalt durch eine Verfassung (Konstitution), d. h. durch einen **Vertrag**, der Bürger mit dem ▷ **Monarchen** oder der Bürger untereinander begründet. Im Zentrum steht dabei die Sicherung der ▷ **Menschenrechte** und die Errichtung eines staatliche Willkür ausschließenden ▷ **Rechtsstaates**, sodann Kontrolle und **Teilung der Staatsgewalt** in Legislative (gesetzgebendes ▷ **Parlament**), Exekutive (ausführende Regierung) und Judikative (unabhängige Richter) sowie die Teilhabe der Bürger an der staatlichen Macht durch deren parlamentarische Repräsentanten (**Repräsentativsystem**). Eine Verfassung setzt für eine Gesellschaft die Rahmenbedingungen des politischen Handelns. Deswegen lassen sich an ihr Machtverhältnisse und Ordnungsvorstellungen des jeweiligen Staates und der ihn tragenden Gruppen ablesen. Seit dem Wiener Kongreß 1815 erlassen Monarchen auch von sich aus Verfassungen, um ihre Herrschaft unter den Bedingungen einer sich entwickelnden ▷ **bürgerlichen Gesellschaft** zu erhalten. Solche Verfassungsstaaten (z. B. Preußen ab 1851) sind zwar ▷ **Rechtsstaaten**, beinhalten aber keine durchgreifende Kontrolle der monarchischen Macht und gewähren der Bevölkerung nur beschränkte Mitwirkungsrechte. Die volle Durchsetzung des Verfassungsstaates bleibt deswegen wesentliches Ziel der ▷ **liberalen** und ▷ **demokratischen** Bewegung des 19. Jahrhunderts.

Personen-, Orts- und Begriffsregister

Das Buch ist zurückzugeben am:

Nr.	Datum	Datum	Datum	Datum
1	29.11.04			
2	26.07.06			
3	26.02.07			
4				
5				
6				
7				
8				
9				
10				
11				
12				
13				
14				
15				
16				
17				
18				
19				
20				